Kohlhammer

DIAKONIE
Bildung – Gestaltung – Organisation

Herausgegeben von

Hanns-Stephan Haas
Beate Hofmann
Christoph Sigrist

Band 26

Thorsten Moos

Diakonische Ethik

Systematisch-theologische Beiträge

Verlag W. Kohlhammer

Den Mitarbeitenden in der Diakonie gewidmet.

1. Auflage 2023

Gesamtherstellung: W. Kohlhammer GmbH, Stuttgart

Print:
ISBN 978-3-17-042492-0

E-Book-Format:
pdf: 978-3-17-042493-7

Inhaltsverzeichnis

Herausforderungen diakonischer Ethik

Hoher Handlungsdruck, knappe Ressourcen, ausdifferenzierte Organisationen: Das Handlungsfeld der Diakonie zeichnet sich durch spezifische Bedingungen aus, die einen hohen Bedarf an ethischer Reflexion mit sich bringen, zugleich aber der Verankerung von Ethik nicht unbedingt zuträglich sind. Diese Bedingungen, die mit ihnen verbundenen ethischen Fragestellungen sowie die innerdiakonischen Ressourcen ethischer Selbstreflexion werden im vorliegenden Band mit den Mitteln Systematischer Theologie adressiert. Einleitend wird ein Überblick über den Gegenstand und die hier verfolgte Zugangsweise einer diakonischen Ethik aus theologischer Perspektive gegeben.

Diakonie, so wie sie sich in Deutschland entwickelt hat, weist einen eigentümlichen Hybridstatus auf. Einerseits operiert sie als Leistungserbringer in einem sozialrechtlich hochgradig regulierten Feld und tritt damit als Teil des Sozialstaates auf. Andererseits ist sie über weite Strecken unternehmensförmig verfasst und steht auf (Quasi-)Märkten mit profitorientierten sowie mit anderen gemeinnützigen Unternehmen der Sozialwirtschaft in Konkurrenz. Zugleich aber gehört sie in den Bereich der Kirche, partizipiert an deren verfassungsrechtlich garantierten Selbstbestimmungsrecht, bedient sich christlicher Symbole und Semantiken, wird wesentlich von ehrenamtlicher Tätigkeit mitgetragen und vielerorts von Theologinnen und Theologen geleitet. Mit diesem hybriden Status sind die spezifischen Herausforderungen von Diakonie in der Gegenwart verbunden.

Das betrifft zum einen die Zugehörigkeit der Diakonie zur Kirche. Diese ist seit der formativen Phase der inneren Mission im 19. Jahrhundert prekär, insofern sich Diakonie von Anfang an als christliche Zweitstruktur entwickelt hat. Diese freie christliche Liebestätigkeit erlebte in ihrer wechselvollen Geschichte unterschiedliche Schübe der staatlichen Anerkennung und Verrechtlichung, der fachlichen Professionalisierung wie auch der ökonomischen Rationalisierung. Jeweils stellte sich die Frage neu, inwiefern Diakonie noch als Teil von Kirche begriffen werden könne und wie die Beziehung von verfassten Kirchen und organisierter Diakonie zu gestalten seien. Inwiefern ist eine christliche, im Raum der Kirche organisierte Sozialwirtschaft ein Anachronismus, der zwar aus seiner historischen Pfadabhängigkeit, nicht aber seinem inneren Sinn nach verstanden werden kann?

Diese Frage verschärft sich gegenwärtig unter den Bedingungen religiöser Pluralisierung und zunehmender Konfessionslosigkeit. In dem Maße, in dem diakonische Mitarbeitende nicht mehr selbstverständlich einer christlichen Kirche angehören, wird die Zuordnung der Diakonie zur Kirche auch für den Staat schwierig. In der alten Bundesrepublik hatte sich durch höchstrichterliche

Rechtsprechung sukzessive ein religionsverfassungsrechtliches Arrangement entwickelt, in dem kirchliche Tätigkeit in privatrechtlichen Organisationsformen stattfinden, zugleich aber der kirchlichen Selbstbestimmung unterliegen kann. Die Plausibilität dieses Arrangements schwindet, was insbesondere an den Auseinandersetzungen um das kirchliche Arbeitsrecht deutlich wird.

Mit dem Problem des Verhältnisses von Kirche und Diakonie unmittelbar verbunden ist die Frage, inwiefern Diakonie als Gegenstand theologischer Reflexion verstanden wird. Auch hier liegt ein prekäres Verhältnis vor. Die evangelische Theologie, wie sie in Deutschland an Universitäten und kirchlichen Hochschulen gelehrt wird, ist wesentlich an den Paradigmen des Gemeindepfarramts und des Religionsunterrichts orientiert. Diakonie als Handlungsfeld wird vor allem an den diakoniewissenschaftlichen Instituten in Heidelberg und in Bielefeld/Bethel sowie im Kontext von Diakonik-Studiengängen an (Fach-)Hochschulen in den Blick genommen. Doch nicht nur die akademische Theologie verhält sich spröde, wenn es um Diakonie geht; auch in der Diakonie zeigt man sich unsicher, ob Theologie überhaupt einen konstruktiven Beitrag dazu leisten kann, die Herausforderungen des Feldes zu bewältigen. Ein Indiz hierfür ist der sukzessive Rückgang theologischer Vorstandsposten in diakonischen Unternehmen. Welche Rolle spielt Theologie in der und für die Diakonie?

Wenn im vorliegenden Band Diakonie aus der Perspektive Theologischer Ethik adressiert wird, sind dabei folgende Voraussetzungen leitend:

1. Die sich verändernde soziale Rolle des Christentums und der diakonischen und kirchlichen Organisationen ist nüchtern wahrzunehmen. Eine verfallsgeschichtliche Perspektive ist hingegen nicht hilfreich. Die Trauer um (vermeintliche) frühere Größe verstellt den Blick auf die differenzierten Konstellationen der Gegenwart sowie auf deren Probleme und Chancen gleichermaßen.
2. Entsprechendes gilt für eine Theologie (in) der Diakonie. Auch sie hat sich endgültig zu lösen von der Trauer um ihre (vermeintliche) frühere Definitionshoheit über das, worum es sich bei Diakonie *eigentlich* handele. Die Hybridität des Feldes ist irreduzibel; Diakonie wird sich theologisch-definitorisch nicht mehr einfangen lassen (was bei näherem Hinsehen durchaus auch für die Kirche als Organisation gilt). Theologie ist nur ein Teil einer interdisziplinären Diakoniewissenschaft.
3. Demnach ist die interessante theologische Frage mit Blick auf die Diakonie nicht die, wie sich Diakonie „begründen“ lässt, sondern die, welchen Beitrag Theologie zur Erschließung des diakonischen Feldes und seiner Herausforderungen leisten kann. Zugespitzt: Wenn der Zweck diakonischer Organisationen letztlich darin besteht, zu *helfen*, muss auch Theologie als praktische Wissenschaft sich fragen lassen, inwieweit sie in ihrer Reflexion des Helfens hilfreich ist.
4. Theologische Ethik hat hier eine spezifische Aufgabe, insofern sie die – im weitesten Sinne verstanden – normativen Aspekte der Diakonie theologisch

bedenkt. Dabei fungiert sie nicht primär als Agentur externer Beurteilung dessen, was diakonisch getan werden darf/ muss/ sollte, sondern reflektiert vor allem die normativen Spannungen und Aporien, wie sie innerhalb des Feldes auftreten, und sie reflektiert die innerdiakonischen Mechanismen und Ressourcen des Umgangs mit solchen Spannungen.

Unter diesen Voraussetzungen verfolgt der Band das Ziel, den Beitrag Theologischer Ethik zur interdisziplinären Erschließung von Diakonie auszuloten. Damit richtet er sich zum einen an in der Diakoniewissenschaft Tätige, die es mit der Ethik diakonischer Organisationen zu tun haben. Ihnen soll er Anschlüsse für die Forschung wie die Aus-, Fort- und Weiterbildung bieten. Zweitens richtet er sich an Verantwortliche in der Diakonie selbst, die mit ethischen Fragen diakonischen Handelns konfrontiert sind. Ihnen gibt er keine Empfehlungen, aber Denkmodelle an die Hand. Schließlich richtet sich der Band drittens an meine eigene Zunft, die Ethik innerhalb der Systematischen Theologie, mit dem Ziel, ihr zu einer intensiveren Wahrnehmung von Diakonie als eines reichen und herausfordernden Gegenstandes ethischer Reflexion zu verhelfen.

Die Entfaltung einer diakonischen Ethik aus theologischer Perspektive erfolgt dabei in vier Schritten.

I. Grundlagen und analytische Perspektiven

Angesichts einer weltanschaulich pluralen diakonischen Mitarbeitendenschaft ist neu nach der Rolle des Christentums in der Diakonie zu fragen. Die christlich-religiöse Tradition weist, so die Grundthese der hier vorgetragenen diakonischen Ethik, eine spezifische *religiöse Rationalität* im Umgang mit den Herausforderungen und Aporien helfenden Handelns auf. Noch im Kontext einer professionalisierten Sozialwirtschaft hat das Helfen insofern ein religiöses Moment, als es vielfach mit Erwartungsüberschüssen belegt ist. Die unbedingte Anerkennung der Person, die volle Berücksichtigung von Individualität, umfassende Ziele wie Inklusion oder Gesundheit: Sie alle sind Elemente der Hilfeerwartung wie der Hilfeintention; zugleich übersteigen sie jedes mögliche konkrete Hilfehandeln. Die religiösen Ausdrucksformen des Christentums erlauben es, solche Erwartungsüberschüsse zu artikulieren und sich zu den aus ihnen resultierenden Überlastungen, Enttäuschungen und Aporien zu verhalten. Insofern erweist es sich durchaus als hilfreich, wenn Diakonie religiöse Ausdrucksformen in ihren Organisationen präsent hält und so die religiöse Rationalität des Helfens pflegt (I.1).

Von hier aus lässt sich die Frage, ob und inwiefern Diakonie Kirche sei, in neuer Weise adressieren. Wenn das Helfen wie gezeigt Unbedingtheitsmomente aufweist, die es von innen heraus zu überlasten drohen, bedarf es, gerade in Krisenfällen, der Kommunikation. Solche Kommunikation kann sich christlicher Ausdrucksformen bedienen oder auch in anderer Weise Unbedingtheitsmomente zur Darstellung bringen. Diakonische Organisationen können insofern als Orte anlassweiser religiöser Kommunikation und, in theologischer Reformulierung, als *Kirche bei Bedarf* verstanden werden. Von hier aus fällt bereits Licht auf die Debatten um das kirchliche Arbeitsrecht, auf die im letzten Teil des Bandes eingegangen wird (I.2).

Gleichsam zur Kontrolle bietet es sich an, einen Blick auf die verfassten Kirchen zu werfen. Auch sie sind in den letzten Jahrzehnten als Unternehmen bzw. als Erbringer von Dienstleistungen verstanden worden; und auch in Ihrem Fall entstand das Problem, inwieweit eine solche Rahmung dem spezifisch religiösen Charakter von Kirchen entgegensteht. Am Beispiel der Kasualien, wo sich die Kirchen zunehmend auf einem pluralen Markt von Dienstleistungsanbietern wiederfinden, lässt sich die Handlungstranszendenz kirchlicher Handlungen und damit die *Organisationstranszendenz* der kirchlichen Organisation aufzeigen. Die ekklesiologische Frage nach der Diakonie ist damit, bei aller Unterschiedlichkeit, durchaus analog zur ekklesiologischen Frage nach der (sichtbaren) Kirche zu behandeln (I.3).

Wiederum mit Blick auf die Diakonie ist zu fragen, wie sich die aufgezeigte religiöse Rationalität des Helfens und ihre theologische Explikation zu den wirtschaftlichen, rechtlichen oder auch professionell-fachlichen Rationalitäten verhält, durch die Diakonie gekennzeichnet ist. Um das zu analysieren, ist in der Managementliteratur das Konzept der *Multirationalität* eines Unternehmens vorgeschlagen worden. Dieses Konzept, das in praktischer Hinsicht auf die Befriedung von Konflikten bzw. auf einen konstruktiven Umgang mit der Unterschiedlichkeit von Zugängen, Argumentationen und normativen Geltungsansprüchen ausgerichtet ist, zeigt sich bei näherem Hinsehen als uneinheitlich und explikationsbedürftig. Gleichwohl lassen sich verschiedene Ebenen unterscheiden, auf denen es potenziell zu einer Konfrontation verschiedener Rationalitäten kommt. Für die Theologie bietet sich so ein Ansatz für eine Hermeneutik ihrer konfliktbehafteten Rolle innerhalb der Diakonie (I.4).

II. Praxisfelder

Wenn es um die theologisch-ethische Erschließung konkreter diakonischer Handlungsfelder geht, lassen sich unterschiedliche Perspektiven einnehmen. Am Beispiel der *Bahnhofsmission* wird gezeigt, welche Erschließungskraft der entfaltete Multirationalitätsansatz, die Analytik der religiösen Rationalität von Hilfepraktiken wie auch weitere gesellschaftstheoretische Perspektiven haben. Dabei handelt es sich zunächst um Forschungsperspektiven, die zu einer Beschreibung der Wirklichkeit diakonischer Organisationen und Interaktionen beitragen können. Diese stehen jedoch in unmittelbarer Kontinuität zur Frage der Bahnhofsmission nach sich selbst, die in der Diakonie typischerweise unter der Semantik des „Profils" einer Einrichtung firmiert. Die Profilfrage ist eine unmittelbar ethische Frage: Sie bietet die Plattform, auf der eine Organisation sich darüber verständigt, *was getan werden soll.* In der Strukturierung der Profilfrage wird der Beitrag von Ethik zur organisationalen Selbstverständigung deutlicher: Er besteht (mindestens an dieser Stelle) nicht in der Aufstellung und Begründung von Normen, sondern in der Differenzierung von Ebenen möglicher normativer Verständigung (II.1).

In der Analyse der Praxisfelder setzt diakonische Ethik mithin auf unterschiedlichen Ebenen an. Die erste Ebene ist die des unmittelbaren Hilfehandelns, also derjenigen Interaktionen zwischen Mitarbeitenden diakonischer Organisationen und Klienten, Patientinnen, Bewohnerinnen bzw. Gästen. Auf dieser Ebene wird das *Gesundheitswesen* als Praxisfeld in den Blick genommen. Der Beitrag einer theologischen Ethik besteht hier – wiederum: vor allem normativen Engagement – in der Analyse der religiösen Unterströmungen des Feldes selbst. Diese lassen sich im Zielbegriff der Gesundheit, aber auch in klassischen medizinethischen Figuren wie der Würde der Patientin oder der Sorge für Kranke aufweisen. Explizit religiöse Praktiken sind von hier aus zu verstehen als Formen des Umgangs mit den in diesen Leitvorstellungen enthaltenen Unbedingtheitsmomenten. In normativer Perspektive ist Religion im Gesundheitswesen gleichwohl ein hochgradig ambivalentes Phänomen; diese Ambivalenz zu reflektieren, gehört zur Aufgabe einer diakonischen Ethik in theologischer Perspektive. Doch diese Aufgabe erstreckt sich über den Bereich des explizit Religiösen hinaus auf die theologische Analytik von Praktiken des Feldes insgesamt. Als Beispiel sei der Umgang mit Wünschen und Hoffnungen von Patienten genannt. Deren transzendenten Überschuss wahrzunehmen und anzuerkennen, ohne ihn unmittelbar in Handeln zu übersetzen, gehört zur Professionalität der Medizinberufe, die zwischen Aktionismus und Zynismus hindurchnavigieren müssen (II.2).

Das Praxisfeld der *Eingliederungshilfe* steht unter der großen Zielformulierung der Inklusion. Hier wird soziale Teilhabe insbesondere an Selbstbestimmung gebunden. Für eine an der Wirklichkeit diakonischer Handlungsfelder interessierte theologische Ethik gilt es daher, die Art und Weise näher zu analysieren, wie Selbstbestimmung im Alltag der Eingliederungshilfe operationalisiert wird. Hierfür bietet sich ein praxistheoretischer Zugang an, der nicht von gegebenen Handlungssubjekten, sondern von deren Formierung in sozialen Praktiken ausgeht. Von hier aus zeigen sich in der Eingliederungshilfe verschiedene Formationen selbstbestimmter Subjekte, die jeweils ihre Chancen und Gefahren aufweisen: das Wahlsubjekt, das aktive Subjekt, das private sowie das assistierte Subjekt. Aus theologischer Perspektive können die verschiedenen Praktiken von

Selbstbestimmung verstanden werden als Inszenierungen von Würde, also desjenigen ungreifbaren Personkerns, der in ihnen jeweils angezielt ist, aber sich in keiner konkreten Praxis umfassend manifestieren kann (II.3).

Kann der innere soziale Sinn von Selbstbestimmungspraktiken in der ethischen Analyse solcherart auf den Begriff der Würde (oder theologisch: auf den Begriff der Gottesebenbildlichkeit) gebracht werden, so ist doch zu wahrzunehmen, dass diese Begriffe selbst im Alltag diakonischer Einrichtungen kaum je verwendet werden. Insofern schließt sich die Frage an, welche Termini in den einzelnen Handlungsfeldern als Scharnierbegriffe für die Unbedingtheitsdimensionen diakonischer Praxis tatsächlich auftreten. Das können auf der einen Seite Begriffe sein, die spezifisch in der Selbstreflexion einer Profession verankert sind, wie das etwa für den Begriff der Menschenwürde in der sozialen Arbeit oder den Begriff der Patientenautonomie in der Medizin gilt. Auf der anderen Seite sind das Begriffe, die das gesamte Feld überspannen und auch den Erwartungshorizont der Nutzerinnen diakonischer Dienstleistungen beschreiben. Zu diesen gehört insbesondere der Begriff der Menschlichkeit. Seine Transzendierungsleistung tritt insbesondere dort hervor, wo es gilt, in hoch asymmetrischen Beziehungen dennoch eine fundamentale Gleichrangigkeit der Involvierten präsent zu halten: im Kontext von *Assistenz und Pflege* (II.4).

Doch diakonische Ethik kann sich nicht darauf beschränken, die elementaren Hilfepraktiken und die ihnen eingeschriebenen Leitvorstellungen zu analysieren und diese vor dem Hintergrund der in den Hilfepraktiken selbst verkörperten Normen zu kritisieren. Sie ist, wie schon am Beispiel der Bahnhofsmission deutlich wurde, nicht nur Ethik der Handlung bzw. der Praxis, sondern auch Ethik der Organisation. Am Übergang zwischen beiden Ebenen ist die Frage der *Führung bzw. Steuerung diakonischer Unternehmen* angesiedelt, die zum einen als organisationale Funktion (der Produktion von Entscheidungen), zum anderen als Leistung von Organisationsmitgliedern, insbesondere von Führungskräften, betrachtet werden kann. Dieser zweiten Hinsicht verdankt sich eine kurze Studie, die Selbstdarstellungen von Theolog:innen in diakonischer Führungsverantwortung auswertet. Bei allen Unterschieden lässt sich ein gemeinsames Verständnis theologischer Führung als einer *Führung durch Deutung* aufweisen. Die im Grundlagenteil angesprochenen Fragen nach einer Zuordnung der Diakonie zur Kirche kehren hier in personaler Brechung wieder (II.5).

Im Kontext der Organisation erhalten auch klassische ethische Probleme der Handlungsorientierung einen anderen Charakter. Das lässt sich am Problem des *ärztlich assistierten Suizides* zeigen, das eine Vielzahl von diakonischen Handlungsfeldern betrifft. Die Frage einer diakonischen Ethik ist dann nicht nur die, wie diakonische Mitarbeitende sich als moralische Subjekte zu einer entsprechenden Anfrage verhalten sollen. Zu fragen ist vor allem, wie eine diakonische Organisation insgesamt sich zu diesem Thema aufstellt: wie organisationale Standards formuliert und entsprechende Prozesse gestaltet werden sollen. Der Ort der Beantwortung einer solchen Frage ist wiederum die Organisation selbst;

ein Beitrag von Ethik in diesem Kontext liegt in der Unterscheidung und normativen Analyse derjenigen unterschiedlichen Leitbilder, die sich in der bisherigen diakonischen Diskussion zum assistierten Suizids aufweisen lassen. Keines dieser Leitbilder – nicht einmal das von Diakonie als einem gesellschaftlichen Schutzraum – vermag es, so das Ergebnis der Analyse, das Problem auf ethisch befriedigende Weise zu lösen. Daher gilt es für diakonische Organisationen, trotz allen legitimen Strebens nach Rechts-, Prozess- und Erwartungssicherheit Räume der Flexibilität für situativ angemessenes Handeln offen zu halten (II.6).

Schließlich kommen, wenn auf die Organisation als Ganze geblickt wird, nicht nur Strategie und Struktur, sondern auch Organisationskultur in den Focus. Der Begriff der *diakonischen Kultur* ist in jüngerer Zeit als Hoffnungsvokabel prominent geworden; verbindet sich mit ihm doch das Versprechen, das, was Diakonie ausmacht, nicht mehr nur in der individuellen Handlungsmotivation suchen zu müssen. Vielmehr ermöglicht der Kulturbegriff, die Organisation in ihrer überindividuellen Gestalt als Trägerin des Diakonischen zu adressieren. Dabei richtet sich die Aufmerksamkeit auf Symbole und Rituale, Grundüberzeugungen und Leitbilder, Habitusformationen und Üblichkeiten, Artefakte und Architekturen. Gerade angesichts von Ökonomisierung und Säkularisierung sollen sie den Grundsinn diakonischen Helfens wie auch den christlich-religiösen Charakter von Diakonie verkörpern und gegen Entleerung bewahren. Nun zeigt die ethische Analyse, dass die Beziehung zwischen diakonischer Kultur einerseits und Ökonomisierung bzw. Säkularisierung andererseits nicht zu diastatisch gedacht werden darf. Vielmehr gehören ökonomische Rationalität wie auch die Differenzierung von individueller religiöser Überzeugung und gemeinsamem Hilfehandeln selbst in den Grundsinn der Organisation von Diakonie. Dass sie gleichwohl negative Auswirkungen haben können, ist unbestreitbar; einen angemessenen „kulturellen" Umgang mit ihnen zu finden ist dann aber weniger Gegenstand einer kategorialen Klärung als Aufgabe der Entwicklung von Unternehmenskultur vor Ort (II.7).

III. Öffentliche Diakonie

Die Begriffe Ökonomisierung und Säkularisierung haben bereits darauf verwiesen, dass Organisationen ihrerseits im Kontext ihrer gesellschaftlichen Umwelt verstanden werden müssen. Die Frage nach der gesellschaftlichen Einbettung, Rolle und Bedeutung von Kirche und Diakonie ist in jüngerer Zeit insbesondere unter dem Stichwort der *Öffentlichkeit* verhandelt worden. „Öffentlichkeit" zeigt sich dabei als ein hochgradig normativ aufgeladenes und in vielerlei Hinsicht unklares Konzept. Um den Begriff im Kontext einer diakonischen Ethik handhabbar zu machen, wird wiederum eine praxistheoretische Reformulierung vorgeschlagen. Diakonie zeigt sich in dieser Perspektive vielfach an Praktiken der Öffentlichkeit, das heißt an Verhandlungen über gemeinsame Belange unter denen, die sie betreffen, beteiligt: etwa unter Mitarbeitenden, unter den Bewohnerinnen einer Einrichtung oder in der sozialpolitischen Öffentlichkeit. Dabei trägt sie insbesondere dazu bei, ein Allgemeines zu produzieren (*doing universality*), ohne die Differenzen der Vielen, die dieses Allgemeine betrifft, einzuebnen. Eine solche diversitätsbewusste Öffentlichkeitsproduktion ist angesichts einer verstärkten Individualisierung („Gesellschaft der Singularitäten", Andreas Reckwitz) von erheblicher ethischer Relevanz (III.1).

Diese grundlegende Bestimmung ermöglicht weitere, detailliertere Analysen. So ist zu fragen, auf welche Weise und mit welchen Mitteln Diakonie in den Öffentlichkeitspraktiken selbst als Akteur auftritt. An den Beispielen der Positionierung diakonischer Krankenhäuser zum Thema des Schwangerschaftsabbruchs sowie der Öffentlichkeitsarbeit der Diakonie Deutschland lassen sich vier miteinander verwobene, aber analytisch zu trennende Dimensionen öffentlicher Diakonie unterscheiden: die Ebene der Überzeugungen, auf der moralische Geltungsansprüche artikuliert und als spezifisch christlich bzw. allgemeingültig gerahmt werden; die Ebene der Organisation, die entsprechend ihrer Multirationalität an der Kommunikation verschiedenster Öffentlichkeiten teilnimmt; die Ebene öffentlicher Individuen, auf der im Modus personaler Authentizität kommuniziert wird; und die Ebene des Symbolgebrauchs, der ebenso moralische und ethische Valenzen aufweist. Das im internationalen Bereich prominente Konzept der *prophetischen Diakonie* lässt sich von hier aus differenzieren in eine Vielzahl diakonischer Öffentlichkeitspraktiken und Akteurspositionen, die jeweils auf ihre Chancen und Probleme zu befragen sind (III.2).

Eine spezifische Form der Selbstpräsentation diakonischer Organisationen liegt in ihrer Geschichtspolitik. Gerade die großen diakonischen Träger in Deutschland führen sich häufig auf Gründergestalten zurück, an denen – dem Anspruch nach – der Grundsinn und damit die Legitimität ihrer Organisation deutlich werden. Das heißt auch, dass Konflikte um das Wesen der Organisation sich als historische Deutungskonflikte manifestieren, wie sich insbesondere an der Hagiographie zu Fritz von Bodelschwingh (Bethel) zeigen lässt. Der Ausgriff in die Geschichte liefert dabei allerdings nur eine paradoxe Legitimation gegenwärtiger Organisationswirklichkeit. Denn in dem Maße, wie eine in ihrem religiösen wie helfenden Virtuosentum alle Nachfolgenden überstrahlende Gründergestalt gezeichnet wird, erscheint die gegenwärtige Organisation zwar einerseits durch die Eindeutigkeit und Stärke ihrer Ursprungsintention geadelt, andererseits aber gerade dadurch als schwächer und weniger eindeutig. Von hier aus werden alternative Strategien diakonischer Geschichtspolitik bis hin zum Vergessen, d. h. zum Verzicht auf eine Präsentation der eigenen Tradition, verständlich. In jedem Fall ist der Umgang mit der eigenen Geschichte – nicht nur im Kontext von Aufarbeitungsdebatten – ein eigener Gegenstand diakonischer Ethik (III.3).

IV. Arbeitsrecht

Zu den Grundfragen jeder Ethik gehört das Verhältnis von Ethik bzw. Moral und Recht. Denn zum einen können rechtliche Normen nicht ihrem Geltungsmodus, wohl aber ihrem Inhalt nach moralischer Natur sein. Zum anderen werden ethische Debatten zuweilen auf der Plattform von Rechtssetzungsprozessen geführt, was in Deutschland insbesondere im medizinethischen Bereich der Fall ist. Drittens können rechtliche Auseinandersetzungen um das Recht als Indikatoren für unterliegende ethische Problemlagen verstanden werden. Alle genannten Aspekte spielen in der Frage des kirchlichen Arbeitsrechts eine Rolle, das ja vor allem mit Blick auf die Diakonie Gegenstand von Konflikten ist. Innerhalb der Diakonie geht es dabei insbesondere um das spannungsvolle Verhältnis von *Identität und Pluralität*. Die Frage nach Identität fungiert dabei als Plattform einer vielstimmigen Auseinandersetzung um eine verantwortliche Praxis des Helfens. Die Foren dieser Auseinandersetzung und die beteiligten Positionen haben sich in den letzten Jahrzehnten erheblich pluralisiert. Es bedarf eines inneren diakonischen Republikanismus, um Diakonie als gemeinsame Sache einer legitimerweise pluralen Mitarbeiterschaft auch in Konfliktprozessen verstehen und entwickeln zu können. Inwieweit dann die Anforderung der Kirchenmitgliedschaft bei bestimmten diakonischen Tätigkeitsfeldern notwendig ist, ist selbst noch einmal Gegenstand dieser Auseinandersetzungen (IV.1).

Als Problemvokabel für Diakonie als gemeinsame Sache einer pluralen Mitarbeiterschaft ist der Begriff der *Dienstgemeinschaft* eingeführt. Aufgrund seiner juridischen Grundlegungsfunktion für das kirchliche Arbeitsrecht ist das oben Gesagte an diesem Begriff zu explizieren. Dabei erscheint die Ausgestaltung des kirchlichen Arbeitsrechts zwischen Tarifvertrag und Drittem Weg nicht als bekenntnishafte Grundsatzfrage, sondern als Frage pragmatischer Utilität. Wenn das so ist, leuchtet insbesondere ein allgemeiner Ausschluss des Streikrechts in diakonischen Einrichtungen nicht mehr ein. Dass und inwieweit bei bestimmten diakonischen Tätigkeitsfeldern Kirchenmitgliedschaft vorauszusetzen ist, bedarf dementsprechend einer auf den lokalen Kontext der Einrichtung bezogenen Plausibilisierung (IV.2).

Neben der möglichen Kirchenmitgliedschaftsanforderung steht im kirchlichen Individualarbeitsrecht noch die Forderung, Mitarbeitende mögen sich gegenüber der evangelischen Kirche loyal verhalten. Der Begriff der Loyalität stellt die rechtliche Manifestation eines unterliegenden ethischen Grundproblems dar: Inwieweit sind Mitarbeitende im – wie oben gezeigt – potentiell überschießenden Erwartungshorizont von „Diakonie“ in ihrer Arbeit und über diese hinaus in die Pflicht genommen? Das alte Rollenmodell der Diakonisse, die ihr ganzes Leben restlos dem Dienst am Nächsten widmet, stellt die Hintergrundfolie für Verpflichtungsdiskurse im sozialen Bereich im Allgemeinen sowie in der Diakonie im Besonderen dar. Im Dialog mit der philosophischen Begriffsgeschichte des Loyalitätsbegriffs wie auch mit der historischen Loyalitäts- und Treueforschung lassen sich Modi, Intensitäten und Bezugsinstanzen von Verpflichtung differenzieren. Wiederum handelt es sich bei der Pflege einer gehaltvollen Bindung diakonischer Mitarbeitender an ihre Tätigkeit und deren organisationalen Kontext, aber auch bei der Begrenzung von potentiell überschießenden Verpflichtungen um zentrale ethische Erfordernisse (IV.3).

In zugespitzter Form wird das kirchliche Arbeitsrecht im Modus der Frage verhandelt, ob nicht das weltliche Arbeitsrecht – und hier insbesondere die dort festgeschriebenen Formen der Arbeitnehmermitbestimmung – gänzlich die kirchlichen Regelungen ersetzen sollte. Diese vom Theologen Hartmut Kreß vertretene Position wird abschließend im Lichte des bisher Dargestellten diskutiert. Wenn es beim Arbeitsrecht um pragmatische und nicht um Bekenntnisfragen geht, so ist diese Frage nicht grundsätzlich zu verneinen. Zugleich verliert unter dieser Voraussetzung aber auch ihre, wiederum bekenntnishafte, generelle Bejahung an argumentativer Kraft. Es bleibt zu beurteilen, welche arbeitsrechtliche Form den Grundrechten der Mitarbeitenden wie auch der Eigentümlichkeit der Diakonie, der im Horizont christlicher Tradition spezifisch gepflegten religiösen Rationalität des Helfens, die dem Helfen selbst hilfreich ist, angemessen ist. Und es ist der weiteren Entwicklung diakonischer Einrichtungen überlassen, eine gehaltvolle Pflege religiöser Rationalität des Helfens organisationskulturell lebendig und damit auch gesellschaftlich plausibel zu halten (IV.4).

V. Abschluss

Mit dem Durchgang durch die vorgenannten Themen ist nicht der Anspruch verbunden, den Umfang diakonisch-ethischer Fragen auch nur annähernd vollständig behandelt zu haben. In den einzelnen Handlungsfeldern treten jeweils hochspezifische Problemstellungen auf, die in der Auseinandersetzung zwischen den involvierten Professionsethiken, Rechtswissenschaft, Ökonomik, Theologie und weiteren Disziplinen zu verhandeln sind. Fragen öffentlicher Diakonie und des Arbeitsrechts wandeln sich mit dem jeweiligen gesellschaftlichen Kontext. Auch die Grundlagenfragen einer theologischen Ethik der Diakonie lassen sich dem hier verfolgten Ansatz nach nicht in übergeschichtlicher Weise, sondern nur mit Bezug auf die jeweilige historische Konstellation fruchtbar adressieren. Insofern besteht der Wert der vorliegenden Beiträge, wenn überhaupt, nicht allein – und mit zunehmendem Alter des Buches immer weniger – in der Klärung der Einzelfragen als in dem darin aufscheinenden Modell einer konkreten und kontextuellen theologischen Ethik der Diakonie.

Im vorliegenden Band wird eine evangelisch-theologische Perspektive eingenommen. Im Bereich der römisch-katholischen Kirche und der Caritas stellen sich viele der genannten Fragen auf ganz ähnliche Weise, sodass das Gespräch mit der katholischen Moraltheologie und Sozialethik sich als hilfreich erweist und in Zukunft intensiviert werden sollte. Das gilt gerade auch dort, wo aufgrund unterschiedlicher Kirchenverständnisse andere Schwerpunkte gesetzt und differente Probleme wahrgenommen werden.

Des Weiteren ist einer zunehmenden Europäisierung des Sozialen Rechnung zu tragen. Zwar ist in der Europäischen Union das Sozialrecht vorrangig Sache der Mitgliedstaaten, und so verlaufen die verschiedenen europäischen Pfade einer Entwicklung von Wohlfahrtstaatlichkeit und der Rolle der Kirchen in ihr auch heute noch weiterhin unabhängig voneinander. Andererseits ist, nicht zuletzt in den Krisen der letzten Jahre, der grenzüberschreitende Charakter der sozialen Herausforderungen (nicht nur) in Europa zunehmend deutlich geworden. Dazu kommt, dass sozialwirtschaftliche Akteure ebenfalls grenzüberschreitend agieren, indem sie soziale Dienstleistungen in verschiedenen Ländern anbieten, transnational kooperieren und/oder Fachkräfte oder Klient:innen aus anderen Ländern anwerben. Dem gilt es auch in der Ethik Rechnung zu tragen: zum einen hinsichtlich der hierdurch aufgeworfenen neuen Fragestellungen, zum anderen hinsichtlich der internationalen Wissenschaftskooperation.

Ich danke James Dunn und Johanna Schade für ihre intensive Arbeit an diesem Band und unsere vielen produktiven Gespräche über diakonische Ethik. Raphael Keiner hat die Beiträge wie gewohnt zuverlässig in Form gebracht. Ebenso danke ich den Verlagen Beltz, BRILL Deutschland GmbH, De Gruyter, Evangelische Verlagsanstalt Leipzig, Herder, Kohlhammer, Mohr Siebeck Tübingen, Penguin-Random House und Regnum sowie dem Bundesverband Evangelische Behindertenhilfe und dem Evangelischen Pressedienst für die freundliche Genehmigung zum Zweitabdruck bereits publizierter Texte. Sebastian Weigert, Florian Specker und Janina Schüle vom Kohlhammer-Verlag danke ich für die wie immer hervorragende Zusammenarbeit in der Erstellung dieses Bandes.

Heidelberg, im Oktober 2022 Thorsten Moos

I. Grundlagen und analytische Perspektiven

1. Religiöse Rationalität des Helfens Zu einer Theorie diakonischer Praxis[1]

„Vermutlich haben wir es uns in der Vergangenheit zu leicht gemacht", so kommentierte ein für die Diakonie tätiger Theologe die Entscheidung des Europäischen Gerichtshofs (EuGH) zum Fall Egenberger gegen Evangelisches Werk für Diakonie und Entwicklung. Die Behauptung, für die Einstellung auf einen bestimmten Arbeitsplatz sei eine spezifische Religionszugehörigkeit der Bewerberin erforderlich, muss von nun an „Gegenstand einer wirksamen gerichtlichen Kontrolle sein können", urteilte der EuGH.[2] Der Zusammenhang zwischen diakonischer Tätigkeit und religiösem Bekenntnis ist nicht selbstverständlich. Er muss, im Allgemeinen wie mit Blick auf den Einzelfall, auch für kritische Ohren plausibel gemacht werden. Zwar wird der säkulare Staat auch fürderhin nicht zum Theologen werden und die Frage, wie genau sich denn nun Religion und Helfen verhalten, im Namen des Volkes zu entscheiden suchen. Aber er wird theologische Auskunft verlangen, was es denn auf sich habe mit der konkreten diakonischen Praxis und ihren vermeintlichen Bezügen zum „Ethos dieser Kirche oder Organisation",[3] wie der EuGH es nennt. An der Plausibilität dieser Auskunft wird es zukünftig hängen, ob kirchliche und diakonische Einstellungspraktiken gerichtsfest sind.

Das Religiöse an der Diakonie versteht sich mithin nicht von selbst. Organisierte Wohlfahrtspflege und organisierte Religionspflege haben sich weithin ausdifferenziert. Hier die konsistorial nach wie vor recht fest vermauerten Landeskirchen, dort die großen Tanker und kleinen Jollen, die unter der Flagge des Kronenkreuzes (oder auch nicht) in der unruhigen See des sozialen Marktes navigieren. Hinter organisationaler Entfremdung, Abgrenzungslyrik und Zuordnungsgeruckel steht die alte Frage nach dem inneren Zusammenhang von Religion und organisiertem Helfen in der Gegenwart. Man hat versucht, die Frage für tot zu erklären, doch sie kam als Zombie wieder um die Ecke.[4] Man hat versucht, die Fragenden mit dem Hinweis auf „christliche Werte" abzuspeisen, doch

---

1 Der folgende Beitrag geht auf eine Antrittsvorlesung an der kirchlichen Hochschule Wuppertal / Bethel im Jahr 2018 zurück. Der Vorlesungscharakter ist beibehalten.

2 Europäischer Gerichtshof, Entscheidung C–414/16, 17.04.2018, Rn. 55; 58f; 83. Das Bundesarbeitsgericht hat sich dem angeschlossen: Bundesarbeitsgericht, Entscheidung 8 AZR 501/14, 25.10.2018.

3 EuGH 2018 (wie Anm. 2), Rn. 59. Die Formulierung schließt an die Richtlinien des Rates der Europäischen Union an: Rat der Europäischen Union, Richtlinie 2000/78, 27.11.2000, Art. 4 (2).

4 Vgl. Rüegger / Sigrist 2011.

derlei Nahrung erwies sich oft als hart und ungenießbar. Man hat versucht, Frage wie Antwort stillzustellen und die Kräfte aufs Behaupten kirchenpolitischen Terrains zu konzentrieren. All das ist fehlgeschlagen. Die Frage nach dem Zusammenhang von Religion und Helfen bleibt, lebt, gärt: vor staatlichen Gerichten ebenso wie in der heterogenen Mitarbeiterschaft diakonischer Einrichtungen, in kirchlichen Synoden ebenso wie in diakonischen Unternehmen, wenn die Wiederbesetzung des Theologischen Vorstands auf der Kippe steht.

Ich will mich im Folgenden dieser Frage nach dem Zusammenhang von Religion und Helfen als einem Thema der Diakoniewissenschaft, genauer: einer Theorie diakonischer Praxis, widmen. Diese Unternehmung steht in vier diakoniewissenschaftlichen Kontexten: zum einen in dem der Apologetik, jener alten theologischen Kerndisziplin des Sich-verständlich-Machens. Es gilt zu sprechen vor staatlichen Gerichten, mit diakonischen Mitarbeitenden und auf dem Forum der eigenen Skepsis. Zum anderen im Kontext der Managementtheorie, wo es gilt, die sogenannte theologische Rationalität im Konzert eines multirationalen Managements zu verorten.[5] Zum dritten im Kontext der Kirchentheorie, wo die Verbindung von Diakonie und Kirche nach wie vor auf den Begriff gebracht werden muss.[6] Und schließlich viertens im Kontext einer theologischen Hermeneutik der Kultur, wo zu fragen ist, was die Rede von Religion hinsichtlich der Kultursphäre des organisierten Helfens zu verstehen gibt.[7]

Die Grundthese des Folgenden lautet: Dem Helfen selbst ist ein religiöses Moment eigen. Dieses religiöse Moment äußert sich insbesondere in Erwartungsüberschüssen, die Helfende wie Hilfeempfangende gegenüber dem Helfen haben. Diese Erwartungsüberschüsse stärken und bewahren den „Geist" des Helfens, aber sie können das Helfen auch von innen heraus sprengen. Die religiöse Rationalität des Helfens liegt dann darin, sich zu solchen Erwartungsüberschüssen zu verhalten und das klug zu tun: sie einerseits zu pflegen und sie andererseits in Schach zu halten. Religion ist (weit mehr als, aber insbesondere) eine *rationale Kulturtechnik der Pflege und des In-Schach-Haltens von Erwartungsüberschüssen*. Als solche, das will ich zeigen, ist sie dem Helfen hilfreich.

Eine Bemerkung zuvor. Die Programmformel von der religiösen Rationalität des Helfens verbindet – Religion! Rationalität! Helfen! – drei hochproblematische Begriffe. Insbesondere der Begriff des Helfens steht in der Sozialen Arbeit unter Verdacht.[8] Im Vergleich zu Alternativen wie Assistieren, Befähigen oder Ermächtigen[9] klingt er paternalistisch, motivational überfordernd und – in Zeiten professionalisierter Sozialwirtschaft – unangemessen pathetisch. Dabei sei

---

5 Vgl. dazu Schedler / Rüegg-Stürm 2013; Büscher / Hofmann 2017.

6 Vgl. Grethlein 2018.

7 Vgl. etwa Kubik 2018.

8 Vgl. klassisch Schmidbauer 1978.

9 Vgl. Hofmann 2017, 140; Eurich 2018.

es doch mit dem Pathos des Helfens vorbei, so hat Niklas Luhmann vom Bielefelder Katheder mit terminaler Geste beschieden.[10] Dagegen halte ich den Begriff des Helfens für die Diakonie schlicht für unverzichtbar, ganz elementar im Sinne Hegels: Handeln zum Wohl des anderen.[11] Damit sei nicht behauptet, alles an der Diakonie *sei* in irgendeinem unmittelbaren Sinne Helfen. Wenn diakonische Praxis als Helfen verstanden wird, handelt es sich vielmehr um eine mehrfach gestufte Deutung:[12] Zunächst muss diese Praxis überhaupt als Handeln, als intentionale Tätigkeit verstanden werden. Auf der nächsten Ebene wird dieses Handeln als Helfen verstanden. Damit ist eine moralische Ebene eingezeichnet: Helfen steht unter dem Anspruch, das Wohl des anderen zu befördern. Und schließlich ist zuweilen noch eine dritte Deutungsebene im Spiel, wenn das Helfen als diakonisch verstanden wird. Ich behaupte also nicht, die Vollzüge einer diakonischen Organisation *seien* Helfen; aber ich behaupte, dass Mitarbeitende der Diakonie in diesem hochstufigen Sinne helfen wollen, dass sie ihr Tun zumindest teilweise als Helfen verstehen, dass Menschen Dienste der Diakonie in Anspruch nehmen, weil sie wollen, dass ihnen geholfen wird, und dass Diakonie staatlich refinanziert wird, weil politisch gewollt ist, dass in ihr geholfen wird. Der Begriff des Helfens ist also mindestens für die Beschreibung der Erwartungshorizonte diakonischer Praxis unverzichtbar. Mehr noch, gerade in seinen problematischen Momenten – seiner moralischen Beladung, seiner Bindung an das Subjekt, seiner Offenheit hinsichtlich der Frage, wer denn definiert, was dem anderen nützt – ist er schlicht sachgemäß. Es handelt sich um echte Probleme diakonischer Praxis.

Um aufzuzeigen, was ich mit religiöser Rationalität des Helfens meine, beziehe ich mich auf drei aktuelle Pathosformeln im Bereich der sozialen bzw. Gesundheitsdienstleistungen: Inklusion (I.), Würde (II.) und Sorge (III.). Ich wähle diese drei, weil sie es erlauben, das Thema in drei unterschiedlichen ethischen Theoriezusammenhängen zu verorten. Anschließend trete ich einen Schritt zurück und entfalte den Begriff der religiösen Rationalität des Helfens (IV.). Der letzte Teil gehört der Frage, was aus diesen Überlegungen für die Organisation des Helfens in der Diakonie folgen könnte (V.).

---

10 Vgl. Luhmann 1975.
11 Vgl. Hegel 1996, §§ 125f.
12 Vgl. dazu Barth 2003, 338f.

I. Inklusion

„Inklusion" hat sich in den letzten Jahren, nicht nur in der Arbeit mit Menschen mit Behinderung, zu einem Leitbegriff des Helfens entwickelt. In der UN-Behindertenrechtskonvention von 2006 als Menschenrecht kodifiziert, in Deutschland im Bundesteilhabegesetz von 2016 umgesetzt, beschäftigt sie derzeit auch diakonische Unternehmen und Werke intensiv.

Was ist Inklusion?[13] Die theoretischen Wurzeln sind gut aufgearbeitet. Systemtheorie, soziale Ungleichheitsforschung und der Diskurs um Behinderung und Diversität wirken – in oft ungeklärter Weise – zusammen zur Formulierung einer sozialen Zielvorstellung helfenden Handelns.[14] „Inklusion" steht für das Ideal einer Gesellschaft, in der alle im vollen bürgerrechtlichen Sinne partizipieren, gleiche Chancen haben, an gesellschaftlicher Arbeitsteilung teilzuhaben, und umfänglich in soziale Netze eingebunden sind.[15] Leitbild ist nicht die Integration Randständiger in die Normalität einer Mehrheitsgesellschaft, sondern die Teilhabe der Verschiedenen an einem sozialen Ganzen, das sich gerade aus dieser Verschiedenheit konstituiert. Diese Zielvorstellung verdankt sich den Negativerfahrungen von Menschen mit Behinderung wie auch von Menschen in spezifischen Armutslagen, die sich vielfach marginalisiert und ausgeschlossen finden: aus dem Arbeitsmarkt, aus dem Bildungssystem, aus der politischen, kulturellen und medialen Kommunikation wie auch aus sozialräumlichen Netzwerken. Inklusion ist die Inversion dieser Erfahrungen, als Zustand einer Gesellschaft vorgestellt. Und wer würde bestreiten, dass es sich um eine gute und legitime Leitorientierung des Helfens handelt?

Nun, das tun einige. Neben dem affirmativen Inklusionsdiskurs steht eine umfangreiche Dissidentenliteratur.[16] Zu ihr zählt etwa die Streitschrift „Die Inklusionslüge" des Theologen und ehemaligen Vorstands der Diakonie Rheinland-Westfalen-Lippe, Uwe Becker.[17] Zwei Motive dieser Kritik will ich hervorheben. Inklusion sei zum einen unrealisierbar, weil Inklusion ohne Exklusion nicht zu denken sei. Unabhängig davon, wie eine Gesellschaft verfasst sei, werden sich immer Menschen in marginalisierten und ausgegrenzten Positionen finden. Es bedürfe also immer noch weiterer Maßnahmen, Inklusion zu befördern. Das Ideal der Inklusion legitimiere eine potentiell unbegrenzte Menge an gesellschaftsgestaltenden Maßnahmen: eine Zielvorstellung mit unbegrenzbarem Charakter. Zum anderen sei das Ideal der Inklusion gefährlich, weil es moralisch so anziehend sei, dass es keinen Widerspruch und damit keine wirkliche

---

13 Zum Folgenden siehe ausführlich S. 102–104 im vorliegenden Band.

14 Vgl. Liedke / Wagner 2016b.

15 Vgl. Kronauer 2007, 6.

16 Vgl. nur Thomas 2014; Evangelische Kirche von Kurhessen-Waldeck 2014; Cechura 2015.

17 Vgl. Becker 2016.

politische Auseinandersetzung erlaube. Die Gefahr des Inklusionsideals liegt Kritikern wie Becker zufolge demnach in der Verbindung eines infiniten Erwartungsüberschusses mit moralischer Unbestreitbarkeit. Es handelt sich, so könnte man diese Kritik zuspitzen, bei Inklusion um eine Utopie mit Unbedingtheitsanspruch, eine Reich-Gottes-Vision von Gesellschaft, und nicht um ein taugliches sozialpolitisches Leitbild.

Das macht ein Blick in die kirchlich-diakonische Praxis anschaulich. Der Praktische Theologe Thomas Schlag hat jüngst Vesperkirchen, die kostenlose Mahlzeiten anbieten, daraufhin analysiert, inwiefern hier ein „Ort für jedermann" gestaltet wird. Und er zeigt auf, wie die Bemühungen, hier ‚alle' an einen Tisch zu holen, ihrerseits auf subtile Weise neue Ausschließungserfahrungen generieren können: in der Inszenierung des Unterschieds zwischen Helfenden und Hilfeempfangenden (soziale Schichtzugehörigkeit, Handlungssicherheit, Kleidung); in der Definitionshoheit über das Ideal von Gemeinschaft und die Regeln, die hier gelten; und nicht zuletzt dadurch, dass eine um Inklusion bemühte Vesperkirche anzeigt, dass Kirche ansonsten eben kein Ort für alle ist. So kann die inklusive Praxis zu einem Indikator für Exklusion werden, indem „die sogenannten Bedürftigen nun sozusagen im Raum selbst geradezu ‚ausgestellt' werden".[18]

Zum Inklusionsthema ist viel mehr zu sagen. Mir geht es lediglich um zwei Punkte: Erstens: Die mit dem Ziel der „Inklusion" erhobene Forderung, Marginalisierungs- und Ausgrenzungserfahrungen von Menschen zu mildern und ihre Ursachen zu überwinden, ist fraglos richtig. Zweitens: Inklusion ist ein in sich nicht widerspruchsfreies und in seinem Forderungsgehalt unendliches Ideal, das in seinen Erwartungsüberschüssen durchaus ein religiöses Vibrato aufweist.[19] Die Frage ist, wie mit einem solchen berechtigten, aber unbeherrschbaren Ideal umgegangen werden soll, wenn es als Leitorientierung des Helfens dienen soll.

An dieser Stelle kommt ins Spiel, was ich religiöse Rationalität nennen möchte. Ein anschauliches Beispiel dafür findet sich im alten Betheler Diakonissenmutterhaus Sarepta, in dessen ehemaligem Speisesaal ein monumentales Inklusionsbild hängt. Gemalt von Rudolf Schäfer im Jahr 1931, zeigt es einen Pilgerzug durch einen nächtlichen Wald. Von überall her kommen Sieche, Versehrte, Beschädigte, und die, die ihnen helfen. Eine Diakonisse trägt ein Mäd-

---

18 Schlag 2018, 162.

19 Der Eindruck, dass der Inklusionsdiskurs eine religiöse Unterströmung hat, lässt sich durch einen traditionsgeschichtlichen Hinweis erhärten, den wir dem Menschenrechtstheoretiker Heiner Bielefeldt verdanken. Seiner Beobachtung nach beerbt die Inklusionssemantik den dritten Leitbegriff der französischen Revolution, den der Brüderlichkeit (vgl. Bielefeldt 2011b). Und dessen Begriffsgeschichte ist religiös durchimprägniert (vgl. Schieder 1972). Es ist ein hochinteressantes Feld, die Brüderlichkeitssemantik etwa in der inneren Mission zu verfolgen. Selbst Diakonissenlieder, die die Liebe unter den Schwestern preisen, singen, wenn es religiös interessant wird, fröhlich ungegendert von Brüderlichkeit (vgl. Disselhoff 1866, 48f.; 52f.).

chen, gelähmt vielleicht; einer wird auf einem Esel gebracht; ein verletzter Soldat im Karren gezogen; zwei stützen sich gegenseitig. Der Zug führt zu einem hell erleuchteten Haus, eine Treppe hinauf zur geöffneten Tür. Einer, der die Tür gerade erreicht hat, wird überkleidet mit einem Festgewand, bereit, einzutreten in den von Kerzen hell erleuchteten Saal. Wir können nicht hineinsehen, aber die biblisch gesättigte Vermutung sagt: Dort wird das große Festmahl für alle stattfinden.[20]

Dieses Inklusionsbild hing beständig den speisenden Diakonissen vor Augen, Handlungslegitimation und Zielvision. Einst werden alle dort sein im festlichen Saal; es gilt, einigen jetzt ein paar Schritte auf dem Weg zu helfen. So verbindet das Bild die diakonische Praxis mit dem inklusiven Sozialideal des Reiches Gottes. Verbindet, und hält zugleich auf Abstand. Verbindet, denn es geht ein kontinuierlicher Zug von hier nach dort. Hält auf Abstand, denn das Gottesreich ist deutlich als jenseitig markiert. Engel flattern um das Haus, vor allem aber führt die Treppe zur Tür hinauf. Und hinaufsteigen heißt in der Raummetaphorik Bethels, wo der Friedhof ganz oben gelegen ist, auf den Tod zu und durch ihn hindurchgehen. Die vollendete Reich-Gottes-Inklusion hat ihren Ort im Jenseits, aber sie ist mit der diesseitigen Praxis verbunden.

So webt das Bild ein Gespinst aus Verweisungen zwischen dereinst und jetzt: Vom endzeitlichen Gastmahl her werden die kulturelle Praxis des gemeinsamen Essens, die ebenfalls angespielte religiöse Praxis des Abendmahls und die vielfältigen Praktiken des Helfens als Vorschein und Beförderung einer letzten Inklusion sichtbar. Inszeniert wird dreierlei: das konkrete Helfen, das Ideal inklusiver Sozialität selbst (in symbolischer Form), und sein bleibender Überschusscharakter. Das öffnet den Raum für die nüchterne Frage, was jetzt und hier zu tun wirklich aussichtsreich und hilfreich ist. Dass Inklusion eine Utopie sei, ist also von hier aus kein Gegenargument,[21] solange es gelingt, sich zu dieser Utopie in kluger Weise ins Verhältnis zu setzen.

Für die Vesperkirchen weist Thomas Schlag auf die Potentiale des Kirchenraums und der Gottesdienstpraxis in der Vesperkirche hin. Hier könne zum einen die erlebte Gemeinschaft zum Ausdruck kommen. Zum anderen werde die Vision einer tatsächlichen gesellschaftlichen Teilhabe, das *full membership*, als Verheißung inszeniert, und drittens wären die politischen Hintergründe von Ausgrenzung und entsprechender Handlungsbedarf in den Blick zu nehmen.[22]

---

20 Angespielt sind unter anderem Ps 126; Lk 14,16–24; 10,25–37; 15,11–32; 2 Kor 5,1–4 und Offb 21,1–5.

21 Gegen Liedke 2016a, 80.

22 Das inszeniert einen Perspektivwechsel in der sozialen Ontologie, der in der sozialen Arbeit eingeklagt wird: Es gilt nicht, bestimmte Menschen erst durch spezifische Maßnahmen zu inkludieren, sondern eine inklusive Sozialität allen Inklusionsmaßnahmen vorgängig zu denken und dieser entsprechend Aussonderungen zu reduzieren. Vgl. Theunissen 2011a, 162; sowie Liedke / Wagner 2016b, 22.

Schlag findet mithin in den Vesperkirchen ein Potential dafür, was auch im Sarepta-Bild geschieht: die religiös-symbolische Verbindung und Distanzierung von konkreter Situation und überschießender Zielvorstellung, die – im besten Fall – einen Raum der Reflexion über spezifische, den jeweiligen Menschen dienliche Handlungsziele eröffnet.[23] Soweit das erste Beispiel für die religiöse Rationalität des Helfens. Hierzu wäre nun viel zu sagen; ich unterbreche aber und führe, bevor ich zur Analyse komme, noch zwei weitere Beispiele an.

II. Würde

Der Begriff der Würde spielt in den Feldern diakonischen Helfens eine erhebliche Rolle. In der Gesundheitsversorgung, die hier als Beispiel gewählt sei, ist es die Würde der Patientin, die in allen professionellen Vollzügen zu achten ist. Das gilt insbesondere in der Grenzsituation des Lebensendes: Sterben soll würdevoll sein. Wenn von Würde die Rede ist, geht es im Kern um die Qualität von Anerkennungsverhältnissen auch unter asymmetrischen Bedingungen. Ich habe an anderer Stelle gezeigt, dass die Erfahrung schwerer Krankheit auf verschiedenen Ebenen ein Anerkennungsproblem darstellen kann:[24] Es schleichen sich Zweifel ein, noch als leibkörperlich integrierter, sozial eingebundener, handlungsfähiger und zukunftsfähiger Mensch anerkannt zu sein. Anerkennung wird insbesondere in therapeutischen Beziehungen problematisch, da diese, wie jede professionelle Hilfebeziehung grundsätzlich asymmetrisch sind: Eine hilft, ein anderer empfängt Hilfe. Nimmt die Chirurgin mich – krank, schwach, Kassenpatient, in der OP bewusstlos, vielleicht dem Tode nahe – wirklich als Person wahr?

Nun ist Anerkennung mit dem Grundproblem belegt, dass sie, einmal zum Problem geworden, sich niemals vollständig ihrer selbst vergewissern kann. So kommt es zu Eskalationen des Anerkennungsproblems; im Gesundheitswesen etwa dann, wenn sich für mich die Frage, ob die Ärztin mich ernst nimmt, daran entscheidet, ob ich noch den nächsten Kernspin bekomme. Diagnostische Exzesse oder auch Rechtsstreitigkeiten dürften oftmals auf einen solchen Kampf um Anerkennung zurückgehen.

Dieses Problem lässt sich theologisch aufschlüsseln. Bei Würde geht es um nicht weniger als die unbedingte Anerkennung der ganzen Person. Darauf zielt alle Anerkennung ab; aber bedingte Anerkennungsverhältnisse können die unbedingte Anerkennungserwartung niemals einlösen. Die mangelnde Passung zwischen unbedingter Erwartung und bedingter Einlösung kann Hilfebeziehun-

23 Zur Inklusion im Gottesdienst vgl. Thomas 2014.

24 Vgl. zu diesem Abschnitt Moos 2018b, 272–374.

gen gefährden. Unbedingte Anerkennung kann hier allenfalls symbolisch mitgeführt werden. Dazu gibt es die kleinen Symbole, etwa die Anrede mit Namen, der für die ungreifbare ganze Person steht. Und es gibt große christliche Symbole der Anerkennung: den Segen als Inszenierung unbedingter Anerkennungswürdigkeit; oder auch die Parabel vom Weltgericht, Mt 25: „Was ihr einem meiner geringsten Brüder getan habt, das habt ihr mir getan." Mehr Würde geht nicht. Jeweils ist in solchen Symbolen zweierlei gleichzeitig präsent: Ein Mensch verdient unbedingte Anerkennung; und keine soziale Beziehung kann ihm diese vollumfänglich geben. Beides wird zugleich kommunizierbar: ein Kernelement religiöser Rationalität des Helfens.

Was heißt das für die diakonische Praxis? Einen Punkt will ich nennen: Das Bewusstsein davon, dass Würde zu schützen ist, ist heute auf den Feldern des organisierten Helfens stark verankert. Selbstbestimmung spielt hier zu Recht eine große Rolle. Aber wir stehen in Gefahr, im Respekt vor der Selbstbestimmung nicht nur *eine* Realisierungsebene der Achtung der Personenwürde zu sehen, sondern sie für das Ganze unbedingter Anerkennung zu halten; so, als könnte man einer Person in ihren Willensäußerungen habhaft werden. Damit laufen wir in die bekannten Aporien der Selbstbestimmung. Christus im anderen, ein religiöser Würdebegriff, ist hier ein angemessenes Korrektursymbol: Die Person, auf deren unbedingte Achtung alle konkrete Anerkennung aus ist, ist viel mehr als das Subjekt einer Willensbestimmung.

III. Sorge

Noch einen dritten Begriff will ich anführen, der auf verschiedenen Feldern helfenden Handelns in den letzten Jahrzehnten wichtig geworden ist: der Begriff der Sorge (englisch: Care). Der vielspältige Diskurs lässt sich so zusammenfassen: Care bezeichnet eine Haltung des Helfens, die sich ganz auf das Gegenüber *als Individuum* ausrichtet.[25] Zu den allgemeinen Standards von Organisation und Profession, zu den Prinzipien von Gerechtigkeit und Autonomie soll eine Haltung treten, die Einzelne in ihren individuellen Lagen wahrnimmt und das Helfen daran ausrichtet. Care erscheint so als Gegengift gegen Folgeprobleme moderner organisierter Hilfe – Standardisierung, kleinteilige Operationalisierung, Warencharakter der Hilfeleistung etc. Ihnen soll Care als eine Art von praktischer Klugheit und Urteilskraft zur Seite treten, damit organisiertes Helfen menschlich, den Individuen angemessen werde.

Moralisch ebenso unbestreitbar wie Inklusion und Würde der Person, ist Care mit vergleichbaren Schwierigkeiten behaftet. Ein Individuum ist niemals

---

[25] Vgl. zu diesem Abschnitt Moos 2018b, 478–567.

ganz zu erfassen. Noch das kleinteiligste Assessment der Hilfebedarfsplanung ist ein standardisiertes Verfahren, durch dessen Raster möglicherweise Entscheidendes fällt. Care kann sich somit ethisch gesprochen nicht als *Handeln* realisieren, in dem ein vorher ermitteltes Ziel umgesetzt wird, sondern als *Praxis*, in der die Belange, um die es geht, erst im Vollzug konstituiert werden: in beständigen kleinteiligen Abstimmungen zwischen Helfenden und Hilfeempfangenden. Care ist in diesem Sinne die Haltung helfenden Sich-Einlassens auf ein Individuum. Für eine solche Haltung hat die Tradition ein passendes, aber schwerverdauliches Wort: Hingabe. Damit sind wir auf dem Feld der Liebessemantiken: ein ganz schwieriges Gelände. Hingabe, das klingt nach Selbstaufopferung und Überforderung der Helfenden, nach Übergriff und Distanzlosigkeit gegenüber denen, die Hilfe empfangen. Wie ist eine solche Hingabe für beide Seiten zu leben, zu ertragen, zu dosieren? Wie ist damit umzugehen, dass Helfen das Individuum, das es anzielt, niemals ganz erreichen kann und insofern wohl immer hinter Erwartungen an eine wirklich individuelle Hilfe zurückbleibt? Wie kann unter den Bedingungen organisierten Helfens eine gute Distanz zu solchen Erwartungen aufrechterhalten und der Zynismus vermieden, wie also affektiv zwischen Burnout und Coolout hindurchnavigiert werden?

Die Nähe des Care-Diskurses zu Liebessemantiken weist wiederum darauf hin, dass die christliche Tradition hier Ressourcen vorhält: eine dritte Form religiöser Rationalität des Helfens. Ich nenne wiederum ein Beispiel aus der Diakoniegeschichte. Im Liederbuch der Kaiserswerther Diakonissen gibt es die Rubrik „Berufslieder", die um den Arbeitsalltag kreisen. In Lied 153, „Geht, Schwestern, einher mit Geduld und Erbarmen", heißt es in Strophe 2: „Vor Allen den Kranken, Elenden und Wunden,/Erkennt euch zu innigem Mitleid verbunden,/Gedenket, wie liebreich *der Herr* sie gepflegt,/Wie schmerzlich ihr Jammer *sein* Herze bewegt!/Das laßt in euch heilige Liebe entfachen [...]!"[26] Das ist nicht Paul Gerhardt, aber dennoch eine hochinteressante Figur: Die Haltung der Liebe soll entstehen aus der Betrachtung der affektiven Beziehung Christi (seines „Jammer[s]") zu den Elenden. Die singende Diakonisse ist in dieser Liebesbeziehung zunächst die dritte: Sie muss die liebende Hingabe in ihrer affektiven Kraft und umfänglichen Intensität nicht selbst aufbringen, sondern tritt nach Kräften in begrenztem Umfang in diese vollendete Liebe ein. So erscheint Christus nicht nur wie im Weltgericht als letzter Adressat der Hilfe, sondern auch als ihr erstes Subjekt. Viele Diakonissenlieder besingen die Differenz zwischen der vollkommenen „Heilandskraft" und „Liebesglut" Christi und der begrenzten Hilfehaltung der Diakonissen. „Mach die kalten Herzen warm!" heißt es, und „Ich mach ihm keine Sache recht."[27] Ja, das ist tiefstes lutherisches Sündenschwarz,[28] „de-

26 Disselhoff 1866, 131. Hervorhebung von TM.
27 A. a. O., 133; 135; 137; 134.
28 Zur Sünde vgl. a. a. O., 144.

fizitorientiert", würde man heute sagen. Zugleich aber mag man es lesen als einen nüchtern-entlasteten Umgang mit der Endlichkeit des eigenen Könnens und Laufens angesichts der Unendlichkeit dessen, was das Hilfeethos eigentlich fordert. Das Liebesgebot, so sehr sich das Ethos des Helfens darin wiederfindet, wird erst durch eine Portion Sündenbewusstein erträglich.

Liebe und Sünde: So würde man heute im Einführungskurs für diakonische Mitarbeitende wohl nicht sprechen. Aber das Problem bleibt, auch wenn Liebe heute Care heißt. Care als Haltung menschlichen Helfens braucht ein endlichkeitsbewusstes Korrektiv, das im christlichen Liebesgedanken klug mitgedacht ist. Das gegenwartstauglich zu formulieren ist eine Aufgabe heutiger Theologie der Diakonie.

IV. Religiöse Rationalität des Helfens

Die genannten drei Elemente religiöser Rationalität haben jeweils dort ihren Ort, wo das Helfen aus eigenen, inneren Gründen mit Erwartungsüberschüssen belegt ist, die es zu sprengen drohen. Die Zielvorstellung einer vollständig inkludierten Gesellschaft, die Handlungsbestimmtheit einer unbedingten Anerkennung der ganzen Person, die Haltung der Sorge für einen Menschen in voller Berücksichtigung seiner Individualität: damit sind Erwartungen benannt, die einerseits mit vollem Recht von Helfenden und Hilfeempfangenden an das Helfen gestellt werden und die andererseits nie vollständig erfüllbar sind. Diese Erwartungen haben je ihre Geschichte und sind in das Ethos des Helfens selbst eingegangen, das sich von nun an mit weniger nicht zufrieden geben kann. Dem Hilfeethos eignet mithin eine Unbegrenztheit, die sich auf den drei klassischen Ebenen der Ethik entfalten lässt: *Güterethisch*, auf der Ebene der Zielvorstellungen, ist die Not immer unbegrenzt (Beispiel Inklusion); hinter jedem Nächsten wartet schon die Übernächste. *Pflichtenethisch*, auf der Ebene der Handlungsbestimmtheit, nimmt Helfen unbedingt in Anspruch (Beispiel Würde). *Tugendethisch*, auf der Ebene der Haltung, zeigt sich die Disposition zu helfen immer noch steigerungsfähig (Beispiel Sorge). In dieser dreifachen Unbegrenztheit, in den Erwartungsüberschüssen, die es begleiten, transzendiert sich das Helfen auf ein Unbedingtes hin – wenn man so will, ein inneres religiöses Moment des Helfens.

Unter derlei überschießende Erwartungen tritt nun das konkrete, begrenzte, bedingte Helfen. Dabei droht es auf der einen oder der anderen Seite vom Pferd zu fallen: auf der Seite der beständigen Defiziterfahrung – genügt nicht! –, die in Überlastung und Frustration führt; oder auf der Seite des Zynismus, der sich gegen jegliche Erwartung immunisiert. An dieser Stelle, so hatte ich an drei Beispielen zu zeigen versucht, gibt es eine religiöse Rationalität, die es erlaubt, sich zu den Erwartungsüberschüssen des Helfens in kluger Weise ins

Verhältnis zu setzen: auf der einen Seite die Erwartungen zu pflegen, weil sie Sinn und Ethos des Helfens selbst entsprechen, und auf der anderen Seite die Erwartungen auf Distanz zu halten, damit sie das konkrete Helfen nicht zerstören. Das religiöse Bild im Speisesaal, das biblische Narrativ des Weltgerichts oder auch das Diakonissenlied sind Beispiele christlicher Traditionsstücke, in denen solche Rationalität zum Ausdruck kommt.

An dieser Stelle ist die Formel von der religiösen Rationalität näher zu klären. Inwieweit hat Religion überhaupt ein rationales Moment? Ist Religion nicht etwas ganz anderes als Rationalität, Vernünftigkeit, Verkopftheit gar, geht es nicht um fromme Unmittelbarkeit, Gefühl, Herz und Leidenschaft, Versenkung, Berührtwerden? Ja, Religion ist viel mehr als Rationalität. Aber ihr wohnt eben auch eine Form von Rationalität inne. Was das heißt, will ich zunächst nach der formalen Seite hin deutlich machen.[29] Fünf Punkte dazu:

1. Religion ist eine Weise, sich zu etwas zu verhalten. Das Bild im Sarepta-Speisesaal ist nicht deswegen erbaulich, weil darin Engel herumfliegen, sondern, weil es die eigene Praxis des Helfens in einem bestimmten Horizont zu deuten erlaubt. Im Bild, im Narrativ,[30] im Lied mache ich mir einen Reim auf eine vieldeutige Wirklichkeit.
2. Die genannten religiösen Traditionsstücke haben ihren Sitz im Leben in einer Praxis, die von den Vollzügen des Helfens abgesetzt ist. Das Bild gehört in die Essenszeit; das Gleichnis wird gelesen in der Andacht; das Lied gesungen vor oder nach der Arbeit. Religion ist verbunden mit Zeiten und Orten, die jenseits der Alltagsarbeit liegen und Besinnung und Reflexion ermöglichen.
3. In religiösen Formen kommt etwas zum Ausdruck, wovon ich mich innerlich bewegt finde. Religiöse Formen, religiöse Praktiken stellen Inneres nach außen, gewähren Sprache für Empfindungen, Erlebnisse und Erfahrungen, stellen dar, was sonst nicht oder nicht leicht benennbar wäre. Sie eröffnen Kommunikation.
4. Religion ist insofern ein selbstkritisches Geschäft, als sie um die Uneigentlichkeit der eigenen Ausdrucksformen weiß. Paulus' „Nicht ich lebe, sondern Christus lebt in mir" ist erkennbar grober Unfug – oder eine hoch differenzierte Art und Weise, sich symbolisch zu sich selbst ins Verhältnis zu setzen.
5. Es gibt ein Kontinuum religiösen Deutens und Kommunizierens, das sich erstreckt von Bildern und Liedern bis zu hochstufigen Reflexionsfiguren der theologischen Lehrbildung. Es ist kaum je sinnvoll zu sagen, hier ende die Frömmigkeit und hier beginne die Theologie. Vielmehr war mindestens das

---

[29] Vgl. Barth 2008, 96 zu den operationalen Eigenschaften des religiösen Bewusstseins.
[30] Vgl. Fischer 2008.

Christentum immer bestimmt von einem Wechselverhältnis zwischen elementaren Ausdrucksgestalten der Frömmigkeit, biblischen Texten, weiteren religiösen Traditionen und theologischem Denken.[31] In diesem Kontinuum lebt religiöse Rationalität. Hier ist die Diakonie seitens der akademischen Theologie immer unterschätzt worden, weil sie kaum je auf den Höhenkämmen theologischer Begriffsbildung, sondern vermeintlich unmittelbar in frommen Sprüchen und Bildern gelebt hat. Das ist, wie ich am Sareptabild und am Diakonissenlied zu zeigen versucht habe, eine Fehleinschätzung. Es bedarf einer guten Hermeneutik solcher Formen, um ihre religiöse Rationalität zu erkennen.

Zusammenfassend: Religion ist Gelegenheit und Medium, Ausdrucksform und Praxis, sich zu sich, den eigenen Erfahrungen und der eigenen Praxis so ins Verhältnis zu setzen, dass bestimmte Erwartungen und Erfahrungen reflektiert und kommuniziert werden können.[32] Religion als Ressource der Reflexion und Kommunikation: Das ist die erste Hinsicht, in der ich von religiöser Rationalität sprechen will (Rationalität I). Mit Blick auf unser Thema des Helfens sind aber noch zwei weitere Hinsichten zu nennen.

Zunächst: Bei den Erfahrungen, die religiös reflektiert und kommuniziert werden, handelt es sich näherhin um Transzendierungserfahrungen. So zeichnet sich das Helfen, wie gezeigt, durch Momente der Transzendierung aus: Es ist immer noch mehr zu erwarten. Die Transzendierungsmomente werden durch religiöse Formen zum Ausdruck gebracht, indem diese symbolisch auf das Unbegrenzte und Unbedingte ausgreifen. Sie lassen sich aber auch, wie ich angedeutet habe, ganz weltlich aufzeigen: mittels phänomenologischer oder kulturgeschichtlicher Betrachtungen. Auch in diesem Sinne will ich von religiöser Rationalität sprechen: Religion bringt den inneren Sinn des Helfens in allgemein einsichtiger Weise angemessen zum Ausdruck (Rationalität II).[33] Ob sich dieser Geltungsanspruch gegen Bestreitung bewähren lässt, steht auf einem anderen Blatt; „Rationalität" bezeichnet in diesem Sinne lediglich die Bedingung dafür, dass es überhaupt etwas zu bestreiten gibt.

---

[31] Zu den Ebenen religiösen und theologischen Sprechens vgl. Buntfuß 2004, 45ff.

[32] Religiöse Rationalität meint in diesem Sinne nicht den ‚vernünftigen' Gehalt einzelner religiöser Aussagen wie der Behauptung, es gäbe einen Gott, wie es die alte Apologetik zu zeigen versuchte (dieses Programm liegt etwa zu Grunde bei Otto 1970). Es geht mir auch nicht darum, den Begriff der Vernunft so umzudefinieren, dass Religion oder Glaube als das eigentlich Vernünftige erscheinen (so etwa Mühling / Wendte 2016, die für die Korrektur der menschlichen durch eine „inkarnatorisch informierte Vernunft" plädieren). Vielmehr geht es in den Spuren der Aufklärung darum, eine Rationalität religiöser Formen und Vollzüge zu benennen.

[33] Vgl. Barth 2008, 94 mit Verweis auf Georg Simmel: Der Transzendenzaspekt erwächst aus der Reflexivität des Lebens selbst. Zu Religion und Vernunft mit Hinblick auf Transzendenz vgl. auch Rössler 1976, 121–125.

Drittens spreche ich von religiöser Rationalität des Helfens in dem Sinne, dass die religiösen Ausdrucksformen nicht nur die dem Helfen eigenen Erwartungsüberschüsse zur Sprache bringen, sondern dass sie auch potentiell zu einem klugen Umgang mit diesen Erwartungsüberschüssen anleiten (Rationalität III). Flapsig lutherisch formuliert: Wenn Rationalität II das Gesetz war, ist Rationalität III das Evangelium. Erwartungsüberschüsse werden einerseits positiv aufgenommen als berechtigt; und andererseits wird in den genannten religiösen Symbolen differenziert zwischen dem überschießend Erwarteten und der aktualen Praxis. Das Reich Gottes liegt ebenso wenig in unserer Hand wie die Liebe Jesu Christi in unseren Herzen. Und dennoch haben wir *damit zu tun*. Inwieweit nun diese Differenzierung Distanzierung ist, sein soll, sein muss, und inwieweit sie die Verbindung von Unterschiedenem ist, sein soll, sein muss, darin liegt das ganze Problem. Hier bietet Religion nicht (im Sinne von Paul Tillichs Korrelationsmethode) Antwort auf eine Frage, die das Leben stellt, sondern vielmehr ein breites Reservoir an Formen zum Ausdruck des Problems und zur Justierung der eigenen Rolle als Helfende und als Empfängerin von Hilfe.

Auf den Feldern des Helfens erweist sich Religion also in dreierlei Hinsicht als rational:[34] formal in Reflexion und Kommunikation, material als angemessene Artikulation der Transzendierungsmomente des Helfens, und praktisch als Kultivierungsmedium eines klugen Umgangs mit den beständig überschießenden Erwartungen an Hilfe und Helfen. So ist Religion (viel mehr als, aber eben auch) eine rationale Kulturtechnik der Pflege und des In-Schach-Haltens von Erwartungsüberschüssen.

V. Organisationale Folgerungen

Was heißt das nun für diakonische Unternehmen und andere Einrichtungen, die das Helfen organisieren? Hier sei zunächst bemerkt, dass diakonische Organisationen beständig Adressaten von Erwartungsüberschüssen sind. Hilfeempfangende, Staat, Kirchen, Spender, Mitarbeitende, bürgerliche Öffentlichkeit, Leitungspersonen und andere Stakeholder stellen Erwartungen an das Helfen, die schon je für sich in der Regel das konkret Geleistete übertreffen. Dazu kommt eine Fülle von Spannungen zwischen diesen Erwartungen: zwischen der originären Motivation der Mitarbeitenden und den Zwängen der Organisation; zwischen der Erwartung der Hilfeempfangenden und dem sozialstaatlich Gegenfinanzierten; zwischen der Eigenlogik der Professionen und dem gemeinsamen

34 Hier ist von Rationalität und nicht von Vernunft die Rede, da die in der Moderne diagnostizierte Pluralisierung und innere Konflikthaftigkeit der Vernunft, mithin: die Vielzahl von Rationalitäten, vorausgesetzt ist. Vgl. dazu die Beiträge in: Apel / Kettner 2016.

„Auftrag"; zwischen dem individuellen Antrieb und den Loyalitätserwartungen des Arbeitgebers; zwischen dem Sinn des Helfens und seiner kleinteilig programmierten Praxis; und immer wieder: zwischen Bedarf und ökonomischer Rechenhaftigkeit, kurz; zwischen Not und Geld. Diese heterogenen Erwartungen stehen stets bereit, die Praxis der Organisation zu skandalisieren: „Das ist nicht diakonisch." Wer als Mitarbeiterin neu in ein diakonisches Unternehmen kommt oder wer als Leitungsperson in einem diakonischen Unternehmen Verantwortung trägt, muss sich zu diesem überdeterminierten Erwartungsraum verhalten – um nicht in einer beständigen Spirale aus steigender Erwartung und steigender Enttäuschung den Glauben an den Sinn des Ganzen und des eigenen Beitrags dazu zu verlieren.

Wenn also religiöse Rationalität als Kulturtechnik des Umgangs mit Erwartungsüberschüssen im Umfeld des Helfens hilfreich sein kann, sollte es sich lohnen, diese Ressource in der Organisation zu pflegen. Gegenwärtig ist das eine drängende Frage: Wie gelingt es, religiöse Rationalität in einer Organisation lebendig zu halten? Einige Stichworte dazu:

1. Die Legitimität religiöser Kommunikation in diakonischen Unternehmen ist prekär. (Ob das jemals anders war, sei dahingestellt; manch sehnsüchtiger Blick in die diakonischen Gründerzeiten scheint mir recht projektiv zu sein.) Ein Aspekt dieser Legitimationskrise ist die kontinuierlich abnehmende Vertrautheit mit basalen Ausdrucksformen des Christentums in der Mitarbeiterschaft. Die beiden wichtigsten religiösen Sozialisationsagenturen, Familien und Kirchen, verlieren an Einfluss. Damit steigt die Bedeutung diakonischer Bildung in den Einrichtungen: Gelehrt wird hier oftmals Religion als Fremdsprache. Wieviel dieser Sprache allerdings nötig ist, damit man sich verständigen kann, ist derzeit Gegenstand eines offenen Experiments an vielen Orten.
2. Religiöse Rationalität lebt im Wechselverhältnis von vorhandenen kulturellen Ressourcen und individueller Aneignung. In diakonischen Unternehmen ist Religion kulturell präsent, mehr oder weniger: Andachten, Gebete, Bilder und religiöse Symbole, Räume, biblische Narrative, Lieder, theologische Rede. Religiöse Rationalität braucht Orte, Zeiten und Material: das große Thema der diakonischen Kultur.[35]
3. Noch einmal: Religiöse Rationalität lebt im Wechselverhältnis vorhandenen kulturellen Ressourcen und individueller Aneignung. Es genügt nicht, allein auf das kulturell Vorhandene zu vertrauen. Es bedarf der individuellen Aneignung; es bedarf derer, die sich in der Organisation als religiös ansprechbar zeigen. Willkommen im sumpfigen Gelände des Loyalitätsthemas! Nein, religiöse Ansprechbarkeit ist mit Blick auf Individuen nicht identisch mit

35 Vgl. Moos 2018.

Kirchenmitgliedschaft; insgesamt ist sie jedoch unter gegenwärtigen Bedingungen auch nicht unabhängig davon. Wie viele Körner machen einen Haufen, wie viele Haare eine Frisur? Die Frage ist seit der Antike bekannt. Nach guten Antworten wird gesucht.

4. Feuerbach und Marx haben recht: Religion ist hochgradig ideologieanfällig. Das Bild im Speisesaal, der diakonische Schriftgebrauch, das Diakonissenlied: Gerade im historischen Abstand wird deutlich, wie nahe ein guter, mit Luther: befreiender Gebrauch einerseits und die religiös-ideologische Überhöhung des Zeitbedingten andererseits bei- und ineinanderliegen. Das eine ist nie ohne das andere. Folglich bedarf Religion der beständigen Selbstkritik, um nicht Ideologie zu werden. Das halte ich auch für einen, wenn nicht den zentralen Grund dafür, dass organisierte Diakonie Kirche braucht: Sie braucht einen über das einzelne Unternehmen, und sei es noch so groß, hinausgehenden Raum kritisch-religiöser Kommunikation, also Kirche. Ohne einen in diesem Sinne öffentlichen religiösen Vernunftgebrauch fiele die religiöse Rationalität des Helfens über kurz oder lang dahin; die Unternehmenskultur der Diakonie degradierte zur Arbeitgeberideologie.[36] Ob allerdings die verfassten Kirchen heute ein solcher funktionierender öffentlicher Raum für die Diakonie sind, ist damit noch keineswegs gesagt. Die Entkopplung ist zuweilen bis zur Sprachlosigkeit gediehen, und die diakonische Kompetenz steht in den Kirchen nicht gerade in üppiger Blüte. Es gibt Initiativen, das zu ändern; sie zu unterstützen ist aller Mühe wert. Es handelt sich beiderseits um eine vitale Frage.
5. Die religiöse Rationalität des Helfens ist in mehrfacher Hinsicht ein Thema des Diakoniemanagements. Zum einen bedürfen Schaffung und Erhalt der organisatorischen Rahmenbedingungen religiöser Rationalität entsprechender Entscheidungen des Managements. Zum zweiten gibt es Leitungsthemen, die selbst probate Gegenstände religiöser Rationalität sind. Dazu gehören etwa das Verhältnis von Kontrolle und Vertrauen in Unternehmensprozessen wie auch die Grenzen der Gestaltbarkeit einer Organisation. Hier gibt es erhebliche rationale Ressourcen in der christlich-religiösen Tradition. Das führt drittens zur Frage nach der faktischen Legitimität religiöser Kommunikation im Kontext der Produktion von Unternehmensentscheidungen: Hat religiöse bzw. theologische Rationalität tatsächlich einen Ort im multirationalen Management?[37] Hier zeigen sich erhebliche Differenzen innerhalb der Diakonie, die es zu studieren und gestalten lohnt.
6. Die benannten schwierigen Rahmenbedingungen religiöser Rationalität in diakonischen Organisationen sollen nicht in einen verfallstheoretischen Eintopf zusammengerührt werden. Nötig ist ein differenzierender Blick auf

---

36 Zum öffentlichen Vernunftgebrauch vgl. O'Neill 2016.

37 Siehe oben Anm. 5.

die Organisationswirklichkeit. Auch halte ich dafür, dass religiöse Rationalität des Helfens sich durchaus auch denjenigen erschließen kann, die keine entsprechende Sozialisation erlebt haben. Und zwar nicht nur durch langatmige Erklärungen wie die vorliegende, sondern auch und vor allem im Vollzug selbst, etwa in einer „Unterbrechungskultur“[38] oder in Schwellenritualen wie Begrüßungen und Verabschiedungen. Hier kann das rationale Moment religiöser Distanznahme zur diakonischen Praxis, dieses reflektierende Sich-Besinnen, auch denen wertvoll werden, die mit dem jeweiligen Skript nicht vertraut sind. Auch heute weht der Geist noch, wo er will.

Schließlich ist zu betonen, dass jeglicher religiöse, christliche oder gar protestantische Alleinvertretungsanspruch auf Vernünftigkeit unangemessen ist. Das Rationale ist gerade das Kommunizierbare. Was nicht potentiell Gegenstand spontaner Einsicht anderer sein könnte, verdient es nicht, als rational bezeichnet zu werden. Meine Pointe in den vorliegenden Ausführungen ist mithin nicht, dass Wohlfahrtseinrichtungen nur mit Hilfe von Religion rational mit den Herausforderungen des Helfens umgehen könnten. Die Arbeiterwohlfahrt wird das auch irgendwie anders schaffen. Die Pointe ist vielmehr, dass „Religion“ in diakonischen Unternehmen auch als rationale Ressource begriffen werden sollte, von deren lebendigem Problematisierungspotential das Helfen profitiert. Auch hier führt die Suche nach dem diakonischen Proprium im Sinne eines Alleinstellungsmerkmals also in die Irre. Die Chance, auch in Zukunft christliche Ressourcen für eine allgemeine, kluge Kultur des Helfens bereitzustellen, sollte diakonischen Distinktionsbedürfnissen genügen.

[38] Vgl. Reber 2018.

2. Kirche bei Bedarf
Zum Verhältnis von Diakonie und Kirche

I. Einführung

„Wir sind Kirche“, so vermeldet das langjährige Leitbild der Diakonie Deutschland.[1] Es bringt damit ein komplexes Verhältnis auf eine einfache Aussage. Je nachdem, ob dieser Satz auf dem dritten, zweiten oder ersten Wort betont wird, lassen sich eine selbstverständliche Zuordnung, eine trotzige Affirmation oder gar ein vorrangiger Vertretungsanspruch heraushören. Alle drei Untertöne sind der Debatte um das Verhältnis von Diakonie und Kirche nicht fremd. Diese Debatte begleitet die moderne Diakonie seit ihrer Gründerzeit im 19. Jahrhundert; sie hat sich jüngst im Kontext der Auseinandersetzungen um das kirchliche Arbeitsrecht wieder intensiviert. Im Folgenden wird die Frage nach dem Kirchesein von Diakonie aus theologischer Perspektive im Zusammenhang dargestellt. Kirchenrechtliche Deduktionen sind dabei nicht angezielt, da Theologie und Kirchenrecht m.E. nicht in einem Deduktionsverhältnis stehen und die begriffliche Anschlussleistung zwischen Theologie und Kirchenrecht nur im Gespräch beider Disziplinen erbracht werden kann. Wenn ich mich zum Schluss des Beitrages auf einige Rechtsgebiete vorwage, dann in bewusster Überziehung meines Mandats um der Provokation eines solchen Gesprächs willen.

1. Zum Sachproblem

Die theologische Bestimmung des Verhältnisses von Kirche und Diakonie ist nicht nur eine ekklesiologische bzw. theologisch-ethische Fingerübung. Sie steht im Kontext einer Reihe von Sachfragen, unter denen die rechtlichen Problemstellungen an vorderster Stelle stehen.

1. *Staatskirchenrechtlich*: Warum und inwiefern sollen sich Einrichtungen der Diakonie auf das kirchliche Selbstbestimmungsrecht nach Art. 137 Abs. 1 WRV i.V.m. Art. 140 GG berufen dürfen? Welche Kriterien sollen gelten, damit ein Unternehmen auf dem Quasi-Markt des Sozialen dem Raum der Kirche zugeordnet wird, und unter welchen Umständen ist eine solche Zuordnung aufzuheben? Diese Kriterien sind, so verlangt es das Bundesverfassungsgericht, aus dem Selbstverständnis der Kirchen, mithin *theologisch*, zu

---

[1] Evangelische Kirche in Deutschland 1998, Anhang.

erheben.[2] Gerade im europäischen Kontext wird es sich zeigen, inwiefern es – bei aller religionsrechtlichen Zurückhaltung der EU – gelingt, den rechtlichen Status der deutschen Kirchen und „ihrer“ Diakonie auf Dauer plausibel zu halten.[3]

2. *Kollektivarbeitsrechtlich*: Welche Verfahren der Aushandlung von Arbeitsbedingungen sind für den Raum der Kirche angemessen („Dritter Weg“)?[4] Hier ist insbesondere der Ausschluss oder die bedingte Zulassung des Streiks im diakonischen Bereich umstritten. Welchen Status haben Nichtkirchenmitglieder, welchen Gewerkschaften? Nach den diesbezüglichen Entscheidungen des Bundesarbeitsgerichts vom 20. November 2012 hat die Vereinte Dienstleistungsgewerkschaft (Verdi) im April 2013 Verfassungsbeschwerde eingelegt, um insbesondere die Stellung von Gewerkschaften in diakonischen Unternehmen zu präzisieren.[5]
3. *Individualarbeitsrechtlich*: Welche Ansprüche können diakonische Unternehmen als Teil von Kirche an ihre Arbeitnehmer/-innen stellen? Wie „christlich“ müssen diese sein bzw. sich verhalten, und wie verhält sich das zu den Antidiskriminierungsgesetzen?[6] Insbesondere hinsichtlich der ACK-Klausel ist zu fragen, inwiefern diese angemessen und auf einem religionspluralen Arbeitsmarkt auf Dauer durchsetzbar ist.

Neben diesen rechtlichen Fragen stehen weitere Sachprobleme, die ihrerseits auf verschiedenen Ebenen und in verschiedenen organisatorischen Kontexten situiert sind:[7]

4. *Öffentlich*: Wie ist der sozialethische Anspruch von Diakonie mit der Organisationswirklichkeit zu vermitteln? Wie sollte insbesondere die Pflege der Marke „Diakonie“ angesichts der öffentlichen Zustimmung zu „Diakonie“ (im Gegensatz zu „Kirche“), der Zwänge des sozialen Marktes und der starken diakonischen Binnendifferenzierung erfolgen?[8]
5. *Sozialpolitisch*: Unter welchen Bedingungen ist kirchliches Engagement in einem zunehmend „ökonomisierten“ Sozialmarkt (noch) möglich?[9]

---

2 Bundesverfassungsgericht, Entscheidung 46, 73, 11.10.1977; vgl. dazu Christoph 2004, 478ff.

3 Vgl. dazu a. a. O.; Christoph 2009; Germann / de Wall 2004; Glawatz-Wellert 2006.

4 Vgl. Germann / de Wall 2004, 554f.; Christoph 2004, 484ff.; Richardi 2012; Fey u. a. 2012.

5 Vereinte Dienstgemeinschaft, Kirchliches Sonderarbeitsrecht abschalten [online], t.ly/p1q4 (letzter Zugriff am 02.02.2022); „Verdi klagt wegen Streikrechts bei Kirchen“ 2013, t.ly/RRBd (letzter Zugriff am 02.02.2022).

6 Vgl. Germann / de Wall 2004, 552ff.; Richardi 2012.

7 Vgl. zum Folgenden auch Becker 2011, 19.

8 Vgl. Diakonisches Werk der Evangelischen Kirche in Deutschland 2008.

9 Vgl. Nethöfel 1998; Bedford-Strohm 2008; Eurich 2005; Götzelmann 2010.

6. *Innerkirchlich:* Warum sollen Kirchensteuermittel an die Diakonie fließen?[10] Wie ist mit der zunehmenden Übertragung von Arbeitsfeldern aus der verfassten Kirche in diakonische Trägerschaft umzugehen?[11]
7. *Hinsichtlich der diakonischen Unternehmensführung:* Wie sind die Legitimitäten im Elitenkonflikt zwischen theologischen und ökonomischen Führungskräften verteilt? Wie verhält sich etwa die am Leitbild des öffentlichen Dienstes orientierte Personalwirtschaft der verfassten Kirchen zu den privatrechtlichen Formen der Diakonie?[12]
8. *Hinsichtlich der Professionalisierung kirchlicher Sozialberufe:* Wie ist die „Kirchlichkeit" des Hilfehandelns mit der Professionalisierung zu vermitteln? Wie kann verhindert werden, dass die theologische Rekonstruktion diakonischen Handelns eine entgrenzte Verpflichtung und damit eine permanente Selbstüberforderung noch befördert?[13]

Die Frage nach dem Verhältnis von Diakonie und Kirche steht also im Schnittpunkt einer ganzen Reihe von Debatten im Kontext von (Staats-)Kirchenrecht, Unternehmensführung, Verbandstätigkeit und Sozialpolitik.

Diese Debatten sind nicht unabhängig voneinander, insofern sie insbesondere durch sozialpolitische Pfade und Trends („duales System" der Wohlfahrtspflege in Deutschland, „Ökonomisierung"), öffentliche Wahrnehmungen von Religion und Kirchen („Säkularisierung", aber hohe Zustimmung zum sekundärinstitutionellen Charakter der Kirchen) und den Formwandel des Helfens in der Moderne („Verrechtlichung", „Professionalisierung", „Ausdifferenzierung") verbunden sind. Sie sind aber auch nicht einlinig aufeinander abzubilden.

Angesichts der Fülle der Herausforderungen kann es nur um eine so weit wie möglich reichende Plausibilität und Binnenkohärenz der in den verschiedenen Debatten vorgetragenen theologischen Argumente gehen. Darin liegt die Pointe des vorgetragenen Versuchs. Der Umstand, dass sich in Kirchenrecht, Diakoniewissenschaft und Ethik jeweils unterschiedliche theologische Diskussionsstränge etabliert haben, entspricht zwar der Ausdifferenzierung der Diskurse, trägt aber tendenziell zur Aushöhlung der Plausibilität theologischer Argumentation bei.

Ich will die Frage insgesamt folgendermaßen zuspitzen: In welcher Hinsicht ist Diakonie in theologischem Verständnis „Kirche" und wie berührt dies die genannten Debatten?

---

10 Vgl. Frerk 2010.

11 Vgl. Becker 2011, 19.

12 Vgl. Schäfer 2005, 91f.

13 Zu diesen Problemen theologischer Begründung siehe auch Klessmann 1991, sowie die Beiträge in Hoburg 2008b.

2. Was ist von Theologie an dieser Stelle zu erwarten?

Die Aufgabe der Theologie hinsichtlich der Verhältnisbestimmung von Kirche und Diakonie, so wie ich sie verstehe, ist es zunächst, den Zusammenhang zwischen christlichem Glauben und diakonischem Handeln in seiner inneren Logik zu rekonstruieren, um von hier aus etwas zum Verhältnis der entsprechenden Organisationsformen zu sagen. Theologie beschreibt, inwiefern und wie Menschen ihr Handeln für andere im Horizont ihres christlichen Glaubens verstehen – und was das für die Vergemeinschaftungsformen von Glauben und Helfen bedeutet. Die Aufgabe ist mithin vorrangig deskriptiver Natur: Es geht um die rekonstruktive Beschreibung gelebter Religion.[14] Die normativ-ethische Begründung, warum Christinnen und Christen diakonisch handeln *sollen*, wäre hingegen nicht nur eine Antwort auf eine Frage, die so niemand gestellt hat; sie ist auch in theoretischer wie in praktischer Hinsicht in hohem Maße problembehaftet.[15]

Fasst man die theologische Aufgabe in dieser Weise, so ergeben sich einige Folgerungen für mögliche theologische Aussagen.

1. Die Frage nach dem *Spezifikum* oder *Proprium* christlichen Handelns im Sinne eines Differenzkriteriums gegenüber allgemein-humanem Handeln ist von hier aus nicht beantwortbar. Theologie operiert nicht mit einem labormäßigen Vergleich christlich-nichtchristlich. Dieser wäre aufgrund der christlich-wirkungsgeschichtlichen Imprägnierung abendländischer Ethosformen ohnehin methodisch mit größten Schwierigkeiten behaftet. Durchaus gefragt werden kann aber – so mein Vorschlag einer terminologischen Differenzierung – nach dem Hilfehandeln als *Signum* des christlichen Glaubens: Inwieweit begreifen Glaubende das Helfen als ihre eigene, ihrem Glauben wesentlich zukommende Aufgabe?[16]
2. Theologie als Rekonstruktion gelebter Religion aus der Binnenperspektive des Glaubens ist kein arkanes Begründungswissen, keine nur bestimmten Experten zugängliche Sonderrationalität. Wer als Glaubender handelt,

---

14 Vgl. Schleiermacher 1983, 78f. Einen deskriptiven Ansatz theologischer Ethik vertritt auch Fischer 2002.

15 Hans-Jürgen Benedict benennt drei Probleme theologischer Diakoniebegründung: (1.) die Theologisierung von etwas, das eigentlich human-allgemein „relativ einfach zu begründen wäre“; (2.) die Vermittlungsprobleme gegenüber einer „weithin säkularisierten Mitarbeiterschaft“; (3.) die Überforderung durch ein zu anspruchsvolles Leitbild (Benedict 2000, 349).

16 In diesem Sinne wäre m. E. auch die verfassungsrechtlich geforderte „Spezifik der Zwecke“ zu verstehen, die das eigene kirchliche Arbeitsrecht begründet (Morlok 2013, 10).

beugt sich nicht theologischen Begründungen, sondern folgt eigenem Antrieb.[17] Theologie wird das Ethos von Christenmenschen allenfalls rekonstruieren und gegebenenfalls kritisieren, ihm aber keine woher auch immer deduzierten moralischen Gehalte ‚hinzubegründen'. Das zu betonen ist insbesondere im Kontext der Diakonie wichtig, da Theologie hier zuweilen als die Verpflichtung der Einzelnen forcierende „Arbeitgebertheologie"[18] oder als Spezialrationalität von Vorstandstheologen auftritt bzw. als solche abgewehrt wird.[19]

3. Ihren eigenen Wahrheitsanspruch bezieht die Theologie aus dem Umstand, selbst eine – unter spezifischen Rationalitätsanforderungen stehende – Form gelebter Religion zu sein und damit dem Kommunikationsraum „Kirche" anzugehören. Dieser Wahrheitsanspruch muss sich bewähren in der Plausibilität der Rekonstruktionen und der darin verwendeten Begriffe, die jeweils eine deskriptive und eine normative Seite haben.[20] Insbesondere vollzieht theologische Ethik keine Deduktionen aus Bibel und Bekenntnisschriften (denen ein vorgängiger Geltungsstatus eignete), sondern bezieht sich auf diese Texte nur, insofern sich Glaubende durch sie gebunden erfahren. An religiösen Subjekten und von ihnen mitgetragenen geschichtlich-sozialen Objektivationen (Institutionen, Symbolen, Texten) vorbei gibt es keine gültigen theologisch-ethischen Schriftbegründungen.[21]
4. Theologie wird dabei nicht nur auf die Glaubens*gehalte* achten, sondern auch auf die *Formen*, in denen Glaubende sich selbst verstehen. Dies ist in der Regel nicht das theologische Argument. Insbesondere das diakonische Handeln hat sich stets jenseits der Höhenkämme theologischer Ethik vermittelst biblischer Narrative, frommer Lebensbilder, Andachtsliteratur und Ähnlichem selbst ausgelegt. Solche Texte bilden Scharniere zwischen Glauben und christlichem Leben und sind als eigene Rationalitätsformen ernst zu nehmen.
5. Ähnliches gilt *mutatis mutandis* für die spezifischen Vermittlungsaufgaben zwischen Theologie und Recht. Begriffe wie „Dienstgemeinschaft" vermitteln zwischen theologischem und rechtlichem Diskurs; sie sind weder theologisch noch rechtlich vollständig bestimmt. Die Klage über ihre Unbe-

---

17 Vgl. Ruschke 1998. Vgl. auch Schleiermacher 1983, 41.

18 Zerfaß 1991, 302. Schleiermacher betont, dass in der Reklamation theologischer Definitionshoheit über die Ethik die Klerus-Laien-Differenz restituiert werde (Schleiermacher 1983, 41f.).

19 Vgl. zum Konflikt von Kirchenregiment und Diakonie Kaiser 1999.

20 Zum Geltungsstatus von Wesensbegriffen unübertroffen: Troeltsch 1913. Gegen rein normative Wesensbegriffe wie bei Härle 1999, 283ff.

21 Zur Problematik biblischer Begründungen für Diakonie vgl. insbesondere Benedict 2000, 349.

stimmtheit begleitet sie wie der Chor ein griechisches Drama, ist aber ungerechtfertigt; nur in bestimmter Unbestimmtheit können diese Begriffe ihre Scharnierfunktion überhaupt erfüllen.[22] In ihrer Scharnierfunktion sind solche *Theonomologumena* dann allerdings durchaus von beiden Seiten aus zu kritisieren; dies hat hier von theologischer Seite aus zu erfolgen.
6. Dabei kompliziert sich das Unternehmen durch den innertheologisch-interdisziplinären Charakter. Schon der Begriff „Kirche" ist gleichermaßen Eigentum der praktischen, ethischen und dogmatischen Theologie wie der Religionssoziologie und -psychologie, der Organisationstheorie und nicht zuletzt des Kirchenrechts. Hier werden allenfalls einige wesentliche Verbindungen geschlagen werden können.
7. Die extreme Diversifizierung diakonischer Unternehmungen bringt es mit sich, dass Theologie hier nur in Form tastender Allgemeinheit sprechen kann, sofern sie sich nicht direkt und konkret auf einzelne Fälle bezieht. Diakonie ist Organisation, Rechtsform, Ökonomie, Sozialpolitik, Verband, Marke sowie vieles mehr und unterliegt darin jeweils spezifischen Logiken. Wird theologisch auf Diakonie Bezug genommen, ist zu klären, wovon eigentlich die Rede ist. (Für den Begriff der Kirche versteht sich das von selbst. Hier ist im Protestantismus ekklesiologisches Differenzbewusstsein von jeher kultiviert worden.)

3. Zur Problemgeschichte

Das Verhältnis von Diakonie und Kirche ist in der modernen Geschichte der Diakonie immer wieder sehr umstritten gewesen. Die Debatte um Diakonie und Kirche findet vor dem Hintergrund der jeweiligen organisatorischen Gegebenheiten von Kirche und Diakonie, dem jeweiligen Verhältnis von Staat und Kirche, jeweils prominenten ekklesiologischen Theorieoptionen sowie weiteren gesellschaftlichen Rahmenbedingungen statt.[23] Dabei zeigen sich dominante Grundspannungen, die für die jeweilige Zeit charakteristisch sind, aber auch in veränderter Form bis heute weiterwirken. Im Folgenden wird die komplexe Problemgeschichte, beschränkt auf Deutschland seit dem 19. Jahrhundert, kurz skizziert.[24]

In Reaktion auf die Notlagen im Gefolge der Industrialisierung einerseits und die Wahrnehmung einer Entchristlichung der Gesellschaft andererseits ent-

---

22 Vgl den Abschnitt „Dienstgemeinschaft als theologischer Begriff" in diesem Band, sowie Bundesarbeitsgericht, Entscheidung 1 AZR 179/11, 20.11.2012, Rn. 97.

23 Zur Verbindung von institutionellen Arrangements und diese betreffende Theoriebildung vgl. Troeltsch 1912.

24 Vgl. Schäfer 2012; Schäfer / Herrmann 2005; Schäfer 2005, 91f.; Christoph 2004.

steht im 19. Jahrhundert eine unüberschaubare Fülle christlich geprägter karitativer Initiativen. Gegenüber der im landesherrlichen Kirchenregiment gebundenen Kirche wählen sie die Formen des freien Vereins und der Stiftung und treten nach 1848 über den Centralausschuss der Inneren Mission in eine lockere Verbindung; dieser entwickelt sich im Laufe des Jahrhunderts zum größten konfessionellen Wohlfahrtsverband in Deutschland. Die Diskussion um das Verhältnis von Kirche und Diakonie bzw. innerer Mission wird theologisch insbesondere um die Höherwertigkeit individueller gegenüber organisierter Hilfe einerseits und um die Legitimität von „freier", nicht staatlich oder kirchlich gebundener Vereinstätigkeit andererseits geführt. Ihre theologischen Argumente erhält sie aus der Konkurrenz von staatskirchlich orientierten und pietistisch-erwecklichen Optionen religiöser Vergemeinschaftung sowie aus der Auseinandersetzung um das grundsätzliche Verhältnis von Christentum und Kultur.[25]

Im Gefolge des Weltkrieges tritt in der Weimarer Republik an die Stelle des ungeklärten Nebeneinanders von freier und öffentlicher Armenpflege das duale System der Wohlfahrtspflege (Reichsfürsorgepflichtverordnung 1924). Es kommt zu einem fröhlichen Wechsel im Staatsverhältnis von Diakonie und Kirche. Durch die Aufhebung des landesherrlichen Kirchenregiments entfernt sich die Kirche aus dem staatlichen Rechtskreis, während die Diakonie sich ihm annähert: 1926 wird die Innere Mission zum staatlich anerkannten Wohlfahrtsverband. Damit ist eine Professionalisierung diakonischer Arbeit auf der Ebene der einzelnen Einrichtung wie des Centralausschusses verbunden. Es kommt zu Elitenkonflikten zwischen diakonischen Führungspersönlichkeiten und Kirchentheologen. Das Verhältnis von Diakonie und Kirche wird theologisch im Kontext der Frage nach der Stellung zum neuen Staat und zur gesellschaftlichen Moderne insgesamt diskutiert; allerdings tritt dieses theoretische Thema deutlich hinter die praktischen Konsolidierungsanstrengungen zurück.[26]

Ansätze zur rechtlichen Verkirchlichung der Diakonie in der Weimarer Republik verstärken sich in der Zeit des Nationalsozialismus. Nach 1945 finden diese ihren Niederschlag in der Gründung des Evangelischen Hilfswerks neben der weiterbestehenden Inneren Mission. Die Fusion beider Einrichtungen findet zwischen 1957 und 1975 statt und bestimmt die theologische Debatte um den primär kirchlichen oder primär gesellschaftsorientierten Charakter der Diakonie (Wendland-Krimm- bzw. Wendland-Philippi-Debatte). Theologisch wird diese mit den Mitteln der dialektischen Theologie als Frage nach dem Verhältnis von „Kirche" und „Welt" ausgetragen.[27]

In der Folge des Bundessozialhilfegesetzes von 1961 erfährt die Diakonie in der Bundesrepublik eine enorme Expansion. Mit der Verwissenschaftlichung

---

[25] Vgl. Kaufmann 1989; Schäfer 2005.

[26] Vgl. Kaiser 1998a.

[27] Vgl. etwa Bourbeck / Wendland 1958.

der Sozialen Arbeit und der Gründung kirchlicher Fachhochschulen professionalisiert sich die Diakonie weiter. Gleichzeitig geht die Zahl der Diakonissen, die als diakonische Kulturträger die Einheit von Glauben und Sozialarbeit verkörpern, sprunghaft zurück. Sie hinterlassen die Frage nach der Beziehung von religiösem Hintergrund und Professionalität im diakonischen Handeln.[28]

Diese Frage verstärkt und modifiziert sich in den 1990er Jahren, in denen durch die rechtliche Gleichstellung gewerblicher Träger ein Quasi-Markt sozialer Dienstleistungen etabliert wird, auf dem sich die Diakonie nun als Anbieter positionieren muss. Konzentrations- und Standardisierungsprozesse, etwa im Krankenhausbereich, sind die Folge. Auch mit der Expansion der Diakonie in Ostdeutschland stellt sich die Frage nach der Rolle der Kirchen auf einem Markt von zunehmend vergleichbaren Dienstleistungen und im Kontext einer hochspezialisierten Sozialpolitik neu.[29] Die theologische Debatte gewinnt seit den 1970er Jahren empirische (soziologische, organisationspsychologische, ökonomische) Beschreibungsperspektiven auf Kirche hinzu.[30] Themen wie diakonische Führung und diakonische Bildung werden prominent. Vor allem unter systemtheoretischem Paradigma wird die Debatte um das Verhältnis von Kirche und Diakonie in der Alternative einer starken Zuordnung zur verfassten Kirche einerseits und der wechselseitigen Entlastung von Kirche und Diakonie andererseits geführt.[31]

Dieser wechselvollen Problemgeschichte verdanken sich eine Fülle von Theologumena für das Verhältnis von Kirche und Diakonie („Glaubenswort und Glaubenstat“;[32] „Wesens- und Lebensäußerung der Kirche“;[33] „Zeugnis und Dienst“; „Verkündigung des Evangeliums in Wort und Tat“;[34] „Diakoniegemeinde“; „Kirche für die Welt“; „Liebe und Hoffnung“;[35] „Kirche und ihre Diakonie“;[36] Diakonie als „Außenbezug der Kirche“[37]), die auf unterschiedlichen theologischen Voraussetzungen ruhen und zudem auf unterschiedliche historische Problemlagen und systematische Vermittlungsprobleme zu antworten versuchen.[38] Diese gilt es im Folgenden zu systematisieren und in einen kohärenten Entwurf zu bringen.

---

28 Vgl. Jähnichen u. a. 2010.

29 Vgl. Becker 2011, 16ff.

30 Vgl. Becker 2007.

31 Vgl. einerseits Kirchenamt der Evangelischen Kirche in Deutschland 2006, 81ff. und andererseits Hauschildt 2000.

32 So Wichern 1958, 236.

33 Kohl 2007.

34 So etwa BAG 2012 (wie Anm. 22), Rn. 99.

35 Moltmann 1984, 20.

36 Helmut Seifert, zit. Nach: Glawatz-Wellert 2006, 373.

37 Starnitzke 1996; Starnitzke 2005.

38 Insbesondere wird im Verhältnis Diakonie-Kirche exemplarisch immer das Verhältnis Kirche-Gesellschaft diskutiert. Vgl. Reuter 1996.

II. Theologische Rekonstruktion

1. Die Vermittlungsaufgabe in der religiösen Deutung sozialer Arbeit

Die Grundfrage der theologischen Rekonstruktion diakonischen Handelns ist die: Wie kann das Arbeiten in einem diakonischen Unternehmen (welcher Rechtsform auch immer) von denen, die es tun, mit ihrem Glauben zusammengebracht werden? Der Weg ist weit von beispielsweise den modernen Standards ambulanter Pflege – allein zu deren Dokumentation hat die AOK 34 Musterbögen herausgegeben[39] – bis zum diakonischen Leitbild des barmherzigen Samariters. Einige Vermittlungsschritte sind nötig, um beides aufeinander zu beziehen.

Zur Beschreibung diakonischen Handelns gehe ich von einem Begriff aus, der in den mit Sozialer Arbeit befassten Wissenschaften lange Zeit verpönt war, inzwischen aber wiederentdeckt wird: der Begriff des Helfens. Für Jahrzehnte hat das Buch „Die hilflosen Helfer" von Wolfgang Schmidbauer[40] die Debatte geprägt: Wer hilft, will etwas gutmachen von dem, was er selbst biographisch nicht erfahren hat. Unter dem Stichwort „Helfersyndrom" sind die Aporien dieser Motivationslage Allgemeinwissen geworden. Als Ausweg betrieb man die Professionalisierung sozialer Dienstleistungen: weg vom Samariter, hin zum Fachmenschen. Inzwischen hat sich der Verdacht gefestigt, der Begriff des Helfens könnte in doppelter Weise doch sinnvoll sein: Zum einen vermag er die individuellen Motivlagen von Menschen in Sozialberufen jenseits des Helfersyndromverdachts zu rekonstruieren; zum anderen verspricht er Abhilfe in den Aporien der Professionalisierung.[41]

Legt man den Begriff des Helfens – mit Hegel schlicht: zum Zweck des Wohles anderer zu handeln[42] – zugrunde, so lassen sich drei entscheidende Vermittlungsstufen in der religiösen Deutung sozialer Arbeit angeben:

1. Die programmierte Praxis moderner sozialer Dienstleistungen muss überhaupt als *Helfen* verstanden werden können. Moderne Organisationen arbeiten in der Regel in konditionaler Programmierung, d.h. sie geben die Einzelschritte dessen vor, was bei definierten Bedingungen zu tun ist, und wachen über deren Einhaltung. Dieses Programm muss als Mittel der Erreichung des Zieles, zu helfen, verstanden werden können. Organisationstheoretisch ge-

---

39 Allgemeine Ortskrankenkasse, Musterbögen [online], t.ly/deGL (letzter Zugriff am 04.07.2013).

40 Schmidbauer 1978.

41 Vgl. Burbach / Heckmann 2008.

42 Vgl. Hegel 1996, §§ 125f.; § 207.

sprochen geht es also um den Zusammenhang zwischen dem Organisationszweck einer diakonischen Einrichtung und dem Organisationsprogramm, der für den oder die Einzelne deutlich sein muss: die *organisationsbezogene* Vermittlungsaufgabe.[43]

2. Das solcherart organisierte Helfen muss als der individuellen Motivationslage entsprechend verstanden werden können. Insbesondere muss das professionelle Handeln im Sozialberuf im Kontext der eigenen Biographie, der eigenen Vorstellungen vom guten Leben und der moralischen Überzeugungen vom richtigen Handeln verortet werden können.[44] Im zweiten Schritt geht es also insbesondere um den Zusammenhang zwischen Professionalisierung und individuellem Ethos: die *professionsbezogene* Vermittlungsaufgabe.[45]
3. Das individuelle Helfenwollen muss schließlich in einem dritten Schritt religiös gedeutet werden können. Das eigene Helfenwollen tritt in einen neuen, formell durch Unbedingtheitsmomente und material durch christliche Symbolbestände gekennzeichneten Kontext: die *religionsbezogene* Vermittlungsaufgabe.[46]

Schematisierungen dieser Art sind mit Argwohn zu betrachten. Zum einen sind sie in der Regel unterkomplex. Das kann hier dahingestellt bleiben, denn das Argumentationsziel ist zu zeigen, dass die hermeneutische Vermittlungsaufgabe, die die in der gegenwärtigen Diakonie Arbeitenden leisten müssen, um ihr Handeln in den Kontext ihres christlichen Glaubens zu stellen, in unterscheidbare Vermittlungsaufgaben differenziert ist[47] – und mindestens so komplex ist, wie hier behauptet.[48] Wenn das Schema also zur Hermeneutik des Diakonischen in der Diakonie beiträgt, ist seine Aufgabe erfüllt. (Dabei ist es wichtig zu betonen, dass es sich um hermeneutische Vermittlungsaufgaben handelt. Etwas wird je-

---

43 Vgl. Luhmann 1975; Krech 2001.

44 Etwas anders gelagert ist die ebenso auf dieser Stufe anzusiedelnde individuelle Identifikation mit der Organisation, in der der eigenen Profession nachgegangen wird. Dazu siehe Burbach / Heckmann 2008.

45 Mit Nunner-Winkler 1999 ist auf dieser Stufe zwischen moralischem Urteil (es ist richtig bzw. Pflicht zu helfen) und moralischer Motivation zu unterscheiden. Vgl. dazu auch Hoburg 2008a, 176f.

46 Zur Stufung von ethnischem und religiösem Bewusstsein vgl. Barth 2003; zur Diakonie Ziebertz 1993, 147ff.

47 Diese Vermittlungsaufgaben stehen nur für die Analyse in einem Verhältnis der Abfolge. Im konkreten Vollzug werden sie keineswegs als aufeinanderfolgend erfahren. Analoge Vermittlungsaufgaben stellen sich für Patienten bzw. Klienten der Diakonie, wenn diese ihre eigene Rolle, Hilfe zu erhalten, ebenfalls in den Kontext ihres Glaubens einrücken.

48 Es genügt also nicht, eine zweistufige Differenz von verborgener und sichtbarer Kirche oder von Ideal- und Realgestalt der Kirche für die Rekonstruktion der Vermittlungsaufgabe ins Feld zu führen (gegen Albrecht 2013).

weils in einen anderen Kontext eingerückt und in diesem verstanden bzw. gedeutet – nicht jedoch aus diesem *begründet.*) Zum anderen fällt begründeter Argwohn auf ein solches Schema, da es seine Ordnungsleistung aufgrund bestimmter Voraussetzungen erbringt, die nicht auf den ersten Blick sichtbar sind. Über diese ist im Folgenden Rechenschaft abzulegen; dabei wird das Gerippe des Schemas sein theologisches Fleisch bekommen.[49]

2. Die humane Allgemeinheit und die religiöse Deutung des Helfens

Helfenwollen und Hilfehandeln sind human allgemein. Es spricht nichts dafür, ein christliches Spezifikum des Hilfehandelns zu reklamieren: weder in der Bestimmtheit des Handlungszieles noch in der Beharrlichkeit oder Intensität der Motivation. Dass Helfen in den Notlagen, mit denen es Diakonie zu tun hat, richtig und gefordert ist, ist auch bei Atheisten unumstritten. Auch lassen sich die Motive, die Studierende oder Angehörige sozialer Berufe für ihre Berufswahl angeben, human allgemein auf den Begriff bringen:[50] Es geht erstens um *Mitgefühl*, das leiblich-unmittelbare eigene Betroffensein von der Not anderer.[51] Zweitens geht es um *Altruismus*, um das Handelnwollen für andere.[52] Der Begriff des Altruismus ist wie der des Helfens kontaminiert,[53] scheint mir aber unerlässlich für die Rekonstruktion einer verstetigten Hilfemotivation, die auch bei professioneller wie organisationeller Distanz zur Unmittelbarkeit der Not das Helfen noch als eigene Aufgabe ansieht. Drittens und zunehmend auch anerkanntermaßen geht es um *Selbstverwirklichung*, um den biographischen Sinn „guter" Arbeit.[54] Dieses Ethos des Helfens teilen Christen wie Nichtchristen, wobei es keineswegs nötig ist, zur Erklärung dieses Befundes gleich das Schlachtross einer universalen Anthropologie ins Feld zu führen.[55] Vielmehr steht dieses Hilfeethos in unseren Breiten durchaus in der Wirkungsgeschichte des Christentums.[56] Aber

---

49 Anstelle der evolutionären Teleologie bei Niklas Luhmann, der in der Geschichte des Helfens die Stadien der Reziprozität und der Moralisierung weithin vom Stadium der Organisation abgelöst sieht, wird hier ein Stufungsverhältnis von Deutungen zugrundegelegt. Vgl. Luhmann 1975.

50 Vgl. dazu etwa Burbach / Heckmann 2008.

51 Vgl. Naurath 2007; Manzeschke 2012.

52 Vgl. Bierhoff 1988.

53 Vgl. Kohl 2007, 278. Interessanterweise wird der Altruismus in der naturwissenschaftlichen Anthropologie gerade als das Wesenselement humaner Ethik zu rekonstruieren versucht (vgl. Meisinger 1996).

54 Zum Begriff der Selbstverwirklichung vgl. für die Diakonie Klessmann 1991, 123; Hoburg 2000; empirisch Burbach / Heckmann 2008.

55 Gegen Hoburg 2008a, 168; 170.

56 Vgl. Barth 2003, 328f., sowie das Programm von Rothe 1845–1848.

seine Geltung ist vom Christentum inzwischen unabhängig und kann auch theologisch nicht mehr zurückgezwungen werden.[57]

Für die theologische Reflexion dieses Befundes ist es von Belang, dass in den biblischen Basisnarrativen der Diakonie das Helfen ebenfalls als human allgemein verstanden ist. Es sind gerade nicht die religiösen Funktionäre Priester und Levit, die helfen, sondern der einfache Mann auf der Straße, noch dazu Samariter, Angehöriger einer *anderen* Glaubensgemeinschaft. Ihn „jammert[]" es (Lk 10,33); er wird in humaner Betroffenheit zum Nächsten des unter die Räuber Gefallenen.[58] Dieses humane Helfen wird dann erst in der Rahmenerzählung der Beispielgeschichte in den religiösen Kontext des Doppelgebots der Liebe gestellt. Noch sprechender ist das Gleichnis vom „Weltgericht": Die, die auf die Seite der Gerechten sortiert werden, sind bezeichnend ahnungslos hinsichtlich der religiösen Dignität ihres Helfens: „Herr, wann haben wir dich hungrig gesehen und haben dir zu essen gegeben?" (Mt 25,37) Das heißt: Was wir taten, hatte, Herr, nichts mit dir zu tun. Und gerade das erweist sich vor dem matthäischen Menschensohn als gerichtsfest. Es ist also eine *religiöse* Pointe des Helfens, dass es menschlich-allgemein, nicht um religiöser Dignität willen, gewollt wird.[59] Von hier aus führt ein Weg zur Rechtfertigungslehre reformatorischer Provenienz, die eine grundlegende Religionskritik des Moralischen (am religiösen „Werk") vornimmt. Der Glaube ist seinem protestantisch verstandenen Wesen nach gerade kein „Durchlauferhitzer für moralisches Appelle".[60]

Wenn damit die Unterscheidung zwischen Ethos und Glaube, wie sie in obigem Schema gemacht wurde, begründet ist, so ist in zweiter Linie nach deren Zusammenhang zu fragen. Denn das Hilfeethos kann selbst noch einmal religiös

---

57 Gegen etwa Cordes 2008, 63: „Möglicherweise ist der religiöse Halt sogar eine Voraussetzung für eine helfende Haltung." Zum legitimatorischen Gehalt von Säkularisierungsdiagnosen vgl. klassisch Blumenberg 1999.

58 Vgl. Theißen 1990.

59 Der konventionelle Charakter neutestamentlicher Ethik („Prüfet alles, und das Gute behaltet!", 1 Thess 5,21), der Gewissensbegriff, die katholische und die aufgeklärte Naturrechtslehre sowie die Christentumstheorie Immanuel Kants sind weitere Beispiele dafür, dass das christliche Ethos als human-allgemein verstanden wurde und wird. Vgl. Honecker 2002, 45ff. Hinsichtlich der Frage nach der *Partikularität* oder *Allgemeinheit* des christlichen Ethos ist mithin zu unterscheiden zwischen (1.) einer kulturtheoretischen Außenperspektive, die sehr wohl das Bestehen spezifischer, partikularer Ethosformen im Christentum aufzeigt – und gleichzeitig aufweist, dass diese auf das allgemeine Ethos stark gewirkt haben (vgl. etwa Weber 1991) und (2.) einer Binnenperspektive des Glaubens, die das eigene Ethos (nicht nur im Falle des Helfens) als allgemein-humanes versteht. Für die Frage nach dem ‚kirchlichen' Selbstverständnis ist der zweite Aspekt entscheidend. In der Verbindung beider Perspektiven lässt sich theologisch fordern, die eigene Partikularkultur des Christentums zu pflegen und in den allgemeinen Diskurs um das Gemeinwohl einzuspeisen (vgl. Maaser 2008).

60 Körtner 1997, 11. Wichtige exegetische Hinweise zu Begründungsmodellen diakonischer Theologie bietet auch Benedict 2000.

gedeutet werden; auch das ist in den genannten Basisnarrativen vorausgesetzt. Bei aller religionstheoretischen Vorsicht kann man sogar sagen: Es gibt ein religionsaffines Moment im Helfen. Dieses liegt in den Unbedingtheits- bzw. Transzendierungsaspekten helfenden Handelns: Hilfsbedürftigkeit, die konkrete Not, hat einen Aufforderungscharakter, der nicht relativierbar ist: das Helfen erscheint als *unbedingt* gefordert. Weiterhin zeigt sich die Verantwortung angesichts der Not der anderen nicht auf den eigenen sozialen Nahraum beschränkt, sondern prinzipiell *unbegrenzt*. Schließlich *überschreitet* der Helfende seine unmittelbaren Relevanzstrukturen, die eigene Lebensoptimierung, indem er seine Kraft in den Dienst des Wohles anderer stellt.[61] Diese Unbedingtheits- bzw. Transzendierungsmomente liegen in der Logik des Helfens selbst. Sie können daher im Helfenwollen erfahren werden, ohne mit Hilfe religiöser Symbole ausgedrückt zu werden. Aber insbesondere das Christentum stellt Symbole und Reflexionsformen bereit, in denen diese Momente Ausdruck finden – etwa: das Reich Gottes als universale Verantwortungsgemeinschaft, das Gebot der Nächstenliebe als unbedingte Aufforderung, das Bild Christi im anderen als Transzendierung des Eigenen und nicht zuletzt der Begriff des Dienstes als Zusammenfassung der Transzendierungsmomente des Helfens.[62]

Dazu kommt ein Zweites: Mit den Unbedingtheits- bzw. Transzendierungsmomenten des Helfens sind Aporien verbunden: Es drohen die Selbstüberforderung angesichts des Umfangs der Not, die Schulderfahrung angesichts der Unbedingtheit der Forderung sowie die Möglichkeit des Selbstverlustes in der Zuwendung zum anderen.[63] Dabei handelt es sich um Aporien des verantwortlichen Handelns im Allgemeinen, die am Ort des Hilfehandelns in besonderer Weise zum Ausdruck kommen. Nun liegt es im Kern des christlichen Glaubens, mit solchen Unbedingtheitsaporien der Lebensführung umzugehen. Rechtfertigung, Vergebung, Neuschöpfung sind nur einige der theologischen Brandzeichen für die Glaubenserfahrung, dass auch unter den allgegenwärtigen Erfahrungen des Scheiterns getrost gelebt und gehandelt werden darf.[64]

Ich fasse diesen Punkt zusammen: Im Helfen fühlten sich Christinnen und Christen nicht nur human, sondern auch religiös gefordert. In der humanen Aufgabe zu helfen wissen sie sich vor Gott stehen. Das Helfen wird also nicht als

---

61 Vgl. dazu Barth 2003; Tanner 2006; Hoburg 2008a.

62 Vgl. Tanner 2006. Umgekehrt ist angesichts der Fülle der Symbole und Theorietraditionen die Frage nachrangig, ob das Helfen eschatologisch, christologisch, pneumatologisch oder an welches theologische Lehrstück auch immer angebunden wird (dazu Schäfer 2005, 116ff.). Das Thema des Helfens liegt offenbar quer zu den Lehrstücken theologischer Dogmatik; schon von daher zeigt sich, dass es zum Kern des christlichen Glaubenslebens gehörend verstanden wird.

63 Vgl. dazu Klessmann 1991 sowie die Studien zu diakonischen Berufsidentitäten (s. u. Anm. 90).

64 Vgl. Barth 2003.

christliches *Spezifikum* (im Sinne eines Differenzkriteriums), wohl aber als christliches *Signum*, als dem Glauben Eigenes verstanden. Solche christlich-religiöse Deutung des Hilfeethos erbringt vier Leistungen:

1. die Pflege des Hilfeethos *als* eines allgemein humanen (als Beitrag zu einer „Kultur des Helfens“[65]);
2. der Ausdruck der Unbedingtheitsdimension des Hilfeethos und der daraus entspringenden Aporien;
3. die Wiedererlangung von Handlungsfähigkeit, wenn diese Aporien das Handeln stillzustellen drohen;
4. darin auch eine grundlegende Religionskritik des Helfens: Helfen hat das Wohl des anderen zum Ziel; sein Heil liegt hingegen allein in Gottes Hand.[66]

Die religiöse Deutbarkeit des Hilfeethos führt jedoch entgegen theologischem Wunschdenken nicht dazu, das Helfen durchweg in religiöse Bestimmtheit zu überführen. Geholfen wird im Alltagsvollzug aus einem humanen Ethos heraus, aus Berufspflicht bzw. aufgrund der Regeln des Organisationsprogramms. Schon wenn einer dieser zumeist habituell verankerten Aspekte als *Begründung* des helfenden Handelns angeführt wird, handelt es sich um eine sekundäre Reflexion auf das Helfen. Eine religiöse Deutung des Helfens lässt sich davon nicht nur analytisch unterscheiden, sondern findet in der Regel auch zu anderen Gelegenheiten und in anderen institutionellen Kontexten statt. Wer in der Bibel liest, versorgt in der Regel gerade keine Wunden. Ein Einführungsgottesdienst ist etwas anderes als eine Dekubitusprophylaxe. Das religiöse Ausdruckshandeln und das helfende Handeln sind zweierlei; Schleiermacher hat hier zwischen darstellendem und wirksamem Handeln unterschieden.[67] Insbesondere ist das Helfen kein *Zeichen*, kein Verkündigungs- oder Bezeugungsakt.[68] Die Forderung nach beständiger religiöser Zweitcodierung der Berufstätigkeit, nach einer christlichen *Lesbarkeit des Helfens*, überfordert nicht nur regelmäßig Menschen, die in der Diakonie arbeiten; sie wird auch ihrer eigenen Motivationslage nicht gerecht und von daher als theologische Überfremdung verstanden.[69]

---

65 Schibilsky 1999, Sp. 800; Hoburg 2000; Adam u. a. 2006.

66 Körtner 2003, 319: „Menschen können und sollen einander helfen. Sich selbst oder andere erlösen können sie aber nicht. Die kritische Kraft des Evangeliums besteht darin, dass es unser menschliches Tun von soteriologischen Ansprüchen frei macht.“

67 Vgl. Schleiermacher 1983, 58, 63, 82, 90, 95ff.; Schleiermacher 1843, 441–443, 45ff. Dazu auch Reuter 1996; Hauschildt 2000.

68 Gegen Pausch 1999; Barth 1959, 1024: „Fürsorge für den ganzen Menschen. Wie viel sie auch für ihn *tun* mag – was hat sie ihm eigentlich damit zu *sagen*?“.

69 Siehe oben Anm. 18.

3. Die Institutionalisierung und Organisation des Helfens in der Diakonie

Es gibt eine Spannung zwischen individuell-spontanem und professionell organisiertem Helfen;[70] darauf haben lange vor Luhmann etwa theologische Ethiker des 19. Jhs hingewiesen.[71] Es ist ein Topos, dass die professionelle Distanz gegenüber der individuellen Unmittelbarkeit im Helfen defizient sei. Dabei wird jedoch übersehen, dass das Streben nach Institutionalisierung in der Logik des Helfens selbst liegt. Wenn viele unter die Räuber fallen, reichen Zufallsbegegnungen mit samaritanischen Passanten nicht mehr hin. Der Hilfeimpuls selbst drängt auf Verstetigung, Erweiterung und Effizienzsteigerung. Vom Heiliggeistspital des Mittelalters über den Pietismus des 18. Jahrhunderts bis heute verbindet sich das Ethos des Helfens in der Diakonie mit beträchtlichem Unternehmergeist. Auch wenn der Umfang und die Formen gegenwärtiger Diakonie auch durch kontingente politisch-soziale Rahmenbedingungen mit verursacht sind – von der antisozialistischen Stoßrichtung der Bismarck'schen Sozialversicherungen über den Warfare-Welfare-Konnex der Weltkriege bis hin zum Bundessozialhilfegesetz und der Etablierung von Quasimärkten des Sozialen –, so liegt doch ein Gutteil dieser imposanten *Rationalität der Sorge*[72] in direkter Verlängerung des Hilfeethos und seiner christlich gedeuteten Unbedingtheitsmomente. Gerade dann, wenn Verantwortung in ihrer umfangsmäßigen Unbegrenztheit erkannt wird, sind Strategien gefragt, Hilfe über die Schranken persönlicher Ressourcen des Könnens und der motivationalen Tagesverfassung hinaus zu erweitern und auf Dauer zu stellen. Hilfe im Glauben ist also am Ort organisierter Diakonie und Sozialbürokratie, selbst am Ort eines Marktes sozialer Dienstleistungen nicht per se in der babylonischen Gefangenschaft, im Zustand der Entfremdung.

Gleichwohl muss gefragt werden, unter welchen Bedingungen Handeln nach Organisationszielen und -programmen noch als individuell motiviertes und sinnvolles Hilfehandeln verstanden werden kann.[73] Hier wäre nun der Ort, die mannigfachen *nichtreligiösen* Spannungsmomente und Dilemmata organisierten und professionalisierten Helfens deutlich zu machen. Das ist von Luhmann und anderen jedoch hinreichend geschehen und soll hier nicht wiederholt

---

[70] Vgl. Luhmann 1975.

[71] Vgl. dazu Moos 2005, 255f.

[72] Vgl. dazu auch Moos 2014.

[73] Friedrich Schleiermacher formuliert ein analoges Problem in seiner Staatslehre: Es gilt hier, den Gemeinwillen als Einzelwillen zu verstehen, sodass der Einzelne sich als Organ des Ganzen verstehen kann. Vgl. Schleiermacher 1983; Schleiermacher 1843, 74.

werden.[74] Der Sache nach lassen sie sich mit der Helmut Schelsky nachgebildeten Frage „Ist Dauermotivation institutionalisierbar?" zusammenfassen.[75] Es sei lediglich notiert, dass m.E. hier – also in den organisations- bzw. professionsbezogenen Vermittlungsaufgaben – die Hauptschwierigkeiten gegenwärtiger diakonischer Berufstätigkeit liegen.[76]

Das Bisherige zusammenfassend ist also eine innere Beziehung zwischen Hilfeethos und Religion einerseits und ein organisierender Impetus des Helfens andererseits festzustellen. Daraus folgt nun jedoch nicht, dass religiös gedeutetes Helfen sich auch im Raum der organisierten Religion, also der Kirche, organisieren *müsse* oder auch nur vorzugsweise *solle* – noch auch nur, dass die verfassten Kirchen selbst diakonisch in Aktion zu treten hätten, es also einen diakonischen *Auftrag* der Kirche gäbe. Einen solchen bestreite ich und will das begründen.

Ein Argument per analogiam zunächst: Viele Christinnen und Christen wissen sich in ihrem Glauben zum Klimaschutz oder zum Tierschutz aufgerufen. Daraus folgt jedoch keineswegs, dass die Kirchen deswegen den Auftrag hätten, eine möglichst flächendeckende Klimaschutz- oder Tierschutzinfrastruktur aufzubauen. Dies obliegt unbestrittenermaßen im Wesentlichen staatlichen Organen und auf diese Zwecke spezialisierten Organisationen in freier Trägerschaft. In ihnen engagieren sich nicht nur, aber eben auch Christinnen und Christen. Warum sollte das im Feld sozialer Dienstleistungen anders sein?

Hier ist eine ekklesiologische Fundierung angezeigt. Aus dem Gestrüpp theologischer Kirchenbegriffe sei die reformatorische Grundbestimmung von Kirche als „creatura verbi"[77] herausgegriffen: Die Kirche ist Geschöpf des Wortes. In ihrer Linie bestimmt Friedrich Schleiermacher Kirche als Raum religiöser Kommunikation aufgrund der Einsicht religiöser Subjekte in ihre wechselseitige Ergänzungsbedürftigkeit. Das religiöse Bewusstsein bleibt nicht „innen", sondern tritt nach außen in die Darstellung und Mitteilung; so können Menschen mit gleicher religiöser „Zentralanschauung"[78] und unterschiedlichen Perspektiven auf diese sich gegenseitig ergänzen und ihr Gottesbewusstsein vertiefen.[79] Das geschieht nicht nur synchron, sondern auch in historischer Erstreckung; so konstituiert der Kommunikationsraum Kirche das von Jesus Christus gestiftete

---

74 Vgl. Luhmann 1975; Krech 2001.

75 Vgl. Schelsky 1957.

76 Dabei ist die religiöse Deutung *eine* Möglichkeit, professionelles und organisatorisch programmiertes Hilfehandeln wieder mit einem individuellen Ethos des Helfens in Zusammenhang zu bringen. Aufgrund der Unabdingbarkeit der Subjektposition in religiösen Deutungen steht Religion in der ausdifferenzierten Gesellschaft insbesondere für die individuellen Motivationslagen, normativen Bindungen und biographischen Sinnkontexte professioneller und organisierter Praxis.

77 Vgl. dazu Härle 1999, 281ff. mit Bezug auf Luther und zahlreichen Nachweisen.

78 Schleiermacher 1984, 303f.

79 Vgl. a. a. O., 267f.

neue „Gesamtleben"[80] durch die Geschichte hindurch. Ich beziehe mich auf diese Ekklesiologie, weil sie hinsichtlich der lutherischen Dichotomie von sichtbarer und verborgener Kirche wie schon Melanchthon und andere das Gewicht auf die sichtbare Kirche legt und insofern auch für Fragen der Organisation und des Kirchenrechts anschlussfähiger sein dürfte als Ekklesiologien, die die verborgene oder gar die unsichtbare Kirche als *wahre* Kirche in den Vordergrund stellen.[81]

Nun wurde oben festgestellt, dass Helfen keine religiöse Kommunikation ist. (Umgekehrt mag religiöse Kommunikation helfen;[82] aber Helfen ist seinem Wesen nach nicht selbst ein Zeichen, das etwas „sagen" wollte jenseits des Helfens selbst. Dem Helfen fehlt der bestimmende *externe* Verweis des Zeichens.) Wenn das Wesen der Kirche nun in der religiösen Kommunikation liegt, gehört Helfen nicht dazu. Helfen ist ekklesiologisch unwesentlich.[83]

Das heißt jedoch nicht, dass Helfen für den christlichen Lebensvollzug gegenüber der religiösen Kommunikation *nachrangig* wäre. Hier eine Rangfolge aufzustellen ist unsinnig.[84] Religiöse Kommunikation ist ein *strukturelles* Desiderat des Glaubens, insofern dieser um seine Ergänzungsbedürftigkeit weiß. Helfen, auch: organisiertes Helfen, ist ein *inhaltliches* Desiderat des Glaubens, insofern dieser das human-allgemeine Helfen als seine Sache, als *Signum* begreift. Sie liegen auf verschiedenen Ebenen, lassen sich also nicht gegeneinander ausspielen.

Entsprechend handelt es sich um *eine* organisatorische Aufgabe, religiöse Kommunikation zu organisieren, und um eine *andere*, Helfen zu organisieren. Insofern ist die bestehende Distanz zwischen verfasster Kirche und „verfasster" Diakonie, sind die unterschiedlichen Organisationsformen, Eliten, Managementtechniken etc. und ihre weitgehende Unabhängigkeit voneinander durchaus sachgemäß.

Auch wenn die prominente Akteursfunktion der Kirchen im sozialen Sektor in Deutschland daher als historisch wie theologisch kontingent gewertet werden muss, lassen sich nichtsdestotrotz gute Gründe dafür namhaft machen, das Helfen Glaubender *auch im oder nahe dem Raum der Kirche* zu organisieren. Denn die

---

80 Schleiermacher 2003, 278 (§121).

81 Vgl. dazu Albrecht 2013; Härle 1999. Weiterhin besteht Anschlussfähigkeit an eine an den empirischen Sozialformen des Kircheseins interessierte Kirchentheorie (vgl. Preul 2008; Becker 2007). Zudem ist es die Leistung der Schleiermacher'schen Ekklesiologie, der christlichen Ethik einen konkreten sozialen Ort in der Kirche anzuweisen (vgl. Schleiermacher 1983, 89).

82 Vgl. Nethöfel 1998, 28f.

83 Einer ähnlichen Einsicht verdankt sich die Position Joachim E. Christophs, der Diakonie nicht als Wesens-, aber als Lebensäußerung der Kirche bezeichnet (Christoph 2004). Historisch haben sich die Versuche, Diakonie in den Binnenraum der Gemeinde zurückzuverlegen (so etwa Philippi 1975), als unplausibel erwiesen.

84 Davon zu unterscheiden ist die organisationssoziologische Differenzierung primärer und sekundärer Funktionen der Organisationen des Christentums (dazu vgl. Krech 2001, 94).

oben genannten Leistungen, die die religiöse Deutung des Hilfeethos erbringt – also die materiale Pflege des Ethos einerseits, Darstellung der Unbedingtheitsmomente und Umgang mit den Aporien des Helfens andererseits – kommen nur zum Tragen, wenn es eine *lebendige Verbindung* zwischen dem Hilfehandeln und der religiösen Kommunikation über das Helfen gibt.[85] Auch der Glaube als helfender Glaube ist ergänzungsbedürftig und bedarf daher des kommunikativen Raumes „Kirche".

Der „Auftrag der Kirche" ist mithin nicht das Helfen selbst. (Kirche als Kollektivsubjekt hilft ohnehin nicht, noch glaubt sie.) Helfen ist Auftrag der Glaubenden, aber nicht notwendig Zweck derjenigen Organisation, die ihrer religiösen Kommunikation dient.

> Üblicherweise wird in der Ableitung des Auftrages der Kirche an dieser Stelle ein Sprung von individuellen Subjekten zum Kollektivsubjekt der Kirche unternommen: „Diakonischer Dienst der Kirche ... ist deshalb als gemeinsame Frucht des Glaubens ihrer Mitglieder eine *Lebensäußerung* der Kirche."[86] Hier kann allenfalls Kirche im Sinne einer (verborgenen) Gemeinschaft der Gläubigen gemeint sein, als deren „Auftrag" eben das benannt wird, dem sich die Einzelnen verpflichtet fühlen. Im Kontext der hier zugrundegelegten Ekklesiologie, die von der sichtbaren Kirche ausgeht, wäre wie gezeigt allenfalls im übertragenen Sinne oder in bewusster Unschärfe vom „Auftrag der Kirche" zu sprechen.[87]

Zum Zweck der Kirche gehört es jedoch, die lebendige Verbindung zwischen religiöser Kommunikation und Hilfehandeln aufrechtzuerhalten – um des Hilfeethos als eines *Signums* des christlichen Glaubens und gleichzeitig als eines allgemein humanen willen. Eine Kirche ohne eigene Diakonie ist sehr wohl denkbar – nicht aber eine Kirche, die keine Schnittstelle zum Helfen in einer Gesellschaft pflegt.[88] Dazu einige Punkte:

1. Dass die Diakonie in Deutschland, auf die ich mich hier beziehe, insgesamt Erhebliches zur religiösen Kommunikation im Raum des Protestantismus beiträgt, ist unbestreitbar. Insofern in der Diakonie auf ihren verschiedenen Ebenen nicht nur das Helfen, sondern auch die Reflexion über das Ethos des Helfens und seine sozialen und politischen Bedingungen im Horizont des Glaubens organisiert ist, gehört Diakonie selbst zum Kommunikationsraum

---

85 Die EKD-Zuordnungsrichtlinie spricht hier von einer „kontinuierliche[n] Verbindung" (§2).

86 Christoph 2004, 467. Ähnlich Glawatz-Wellert 2006, 353f.

87 Die hier maßgebliche Goch-Entscheidung des Bundesverfassungsgerichts ist zu einem römisch-katholischen Fall ergangen. Vgl. BVerfG 1977 (wie Anm. 2) sowie dazu Christoph 2004, 479. In der römisch-katholischen Ekklesiologie fällt es leichter, vom Auftrag der Kirche und den diesen maßgeblich formulierenden Instanzen zu sprechen. Zu konfessionellen Differenzen siehe auch Lührs 2007, 240.

88 So verstehe ich das Anliegen des Diakonie-„Leuchtfeuers" des Impulspapiers „Kirche der Freiheit" (Kirchenamt der Evangelischen Kirche in Deutschland 2006, 81ff.).

„Kirche" und ist insofern eine Gestalt der geforderten lebendigen Verbindung.

2. Das gilt auch für einzelne diakonische Einrichtungen, Werke bzw. Unternehmen: Sie sind als Organisationen multifunktional. Insofern sie nicht nur Helfen, sondern auch religiöse Kommunikation organisieren, sind sie Kirche. Das gilt umgekehrt ebenso für Einrichtungen der verfassten Kirche, die nicht nur der religiösen Kommunikation allein dienen, sondern oftmals, vermutlich sogar in aller Regel, diakonische Leistungen erbringen – auch wenn hier eine Auslagerungsbewegung besteht. Auch hier sind Glaubenskommunikation und Helfen organisatorisch verschränkt.[89]
3. Eine besondere Funktion haben hier diakonische Gemeinschaften, etwa der Diakonissen, aber auch der Diakoninnen und Diakone. Indem diese sich als Dienst- *und* Glaubensgemeinschaften verstehen, leisten sie einen exemplarischen Beitrag dazu, den Anschluss zwischen Hilfeethos und christlicher Tradition lebendig zu halten. An ihrem beruflichen Selbstverständnis, das sich immer neu zwischen einer gespaltenen und einer integrierten Berufsidentität justieren muss,[90] zeigen sich die Schwierigkeiten dieser Verbindung denn auch am deutlichsten.
4. Je höher der Professionalisierungs- und Prozeduralisierungsgrad einer diakonischen Einrichtung, desto stärker sind die Organisation des Helfens einerseits und die Organisation religiöser Kommunikation andererseits voneinander ausdifferenziert bis zur völligen Unverbundenheit. Durch die Ökonomisierung des Sozialen und die verstärkten Konzentrations- und Standardisierungsprozesse seit den 1990er Jahren hat sich diese Tendenz noch verstärkt. Hier sollte man sich über die „lebendige Verbindung" nicht allzu viele Illusionen machen. Das Krankenhaus, in dem allenfalls die Klinikpfarrerin Seelsorge und Andachten anbietet, bietet nicht unbedingt mehr Raum für religiöse Kommunikation (und ist insofern nicht mehr Kirche) als das kommunale Haus gegenüber. Es versteht sich nicht von selbst, wie seine Zuordnung zum Raum der Kirche und die Qualifikation als Dienstgemeinschaft in diesem Fall plausibel gehalten werden kann. Hierbei handelt es sich m.E. um das gegenwärtige Kernproblem in der Verhältnisbestimmung von Kirche und Diakonie.[91]

---

[89] Allerdings kennt man auch in den diakonischen Arbeitsfeldern der Kerngemeinde das Phänomen der minderen religiösen Bestimmtheit des Hilfehandelns (vgl. Hoburg 2000 am Beispiel von gemeindenahen Netzwerken wie Mutter-Kind-Gruppen).

[90] Vgl. dazu Ziebertz 1993; Brömse 2008; Merz 2007; Merz 2008.

[91] Zum Plausibilitätsproblem vgl. Maaser 2008 und Morlok 2013.

4. Kriterien für die „Diakonizität" von Diakonie

Das genannte Plausibilitätsproblem lässt sich mit den bisher entwickelten Mitteln folgendermaßen reformulieren: Was verlangt die Verbindung von Glauben und Helfen konkret für die Ausgestaltung einer diakonischen Organisation?

1. Der religiöse Horizont bedeutet für die Organisation des Helfens selbst zunächst nichts Spezifisches, da das Helfen in Motivation und Bestimmtheit ja gerade als human allgemein ausgewiesen wurde. In diesem Sinne ist die Anforderung an das Helfen wie überall, es *gut* zu machen, d.h. professionell, klientenorientiert, wirtschaftlich etc. Ein Druck, das human allgemeine Helfen beständig in religiös-theologische Bestimmtheit überzuführen, ist jedenfalls kontraproduktiv.
2. Gleichwohl muss als Mindestkriterium für diakonische Organisationsvollzüge gelten: Auch das Handeln nach Organisationsprogrammen muss sich als Handeln im Glauben, als *Liebe*, verstehen lassen. Wenn der Umgang mit Klienten oder auch der Umgang der Mitarbeitenden untereinander systematisch so verfasst ist, dass dies mit einem christlichen Selbstverständnis der Helfenden unvereinbar ist, so steht die „Diakonizität" der Organisation selbst auf dem Spiel. Das kann Gerechtigkeitsfragen (Outsorcing, Leiharbeit[92]) ebenso betreffen wie etwa medizinethische Fragen im Krankenhaus. Der Themenkanon ist dabei weder abgeschlossen noch material vorgegeben.
3. Auch wenn die ökonomischen und politischen Rahmenbedingungen diakonischer Arbeit so verfasst sind, dass eine solche Deutung nicht mehr möglich ist, steht das Diakonische in Frage. Die sozialpolitische Funktion der Diakonie ist insofern ebenso eine anwaltschaftliche wie eine der Sicherstellung der eigenen Arbeitsgrundlagen.[93]
4. Daraus folgt ein weiteres Kriterium: Die Kommunikationsstrukturen einer diakonischen Organisation müssen so verfasst sein, dass eine Diskussion über etwaige Widersprüche von Glauben und Organisationsvollzügen in der Organisation selbst geführt werden kann. Als Beispiel kann hier eine Debatte im Hannoveraner Henriettenstift dienen, in dem infolge der Etablierung als Perinatalzentrum des Levels 1 auch eine hohe Zahl an späten Schwangerschaftsabbrüchen durchgeführt werden. Auf den Protest von Mitarbeitenden, dies widerspreche ihrer Auffassung von einem christlichen Krankenhaus, wurde ein „Ethikprozess" durchgeführt, in dem eben diese Bedenken artikuliert werden konnten.[94]

---

[92] Vgl. zu den diesbezüglichen Zuordnungsproblemen Christoph 2004, 483; Heinig 2009.

[93] Als letzter Ausweg wird hier immer die Option der Aufgabe eines diakonischen Arbeitsfeldes offengehalten werden müssen (vgl. Becker 2011, 23, 99).

[94] Vgl. Rinas 2011, https://www.haz.de/Hannover/Aus-der-Stadt/Uebersicht/Heftiger-Streit-um-spaete-Abtreibungen (letzter Zugriff am 07.03.2022).

Verallgemeinert schlage ich vor, dieses Kriterium so zu fassen: Die Organisation muss in ihren Vollzügen mindestens eine *Ansprechbarkeit* auf das „Diakonische" gewährleisten: in ihrem Programm, in ihren Kommunikationsstrukturen und auch bei ihrem Personal.[95] Die geforderte lebendige Verbindung von Helfen und Glaubenskommunikation kann und muss also, insbesondere bei hochspezialisierten Einrichtungen etwa des Gesundheitswesens, nicht dauerhaft präsent sein, aber sie muss *bei Bedarf* aktualisiert werden können. Eine Dienstgemeinschaft muss keine Glaubensgemeinschaft sein; aber sie muss sich auf Dienstfragen als Glaubensfragen ansprechen lassen. In diesem Sinne muss Diakonie Kirche bei Bedarf sein.

Schon dies zu gewährleisten ist hochgradig anspruchsvoll. Nicht nur Leitbilder und Präambeln, sondern auch und vor allem der „Geist" einer Einrichtung, Aspekte der Unternehmenskultur, der Markenbildung und der diakonischen Bildung gehören dazu. Interessanterweise werden an dieser Stelle über den Umweg von Organisationsentwicklung und Professionalisierung einschlägige christliche Traditionsbestände wieder reimportiert. Wir sprechen wieder über Geist, nennen es aber Unternehmenskultur; wir sprechen über Frömmigkeit, nennen es aber Spiritualität (in den Pflegewissenschaften und in der Palliativmedizin[96]). Man mag dies als List der religiösen Vernunft in Zeiten eines säkularen Sozialmarktes lesen.

III. Bemerkungen zu einzelnen rechtlichen Aspekten

Bei aller bereits artikulierten Vorsicht sollen nun einige Linien zu konkreten Rechtsfragen gezogen werden, um die bisherigen Ausführungen auf ihre Diskussionsfähigkeit im (staats)kirchenrechtlichen Kontext zu prüfen.

1. Zuordnungsrichtlinie

Die in der EKD-Zuordnungsrichtlinie genannten Kriterien für die Zuordnung diakonischer Einrichtungen zur Kirche[97] sind für eine Gewährleistung der geforderten Ansprechbarkeit sicherlich notwendig, aber keineswegs hinreichend, da sie sich vorrangig auf Programm und Personal, kaum aber auf die Kommunikationsstrukturen beziehen. Eine darüber hinausgehende Formalisierung dürfte

---

[95] Vgl. dazu den Abschnitt „Dienstgemeinschaft als theologischer Begriff" in diesem Band.
[96] Vgl. Roser 2007.
[97] Vgl. dazu Christoph 2004; Glawatz-Wellert 2006.

jedoch kaum möglich sein;[98] hier wäre auf Selbstverständigungsdebatten in den Untergliederungen des Diakonischen Werks oder etwa dem Deutschen Evangelischen Krankenhausverband sowie dann vor allem in den einzelnen Einrichtungen zu setzen. Auch wenn sich dies nicht verrechtlichen lässt, so hängt doch an den entsprechenden ‚unter-rechtlichen' Anstrengungen die zukünftige Plausibilität der Zuordnung von Kirche und Diakonie.

2. Dienstgemeinschaft

Der Begriff der „Dienstgemeinschaft" trägt im Kontext der Teilhabe der Diakonie am Selbstbestimmungsrecht der Kirchen insbesondere die Begründungslast für die Ausgestaltung eines eigenen kirchlichen Arbeitsrechts. Damit „Dienstgemeinschaft" kein reines Ideologem ist,[99] muss der Begriff sich auf das Selbstverständnis der in der Diakonie tätigen Christinnen und Christen beziehen lassen.[100] Damit ist eine Beschränkung des Umfangs der Dienstgemeinschaft auf die Getauften unvereinbar; denn die Pointe auch des religiös gedeuteten Helfens ist ja gerade, aus einem allgemeinen Ethos heraus zu helfen. Wer als Christ:in hilft, macht darin gemeinsame Sache mit allen, die mithelfen, unabhängig von ihrer Religions- und Kirchenzugehörigkeit.[101] Auch die im Begriff „Dienst" angezeigten Transzendierungs- und Unbedingtheitsdimensionen im Helfen sind dem Hilfeethos allgemein. Die Schlange der Schafe im Weltgericht spaltet sich nicht noch einmal in eine Linie für Getaufte und eine für Nichtgetaufte.[102]

3. ACK-Klauseln

Von hier aus ist auch zu fragen, wie angemessen die ACK-Klauseln im Mitarbeitervertretungs- und im Arbeitsrecht sind. Ohne einen gewissen Teil von Mitarbeitenden und Führungskräften, die auf Glaubensfragen ansprechbar sind, wird

98 Vorschläge dazu in Christoph 2009.
99 Zu diesem Vorwurf vgl. Lührs 2007.
100 Zur empirischen Relevanz des Leitbildes der Dienstgemeinschaft vgl. Jähnichen 2013.
101 Gegen Germann / de Wall 2004, 570.
102 Die „objektive" Dimension der Dienstgemeinschaft lässt sich mithin ohne Rekurs auf einen übersubjektiv verstandenen „Auftrag der Kirche" rekonstruieren (gegen Reuter 2006).

die geforderte Ansprechbarkeit innerhalb der Organisation nicht zu gewährleisten sein.[103] Wo diese Ansprechbarkeit nach außen zum Dienstauftrag selbst gehört, versteht sich das ohnehin von selbst (etwa in der Seelsorge o.ä.). Gleichwohl ist es m.E. nicht erforderlich, dass Mitarbeitende durchweg Kirchenmitglieder sind. Gerade weil der Glaube um die Allgemeinheit des Hilfeethos weiß, steht die generelle Voraussetzung einer Kirchenmitgliedschaft in der Gefahr, einer zu starken religiösen Aufladung des Helfens Vorschub zu leisten. Der human-allgemeine und christlich-signifikante Doppelcharakter des Helfens dürfte insbesondere in der Zusammenarbeit von Kirchenmitgliedern und Nichtkirchenmitgliedern produktiv zum Ausdruck kommen.

Auf einer anderen Ebene liegt die Einsicht, dass gerade die Mitarbeit von Angehörigen anderer Religionen sachlich geboten sein kann. Ein evangelischer Kindergarten in einem multireligiösen Umfeld bedarf schon aus bildungstheologischen Gründen der religionshermeneutischen Kompetenz unter den Mitarbeitenden, wird also die Anstellung andersreligiöser Erzieher:innen für geboten erachten.

Ähnliches gilt für die Voraussetzung der ACK-Mitgliedschaft für das passive Wahlrecht in die Mitarbeitervertretung (MAV). Wenn das Helfen sinnvollerweise gemeinsame Sache von Christen und Nichtchristen ist und die Mitarbeitenden sich als Teil einer Dienstgemeinschaft sollen begreifen können, ist der prinzipielle Ausschluss von Nicht-ACK-Mitgliedern aus der MAV nicht plausibel. Das gilt nicht nur dort, wo, wie in manchen Teilen Ostdeutschlands, der Anteil der Kirchenmitglieder unter den Beschäftigten sehr gering ist.[104]

4. Koalitions- und Streikrecht

Im Bereich des Koalitionsrechts springt zunächst der allgemein niedrige Grad gewerkschaftlicher Organisation von Beschäftigten des sozialen Sektors im Allgemeinen und der Diakonie im Besonderen ins Auge.[105] Die Ursachen dürften vielfältig sein; jedoch darf als eine Ursache die Tendenz von Angehörigen hel-

---

[103] Hierfür ist die ACK-Mitgliedschaft des Einzelnen keineswegs eine hinreichende Bedingung; dennoch sollte die Forderung einer Kirchenmitgliedschaft für einen Teil der Beschäftigten (nicht: für „verkündigungsnahe" Arbeitsfelder) aufrechterhalten werden.

[104] Vgl. auch Kreß 2012.

[105] Siehe für eine grobe Schätzung: Vereinte Dienstgemeinschaft, Geschäftsbericht 2007–2011 [online], shorturl.at/egmQ5 (letzter Zugriff am 23.02.2022), 299, wo für das Jahr 2010 eine Zahl von ca. 347.000 Mitgliedern im Fachbereich Gesundheit, Soziale Dienste, Wohlfahrt und Kirchen angegeben ist. Allein im Gesundheits- und Sozialwesen waren in diesem Jahr nach den Zahlen der Bundesagentur für Arbeit etwa 3,57 Mio. Menschen sozialversicherungspflichtig beschäftigt.

fender Berufe zur Hintansetzung eigener Belange angesichts der Belange der anderen vermutet werden. Diese wurde oben als eine der Aporien des Helfens identifiziert, mit der es auch der christliche Glaube – im Sinne einer Stärkung des Individuums angesichts der überwältigenden Forderung, für andere da zu sein – zu tun hat. Im *theologischen* Interesse an dieser Stärkung und angesichts der langen Geschichte der Delegitimierung der Vertretung eigener Belange in „dienenden" Berufen sollte generell die Verbesserung der Mitbestimmungskultur als Kernaufgabe diakonischer Organisationsentwicklung verstanden werden. Ein – historisch bedingter – Vorbehalt gegenüber den Gewerkschaften ist hier kontraproduktiv.[106]

Auch die gängige Argumentation gegen das Streikrecht in der Diakonie liegt auf der Linie der Delegitimierung der Vertretung von Mitarbeiterinteressen.[107] Ausgehend von der Einsicht, dass es systemisch angelegte Interessenkonflikte gibt, die konstruktiv ausgetragen werden müssen, und dass der Arbeitskampf ein bewährtes, rechtlich geordnetes Mittel *friedlicher* Konfliktaustragung darstellt, sollte die Frage, ob Streik in der Diakonie möglich sein sollte oder nicht, als Frage pragmatischer Abwägung, nicht aber des prinzipiellen Ausschlusses behandelt werden. Hier ist in der Tat zu fragen, ob nicht die Schwelle für Streiks im Bereich der gemeinnützigen Erbringung sozialer Dienstleistungen aus guten Gründen höher liegen sollte als etwa in der Metallindustrie.[108] Einen prinzipiellen theologischen Ausschlussgrund vermag ich jedoch nicht zu erkennen. Im Gegenteil: Die Urteile des Bundesarbeitsgerichts vom November 2012 zum Streikrecht in der Diakonie sind kirchlicherseits mit Recht positiv aufgenommen worden.[109] Sie sehen aber gerade vor, die Tariffindung des Dritten Weges durch Streik zu stützen, indem dieser bei arbeitgeberseitiger Übertretung des Dritten Weges explizit als statthaft anerkannt wird. Ich halte das für eine sehr kluge Entscheidung. Dies impliziert aber, dass der Streik in der Diakonie also keineswegs theologisch-prinzipiell ausgeschlossen werden darf, sondern umgekehrt *im Interesse einer unterhalb des Arbeitskampfes verbleibenden Konfliktaustragung* als ein in bestimmten Fällen berechtigtes Druckmittel verstanden werden sollte. Dadurch ließe sich auch die Lücke zur sonstigen arbeitnehmerfreundlichen Sozialethik der Kirchen schließen.

---

106 Zu Diakonie und Gewerkschaften immer noch instruktiv: Beyer / Nutzinger 1991.

107 Vgl. Lührs 2007.

108 Zu solchen Abwägungen vgl. Franzen u. a. 2012.

109 Evangelische Kirche in Deutschland, EKD begrüßt Erfurter Urteil zum Arbeitsrecht [online], https://www.ekd.de/pm251_2012_ekd_arbeitsrechturteil_erfurt.htm (letzter Zugriff am 23.02.2022).

IV. Zusammenfassung

Mit der Charakterisierung von Diakonie als *Kirche bei Bedarf* ist die Pointe der hier vorgeschlagenen Zuordnung von Kirche und Diakonie benannt. Diese Formel ist in einem doppelten Sinne zu verstehen: Zum einen beschreibt sie das regelmäßig in Umfragen artikulierte Vertrauen in Kirche bzw. Diakonie als Sekundärinstitution: Wenn ich sie einmal brauchen sollte, dann ist es gut zu wissen, dass die Kirche für mich da ist: mit gottesdienstlicher und seelsorgerlicher Lebensbegleitung, oder bei Bedarf auch mit handfester Hilfe im diakonischen Bereich.[110] Zum anderen und vor allem aber bringt sie zum Ausdruck, dass Diakonie als Dienstleister im hochausdifferenzierten Sozialstaat bzw. als Anbieter auf dem sozialen Markt sich *bei Bedarf als Kirche erweisen* soll: dass im Binnenverhältnis der Mitarbeitenden wie auch im Verhältnis von Hilfeerbringern und Hilfeempfängern jemand bei Bedarf auf Glauben und Liebe ansprechbar ist und so ein temporärer Raum religiöser Kommunikation entsteht.

Technisch gesprochen besteht die Pointe der Zuordnung also nicht darin, mit der reformatorischen Tradition Taten der Liebe als nachrangige „notae externae“ den „notae ecclesiae“ von CA VII hinzuzufügen,[111] um deutlich zu machen, dass diese eben auch zur Kirche gehören, wenngleich sie für diese eben nicht konstitutiv sind. Vielmehr gilt es umgekehrt die Kommunikation über das Diakonische am Ort diakonischer Organisationen als diakoniespezifische Transformation der „notae ecclesiae“ selbst zu verstehen. Wo Kommunikation über das Diakonische stattfindet, handelt es sich immer auch um Glaubenskommunikation; dann und insofern ist Diakonie „Kirche“. In dieser Kommunikation weiß der christliche Glaube die Liebe als ihm wesentlich zukommend, als *Signum*, vermag darüber Auskunft zu geben und so auch seinen Beitrag zur Pflege des Hilfeethos und zum Umgang mit den Aporien des Helfens zu leisten. Aus dem Erhalt dieser Ansprechbarkeit ergeben sich Forderungen an die organisatorische Gestalt und rechtliche Verfasstheit von Diakonie. Im diakonischen Alltagsgeschäft helfenden Handelns selbst ist hingegen das human-allgemeine Ethos des Helfens bestimmend, das sich beständigen theologischen Bestimmtheitsforderungen gegenüber mit allem Recht spröde verhält.

---

[110] Vgl. Pollack 2009, 194.
[111] Vgl. dazu Härle 1999, 290f.

3. Segensdienstleistungen Über die Kirche als Unternehmen

I. Die Debatte um das „Unternehmen Kirche"

Das Stichwort „Unternehmen Kirche" – und im Zusammenhang damit auch das der „Dienstleistungsorientierung" – steht für einen verzweigten ekklesiologisch-kirchentheoretischen Debattenzusammenhang in Deutschland seit den 1980er Jahren. Gesucht wird nach angemessenen Begriffen für den Gestaltwandel der großen christlichen Kirchen im Kontext des sich ebenfalls wandelnden institutionellen und organisatorischen Gesamtspektrums der Gesellschaft. Eine solche Theorie der Kirche wird in dem Maße erforderlich, in dem die Kirchen ihren institutionellen Charakter verlieren und unter anderem organisationsförmige Strukturen entwickeln.[1] „Unternehmen Kirche" ist ein pointierter Begriff für die Wahrnehmung, dass die großen Kirchen nicht nur intensiv in Wirtschaftskreisläufe eingebunden sind, sondern sich in manchen Hinsichten ähnlich wie Wirtschaftsunternehmen organisieren – bzw. das tun oder nicht tun sollten.

Ein Vorreiter in dieser Debatte war die Konzeption der Diakonie als „christliches Unternehmen" in den 1980er Jahren. Der damit einhergehende Import von Managementwissen und die ökonomische Professionalisierung von Führungskräften wurde programmatisch auch für die verfasste Kirche gefordert.[2] Zeitgleich entwickelte sich in den Wirtschaftswissenschaften das Interesse an einer Ökonomik von Nonprofit-Unternehmen.[3] Entsprechend engagierten sich etwa Unternehmensberatungen verstärkt im Nonprofit-Sektor, was kirchlicherseits im „München-Programm" von 1995/96 prominent wurde.[4] Ähnlich hielten ökonomische Instrumente Einzug im Bereich des Staates: Unter dem Titel *New Public Management* wurden seit den 1980er Jahren staatliche Einrichtungen als Dienstleistungsorganisationen betrachtet, was den Fokus auf die Qualität der Ergebnisse des Verwaltungshandelns und die Orientierung an den Bedürfnissen der Bürger:innen legte.[5] Theoretischer orientiert ist die soziologische Analyse

---

1 Vgl. Hauschildt / Pohl-Patalong 2018, 181ff.

2 Jäger 1986; vgl. Jäger 1993b.

3 Vgl. Powell / Bromley 2020.

4 Vgl. dazu Hermelink 1999.

5 Für einen Anschluss von kirchlicher Seite vgl. Kirchenamt der Evangelischen Kirche in Deutschland 2006, 40.

des religiösen Feldes in ökonomischen Kategorien, sodass für die 1990er Jahre von einem regelrechten *„market turn“* in der Religionssoziologie gesprochen werden kann.[6]

Theologisch war die Rede vom „Unternehmen Kirche“ und der „Dienstleistungsorientierung“ immer hochgradig umstritten: hinsichtlich ihrer deskriptiven Tauglichkeit, vor allem aber hinsichtlich der Legitimität eines durch sie orientierten kirchlichen Leitungshandelns.[7] Einen Höhepunkt der Debatte stellt die Auseinandersetzung um das EKD-Papier „Kirche der Freiheit“ von 2006 dar, das der Kirchenleitung programmatisch das „Lernen von wirtschaftlichem Denken“[8] zur Aufgabe macht und im Zuge dessen den Dienstleistungsbegriff für internes kirchliches Verwaltungshandeln propagiert. Der Terminus des Unternehmens kommt allerdings für die verfasste Kirche gar nicht und für die Diakonie nur einmal im kritischen Kontext vor.[9] Die Unternehmerdenkschrift von 2008 statuiert: „Die Kirche ist kein Unternehmen“, befürwortet aber durchaus unternehmerischen Geist in der Kirche.[10] Inzwischen wird der Unternehmensbegriff für die verfassten Kirchen kaum noch verwendet (während er in der „Unternehmensdiakonie“ weithin selbstverständlich in Geltung steht). Was bleibt, ist die Frage, welche Funktionen ökonomische Kategorien in der Beschreibung und Analyse von Kirche erfüllen. Das soll im Folgenden spezifisch für den Begriff der Dienstleistung untersucht werden.

II. Funktionen des Dienstleistungsbegriffs im kirchlichen Kontext

Einen kirchlichen Vollzug – etwa: diakonische Hilfe, behördliche Verwaltung oder Kasualien – als Dienstleistung zu bezeichnen, rahmt eine soziale Interaktion in einer spezifischen Weise. Ohne Anspruch auf Vollständigkeit sollen fünf Momente einer solchen Rahmung genannt werden. Erstens und vor allem tritt eine spezifische *„Kundenorientierung“* in den Blick, auf die schon Peter L. Berger in seiner Entfaltung des Marktmodells der Religionen hingewiesen hat. Anbieter religiöser Dienstleistungen berücksichtigen zuvorderst den entsprechenden „Verbraucherwillen“.[11] So ist insbesondere mit Blick auf Kasualien vom Typus einer

6 Vgl. den Überblick von Hero 2018, 572f.
7 Vgl. dazu etwa die Beiträge in Fetzer u. a. 1999.
8 Kirchenamt der Evangelischen Kirche in Deutschland 2006, 42.
9 Vgl. a. a. O., 40, 95, 99f.; 82.
10 Evangelische Kirche in Deutschland 2008, 107.
11 Berger 1973, 138.

„Dienstleistungskirche" gesprochen worden, die sich anders als eine „Amtskirche" etwa bei einer Taufe „viel stärker an den Termin-, Personen- und Gestaltungswünschen der Tauffamilie aus[richtet]".[12]

Damit ist das zweite Moment angesprochen: das der *auftrags- und vertragsförmigen Zielbestimmung*. Welche Dienstleistung wie erbracht wird, ist Gegenstand des zwischen Erbringerin und Abnehmer abgeschlossenen Dienstleistungsvertrages. Kirchliches Handeln wird vermöge des Dienstleistungsschemas Verhandlungssache, mehr noch: Gegenstand eines Auftragsverhältnisses. Damit erscheint die Beziehung zwischen Pfarrperson und Kasualbegehrenden Max Webers Analyse von Marktbeziehungen entsprechend als entpersönlicht und versachlicht.[13] In diesem Sinne wird die Dienstleistungsorientierung zur Anfrage an das professionelle Selbstverständnis von Pfarrerinnen und Pfarrern.

Drittens verweist der Dienstleistungsbegriff auf das Vorhandensein eines *Marktes*, auf dem eine Vielzahl von Angeboten besteht. Kirchliche Kasualien sind mitnichten die einzige Form lebensbegleitender Inszenierungen; eine Fülle kirchlich gebundener und kirchenunabhängiger, religiöser und nichtreligiöser, esoterischer und therapeutischer Angebote verschiedenster „Anbieter" ist vorhanden und wird abgerufen.[14] Auch wenn den Kirchen das Eigene als unvergleichlich erscheint, so wird doch verglichen. Mit der Marktsituation ist *per se* eine Warenförmigkeit des Gehandelten verbunden: Was als Ware taugen soll, muss – bei aller Differenzierung – vergleichbar sein. Konkurrierende Angebote gleichen sich an und verdichten sich möglicherweise hin zu Standards, die nicht mehr in der Definitionshoheit der einzelnen Anbieter liegen.[15] Das gilt für diakonische Leistungen, aber auch etwa für popkulturelle Elemente in Kasualliturgien.[16]

Mit der Marktsituation verbindet sich viertens der *Wettbewerb*. Wer sich in Konkurrenz zu anderen Anbietern vorfindet, muss den Markt zu den eigenen Gunsten beeinflussen. Es ist nötig, Werbung zu machen, den Zugang zum Kunden auf verschiedensten Vertriebswegen zu ermöglichen und das eigene Image zu pflegen.[17] Kirche wird zur „Kasualagentur", und der Marktanteil zu einer der wichtigsten Kennzahlen für den eigenen Unternehmenserfolg.[18]

---

12 Hauschildt / Pohl-Patalong 2018, 171.

13 Vgl. Weber 1985a, 282f.

14 Vgl. Fechner 2019, 67.

15 Ähnliches gilt für innerkirchliche Standardisierung, wie sie von Emilia Handke explizit gefordert wird: „Was die Kirche einer Stadt [...] bietet, ist bisher überall unterschiedlich und nirgends gebündelt. Große Kasualkampagnen der Kirchen werden nichts nützen, wenn die beworbene Umsetzung vor Ort nicht garantiert ist." (Handke 2019, 191).

16 Vgl. dazu schon Berger 1973, 141f.; 193.

17 Vgl. Hauschildt / Pohl-Patalong 2018, 200f.; Handke 2019, 187.

18 Vgl. Kirchenamt der Evangelischen Kirche in Deutschland 2006, 52 für Tauf- und Trauquoten.

Ein fünftes Moment ist die *Nutzenorientierung.* Wer eine Dienstleistung in Anspruch nimmt, erhofft sich einen Nutzen von ihr, wonach auch immer dieser sich definiert und bemisst. Dieser Nutzen kann höher oder niedriger sein, womit die Frage nach der Qualität einer Dienstleistung und nach den organisatorischen Prozessen der Qualitätssicherung gestellt ist. Für den kirchlichen Bereich schließt der Dienstleistungsbegriff somit an die Debatte um die Qualität kirchlichen Handelns an.[19]

Der so charakterisierte Rahmen für die Wahrnehmung kirchlichen Handelns, der mit dem Dienstleistungsbegriff gegeben ist, kann einerseits explizit thematisiert werden. Hier ist sorgfältig zu unterscheiden, ob deskriptiv nach der *analytischen Eignung* des Dienstleistungsbegriffs für die gegenwärtige Gestalt von etwa kirchlichem Kasualhandeln gefragt ist – oder ob vorausgesetzt wird, dass Kasualien dienstleistungsförmig „sind" und daraus *normative Folgerungen* für kirchliche Strategien, sich auf dem Markt gut zu positionieren, abgeleitet werden. Wird das zweite getan, ohne sich über das erste Rechenschaft gegeben zu haben, droht ein *metaphernrealistischer Kurzschluss* mit ökonomiefatalistischen Folgen. Andererseits kann „Dienstleistung" implizit als Interaktionsschema fungieren, das die Erwartungen und Erwartungserwartungen von Pfarrpersonen wie von Kirchenmitgliedern strukturiert. In dem Maße, in dem Kirche und Pfarramt institutionelle Selbstverständlichkeit verlieren, werden andere kulturell eingeübte Schemata der Interaktion wichtiger, um Erwartungssicherheit zu restabilisieren. Und der Umgang mit Friseur und Bankberaterin ist in einer „Dienstleistungsgesellschaft" eben gut trainiert. Das dürfte erheblich zur Plausibilität des Dienstleistungsschemas für kirchliches Handeln und dann auch für die Struktur kirchlicher Organisation beitragen.[20]

III. Die Organisationstranszendenz der Organisation Kirche

Inwieweit nun ist dieser Begriff der Dienstleistung theologisch anzueignen oder abzustoßen? Dazu sei zunächst bemerkt, dass der Dienstbegriff selbst religiös konnotiert ist. Sein Bedeutungsspektrum reicht von „arbeiten und leistungen, zu denen man verpflichtet ist" über das, „was jemand zu gunsten, zum nutzen eines andern aus eigener bewegung thut", bis hin zu „handlungen und übungen,

---

19 Dazu vgl. Hauschildt / Pohl-Patalong 2018, 202ff.

20 Vgl. dazu die Isomorphiethese des Neoinstitutionalismus, etwa DiMaggio / Powell 1983.

[...] gebräuche[n], womit man die gottheit verehrt".[21] Die verpflichtungsbezogene, die altruistisch-innenmotivierte und die religiöse Bedeutungsschicht fließen im berühmten Diakonissenspruch Wilhelm Löhes zusammen:

> „Was will ich? Dienen will ich. Wem will ich dienen? Dem Herrn in seinen Elenden und Armen. Und was ist mein Lohn? Ich diene weder um Lohn noch um Dank, sondern aus Dank und Liebe; mein Lohn ist, dass ich dienen darf. // Und wenn ich dabei umkomme? Komme ich um, so komme ich um [...]."[22]

Somit ist der Begriff des *Dienstes* in der christlichen Tradition stark durch das Moment einer entgrenzten Verpflichtung gegenüber den anderen, bar jedes ökonomischen Kalküls, charakterisiert. Dazu scheint sich der Dienst*leistungs*begriff auf den ersten Blick gänzlich konträr zu verhalten. Denn er stellt auf einen anderen Verpflichtungstyp, die ökonomische bzw. rechtliche Vereinbarung und Sanktionierung, um. An die Stelle der unbedingten und unvertretbar persönlichen religiösen Selbstverpflichtung tritt damit eine begrenzte, sachliche, entpersonalisierte, äußere Verpflichtung.[23] Aus diesem Gegensatz dürfte sich der Eindruck von der gänzlichen Unangemessenheit des Dienstleistungsparadigmas für kirchliche Vollzüge speisen.

Blickt man jedoch näher hin, relativiert sich dieser Gegensatz deutlich. So ist auch die mit „Dienst" bezeichnete religiöse Verpflichtung theologisch mitnichten als unbedingt konzipiert. Dafür steht protestantisches Lehr-Urgestein wie die Unterscheidungen von Person und Werk sowie von Gesetz und Evangelium, die Lehre vom kirchlichen Amt wie auch die Sündenlehre: Aller menschlicher Dienst, auch der der Nächstenliebe und auch der in der Kirche, *ist* nicht nur faktisch begrenzt und bedingt, sondern *muss* und *darf* das auch sein. Umgekehrt hat der Begriff der Dienstleistung durchaus die Aspekte der Orientierung am anderen und der starken Verpflichtung („Dienstleistungsbereitschaft") geerbt. Gerade für personenbezogene Dienstleistungen in der Wohlfahrtspflege, im Gesundheitswesen, im Bildungsbereich oder im Gastgewerbe gilt, dass die *Leistung* in aller Regel noch mehr, noch intensiver, noch sorgsamer, noch besser hätte sein können. Auch solche Dienstleistungen stehen also im Horizont eines Ideals von unbedingter und unbegrenzter Verpflichtung, das sie potentiell als defizitär erscheinen lässt. Der vermeintlich absolute Gegensatz von Dienst und Dienstleistung geht damit über in ein relatives Verhältnis von Verpflichtungserhöhung und Verpflichtungsbegrenzung, das *in praxi* fortwährend verhandelt werden muss. Das gilt im religiösen wie im ökonomischen Feld; und in beiden stehen

---

21 Grimm / Grimm 1860.

22 Zitiert nach: Stählin 1959, 6.

23 Vgl. Tanner 2006, 124f.

diese Aushandlungsprozesse im Horizont von Idealen der Steigerung und Intensivierung des zu Leistenden.[24] Die „Leistung" soll „Dienst" sein, ohne es im umfassenden Sinne sein zu können. Damit könnte die religiös-ökonomische Doppelkodierung des Dienstleistungsbegriffs hilfreich sein, solche Transzendierungsmomente des *Handelns für andere* theoretisch zu rekonstruieren und sie praktisch zugleich zu pflegen wie erträglich zu halten.[25] Ein solcher theologischer Dienstleistungsbegriff würde zunächst nicht zwischen verfasst-kirchlichem, diakonischem und privatwirtschaftlichem Handeln unterscheiden.

Inwieweit sind Kasualien in diesem Sinne Dienstleistungen? Wenn es mit Wilhelm Gräb in Kasualien um die „Rechtfertigung von Lebensgeschichten" geht, dann steht in ihrem Kern, anerkennungstheoretisch formuliert, die Anerkennung von Anerkennungsverhältnissen. Die familiäre Aufnahme des neuen Mitgliedes in der Säuglingstaufe, die gemeinsame Liebesgeschichte zweier Menschen in der Trauung oder die Anerkennung des gelebten Lebens in der Bestattung werden in der Öffentlichkeit von Familie und Freunden rituell inszeniert, also selbst noch einmal anerkannt. Nichts anderes machen freie Kasualien auch: sie sind ebenso Anerkennungsdienstleistungen. Und ob im religiösen Kontext oder nicht: die in Rede stehenden weltlichen Anerkennungsverhältnisse stehen unter dem Ideal unbedingter Anerkennung. Liebe will unbedingt und unbegrenzt sein.[26] Die eigentümliche Funktion der *kirchlichen* Kasualie liegt dann darin, dieses Ideal, seine partiell erlebbare Wirklichkeit wie auch das Scheitern an ihm narrativ und begrifflich vor Augen zu stellen. Dem dienen die religiösen Symbole der göttlichen Anerkennung (als Transzendierung sozialer Anerkennungsverhältnisse) und der Kirche (als Transzendierung sozialer Anerkennungsgemeinschaften) wie die rituellen Praktiken etwa des Fürbittens und Segnens. Zugespitzt gesprochen ist der Segen als Zentrum der Kasualien also in der Tat eine kirchliche Dienstleistung: eine (durchaus: mundane) Anerkennungsdienstleistung, die zugleich die Transzendierung mundanen Anerkennens (und damit die Transzendierung ihrer eigenen „Leistung") performativ vergegenwärtigt. Das theologische Interesse an einer solchen Zuspitzung ist dabei nicht, den Segen zu depotenzieren, sondern zweierlei zugleich zu rekonstruieren: einer-

---

24 Das zeigt sich besonders pointiert dort, wo religiöses und ökonomisches Feld sich schneiden: im kirchlichen Arbeitsrecht.

25 Eine solche Doppelkodierung klagt Kristian Fechner ein: „Erst durch die doppelte Referenz von Angebot und gelebtem Christentum ist die kirchliche Trauung – auch in ihrer Besonderheit gegenüber der konfessionsfreien Trauung – hinreichend bestimmt." (Fechner 2019, 68).

26 Vgl. dazu Moos 2018b, 299ff.

seits den Umstand, dass kirchliches Kasualhandeln auf einem Markt lebensphasenspezifischer Dienstleistungen zunehmend als ein Angebot neben anderen begriffen wird, und andererseits sein religiöses Überschussmoment.[27]

In eben diesem Sinne wäre die Kirche als Organisation dann eine auf diesem Markt operierende religiöse Dienstleistungsagentur – wiewohl eine, die als solche nur dadurch funktioniert, dass sie ihre Organisationstranszendenz jeweils immer mit präsenthält. Kirche arbeitet nicht im eigenen Auftrag, und sie ist mehr und anderes als das Häuflein der jeweils Versammelten. Nur als solche kann sie diejenige unbedingte Anerkennung symbolisch-rituell ins Werk setzen, die in mundanen Anerkennungsverhältnissen intendiert, aber nie vollständig realisiert ist. Es ist diese *Organisationstranszendenz der Organisation Kirche*, über die im schillernden Ineinander von ökonomischen und theologischen Kategorien je und je verhandelt wird.[28] Anders als der Dienstleistungsbegriff für kirchliches Handeln weist dabei der Unternehmensbegriff für die Kirche keine fruchtbare religiös-ökonomische Doppelkodierung auf; er vermag allenfalls hie und da als provokative Korrektur gegen allzu doketische Kirchenbegriffe dienen.

Interessant ist schließlich der praxistheoretische Blick darauf, wie die *Handlungstranszendenz der Handlung* (bzw. die Praxistranszendenz der Praxis) in der Dienstleistung jeweils konkret ins Werk gesetzt wird. Vertraut erscheint dabei der Gedanke, dass, in Kategorien Schleiermachers gesprochen, eine Sequenz wirksamen Handelns durch darstellendes Handeln unterbrochen, interpretiert und transzendiert wird: etwa wenn die Teambesprechung einer diakonischen Einrichtung mit einem geistlichen Wort beginnt. An anderen Stellen vollzieht sich die Transzendierung durch den Wechsel verschiedener Formen des darstellenden Handelns, etwa wenn in Kasualien Elemente des bürgerlich-affirmativen Festes und des religiös-transzendierenden Rituals ineinander verschränkt sind: im Modus der zeitlichen Aufeinanderfolge oder auch der mehrfachcodierten Aufstaffelung. Doch auch im Wechsel verschiedener Formen des wirksamen Handelns kann Handlungstranszendenz ins Werk gesetzt werden. So wurde für ambulante Pflegedienste gezeigt, dass hier Praktiken, die nach der Logik von

---

27 Für diakonisches Handeln verhält sich das in gewisser Weise analog; nur ist dort noch einmal deutlicher, wie verwechselbar, ja: in Handlungsvollzug und Handlungsintention material identisch die „kirchliche“ und die „nichtkirchliche“ Praxis potentiell sind (siehe den Abschnitt „Kirche bei Bedarf“ in diesem Band).

28 Dabei erscheint eine direkte Konfrontation von theologischen und ökonomischen Sprachspielen als unvereinbar (vgl. Gräb-Schmidt 1999, 74; 76) ebenso wenig fruchtbar wie deren intentionale Identifikation (so im München-Programm; vgl. Hermelink 1999, 94). Auch die bruchlose Eingliederung eines religiösen in ein ökonomisches oder organisationstheoretisches Sprachspiel erscheint mindestens von zweifelhaftem Wert. So kann eine Aussage wie „Für religiöse Organisationen steht […] an der Spitze das Sachziel, *dass Gott selbst handele.*“ (Hauschildt / Pohl-Patalong 2018, 211) wohl nur als Sprengmetapher verstanden werden.

Vertrag und Erfüllung strukturiert sind (also der Pflegeleistungen nach Pflegevertrag) abwechseln mit solchen Praktiken, die die Struktur von Gabe und Dank haben: So kauft die Pflegekraft etwas für eine Gepflegte ein und bringt es mit; im Gegenzug wird sie zu einem Stück Kuchen eingeladen.[29] Im Wechsel der ökonomischen und der freundschaftlichen Praxistypen wird, so interpretiere ich diese Beobachtung, der Sinn des Pflegeverhältnisses, als Dienstleistung mehr zu sein als bloße Dienstleistung, umkreist und präsent gehalten. Im Umfeld der Kasualien ist es etwa die ökonomisch-vergeltende Praxis des berühmten Spendenumschlages, der gleichwohl durch die beharrliche Kostenlosigkeit der pfarramtlichen Dienstleistung transzendiert wird. So werden kirchliche wie nichtkirchliche personenbezogene „Dienstleistungen" begleitet von fortwährenden Verhandlungen über das Spannungsfeld von „Leistung" und „Dienst"; ein Spannungsfeld, das die theologische Angemessenheit des Dienstleistungsbegriffs begründet wie es seine Unbehaglichkeit verursacht.

29 Vgl. Ouart 2012.

4. Die Multirationalität diakonischer Unternehmen

Diakonische Einrichtungen und Unternehmen sind plural verfasst. Das gilt für die vielfältigen Kontexte, in denen sie – etwa: zwischen Markt, Staat, Religionsgemeinschaften und Zivilgesellschaft – stehen, ebenso wie für ihre hybride Binnenstruktur. Dazu gehört, dass sie an einer Vielzahl von Verständigungsordnungen teilhaben. In der Binnenkommunikation wie in Außenkontakten wird in ökonomischen Regeln und Begriffen kommuniziert ebenso wie in juristischer Manier, nach Art der Medizin, der sozialen Arbeit und der vielen anderen Fachlichkeiten ebenso wie in theologischen Sprechweisen. An einer Stelle dominiert die Logik der Suche nach dem professionell Richtigen, an einer anderen die der religiösen Authentizität, hier die der wissenschaftlichen Wahrheitssuche, dort die der strategischen Machtkommunikation. Diakonische Organisationen sprechen in vielen Zungen, was sich in der Praxis als ebenso sachgemäß wie als Ursache mannigfaltiger Verständigungsprobleme erweist. Für diesen Umstand ist in der organisationstheoretischen Debatte der Terminus „Multirationalität" vorgeschlagen[1] und diakoniewissenschaftlich in Forschung und Lehre aufgenommen[2] worden.

Der Begriff ist sehr eingängig, weil sich zum einen eine Vielzahl von Erfahrungen aus der diakonischen Praxis, insbesondere der Praxis der diakonischen Unternehmensführung, auf ihn beziehen lassen. Zudem lässt er sich an verschiedene Theoriekontexte fruchtbar anschließen. Und schließlich steht er geistesgeschichtlich im Kontext der modernen Auseinandersetzung um die Einheit der Vernunft und die Vielzahl der pluralen, oftmals inkompatiblen Verständigungsordnungen.

So eingängig der Begriff der Multirationalität für die Beschreibung der Wirklichkeit diakonischer Unternehmen ist, so sehr zeigt er sich bei näherem Hinsehen als präzisierungsbedürftig. Kuno Schedler verwebt in seinem grundlegenden Beitrag zum multirationalen Management von 2012 verschiedene Theorieansätze wie die Systemtheorie Luhmannscher Prägung, Theorien pluralistischer bzw. hybrider Organisationen und Theorien der Interdisziplinarität.[3] Dieses Spektrum erweitert sich noch in seinem gemeinsam mit Johannes Rüegg-Stürm verfassten Buchkapitel von 2013, in dem eine wissenssoziologische Grundlegung hinzutritt: „Rationalität ist die Handlungs-, Begründungs- und

1 Vgl. etwa Schedler 2012 sowie Schedler / Rüegg-Stürm 2013a.

2 Vgl. Büscher / Hofmann 2017.

3 Vgl. Schedler 2012.

Konstruktionslogik einer Sinngemeinschaft."[4] Auch professionstheoretische Zugänge werden hier einbezogen. Die Kompatibilität dieser unterschiedlichen Theorieansätze ist dabei keineswegs selbstverständlich. Beispielsweise ist erklärungsbedürftig, wie sich Sinngemeinschaften einerseits und gesellschaftliche Subsysteme andererseits als Träger von Rationalität zueinander verhalten.[5] So gehören zur „Rationalität" der ärztlichen Profession, also zum Umfang der unter Ärztinnen und Ärzten gültigen argumentativen Referenzen, ebenso Versatzstücke wissenschaftlich-technischer, juristischer wie ökonomischer „Rationalität". Ähnlich ließe sich noch zwischen der professionellen „Rationalität" der Ökonominnen und Ökonomen in einem diakonischen Unternehmen und der „Rationalität" des ökonomischen Subsystems unterscheiden.[6] Rationalitäten müssten von daher mindestens als gestuft konzipiert werden. Das jedoch steht in Spannung zur Behauptung, zwischen Rationalitäten bestehe „eine fundamentale Unfähigkeit der logischen Argumentation".[7]

Ausgehend von diesem Befund soll hier keine geschlossene Theorie der Multirationalität präsentiert werden. Vielmehr wird der These nachgegangen, dass die Uneinheitlichkeit der theoretischen Basis des Konzepts damit zusammenhängt, dass das eingängige Paradigma der Multirationalität in ganz verschiedenen Perspektiven zur Anwendung kommt. Es gilt also zunächst diese Perspektiven und den dort entstehenden Theoriebedarf zu klären, bevor an eine einheitliche Konzeption von Multirationalität zu denken ist. Unterschieden werden im Folgenden die Perspektiven der Deskription (I.), der Legitimation (II.), der pragmatischen Heuristik (III.), der Selbsteinholung (IV.) und der Utopie (V.).

I. Deskription

In beschreibender Perspektive verweist der Begriff der Multirationalität auf eine Pluralität von Argumentationsweisen, die etwa in einem Unternehmen in Geltung stehen und die sich nicht, oder mindestens nicht ohne Weiteres, auf eine dahinterliegende Einheit der Vernunft reduzieren lassen. Das zentrale, gewissermaßen theoriegenerierende Phänomen ist also das des *regelmäßigen kollektiven Nichtverstehens*: Nicht nur kommt es in konkreten Situationen vor, dass Verständigungsversuche zwischen einzelnen Akteuren scheitern, sondern es

---

4 Schedler / Rüegg-Stürm 2013a, 33.

5 Vgl. a. a. O., 40.

6 Gegen Schedler 2012, 373. Hierbei handelt es sich auch um eine andere Unterscheidung als die zwischen dekontextualisierter und kontextualisierter Rationalität (dazu vgl. Schedler / Rüegg-Stürm 2013a, 49).

7 A. a. O., 57 (im Original teilweise hervorgehoben).

gibt Regelmäßigkeiten des Nichtverstehens etwa zwischen bestimmten Akteursgruppen, die sich gleichwohl jeweils untereinander verstehen. Die gemeinsam geteilten Muster des Fragens, Argumentierens, Wertens und Referierens, die innerhalb einer Sinngemeinschaft Verständigung ermöglichen, erweisen sich in der Konfrontation mit einer anderen Sinngemeinschaft als partikular und führen zum Nichtverstehen. Die eine universale Vernunft, von der die Aufklärung ausging, zerfällt, so die aus der Verallgemeinerung der Erfahrungen regelmäßigen kollektiven Nichtverstehens generierte Vorstellung, in eine disjunkte Vielheit verschiedener Rationalitäten. Multirationalität ist in diesem Sinne eine Wahrnehmungsheuristik für Phänomene kollektiven Nichtverstehens. Die Anklänge an Theorien der Multikulturalität sind dabei unüberhörbar, wenn etwa unter Rationalität „ein spezifisch gewachsener, selbstverständlich gewordener, kulturell verankerter, im ständigen Werden befindlicher, gemeinsam geteilter Sinnhorizont von Begriffen, Gewissheiten, Regeln, Erfolgsvorstellungen, normativ-ethischen Prinzipien" verstanden wird.[8]

Das theoretische Kernproblem an dieser Stelle, das auch Schedler und Rüegg-Stürm adressieren, ist das der empirischen Operationalisierung, also der Identifikation von „Rationalitäten" in empirisch greifbaren Kommunikationsvorgängen. Eine Rationalität muss einerseits so geschlossen und kohärent sein, dass sie für ihre Sinngemeinschaft die ihr zugeschriebene realitätserzeugende und Verständigung ermöglichende Funktion erfüllt und zudem in der wissenschaftlichen Analyse als einheitlich festgestellt werden kann; andererseits soll sie beständig im Wandel befindlich, fragil, heterogen, unscharf und zudem horizonthaft verfasst sein.[9] Wie aber wäre so etwas empirisch zu greifen? Schedler und Rüegg-Stürm begegnen diesem Problem auf zwei unterschiedliche (und in ihrem Beitrag nicht ausgeglichene) Arten und Weisen: einerseits *top-down*, im Modus der Voraussetzung eines „Referenzsystem[s] von idealtypischen Rationalitäten",[10] und andererseits *bottom-up*, im Modus der Erhebung *einer* idealtypischen Rationalität anhand eines Kataloges verschiedener „Aspekte".[11] Im ersten Fall wird eine gegebene Liste von Rationalitäten vorausgesetzt, die eher systemtheoretische (technische, ökonomische, soziale, juristische und politische Rationalität) oder institutionentheoretische (familiäre, religiöse, staatliche, marktliche, professionelle und unternehmerische Rationalität) Anklänge aufweist. Von einer solchen Liste ausgehend kann gefragt werden, welche Rationalität etwa in einem Unternehmen dominant ist. Im zweiten Fall wird für eine Organisation - im Beispiel: das Schweizer Militär - vorausgesetzt, dass in ihr *eine* Rationalität vorherrsche. Diese wird erhoben, indem nach leitenden Fragestellungen, Erfolgsmaßstäben, Argumentationstypen etc. gefragt wird. In beiden Fällen wird

8 Schedler / Rüegg-Stürm 2013a, 40.
9 Vgl. ebd.
10 Schedler / Rüegg-Stürm 2013a, 47 (im Original teilweise hervorgehoben).
11 Ebd.

deutlich, dass für die Identifikation von Rationalitäten hochstufige nichtempirische Voraussetzungen gemacht werden (Einheitlichkeit, Kohärenz, Abgeschlossenheit gegenüber anderen Rationalitäten, explizite Benennbarkeit der Regeln und materialen Elemente etc.). Der metaphysische Aufwand ist also beträchtlich; und die Ergebnisse der Analyse werden jeweils daran zu messen sein, ob sie diesen Aufwand durch entsprechenden Erkenntnisgewinn rechtfertigen, oder ob die Ergebnisse im Wesentlichen ein Spiegel der Voraussetzungen sind. Um ein Beispiel zu geben: Verweist das Vorkommen verschiedener Formen der Rechenhaftigkeit (Max Weber) in einer diakonischen Einrichtung tatsächlich auf eine einheitliche und als solche dominante *ökonomische Rationalität*, oder handelt es sich um heterogene Erscheinungen quantitativer Rationalisierung, etwa am Ort der diversen Professionen?

An dieser Stelle wäre zu fragen, ob auch ein weniger voraussetzungsvolles Konzept von Multirationalität denkbar wäre. Eine Richtung, die hier nur angedeutet werden kann, ist die einer Praxistheorie der (Multi-)Rationalität.[12] So weisen moderne Gesellschaften Bündel von Praktiken auf, zwischen Vernünftigem und Unvernünftigem bzw. zwischen Rationalem und Irrationalem zu scheiden. Solche Praktiken, die von der argumentativen Begründung und Bestreitung über die Demonstration von Verständnis und Unverständnis bis hin zur Verehrung und Verhöhnung des Gegenübers bzw. seiner Ansichten reichen, seien als *Rationalitätspraktiken* bezeichnet. Wissenschaftliche Disziplinen, Professionen, aber auch sozialmoralische Milieus zeichnen sich durch jeweils spezifische Rationalitätspraktiken aus, die eingeübt, kultiviert, zuweilen sogar kodifiziert werden. Diese Praktiken reduzieren die Komplexität der Kommunikation, indem sie den Umfang der Subjekte, Argumente und Ansichten, die kommunikativ ernst genommen werden müssen, begrenzen. Wenn nun in einer Organisation verschiedene Disziplinen, Professionen oder Milieus aufeinandertreffen, ist zu erwarten, dass sie unterschiedliche Bündel von Rationalitätspraktiken eingeübt haben, die unterschiedliche Bereiche des Rationalen auszeichnen. Diese Rationalitätsbereiche können überlappen oder auch vollständig divergent sein, was die beschriebenen Phänomene regelmäßigen kollektiven Nichtverstehens erklären würde. Ein solcher praxistheoretischer Zugang hätte verschiedene Vorteile. Zum einen wäre er weniger anspruchsvoll hinsichtlich der Kohärenz und Geschlossenheit *einer* „Rationalität"; er könnte ohne Weiteres zugestehen, dass auch inkonsistente Rationalitätspraktiken innerhalb einer Sinngemeinschaft zugleich bestehen können (etwa der Evidenz- und der Eminenzbasierung in der Medizin). Zum zweiten wäre er einfacher empirisch operationalisierbar, da Praktiken der Unterscheidung von „rational" und „irrational" grundsätzlich der Beobachtung zugänglich wären.

12 Zur Praxistheorie vgl. grundlegend Reckwitz 2003.

II. Legitimation

Von der deskriptiven Perspektive deutlich zu unterscheiden ist die Perspektive der Legitimation. Hier verweist der Begriff der Multirationalität nicht allein auf eine vorhandene Pluralität, sondern auf einen legitimen *Pluralismus* von Rationalitäten innerhalb einer Organisation. Die Rationalitäten sollen so zumindest dem Schedler und Rüegg-Stürm zufolge vorzugswürdigen Modell des multirationalen Managements in ihrem Vorhandensein wie in ihrer Berechtigung anerkannt und positiv zum Ausgleich gebracht werden.[13] Hier wird „Multirationalität" zu einem Modell der balancierenden Befriedung argumentativ inkompatibler Ansprüche in einer Organisation. Wer „Multirationalität" sagt, spricht somit eine Anerkennungsaufforderung aus. Für die Diakonie mag dies insbesondere angesichts sukzessiver Elitenwechsel attraktiv sein: etwa dann, wenn in einer Anstalt für Epilepsiekranke in der Gründungszeit die Theologen, im Verlauf der Professionalisierung die Ärzte und infolge der Vermarktlichung des Sozialen die Ökonominnen in der Unternehmensführung Dominanz erringen. Mittels des Rekurses auf Multirationalität kann hier jeweils die nach wie vor bestehende *Berechtigung* der Überzeugungsgehalte und Argumentationsweisen faktisch abgelöster oder in der Ablösung befindlicher Eliten behauptet werden.

Wenn „Multirationalität" als Legitimationskonzept ein Pluralismusmodell impliziert, so ist zu fragen, welches Modell dies ist. Wiederum stehen hier divergente Konzepte unausgeglichen nebeneinander. So scheint Kuno Schedler sich einerseits auf ein an der Systemtheorie Luhmanns orientiertes Pluralismuskonzept zu stützen, das man *modern* nennen könnte: Die Pluralität der Rationalitäten in einer Organisation repräsentiert die funktionale Ausdifferenzierung moderner Gesellschaften.[14] Auf der anderen Seite klingt das wissenssoziologisch orientierte Modell eines *radikalen Pluralismus* an: „Vernunft ist [...] ein kollektives Phänomen: was als vernünftig gilt, entscheidet nicht der Einzelne, sondern ein Kollektiv: die soziale Gruppe [...]."[15] Ein verbindendes Gemeinsames verschiedener Rationalitäten kann in diesem Fall nicht mehr vorausgesetzt werden. Dazwischen angesiedelt ist das Modell eines *eingehegten Pluralismus*, das mit dem Konzept der transversalen Vernunft (Wolfgang Welsch) arbeitet: Die differierenden Rationalitäten verdanken sich wieder der Ausdifferenzierung des Einen, noch stehen sie als inkompatible Viele lediglich nebeneinander, sondern sie weisen Überlappungsbereiche auf, die Verständigung ermöglichen.[16]

---

13 Vgl. Schedler 2012, 371ff.

14 Vgl. ebd.

15 A. a. O., 362.

16 Vgl. a. a. O., 371f. und dazu Welsch 2016.

Für die Suche nach einem Begriff der Multirationalität ist hier also zweierlei zu notieren: Erstens gilt es, den normativen Gehalt des Begriffs sorgfältig zu explizieren und zudem zu begründen. Warum etwa soll eine Rationalität, bloß weil sie im deskriptiven Sinne *vorhanden* ist, eine Berechtigung aufweisen? Von welchem, gleichsam meta-rationalen Standpunkt aus wird eine solche Berechtigung zugesprochen? Zweitens gilt es, das unterliegende Pluralismusmodell zu klären. Beides gehört wiederum zu den anspruchsvollen metaphysischen Voraussetzungen des Multirationalitätsbegriffs, die vor aller Empirie zu klären sind.

Die Frage der Legitimation wäre auch im oben angedeuteten praxistheoretischen Konzept von Multirationalität nicht weniger anspruchsvoll. Denn hier müssten Bedingungen dafür angegeben werden, wann gegebene Bündel von Rationalitätspraktiken als *bewährt* betrachtet werden sollen: dann etwa, wenn sie kritisierbar (die Möglichkeit der Veränderung mitführend), reflexiv (der Selbstanwendung fähig) und öffentlich (an ein behaftbares Kollektiv gebunden) sind. Auch hier bedürfte es also eines (praxistheoretisch übersetzten) normativen Vernunftbegriffs.

III. Pragmatische Heuristik

Neben der deskriptiven und der legitimatorischen Perspektive wird der Begriff der Multirationalität noch in pragmatischer Perspektive verwendet. Gesucht ist dann ein kluger Umgang mit unterschiedlichen, augenscheinlich inkompatiblen Argumentationsweisen in einer Organisation. Kuno Schedler typisiert mögliche Formen des Umgangs in einem Vierfelderschema, das aufgespannt wird von den Unterscheidungen zwischen einem bewussten und einem nicht bewussten Umgang mit verschiedenen Rationalitäten einerseits und zwischen einem monorationalen und einem multirationalen Umgang mit diesen Rationalitäten andererseits.[17] Die Sympathie des Autors gilt dem bewussten multirationalen Umgang mit verschiedenen Rationalitäten mit dem Ziel, „die Organisation zum multirationalen Entscheiden und Handeln zu befähigen".[18] Dabei gelte es, in Anerkennung der Differenzen den Konsens zu suchen und dazu entsprechende Verhandlungsplattformen mit eigenen Diskurskonventionen zu etablieren. In der Sprache der Theorie des Kommunikativen Handelns von Jürgen Habermas reformuliert, zielt dieser Vorschlag darauf, die divergenten Rationalitäten diskursiv einzuhegen, indem die mittels der verschiedenen Rationalitäten vorgebrachten Argumente als Geltungsansprüche behandelt und als solche zum Austrag gebracht

---

17 Vgl. Schedler 2012, 370.
18 A. a. O., 371.

werden.[19] Wie auch Schedler und Rüegg-Stürm betonen, geht es in Rationalitätskonflikten nicht um die Durchsetzung von Interessen, also nicht primär um Macht, sondern darum, Recht zu haben, also um Ansprüche darauf, etwas als wahr oder richtig Anzuerkennendes zu sagen.[20]

Diese Geltungsansprüche befinden sich auf einer anderen Ebene als die Ansprüche auf Legitimität einer Rationalität, die im vorherigen Abschnitt diskutiert wurden. Ein Geltungsanspruch (auf Wahrheit, Richtigkeit oder auch expressive Gültigkeit) wird erhoben für eine Aussage. Deren Geltung kann bestritten werden, ohne dem Gegenüber die Anerkennung zu entziehen; vielmehr vollzieht sich im diskursiven Austrag der Gründe und Gegengründe gerade die wechselseitige Anerkennung als wahrheitsfähige Subjekte. Hingegen bezieht sich der Legitimitätsanspruch für eine Rationalität auf die grundlegende Zulässigkeit einer Argumentationsweise. Wird diese bestritten, kann dies zu einem Anerkennungsproblem führen,[21] wenn eine Diskursbeteiligte diese Argumentationsweise als für sich konstitutiv ansieht.

Unklar ist in diesem Zusammenhang jedoch, wie ein auf Konsens zielender diskursiver Austrag von mithilfe verschiedener Rationalitäten vorgebrachten Geltungsansprüchen *möglich* sein soll. Wenn denn zwischen verschiedenen Rationalitäten, wie bereits zitiert, „eine fundamentale Unfähigkeit der logischen Argumentation“[22] besteht, so sind die Gründe, die ein andersrationales Gegenüber für seine Position vorbringen kann, gerade nicht anerkennungsfähig. Wird dergestalt eine vollständige Inkompatibilität der Rationalitäten vorausgesetzt (radikaler Pluralismus), könnte eine Einigung – in einer Art überlappenden Minimalkonsens – allenfalls noch auf der Ebene der Positionen selbst entstehen; diese wäre aber nicht diskursiver, sondern lediglich konstativer Natur. Es bedarf milderer Pluralismusmodelle, um dem Diskurs - und sei es auch nur auf der Ebene einer Einigung auf Verfahrenskonventionen für den gemeinsamen Umgang mit heterorationalen Argumenten[23] — eine Rolle zuzugestehen. Hier wiederholt sich in gewisser Weise das Deskriptionsproblem noch einmal: Zu beschreiben ist nicht nur, wie es zum Nichtverstehen kommt, sondern wie in diesem Nichtverstehen wiederum partielles Verstehen sollte gedacht werden können.

Hier wäre Verschiedenes denkbar: Wollte man auf der fundamentalen Inkompatibilität verschiedener idealtypischer Rationalitäten bestehen, könnte diese Verständigungsmöglichkeit auf der Ebene der organisationalen oder lebensweltlichen Einbettung dieser Rationalitäten verortet werden. Anders verhielte es sich, wenn ein Konzept gestufter Rationalitäten verfolgt wird, sich also

---

19 Vgl. Habermas 1981.
20 Vgl. Schedler / Rüegg-Stürm 2013a, 55–57.
21 So auch a. a. O., 56.
22 A.a.O., 57 (im Original teilweise hervorgehoben).
23 Vgl. Schedler 2012, 373.

verschiedene Rationalitätstypen nicht auf derselben Ebene befinden. Beispielsweise ließe sich gut begründet vertreten, dass eine religiöse oder theologische Rationalität keine selbstständige realitätskonstitutive Funktion erfüllt, sondern sich grundsätzlich auf Gegenstände oder Argumente anderer Rationalitäten bezieht. Religion hätte es dann nicht damit zu tun, die Wirklichkeit zu verstehen, sondern damit, das Verstehen der Wirklichkeit zu verstehen. Ein solches Konzept religiöser oder theologischer Rationalität ließe sich anschließend an so unterschiedliche Theologen wie Friedrich Schleiermacher oder Eberhard Jüngel („Erfahrung mit der Erfahrung“) entfalten.[24]

IV. Selbsteinholung

Der Philosoph Karl-Otto Apel hat gefordert, dass Theorien der Rationalität grundsätzlich so verfasst sein müssen, dass sie sich selbst einholen, das heißt: ihren eigenen Rationalitätsanspruch rekonstruieren können.[25] Entsprechend ist in vierter Perspektive an das Konzept der Multirationalität die Frage zu stellen, auf welcher Ebene von Rationalität es selbst operiert. Das ist keineswegs nur eine ‚akademische' Frage. Vielmehr geht es hierbei darum, ob erstens die mit „Multirationalität“ bezeichnete Heuristik des Nichtverstehens für die an ihm Beteiligten annehmbar ist oder nicht; ob zweitens die Zuschreibung von Legitimität an verschiedene Rationalitäten Zustimmung beanspruchen kann; ob drittens die Pragmatik diskursiver Konsenssuche plausibel erscheint oder nicht. Ist etwa die Behauptung, theologische Argumente seien in der Leitung diakonischer Unternehmen Ausdruck einer eigenen Rationalität und insofern legitim und beachtenswert, für Ökonomen und Chefärztinnen akzeptabel?

Wer diese Frage verneint, leistet dem Verdacht Vorschub, dass es sich bei „Multirationalität“ um eine Selbstbehauptungstheorie einer Sinngemeinschaft handelt, die sich in einer Organisation als unterrepräsentiert wahrnimmt: also etwa der ökonomisch Denkenden in einer Kirchengemeinde oder der Theologinnen und Theologen in einem diakonischen Großkonzern. Wer hingegen diese Frage bejaht, gesteht dem Konzept der Multirationalität einen universellen, nicht der Relativität divergierender Rationalitäten unterworfenen Anspruch auf *horribile dictu – vernünftige* Zustimmungsfähigkeit – zu. Damit wäre ein starker Relativismus bzw. Inkompatibilismus der Rationalitäten gebrochen; und dann sähe es auch für die Möglichkeit der diskursiven Verständigung gar nicht so schlecht aus. Das führt hin zur letzten hier zu diskutierenden Perspektive.

---

[24] Siehe den Abschnitt „Religiöse Rationalität des Helfens“ in diesem Band mit weiteren Nachweisen.

[25] Vgl. Apel 2016.

V. Utopie

Die fünfte Perspektive schließt sich an ein Diktum des Philosophen Carl-Friedrich Gethmann an. Gethmann zufolge lässt sich Rationalität verstehen als „mehr oder weniger utopischer Horizont, auf den hin alle partikularen Geltungsansprüche letztlich entworfen werden".[26] Dieser Horizont wird in dem Moment wichtig, wenn die vielfältigen lokalen und partikularen Handlungsorientierungen (Rationalitäten im Sinne pluralistischer Rationalitätskonzeptionen), die üblicherweise hochgradig leistungskräftig sind, nicht mehr hinreichend funktionieren und es zum Konflikt kommt. Im Versuch, solche Konflikte zu bewältigen, wird dann die Universalität der *einen* Rationalität aufgerufen bzw. vorausgesetzt, aufgrund derer man sich verständigen können müsse. Auf diese Weise vermittelt Gethmann die Beobachtung pluraler, heterogener „Lebensformen"[27] und ihrer jeweiligen Verständigungsordnungen und Handlungsorientierungen einerseits mit der modernen Idee einer Universalität der Rationalität bzw. Vernunft andererseits. Letztere hat ihren Sitz im Leben dann als utopischer Horizont konkreter Konfliktbewältigung.

Utopisch ist dieser Horizont insofern, als die potentiell unendliche Suche nach Verständigung im Konflikt unter die Bedingungen endlicher Ressourcen der Konfliktbewältigung tritt. Angesichts endlicher Zeit und Kraft werden die Verständigungsbemühungen in der Regel pragmatisch abgebrochen werden müssen – nach Jürgen Habermas die einzige Rechtfertigung für den demokratischen Mehrheitsentscheid. Als (positive) Utopie wäre dann zugleich die Möglichkeit (und Wünschbarkeit) einer „rationalen" Verständigung behauptet sowie deren Unerreichbarkeit unter Endlichkeitsbedingungen zugestanden. Dem korrespondierte eine Haltung der Beteiligten, die im Konfliktfall den Konsens suchte, auf die Möglichkeit eines Konsenses vertraute und zugleich noch einer verabredeten pragmatischen Begrenzung der Konsenssuche (etwa durch Mehrheitsentscheid oder durch das letzte Wort einer Führungskraft) zustimmte.

Dieser utopisch-horizonthafte Charakter der Rationalität ließe sich in einer Konzeption von Multirationalität auf zwei Ebenen verorten: zunächst auf der Ebene der einzelnen Rationalitäten, die im Falle von Konflikten *innerhalb* von Sinngemeinschaften – etwa im Dissens der Ökonomen und Ökonominnen – als gleichsam lokal-universaler Horizont in Anspruch genommen würden; und zweitens auf der Ebene der Vermittlung zwischen den Rationalitäten, wenn hier im Konfliktfall Verständigung gesucht wird. Von hier aus fiele ein Licht auf die Frage der Legitimation einer Rationalität.[28] An eine berechtigte Rationalität müsste der Anspruch gestellt werden, sich im doppelten Sinne als Rationalität

---

26 Gethmann 2004, 478.

27 A. a. O., 478.

28 Siehe oben, Abschnitt 2.

zu erweisen: einmal zur Verständigung innerhalb einer Sinngemeinschaft zu dienen, aber auch bereit zu sein, sich im Konflikt oder auch nur Nichtverstehensfall über die eigene Sinngemeinschaft hinaus verständlich zu machen. So begriffen wäre Rationalität ihrem Wesen nach verbunden mit der Intention, sich verständlich zu machen; und auch wenn diese Intention in aller Regel innerhalb einer bestehenden partikularen Sinngemeinschaft verfolgt und eingelöst wird, ist sie doch ihrem eigenen, regulativen Sinn nach nicht an diese gebunden. Wenn ich als Ökonomin überzeugt bin davon, dass etwas ökonomisch wahr bzw. richtig ist, gehe ich zugleich davon aus, dass das auch für nicht ökonomisch Vorgebildete gilt, auch wenn es *in praxi* beliebig mühsam sein mag, sie davon zu überzeugen. Hier ergibt sich wiederum ein Anschluss an den oben skizzierten praxistheoretischen Ansatz eines Multirationalitätskonzepts: Zu untersuchen wäre, ob auch partikulare Rationalitätspraktiken sich verstehen ließen als ausgestattet mit einem impliziten Wissen um das Ziel, sich vor einem gegebenen (und damit: potentiell vor jedem) Forum verständlich zu machen.

Ebenso wäre von hier aus deutlich, weshalb und inwiefern trotz der Wirklichkeit des Nichtverstehens zwischen verschiedenen partikularen Rationalitäten von der Möglichkeit einer diskursiven Verständigung gesprochen werden kann.[29] Und schließlich zeigte sich von hier aus auch ein gewisser utopischer Status der Theoriebildung zur Multirationalität: Eine überzeugende, vor dem Forum aller partikularen Rationalitäten zustimmungsfähige Theorie vom Verstehen im Nichtverstehen ist ein lohnendes Ziel, das gleichwohl angesichts endlicher Ressourcen wohl vor der Wiederkunft Christi nicht vollständig einzulösen sein wird.[30]

---

29 Siehe oben, Abschnitt 3.

30 Eine solche Theorie dürfte sich jedenfalls nicht als Meta-Ordnung missverstehen, die jeder partikularen Rationalität ihren Platz anwiese (vgl. Welsch 2016, 149).

II. Praxisfelder

1. Bahnhofsmission: Ein Handlungsfeld als Forschungsgegenstand

I. Einleitung

Vor einigen Jahren strandete ich auf der Rückreise nach Deutschland am Mailänder Hauptbahnhof. Der faschistische Prachtbau hat eine obere Ebene für die Mechanik des passageren Normalfalls: Ticketkauf, Konsum, Proviantierung, schneller Zugang zu den Zügen bzw. zur Stadt. Wenn diese Mechanik stockt und, in meinem Fall, ein Bergsturz in den Schweizer Alpen die Verbindungen nach Norden für Tage kappt, entsteht Chaos. Die gestrandeten Reisenden werden in den Keller geschickt, wo *Trenitalia* ein winziges Informationsbüro unterhält, eingepfercht in eine dunkle Ecke zwischen Synagoge und barrierefreier Toilette. Hier hat der Bahnhof offenbar aus seiner eigenen Logik heraus eine Art Bahnhofsmissionsareal produziert, abseits der gleißenden Eingangshalle, mit niedrigen Decken, zur Versorgung ‚abweichender' Bedürfnisse. Hier unten findet sich der *andere Bahnhof* mit den sekundärinstitutionellen Basisfunktionen von Krisenhilfe, Religion, Inklusion. Offenbar müsste die Bahnhofsmission erfunden werden, wenn es sie nicht gäbe.

Was kann Diakoniewissenschaft hinsichtlich eines Forschungsgegenstandes wie dem der Bahnhofsmission leisten? Wie jede gegenstandsbasierte Wissenschaft ist Diakoniewissenschaft wesentlich interdisziplinär verfasst. Je nach konkretem Gegenstand bringt sie diejenigen wissenschaftlichen Referenzdisziplinen zusammen, die seiner Erschließung vor dem Hintergrund des jeweiligen Forschungsinteresses dienlich erscheinen. Gegenstand der Diakoniewissenschaft ist die diakonische Praxis im weitesten Sinne: die Handlungen, Interaktionen und Praktiken, Organisationen und Strukturen, kulturellen und gesellschaftlichen Kontexte des organisierten Helfens im Raum der Kirche. Aus dieser Praxis mit ihren Vollzugs- und Legitimationsproblemen erwachsen in der Regel auch die Forschungsfragen der Diakoniewissenschaft. Dieser Primat der Praxis bringt es mit sich, dass viele potentielle Praxisfelder – unter ihnen das der Bahnhofsmission[1] – kaum diakoniewissenschaftlich erschlossen sind: entweder weil sie in ihren Vollzügen plausibel und wenig reflexionsbedürftig erscheinen, oder weil inmitten einer überfordernden Praxis die Ressourcen der Reflexion fehlen. Wo Menschen in Not geholfen werden soll, geht die Hilfe der wissenschaftlichen Reflexion allemal vor: So hat sich die moderne Diakonie seit dem 19. Jahrhundert

---

[1] Vgl. dazu Lutz u. a. 2013, 12; weiterhin Reusch 1988; Nikles 2019.

gegenüber ihrer wissenschaftlichen Selbstreflexion als eher spröde erwiesen. Für die akademische Theologie als eine der Referenzdisziplinen der Diakoniewissenschaft kommt hinzu, dass sie in der Regel die pastoral zentrierte Parochialgemeinde als ihr „eigentliches“ Praxisfeld begreift und daher zur ausdifferenzierten, vereins- und unternehmensförmig organisierten Diakonie eher Abstand hält.

Im Folgenden werden drei diakoniewissenschaftliche Perspektiven auf die Bahnhofsmission als Forschungsgegenstand eingenommen. Die erste Perspektive richtet sich auf die organisationale Praxis der Bahnhofsmission, insofern diese sich am Schnittpunkt unterschiedlicher systemischer Referenzen und Rationalitäten befindet. Der Aufweis von *Multirationalität* ist ein heuristisches Instrument, um Spannungen innerhalb der Praktiken und Organisationsformen der Bahnhofsmission zu analysieren (II.). Die zweite Perspektive ist eine theologische, die, an die erste anschließend, nach der *religiösen Rationalität* der Bahnhofsmission fragt. Damit ist ein diakonietheologischer Zugang gewählt, der nicht an der theologischen Begründung moralischen Handelns,[2] sondern an der Erschließung religiöser Aspekte diakonischer Praxis interessiert ist (III.). Die dritte Perspektive ist eher sozialwissenschaftlicher Natur und richtet sich auf den paradigmatischen Charakter des Bahnhofs für moderne Gesellschaften insgesamt und für den Ort von Religion in ihnen (IV.). Diese Reihe ist nicht vollständig. Weitere Fragerichtungen sind möglich und wünschenswert. Zu ihnen gehört nicht zuletzt die historische Betrachtung, die quer zu den genannten Perspektiven liegt. Sie ist hier nicht aufgenommen, da die Geschichte der Bahnhofsmission vergleichsweise gut aufgearbeitet ist.[3] Abschließend wird die Frage nach dem „Profil“ der Bahnhofsmission behandelt, in der sich alle hier aufgezeigten Perspektiven wiederfinden (V.).

II. Multirationalität der Bahnhofsmission

Das Konzept der Multirationalität stammt aus der Organisationstheorie und verdankt sich einer Kombination aus wissenssoziologischen und systemtheoretischen Elementen.[4] Systemtheoretisch gesprochen haben Organisationen Teil an unterschiedlichen funktional ausdifferenzierten Subsystemen der Gesellschaft.

---

2 Die Frage, warum etwa akute Nothilfe am Bahnhof moralisch geboten ist, bedarf keiner Antwort, da sie nicht gestellt wird – mindestens nicht in solchen Kontexten, in denen theologische Argumente als Begründungsleistungen auf Anerkennung hoffen dürften.

3 Vgl. etwa Nikles 1995; Blandow 1998; Talkenberger 2002; Kirchhof 2011.

4 Vgl. Schedler / Rüegg-Stürm 2013.

Sie kommunizieren in rechtlicher, wirtschaftlicher und politischer, möglicherweise auch in religiöser und wissenschaftlicher Weise mit ihrer Umwelt. Sie müssen sich auf die damit jeweils verbundenen Logiken und Erwartungen einstellen und entsprechende Anschlussfähigkeit vorhalten. Daraus können Spannungen in der Organisation entstehen. Aus wissenssoziologischer Perspektive treten im Kontext einer Organisation verschiedene Sinngemeinschaften auf, die ihre Wirklichkeit nach unterschiedlichen Rationalitäten konstruieren und sich untereinander nur bedingt verständigen können. Organisationen, so die Pointe des Multirationalitätskonzepts, sind vermöge ihrer Einbindung in ihre Umwelt sowie der Zusammensetzung ihrer Mitglieder plural verfasst: Sie funktionieren nach verschiedenen, potenziell divergenten und damit konfligierenden Rationalitäten und müssen zwischen ihnen Übergänge und Ausgleiche schaffen.[5] Im Folgenden werden für die Bahnhofsmission vier solcher systemischen Einbindungen und korrespondierenden Rationalitäten skizzenhaft dargestellt.[6] Dabei eröffnen sich jeweils diakoniewissenschaftliche Forschungsperspektiven.

1. Hier ist zunächst die Einbindung in das Verkehrssystem zu nennen. Die Bahnhofsmission hat es mit den verschiedenen Mobilitätsdienstleistern am Bahnhof zu tun, mit Fahrgästen und, mindestens auf verbandlicher Ebene, mit der Verkehrspolitik. Die Rationalität des Verkehrssystems ist ausgerichtet auf eine möglichst reibungslose Funktionsweise der Abläufe, auf Schnelligkeit, Sicherheit und Sauberkeit sowie, mindestens im Falle des öffentlichen Personenverkehrs, auf eine möglichst hohe Inklusion von Mobilitätsinteressierten in das Verkehrsgeschehen. Die Bahnhofsmission schließt hier insbesondere durch das Arbeitsfeld der Mobilitätshilfen an, die ca. 10 Prozent der Hilfeleistungen ausmachen.[7] Gerade neuere Angebote wie etwa „Kids on tour" oder „Bahnhofsmission mobil" sind stark mobilitätsbezogen. Zugleich aber setzt sich die Bahnhofsmission zu ihrer Einbindung in das Verkehrssystem bewusst noch einmal in Differenz. So wird die „Hilfe zur Selbsthilfe", die die Bahnhofsmission leistet, dezidiert von „Sauberkeit und Sicherheit" als Leitorientierung anderer Stationsdienste unterschieden.[8] Zudem achtet man darauf, nicht noch ein weiterer billiger Dienstleister am Bahnhof zu sein. Es ist eine interessante diakoniewissenschaftliche Forschungsfrage, mit welchen Ressourcen und Praktiken einerseits die Einbindung in das Verkehrssystem, andererseits aber auch die aufgezeigte Differenzbildung gewährleistet und auf Dauer in Geltung gehalten wird.
2. Zweitens ist die Einbindung der Bahnhofsmission in den Sozialraum zu nennen. Dieser ist nicht von Fahrgästen und Mobilitätsdienstleistern, sondern

5 Dabei ist das Konzept der Multirationalität selber nicht innerlich spannungsfrei; siehe dazu den Abschnitt „Die Multirationalität diakonischer Unternehmen" in diesem Band.

6 Eine andere Einteilung relevanter Bezugssysteme nimmt Nikles 2019, 225 vor.

7 Vgl. Sauter-Ackermann 2013, 22.

8 Vgl. a. a. O., 35.

von Klient:innen, sozialräumlichen Akteuren und der ‚Stadtgesellschaft' bevölkert. Seine Rationalität ist die Verfügbarmachung von Ressourcen für auftretende Bedarfslagen.[9] Wiederum zeigt sich die Bahnhofsmission hier vielfach eingebunden. Sie fungiert als Vorfeldorganisation[10] und verweist Klientinnen und Klienten an spezialisierte Akteure im Sozialraum, mit denen sie gut vernetzt ist und deren Rückhalt sie umgekehrt braucht.[11] Darüber hinaus bildet sie eine Auffangstruktur für diejenigen, die anderweitig noch nicht oder nicht mehr erreicht werden. Schließlich ist sie ein Ort der Freiwilligenarbeit, an dem Menschen ihre Ressourcen für andere zur Verfügung stellen können. Indem sie auch bei ihren Mitarbeitenden auf Inklusion von unterrepräsentierten Bevölkerungsgruppen achtet, zielt sie auf eine partielle Symmetrisierung des Verhältnisses von Helfenden und Hilfeempfangenden. Aus dieser Einbindung in den Sozialraum gewinnt die Bahnhofsmission ihre Funktion als „Seismograph"[12] für sozialstaatlich wie zivilgesellschaftlich unterversorgte Bedürfnisse und Notlagen. Doch auch zu dieser sozialräumlichen Einbindung steht die Bahnhofsmission wiederum in Differenz. Denn so sehr sie sich bemüht, Anlaufstelle *für alle* in ihren konkreten Problemen zu sein, so deutlich begrenzt sie sich. Sie hält nur in sehr begrenztem Maße ausdifferenzierte und professionalisierte Dienste,[13] Ansprechpartner:innen und Räumlichkeiten vor. Diakoniewissenschaftlich interessant ist hier unter anderem, wie die sozialräumliche Einbindung der Bahnhofsmission sich im Vergleich zu und in Vernetzung mit anderen Akteuren im Raum der Kirche, etwa der Parochialgemeinden, entwickelt.

3. Eine dritte Einbindung besteht in das Wirtschaftssystem. Hier hat die Bahnhofsmission es mit dem DB-Konzern als Wirtschaftsunternehmen, mit Shopbetreibern und mit Kunden:innen zu tun. Der Bahnhof ist nicht erst seit der Leitorientierung der „Einkaufsbahnhöfe" ökonomisch codiert.[14] Hier ist die Differenzbildung auf der Seite der Bahnhofsmission offensichtlich: Man legt Wert darauf, dass man es mit „Gästen" und nicht mit „Kunden und Kundinnen" zu tun hat.[15] Den Kaffee und manches andere, was man im Bahnhof kaufen kann, gibt es in vielen Bahnhofsmissionen kostenlos. Doch trotz dieser selbstverständlichen „Trennarbeit" ist die Bahnhofsmission vielfach in die Bahnhofswirtschaft und ihre Rationalität der Knappheitsbewirtschaftung eingebunden. Sie erbringt externe Leistungen als Gegenleistung für die

---

9 Vgl. Dieckbreder / Dieckbreder-Vedder 2016.
10 Vgl. Bock 1979.
11 Vgl. Sauter-Ackermann 2013, 37.
12 Vgl. Zitt 2010.
13 Vgl. Reusch 1988, 272.
14 Gegen John 2013a, 88. Das zeigt schon die früher noch tiefere Staffelung der Wagenklassen.
15 Vgl. Sauter-Ackermann 2013, 35.

Zurverfügungstellung von Räumen; sie kooperiert mit Unternehmen im Kontext von Corporate Social Responsibility;[16] sie geht ökonomisch rational mit ihren begrenzten Ressourcen um; sie entwickelt eigene Geschäftsmodelle und Organisationsformen wie die GmbH oder die Sozialstation mit angeschlossener Bahnhofsmission.[17] An dieser Stelle wäre es eine hoch interessante diakoniewissenschaftliche Forschungsfrage, die Bahnhofsmission als Ort (sozial-) unternehmerischen Handelns zu untersuchen.

4. Viertens ist die Bahnhofsmission in das Religionssystem eingebunden und hier mit Kirchen, Gemeinden und Verbänden vernetzt. Dieser Anschluss wird betont in der Rede von der Bahnhofsmission als „Vorposten der Kirche an der Schnittstelle von Kirche und Gesellschaft".[18] Auch die Suche nach dem theologischen Profil bietet zumindest auf semantischer Ebene einen solchen Anschluss.[19] Kirchlicherseits besteht Interesse, die Bahnhofsmission als Präsenzform von Kirche zu verstehen und so das positive Image und die hohe Bekanntheit der Bahnhofsmission auf Kirche zu beziehen. Doch auch hierzu steht die Bahnhofsmission in Differenz: zum einen durch ihre organisatorische Eigenständigkeit und Eigendynamik, u.a. in überörtlicher Vernetzung, zum andern durch die religiöse Vielfalt sowohl ihrer Gäste als auch ihrer Mitarbeitenden. Diakoniewissenschaftlich interessant sind an dieser Stelle die organisationalen und semantischen Positionierungen der Bahnhofsmission im Vergleich zur Kirche, wie sie von verschiedenen Beteiligten vorgenommen werden. Nicht zuletzt werden über solche Positionierungen Fragen der Legitimation eines kirchlichen Handlungsfeldes und damit immer auch Fragen der Finanzierung verhandelt.[20]

Insgesamt ist festzuhalten: Alle Rationalitäten (Verkehr, Sozialraum, Ökonomie, Religion) prägen die Bahnhofsmission in ihrem Charakter als hybride bzw. intermediäre Organisation.[21] Aus dem Zusammenspiel von Zugehörigkeit und Differenz bezüglich jeder systemischen Einbindung wie auch zwischen den verschiedenen Einbindungen resultieren Spannungen, die die Arbeit der Bahnhofsmission prägen. Interessant sind hierbei insbesondere die diskursiven und praktischen Strategien, Balance in diesen Spannungen zu halten.

---

16 Vgl. a. a. O., 33.

17 Vgl. Nikles 2019, 213f.

18 Sauter-Ackermann 2013, 36.

19 So etwa, wenn die Hilfen der Bahnhofsmission als „caritatives Handeln der Kirchen an einem signifikanten Ort moderner Gesellschaften" (Lutz 2013, 13) apostrophiert werden.

20 Vgl. dazu Sauter-Ackermann 2013, 36; John 2013b, 137.

21 Vgl. dazu Zitt 2010, 129.

III. Religiöse Rationalität der Bahnhofsmission

Unter den verschiedenen Rationalitäten der Bahnhofsmission dürfte paradoxerweise die religiöse am wenigsten selbstverständlich sein. Die Notlagen sind vielfältig und die Hilfe pragmatisch; das seelsorglich-existenzielle Gespräch, das am ehesten noch als „kirchliches" Handlungsfeld im engeren Sinne verstanden werden könnte, ist eher selten.[22] Explizit religiöse Aktivitäten wie Andachten, Gottesdienste, Gesprächskreise o. ä.[23] stellen möglicherweise eher Begleit- und Nebenhandlungen dar, die die „eigentliche" Hilfeleistung unterbrechen.[24] Was also ist die religiöse Rationalität der Bahnhofsmission?

Es gibt einen YouTube-Kanal, auf dem Ehrenamtliche berichten, warum sie bei der Bahnhofsmission arbeiten.[25] Obwohl es sich dabei um ein professionelles PR-Produkt für die Gewinnung von Ehrenamtlichen handelt, sind die Aussagen aufschlussreich, da sie von ‚echten' Ehrenamtlichen getätigt und dann von Öffentlichkeitsarbeiter:innen als signifikant ausgewählt wurden. Theologisch rekonstruiert, lassen sich die religiösen Valenzen dieser Aussagen in vierfacher Weise auf den Begriff bringen:[26]

1. *Universalität* (der Adressierung): Jeder und jedem, so das regulative Ideal, wird geholfen; Inklusion wird gelebt,[27] ansonsten zuverlässig unübersteigbare soziale Abgrenzungen werden transzendiert.
2. *Unmittelbarkeit* (der Konfrontation): Die Notlagen der Hilfesuchenden sind physisch wie emotional unmittelbar präsent. Erlebt wird das biblische „es jammerte ihn"[28] als Grundaffekt der Barmherzigkeit.
3. *Unbestimmtheit* (der Notlage): Die Hilfe ist ganz am Individuum orientiert. Jeder Notlage wird pragmatisch zu begegnen versucht. Normierungspraktiken wie die Standardisierung und Professionalisierung der Hilfeleistung stehen nur begrenzt zur Verfügung.

---

22 Solche Gespräche machen 4% der Hilfeleistungen aus (vgl. Sauter-Ackermann 2013, 22).

23 Vgl. Theologische Arbeitsgruppe des Verbandes der Deutschen Evang. Bahnhofsmission e. V., Zum Selbstverständnis der Evangelischen Bahnhofsmission (Stand 29.11.2012), 8.

24 Das nach unterschiedlichen Akteur:innen aufgelöst zu betrachten wäre ein hochinteressantes Forschungsthema.

25 Wieso denn nicht? [online], https://www.youtube.com/channel/UCSDHeZzXwRM-puM9yCgC8WgQ (letzter Zugriff am 21.03.2022).

26 Zum Konzept der religiösen Rationalität siehe den Abschnitt „Religiöse Rationalität des Helfens" in diesem Band.

27 Zu den Teilhabedimensionen Alter, Armut, ländlicher Wohnsitz und Behinderung vgl. Graf 2013.

28 Vgl. Lk 10,33; als jesuanischer Affekt vgl. Mt 9,36; 20,34; 1,41; Lk 7,13.

4. *Unbedingtheit* (der Hilfe): Geholfen wird „ohne Gegenleistung“.[29] Die üblichen Regeln und Praktiken sozialer Reziprozität und konditionierter sozialer Anerkennung werden transzendiert.

In allen vier Momenten wird jeweils die vorfindliche Wirklichkeit auf ein Unbedingtes (der Gemeinschaft, der Begegnung, der Individualität, der Gabe) hin transzendiert. Diese Transzendierung hat ihren potentiellen Ort einerseits in der subjektiven Deutung der Helfenden, wie in den Videostatements benannt, oder auch der Hilfeempfangenden. Sie ist aber auch in die zentralen Praktiken der Bahnhofsmission gleichsam eingelassen: wenn Mitarbeitende über den Bahnhof gehen und die Augen offenhalten, um Bedürftigkeit wahrzunehmen; wenn sie, erkennbar in Uniform, Präsenz zeigen und sich zur Verfügung halten; wenn sie Zeit, Informationen, Kaffee, Kleidung, Ruheraum etc. kostenlos zur Verfügung stellen; wenn Mitarbeitende aus den Reihen der potentiellen Klientinnen und Klienten rekrutiert werden;[30] wenn all dies bewusst als Einübung in die Menschlichkeit trainiert und kultiviert wird.

Weniger religions- als christentumstheoretisch grundiert ist die Beobachtung, dass die biblischen Referenzen der Bahnhofsmission förmlich ins Auge springen: die Werke der Barmherzigkeit im Weltgericht (Mt 25), die Gabe von Nahrung, Kleidung, Obdach, Gesundheit und Beziehung, die recht präzise dem Leistungskatalog der Bahnhofsmission entsprechen; oder auch die Elementarsituation des barmherzigen Samariters (Lk 10) mit ihrem transitorischen Ort, der elementaren Notlage, den Vorüberhastenden und dem, der sich persönlich affizieren lässt und sich des „Halbtoten“ annimmt. Es wäre interessant, insbesondere die visuelle Selbstrepräsentation der Bahnhofsmission auf solche biblischen Referenzen hin zu analysieren und so eine christliche Ikonographie der Bahnhofsmission zu entfalten. Pointiert könnte man jedenfalls sagen, dass die Bahnhofsmission in ihren elementar-unmittelbaren Praktiken *christomorpher* ist als andere Felder diakonischen Handelns, die spezialisierter und professionalisierter sind.

Die genannten religiösen Valenzen der Bahnhofsmission dürften eine starke Anziehungskraft auf bzw. ein starkes Movens für Mitarbeitende wie Klient:innen darstellen – unabhängig davon, ob diese das Geschehen explizit religiös verstehen oder nicht. Zugleich aber resultieren aus diesen religiösen Valenzen spezifische „religiöse“ Probleme. Die Konfrontation mit elementaren Notlagen in ihrem unmittelbaren Aufforderungscharakter und ihrem Umfang, der die zur Verfügung stehenden Ressourcen in aller Regel übersteigt, kann zur Überforderung werden. Ist es überhaupt möglich, eine Hilfeforderung abzulehnen? Ist es legi-

---

[29] Zitt 2010, 128.

[30] „Mädchen“ schon bei Johannes Burckhardt, Menschen mit Behinderung heute (vgl. Sommer-Loeffen u. a. 2019).

tim, professionelle Distanz einzunehmen, sich innerlich und äußerlich zu wappnen, ohne zynisch zu werden?[31] Welche religiösen Ressourcen sind in der Bahnhofsmission lebendig, um diese religiösen Valenzen zu pflegen, da sie den Kern ihrer „Kultur des Helfens" ausmachen, und sie zugleich in Schach zu halten, da sie überfordern und ins Gegenteil umschlagen können, theologisch gesprochen: *Gesetz* sind? Die Erschließung der religiösen Valenzen, Schwierigkeiten und Ressourcen ist ein wesentlicher theologischer Beitrag zu einer diakoniewissenschaftlichen Befassung mit der Bahnhofsmission.

IV. Der Bahnhof als Paradigma der modernen Gesellschaft

Eine dritte Ebene der Analyse könnte von einer spezifisch *modernebezogenen* Topik der Eisenbahn ausgehen. Der wunderbar spröde Markenname „Bahnhofsmission" bezieht einen Gutteil seiner Spannung aus der unmittelbaren Kombination des religiös-antiquierten Terminus „Mission" mit der geradezu paradigmatischen Modernitätsvokabel „Bahnhof". So klingt in ihm unüberhörbar die Frage nach dem Ort von Religion in einer modernen – und hier ist immer mitzuhören: säkularen – Gesellschaft mit. Dem soll hier anhand dreier Topoi nachgegangen werden.

1. *Reise:* Der Topos der Reise ist seit jeher religiös imprägniert. Die Bibel ist voller Reisegeschichten; und insbesondere die Erfahrung der Heterochtonie, des Nicht-von-hier-Seins, als Begleiterscheinung wie als Ergebnis des Reisens hat seit Abraham religiös-existenzielle Qualitäten.[32] Nicht nur wird das Leben gerne als Reise metaphorisiert, sondern die Reise zeigt sich umgekehrt als exemplarischer Ort elementarer Lebensprobleme. Reisende sind Ausgesetzte, Entwurzelte, Fremde und damit potentiell Gefährdete. In der Moderne wurde zwar das Reisen selbst sicherer und routinierter. Dafür verbinden sich umso mehr die Probleme spezifischer Lebenslagen mit der Reise: die der alleinreisenden „Mädchen" in der historischen Ursprungsmotivation der Bahnhofsmission, der Versehrten und Flüchtlinge der Nachkriegszeit[33] wie der Geflüchteten späterer Jahre, der „Scheidungskinder" oder der mobilitätseingeschränkten Personen. Insofern gilt: „Die Übergänge zwischen Reisehilfe und Lebenshilfe sind seit jeher fließend."[34]

---

[31] Zur Selbstüber- und -unterschätzung vgl. Sauter-Ackermann 2013, 34.
[32] Vgl. Sattler 2013.
[33] Sauter-Ackermann 2013, 27.
[34] Zitt 2010, 136.

2. *Masse, Beschleunigung und Sünde:* Noch in anderen Hinsichten steht der Bahnhof als Topos für die Moderne. Die Industriegesellschaftsästhetik der klassischen Moderne prägt die Architektur vieler Bahnhöfe. In diesen Kathedralen des Industriezeitalters verschmelzen die Einzelnen zur Masse der Vielen, die in horizontaler Mobilität zur Arbeit und in vertikaler Mobilität nach biografischem Aufstieg streben.[35] Hinzu kommt der moderne Topos der Beschleunigung: eine Mobilitätsmetapher, die klassisch mit der Zugreise verbunden ist. Der Bahnhof ist der Ort der suspendierten Beschleunigung: Hier finden sich die, die kurz innehalten, ebenso wie die, die nicht mehr mitkommen.[36] Schließlich fungiert die „Bahnhofsgegend" mit Glücksspiel, Drogen und Prostitution als klassischer Topos für Gefährdungen und moralischen Verfall der Moderne. Und so ist der Bahnhof immer wieder Schauplatz verschiedenster Versuche gewesen, der „Sünde" Herr zu werden; eine Reihe, in die die jüngste, kapitalistisch-puritanische Säuberung hin zu „Einkaufsbahnhöfen" recht gut passen will.
3. *Selbstbegegnung moderner Gesellschaft*: Die paradigmatische Modernität des Bahnhofs findet sich zugespitzt im Topos vom Bahnhof als einem „Seismographen" moderner Gesellschaft. Der Bahnhof fungiert als Ort einer transitorischen Selbstbegegnung der Moderne. Das „soziale[] Gefüge"[37] des Bahnhofs dient als Gesellschaftsbild, in dem die sich wandelnden Bedürfnislagen und insbesondere die soziale Ungleichheit einer modernen Gesellschaft für diese selbst augenfällig werden. Das ist zuweilen schwer erträglich; von daher nimmt es nicht wunder, dass die Frage, wieviel Öffentlichkeit der Bahnhof verträgt, immer wieder diskutiert wurde. Das geschah in den Debatten um die Bahnsteigsperren und ihre Aufhebung in den 1960er Jahren ebenso wie um die öffentliche Zugänglichkeit des Bahnhofs im Zuge der angestrebten Bahnprivatisierung nach der Jahrtausendwende. Berühmt wurde die Aussage des Bahnchefs Hartmut Mehdorn von 2013, der Bahnhof sei eben kein „öffentlicher Raum".[38]

Die drei genannten Topoi zeigen den Bahnhof als Abbild und krisenhafte Zuspitzung moderner Vergesellschaftung. Hier hat die Bahnhofsmission ihren Ort und ihre sich wandelnden Aufgaben gefunden. Insofern lässt sich die Geschichte der Bahnhofsmission lesen als Paradigma für den gesellschaftlichen Ort von Reli-

---

35 Vgl. John 2013a, 102f.

36 Heute sind ein Drittel der Gäste der Bahnhofsmission Reisende (vgl. Sauter-Ackermann 2013, 20).

37 Vgl. Konferenz für kirchliche Bahnhofsmission in Deutschland, Leitbild und Leistungsstandards der Bahnhofsmissionen in Deutschland [online], https://bahnhofsmission-koeln.de/wp-content/uploads/2013/10/BM_Leitbild_2010.pdf (letzter Zugriff am 15.03.2022), 9.

38 Zitiert nach Lutz u. a. 2013, 9.

gion; und so lassen sich auch die Verhandlungen um den Ort und das Erscheinungsbild der Bahnhofsmission als Diskurs zur Stellung der Religion in der Moderne verstehen.[39] Wenn sich eine moderne Gesellschaft am Bahnhof selbst ansichtig wird, so ist es von Belang, in welcher Form und in welchem Umfang „Religion" dort zu sehen ist, zu sehen sein darf und zu sehen sein soll.

Auch das wäre eine hochinteressante Forschungsperspektive. Dazu sollen einige Bemerkungen aus der Perspektive eines Forschungsprojektes gemacht werden, das sich allgemein mit den Spannungsfeldern von Religion im städtischen Raum befasst hat.[40] Es liegt nahe, hier Verbindungen zum Thema der Bahnhofsmission zu ziehen, denn Bahnhofsmissionen sind nicht nur historisch unmittelbar mit der Urbanisierung verbunden, sondern auch heute noch vor allem an Bahnhöfen in größeren Städten situiert. Insofern sind sie, bei aller Spezifik, Phänomene *urbaner* Religion. Exemplarisch seien daher aus den Ergebnissen des Forschungsprojektes drei stadtraumbezogene Spannungsfelder moderner Religion benannt, die auch für die Bahnhofsmission von Bedeutung sind. Die These ist dabei jeweils, dass die Bahnhofsmission hinsichtlich des Verhältnisses von Religion und Raum „Religion in der Stadt" im eminenten Sinne ist und deren Herausforderungen teilt.

1. *Zentralität und Marginalität:* Nach dem Modell der alteuropäischen Stadt liegt die Kirche im Zentrum des Quartiers. Das gilt insbesondere in neuen Stadtquartieren nicht mehr, da dort in aller Regel keine Kirchen gebaut werden. Ihre Zentren sind anderweitig belegt. Nichtsdestoweniger versuchen insbesondere christlich-religiöse Akteure, sich temporär oder dauerhaft an den Zentren zu verorten. Sie leben in der Spannung von Zentralitätsanspruch und Marginalitätsbewusstsein. Auch mit den Bahnhofsmissionen verbindet sich der Wunsch, Religion im Zentrum des Geschehens zu verankern, sind doch die Bahnhöfe mit der Entstehung des Eisenbahnnetzes von urbanen Rand- zu Zentralorten geworden. In der Rede von Bahnhöfen als „Kathedralen der Moderne" ist denn auch eine säkularisierungstheoretische Ablösungsfigur enthalten. Entsprechend finden sich die Bahnhofsmissionen an diesen neuen Zentren oftmals an abgelegener Stelle; die entsprechenden Debatten und Entscheidungsprozesse ließen sich trefflich auf Aspekte wirtschaftlicher, sozialer wie religiöser Marginalisierungserfahrungen und Zentralitätsansprüche befragen.
2. *Heterotopie und Diffusität:* ‚Neue' religiöse Orte in der Stadt sind, anders als klassische Kirchengebäude, oftmals nicht eindeutig als solche codiert. Schon

---

[39] Noch die Bemerkungen, am Bahnhof sei die Kirche „am Puls der Zeit" (Zitt 2010, 129) oder „mittendrin" (Lutz 2018), zeugen von einem gehörigen Marginalisierungsbewusstsein.

[40] Kanitz u. a. (im Erscheinen). Die Studie hat Religion in Neubau- und Konversionsquartieren untersucht. Da diese keine eigenen Bahnhöfe haben, kommt die Bahnhofsmission nicht explizit vor; von daher kann die Studie als unabhängiger Vergleichspunkt dienen.

Gemeindezentren und Ladenkirchen seit den 1960er und 70er Jahren bemühen sich um niedrigschwellige Zugänge und verzichten auf allzu starke Merkmale der Abgrenzung gegen den übrigen Stadtraum. Zugleich zeigt sich ein religiöser Ort immer auch ‚anders' als der umgebende Raum. Religiöse Orte in der Stadt schwanken mithin zwischen Heterotopie[41] und Diffusität. Auch dies gilt für die Bahnhofsmission in ihren Räumlichkeiten wie im Auftreten ihrer Mitarbeitenden. Räume, Textilien, Praktiken und Sprechweisen im Kontext der Bahnhofsmissionen ließen sich auf diese Spannung hin analysieren.[42]

3. *Positionalität und Interreligiosität*: Religion in der Stadt sieht sich der Erwartung ausgesetzt, interreligiös engagiert zu sein. Religiöse Pluralität soll, so lässt sich dieser Befund interpretieren, unter den Bedingungen städtischer Verdichtung mindestens symbolisch befriedet auftreten: sei es, um Konflikte zu vermeiden, sei es, um ein symbolisches Bild für die Möglichkeit befriedeter gesellschaftlicher Diversität überhaupt abzugeben. In der Bahnhofsmission kommt es schon in der Gründerzeit zur ökumenischen Zusammenarbeit – zunächst nicht aus eigener Überzeugung, sondern auf Druck der Eisenbahngesellschaften, die kein Interesse an einem konfessionell diversen, möglicherweise konkurrenzhaften Auftreten christlicher Liebestätigkeit haben. Im ersten Drittel des 20. Jahrhunderts erweitert sich die Bahnhofsmission dann interreligiös, indem sie die jüdische Frauenhilfe integriert.[43] Der Umgang der Bahnhofsmission mit ihrer inneren konfessionellen und religiösen Pluralität wäre von daher wiederum ein interessantes Forschungsgebiet.

V. Die Frage nach dem „Profil" der Bahnhofsmission

Die Frage nach dem diakonischen oder auch theologischen, christlichen, evangelischen bzw. kirchlichen *Profil* einer diakonischen Unternehmung ist ebenso beliebt wie aporetisch. Sie soll hier abschließend behandelt werden, da sie quer zu den hier aufgezeigten Frageperspektiven liegt. Präziser gesprochen zeigt sich vor dem Hintergrund der entfalteten Perspektiven, dass die Profilfrage deswegen zugleich dringend und aporetisch ist, da sie ganz unterschiedliche, je für sich einschlägige Fragen unter sich versammelt und damit auch verdeckt. „Pro-

41 Siehe dazu Roser 2021; vgl. schon John 2013a, 89f.

42 Vgl. exemplarisch zur Gestaltung der Eingangsbereiche von Bahnhofsmissionen Nikles 2019, 230ff.

43 Vgl. Zitt 2010, 131.

fil“ kann zum einen stehen für die Ressourcen der Differenzproduktion gegenüber den verschiedenen systemischen Einbindungen (siehe II.). Was ist es, dass uns *anders* macht als andere Mobilitätsdienstleister, Wirtschaftsunternehmen oder Sozialraumakteure? Welche Formen der Einbindung – etwa: der wirtschaftlichen Tätigkeit – sind von daher statthaft, welche nicht? „Profil“ kann zweitens stehen für eine religionstheologische Hermeneutik der diakonischen Praxis (siehe III.): Was hat das, was Bahnhofsmissionen tun, mit Religion bzw. dem christlichen Glauben zu tun? Welche sozialen Erwartungen werden ihnen entgegengebracht, was treibt ihre Mitarbeitenden in ihrer Unterschiedlichkeit an und verbindet sie vielleicht sogar als gemeinsame Sache? Welche Krisen des Helfens sind damit verbunden? Zu welchen Gelegenheiten und in welcher Sprache kann darüber kommuniziert werden? „Profil“ steht drittens für die allgemeinere, in aller Regel säkularisierungstheoretisch grundierte Frage nach dem Ort von „Religion“ in modernen Gesellschaften, wie sie sich in der Bahnhofsmission in paradigmatischer Zuspitzung zeigt (siehe IV.). Welche Rolle spielt Religion im Raum der Stadt und des Bahnhofs? Wie kann Bahnhofsmission zeigen, dass Religion eine zentrale gesellschaftliche Kraft ist, und soll sie das überhaupt? Inwieweit haben umgekehrt Rekrutierungsprobleme der Bahnhofsmissionen mit dem sich wandelnden Ort von Religion in einer modernen Gesellschaft zu tun? Ein vierter, davon noch einmal unterschiedener Aspekt der Profilfrage ist die nach der kirchlichen Legitimität der Bahnhofsmission. Inwiefern ist diese – angesichts ihrer inneren Pluralität, ihrer nicht eindeutig kirchlichen Erkennbarkeit und der Pragmatik ihres Tuns – ein legitimer Ort von „Kirche“ und inwiefern sollen kirchliche Finanzressourcen für sie aufgewendet werden? Woran also erkennen die verfassten Kirchen und ihre Leitungsbeauftragten Bahnhofsmissionen als „Fleisch von ihrem Fleisch“?

Diese verschiedenen Fragen sind nicht unverbunden, aber sie sind auch nicht identisch. Sie verdanken sich unterschiedlichen Interessen und verweisen auf unterschiedliche Praktiken: des Helfens, des Organisierens, der Reflexion über Krisen des Helfens, des Zuweisens und Behauptens von Räumen, der diskursiven Aushandlung von Finanzierungen, der Gesellschaftsdiagnose. Möglicherweise ist die Profilfrage in Absehung von diesen konkreten Praktiken gar nicht oder nur formelhaft zu beantworten. Umso wichtiger ist das konkrete Studium der jeweiligen Praktiken, in die einiges der von der theoretischen Verhandlung der Profilfrage erwarteten Weisheit bereits eingelassen sein dürfte.

2. Medical Care: Health and Healing in Diaconia

I. Healing as a Christian Practice

Issues of health and healing have been central to Christianity from its very beginning. Visiting the sick belongs to the works of charity according to Mt 25:36, and Jesus explicitly sends his disciples out to heal the sick (Mt 10:8). Caring and compassion for the sick has been a characteristic trait of Christian communities. The institution of hospitals in particular evolved from Christian origins.[1] Modern diaconal bodies have been a driver of medical development.[2] Today, a wide spectrum of Christian organisations and initiatives target health problems worldwide. In Germany, the context for this article, Protestant organisations run more than 200 hospitals and 28,000 inpatient and outpatient care centres.[3]

"Health and healing" combines medical and spiritual aspects. This can be seen from etymology, since "health/healing" can be traced back to the term "whole," as well as from the famous modern definition of health, issued by the World Health Organisation (WHO) in 1948: "Health is a state of complete physical, mental and social well-being and not merely the absence of disease or infirmity."[4] Health is not just a physical status of the body. It comprises social, practical and temporal aspects as well; and it has a spiritual or religious relevance. In many Christian contexts, healing the sick has correspondingly not only been considered a moral obligation but also a religious activity on its own. Many Christian churches—especially, but not only in Evangelical and Charismatic traditions—offer healing services and ceremonies.

---

1 See Retief / Cilliers 2010; Ferngren 2016.

2 See Schmuhl 2010a.

3 See Deutscher Evangelischer Krankenhausverband e. V., Wer sind wir [online], https://dekv.de/wer-wir-sind/ (letzter Zugriff am 21.03.2022); Diakonie Deutschland, Diakonie - At a Glance [online], https://www.diakonie.de/english (last accessed on 21.03.2022).

4 World Health Organisation, Constitution [online], https://www.who.int/governance/eb/who_constitution_en.pdf (last accessed on 21.03.2022), Preamble.

II. Western Theological Unease

Especially in the Western liberal theological tradition since the 20th century, interference between religion and medicine has been looked at with unease, if not with suspicion. Illness and health are conceived of as issues for medicine alone, not for religion proper. In this perspective, religion trying to serve medical goals will miss its proper target and become superstition. Biblical healing narratives are interpreted metaphorically (the healing of "social blindness"), and intercessions for the sick do not ask for healing (but only for the ability to stand the illness). A theological critique of medicine as a quasi-religious ambition to seek salvation not in communion with God but in the condition of one's body has also contributed to the estrangement between theology and medicine. As a consequence, experiences of illness have ceased to be of theological concern, even if diaconal bodies still play a major role in the professional healthcare system. In German theology, a "silence" around issues of disease and illness has been diagnosed;[5] a diagnosis that was recently renewed in the context of the COVID-19 crisis.

Thus, public statements issued by the churches and diaconal bodies mostly focus on issues of health politics, for example on patients without health insurance or legal status, on hospital financing, on the roles of nurses, and on the education of health professionals.[6] Spiritual "resources" are invoked especially when questions of hospital chaplaincy, acceptance of an illness, or consolation and hope are addressed.[7]

III. Spiritual care

Considerable interest in issues of spirituality has arisen inside the health care sector itself, however. Starting from the hospice movement and from palliative care, "Spiritual Care" has become a label for the use of religious and spiritual resources in health care. In this perspective, the sick are considered not only as patients with bodily, social, and mental needs, but also with "spiritual" needs. Among the factors leading to this development have been the perception of religious plurality; the growing attention to the question of the meaning of illness in alternative and complementary medicine (later also in academic medicine);

---

5 Etzelmüller / Weissenrieder 2009, 5 (translation TM).

6 See Diakonie Deutschland, Stellungnahmen [online], https://www.diakonie.de/stellungnahmen/kategorie/gesundheit-und-pflege (last accessed on 22.03.2022).

7 See for example: Rat der Evangelischen Kirche in Deutschland 2011.

the integration of a spiritual dimension within the notion of health on the level of the WHO; as also the rise of a New Managerialism, interested in the 'efficient' use of healthcare resources. These factors have given rise to empirical studies on and concerning the institutional implementation of spiritual care professionals in several Western European countries. Traditional Christian healthcare chaplains have had to relate their profession to this new trend. Can Christian chaplaincy be conceived of as a special case of spiritual care, or is it something different? In Germany, for example, public finance can be obtained for spiritual care services in palliative care. This is of some interest to churches, who have traditionally sent chaplains to clinics at their own expense.

In sum, diaconal hospitals on the one hand and hospital chaplaincy on the other are the most obvious and, in terms of numbers, most important connection points between religion and health in the German context. Apart from that, in the language of systems theory, health care and religion have evolved into two differentiated systems that communicate each within themselves, but not with each other. Accordingly, "Health and healing" denotes a theological problem. How can the experience of illness and the hope for health be understood from a theological viewpoint? How can the lived body in its sometimes difficult conditions become again a theological issue without undermining the appropriate differentiation between religion and medicine?

IV. A Theological Approach to Health and Illness

A starting point for theological understanding is the observation that dealing with health and illness shows aspects of absoluteness that can be interpreted theologically.[8] For example, the concept of health as shown in the above-mentioned WHO definition implies a moment of wholeness: "a state of complete ... well-being." This has been criticized as an exaggerated claim and an unachievable goal. Yet if illness is experienced as disintegration in multiple ways—a disintegration of the body, of social relations, of the ability to act and of one's future life perspectives—then health is precisely the inversion of this experience: a state of bodily integration, integrated social relations, and a full ability to act and trust in one's future. Of course, a state like this—maybe except some rare moments—can never be experienced in this life. Yet it is that which people who fall sick finally hope for: not for getting *a bit better*, but for getting *well*. From a theological perspective, it can thus be said that "health"—*restitutio in integrum*, complete restitution—is an eschatological concept. It is an utopian ideal, addressed by hope, but not, at least not as a whole, by intentional action. As such,

8 For the following see Moos 2018b.

the concept of health has no definite limitation towards concepts like happiness or, in religious language, the kingdom of God.

Why is such a theological interpretation useful? Basically, because it stresses the difference between what we hope for and what we can achieve. Health, of course, is a legitimate ideal to strive for: it is worthwhile helping people with diseases to overcome or avoid experiences of disintegration. It is good to heal people, and it is good to prevent disease. Nonetheless, abilities, opportunities, and resources are limited. Sometimes diseases are incurable, no matter how much is done. Sometimes, there is a lack of resources: societies negotiate (and thus, even in wealthy countries, limit) the amount of resources provided for the healthcare sector. In situations of emergency, there might be an actual scarcity of drugs, tools, and personnel. Additionally, if the aim is to prevent diseases, there is always more to be done. In public health politics, it is necessary to actively limit the measures taken to avoid a "dictatorship of health."[9] In these cases, it is necessary to differentiate between *wishing* and *willing*. Health in many respects is something to willingly strive for. In other respects, it might be something to wish without taking action. A patient might express the wish to get healthy even on the deathbed; but this wish probably does not mean that more treatment is requested from the physician. Nonetheless, the border between wish and will is not fixed; it might move, and it is subject to ongoing negotiation. The theological interpretation of health as an eschatological concept thus helps to unfold a phenomenology of hope that is in many cases not primarily a call to action.

Similarly, other health-related concepts can be subject to theological interpretation as well. The concept of *patient's dignity* also has an aspect of absoluteness. It denotes the unconditional acknowledgement of the sick person that can never be completely realised in a social interaction. Here, theological concepts of rectification and of trust can be employed for an adequate understanding of dignity. Correspondingly, there is a moment of the absolute in the quest for a *meaning of illness*, leading to the theodicy problem. The same holds for the concept of *care* for an individual in his or her concrete situation: here, the theological concept of love and devotedness is useful for understanding the complex structures of the 'secular' (though nonetheless religious) vibrant notion of care.

V. Conclusion

Theology has nothing to say about whether religious practices contribute in fact to health outcomes ("Does it help to pray?"). That is a question for medicine and

9 Nawroth 2016.

the psychology of religion, not theology.[10] Theology deals with religious undercurrents in dealing with issues of health and illness that become conceptually visible in notions like health, dignity, care, and meaning. From here, it becomes clear why there has been a strong connection between the religious and medical sector throughout history. Religious practices such as praying, blessing, lamenting, etc., are common in the context of illness. They may serve as suitable means for allowing people to express their ultimate concern towards their situation. They allow for a cultivation of hope without illusion or cynicism; and for a caring attitude without intrusion or amateurism. Nonetheless, religion in the context of medicine may also be superstitious, repressive and destructive. Thus, theological reflection on the issue of health and illness, involving critique of religious practices, is finally a diaconal endeavour in itself.

---

10 See Koenig u. a. 2012. See also the notion of health assets in faith communities in Jacob 2021.

3. Eingliederungshilfe: Inklusion als Praxis der Subjektivierung[1]

I. Einführung: Die These

Jüngst hatte ich auf einer Zugfahrt ein eindrückliches Inklusions- bzw. Exklusionserlebnis. Im ICE irgendwo im Ruhrgebiet saßen zwei Fahrgäste, die keinen Fahrschein hatten und scheinbar auch keinen bezahlen konnten. Die Zugbegleiterin entschloss sich, die beiden, die keine lange Strecke vor sich hatten, nicht wie üblich an der nächsten Station aus dem Zug zu verweisen, sondern sie bis zu ihrem Zielbahnhof mitzunehmen. Aber sie bestand darauf, dass sie sich nicht hinsetzten, sondern während der Fahrt im Zug *stehen* sollten. Das war insofern skurril, als der Zug fast leer war. Sie gewährte ihnen Teilhabe an der Mobilität, obwohl die wirtschaftliche Logik (*zahlen/nicht zahlen*) ihren Ausschluss verlangt hätte; im Gegenzug forderte sie einen Exklusionsmarker ein, indem die beiden nicht wie ‚normale' Fahrgäste sitzen durften. Sie wies den in den gemeinsamen Mobilitätsraum Inkludierten einen speziellen Platz an, der ihre Exklusions-Inklusions-Geschichte nicht vergessen lassen sollte.

Das ist die Frage, die mich im Folgenden interessiert: Inklusion – aufgefasst als Prozess, nicht als Zielvorstellung – ist immer mit einer Platzanweisung verbunden. Praktiken der Inklusion sind Praktiken der sozialen Platzanweisung. Es ist wie in einem Restaurant in Italien: Wer eingelassen wird, sucht sich nicht selbst einen Platz, sondern wird vom Personal an den Tisch begleitet. „Please wait to be seated" weist das Schild am Eingang auch ahnungslose Touristinnen und Touristen in diese Inklusionspraktik ein.

Dieser Umstand wird dann besonders interessant, wenn, wie in der Sozialen Arbeit, der Leitgedanke der Inklusion mit dem der Selbstbestimmung verbunden wird. Auf den ersten Blick könnte es so scheinen, als würde damit gerade auf eine soziale Platzanweisung verzichtet: als bliebe es den Inkludierten überlassen, den sozialen Platz, den sie einnehmen wollen, selbst zu wählen. Also die deutsche Restaurant-Praxis: nicht „wait to be seated", sondern, im Dialekt meiner bayerischen Herkunft, „hock di hi, wo'st wuist" – barrierefrei gesprochen:

---

[1] Der folgende Beitrag geht zurück auf einen Vortrag bei der Ringvorlesung: „Das Soziale gemeinsam gestalten: Selbstbestimmung, Emanzipation und Partizipation" der Ev. Hochschule für Soziale Arbeit & Diakonie. Stiftung Das Rauhe Haus in Hamburg im Jahr 2019. Der Vortragscharakter ist beibehalten.

„Bitte setzen Sie sich, wo immer es Ihnen beliebt.“. Inklusion zielte damit darauf, Individuen zu Subjekten ihrer sozialen Selbstpositionierung zu machen.

Gleichwohl: So einfach ist es nicht. Gerade dann, wenn Inklusion sich am Leitstern selbstbestimmten Subjektseins orientiert, wird es für die konkrete Praxis der Inklusion bedeutsam sein, welche Vorstellungen eines selbstbestimmten Subjektes im Spiel sind. Schon der Titel dieser Ringvorlesung, „Selbstbestimmung, Emanzipation und Partizipation“, weist darauf hin, dass Vorstellungen gelungenen Subjektseins sehr unterschiedlich verfasst sein können. Auch für die Subjektposition „selbstbestimmtes Subjekt“ hält das Restaurant unserer Gesellschaft unterschiedliche Sitzplätze vor. Es ist mitnichten egal, welcher dieser Plätze mir angewiesen wird; und so stehen diejenigen, die professionell mit solcherlei Platzanweisungen befasst sind, in der Verantwortung, sich bewusst zu machen, auf welche Stühle sie eigentlich zusteuern.

Meine These ist also, dass Praktiken der Inklusion als Praktiken der Subjektivierung beschrieben werden können – und als solche verantwortet werden müssen. Das will ich im Folgenden entfalten. Ich werde zunächst etwas über den Zusammenhang zwischen Inklusion und Selbstbestimmung sagen (II.), bevor ich in die Theorie der Subjektivierungspraktiken einführe (III.). Im Kern meines Beitrags steht die Darlegung von fünf idealtypischen Subjektformen, die m.E. für die Soziale Arbeit von Bedeutung sind (IV.). Ich schließe mit einem kurzen Fazit, das auch offenlegt, was meine eigene Wissenschaft, die Systematische Theologie, mit all dem zu tun hat (V.).

II. Zum systematischen Zusammenhang von Inklusion und Selbstbestimmung

Inklusion hat sich in den letzten Jahren, nicht nur in der Arbeit mit Menschen mit Behinderung, zum Leitbegriff des Helfens entwickelt.[2] Die verschiedenen Wurzeln des Begriffs sind gut aufgearbeitet; Systemtheorie, soziale Ungleichheitsforschung und der Diskurs um Behinderung und Diversität wirken – in zuweilen ungeklärter Weise – zusammen zur Formulierung einer sozialen Zielvorstellung helfenden Handelns.[3] „Inklusion“ steht für das Ideal einer Gesellschaft, in der alle im vollen bürgerrechtlichen Sinne partizipieren, alle gleichermaßen

---

[2] Dieser Abschnitt ist eine überarbeitete Version eines Teils des Abschnitts „Religiöse Rationalität des Helfens“ in diesem Band.

[3] Liedke und Wagner führen mit Axel Honneths Theorie der Anerkennung noch einen vierten Theoriestrang in die Debatte ein. Vgl. Liedke / Wagner 2016b.

in soziale Netze eingebunden sind und alle gleiche Chancen haben, an den Interdependenzen gesellschaftlicher Arbeitsteilung teilzuhaben.[4] Angezielt ist nicht die Integration von Randständigen in die Normalitätsvorstellungen einer Mehrheitsgesellschaft, sondern die Teilhabe der Verschiedenen an einem sozialen Ganzen, das sich gerade in und aus dieser Diversität konstituiert. Diese Zielvorstellung verdankt sich den Negativerfahrungen von Menschen mit Behinderung wie auch von Menschen in spezifischen Armutslagen, die sich in vielfacher Weise ausgeschlossen erfahren: aus dem Arbeitsmarkt, aus dem Bildungssystem, aus der politischen, kulturellen und medialen Kommunikation wie auch aus sozialräumlichen Netzwerken. „Inklusion" ist die Inversion dieser negativen Erfahrungen.

Zu den wesentlichen historischen Wurzeln des Inklusionsbegriffs gehört der Gedanke des Empowerments. Aus der schwarzen Bürgerrechtsbewegung der USA kommend, ist er unter anderem in die Behindertenrechtsbewegung eingegangen. Empowerment zielt darauf, dass gesellschaftlich marginalisierte Menschen „Kompetenzen zur Kontrolle und Verfügung über die eigenen Lebensumstände" gewinnen.[5] Es geht um „Selbstverfügungskräfte"[6], um die „Selbstaneignung von Macht und Gestaltungskraft"[7], und damit zentral um Selbstbestimmung.[8] Damit verbindet sich die Forderung nach Überwindung paternalistischer Hilfeformen, wie sie in Paradigmen wie medizinischer und rehabilitativer Wiederherstellung, Wohltätigkeit und Barmherzigkeit, moralischer Belehrung und Kompensation identifiziert werden. Stattdessen zielt Empowerment auf die unbedingte Achtung der Subjekthaftigkeit, den Respekt vor dem Eigen-Sein und den Wünschen, Interessen und Fähigkeiten jedes Individuums.[9]

Es ist insbesondere die UN-Behindertenrechtskonvention (UN-BRK) von 2006, die diesen Empowerment-Ansatz auf das Thema Behinderung ausgeweitet und ineins damit Inklusion als Menschenrecht formuliert hat.[10] Zu ihren allgemeinen Grundsätzen gehört nach Art. 3 „die Achtung der dem Menschen innewohnenden Würde, seiner individuellen Autonomie, einschließlich der Freiheit, eigene Entscheidungen zu treffen, sowie seiner Unabhängigkeit" sowie „die

---

4 Vgl. Kronauer, Inklusion - Exklusion: ein Klärungsversuch [online], http://www.diebonn.de/doks/kronauer0701.pdf (letzter Zugriff am 22.03.2022), 6.

5 Vgl. Theunissen / Plaute 2002, 11.

6 A. a. O., 12.

7 Herriger 1997, 16. Zitiert nach: Theunissen / Plaute 2002, 13.

8 A. a. O., 22 betonen dabei, dass der Begriff Empowerment durch den der Selbstbestimmung nicht vollständig bestimmt sei, da diesem die Sozialbezogenheit fehle. Daher seien Partizipation und Verteilungsgerechtigkeit als weitere Elemente hinzuzunehmen (vgl. a. a. O., 25ff.).

9 Vgl. a. a. O., 37ff.

10 Vgl. Bielefeldt 2011a, 67.

volle und wirksame Teilhabe an der Gesellschaft und Einbeziehung in die Gesellschaft“, mithin: Inklusion.[11]

In Deutschland wurde die Leitorientierung der Inklusion in das Bundesteilhabegesetz von 2016 aufgenommen. In § 1 werden die Leistungen für „Menschen mit Behinderungen oder von Behinderung bedrohte Menschen“ insbesondere dem Zweck unterstellt, „ihre Selbstbestimmung und ihre volle, wirksame und gleichberechtigte Teilnahme am Leben in der Gesellschaft zu fördern“.[12] Wie in der UN-BRK werden Selbstbestimmung und Inklusion in einem Atemzug genannt.

Der Menschenrechtstheoretiker Heiner Bielefeldt hat darauf hingewiesen, dass Selbstbestimmung (bzw. Autonomie) und Inklusion gemeinsam mit der ebenfalls in beiden Normen genannten Nichtdiskriminierung ein Dreigestirn bilden, das an die drei menschenrechtlichen Leitprinzipien der französischen Revolution anschließt: Freiheit (Selbstbestimmung), Gleichheit (Nichtdiskriminierung) und Brüderlichkeit (Inklusion).[13] Was sich auf grundbegrifflicher Ebene insofern als ein systematischer Zusammenhang darstellt, wird dann relevant, wenn Inklusion praktisch wird. Insbesondere professionelle Praktiken, die auf Inklusion abzielen, müssen sich von daher immer auch an der Selbstbestimmung des betroffenen Subjekts orientieren und diese fördern.[14] Inklusionspraktiken orientieren sich am Leitbild des selbstbestimmten Subjektes und sind in diesem Sinne Subjektivierungspraktiken. Was das bedeutet, möchte ich nun ausführen.

III. Praktiken der Subjektivierung: Das Konzept

Der Begriff des Subjekts und ihm wesentlich zugehörige Merkmale wie Selbstbestimmung bzw. Autonomie haben eine wechselvolle Geschichte. Dass der Einzelne sich seines Verstandes ohne Leitung anderer bedienen und insofern in der

---

11 United Nations, Übereinkommen über die Rechte von Menschen mit Behinderung [online], www.behindertenrechtskonvention.info/uebereinkommen-ueber-die-rechte-von-menschen-mit-behinderungen-3101/ (letzter Zugriff am 22.03.2022), Art. 3. Eine alternative Übersetzung spricht von Selbstbestimmung statt von Unabhängigkeit (vgl. Netzwerk Artikel 3, UN-Behindertenrechtskonvention [online], http://www.netzwerk-artikel-3.de/index.php/vereinte-nationen/93-international, letzter Zugriff am 22.03.2022, 71). Vgl. weiter Erwägungsgrund in Art. 16 (4) und Art. 25 der UN-BRK.

12 Bundesgesetzblatt, 2016, H. 66, Teil 1, 3238.

13 Vgl. Bielefeldt 2011a, 79.

14 Theunissen weist darauf hin, dass auch in der Sozialraumorientierung diese grundlegende Ausrichtung am Subjekt nicht in den Hintergrund treten darf (vgl. Theunissen 2011c, 63).

Gewinnung seiner Überzeugungen wie in der praktischen Gestaltung seines Lebens *mündig* werden solle, hat Immanuel Kant in klassischer Form als Kern der Aufklärung identifiziert.[15] Kant war es auch, der die zentrale Pathosformel des menschenrechtlichen Inklusionsdiskurses, den Begriff der Würde des Menschen, in heute noch gültiger Weise bestimmt hat.[16] Seitdem sind über 200 Jahre vergangen, und die philosophische Zentralstellung des autonomen und darin würdebehafteten Subjekts hat inzwischen einiges an Federn lassen müssen. Anschließend an Friedrich Nietzsche hat sich insbesondere die französische postmoderne Philosophie als Kritikerin des Subjektivitätsdenkens hervorgetan. Michel Foucault hat in seiner Diskurstheorie betont, dass Diskurse als machtvolles Strukturierungselement von Gesellschaft nicht von autonomen Subjekten hervorgebracht werden. Vielmehr weisen Diskurse Subjekten allererst ihre Positionen zu; sie bestimmen, auf welche Weise Individuen für sich und andere überhaupt zu Subjekten werden können. Nur, wer sich den jeweiligen sozialen Erwartungen, was ein Subjekt sei, wie es aufzutreten und was es zu sagen habe, anpasst, wird überhaupt als solches wahrgenommen.[17] Verschiedene soziale Felder, so fasst es Pierre Bourdieu, weisen verschiedene „Subjektpositionen" auf: Als ein Rechtssubjekt aufzutreten und ernst genommen zu werden, verlangt etwas anderes, als ein Wirtschaftssubjekt oder etwa ein religiöses Subjekt zu sein. Judith Butler weist, wiederum im Anschluss an Foucault, auf eine fundamentale Paradoxie des Subjektseins hin: Nur als Subjekte können Einzelne selbstbestimmte Gestaltungsmacht erhalten; aber um als Subjekt zu gelten, muss sich das Individuum gerade den herrschenden Ordnungen des Subjektseins unterwerfen. Die Möglichkeit zur Selbstbestimmung entsteht aus einem Unterwerfungsakt.[18]

Es geht mir hier nicht um theoretische Details, die gut aufgearbeitet sind, zumal das alles auch schon wieder rund 50 Jahre auf dem Buckel hat. Es geht um den grundlegenden Gestus einer erneuten Revolution: Das selbstbestimmte Subjekt, das sich im Zuge von Aufklärung und französischer Revolution von der Fremdbestimmung durch Traditionsmächte wie der ständischen Gesellschaft und der Monarchie emanzipiert hat, gerät nun theoretisch wieder unters Rad und zeigt sich selbst als Produkt gesellschaftlicher Machtdispositive. Gerade dort, wo es sich frei wähnt, weil die äußere Unterdrückung weg ist, zeigt es sich als gebunden an diejenigen sozialen Ordnungen, die es in seiner Subjektwerdung verinnerlicht hat.[19]

Aber auch diese Kritik ist nicht unwidersprochen geblieben. Es mehren sich Stimmen, die diese zweite Revolution, diese Aufklärung der Aufklärung, auf der

---

15 Kant 1968a.

16 Kant 1968b.

17 Vgl. Foucault 1981, 75ff.

18 Vgl. Butler 1993, 39f.

19 Zum Paradox der Autonomie vgl. Khurana 2017, 68ff.

anderen Seite vom Pferd gefallen sehen. Sie habe an die Stelle des übermächtigen Subjekts die übermächtige soziale Ordnung gesetzt. Hier gelte es genauer hinzuschauen und zu analysieren, auf welche Weise sich Subjekte ihrerseits zur sozialen Ordnung verhalten; nicht nur Erwartungen erfüllen, sondern diese auch zuweilen enttäuschen; immer wieder in subversiven Praktiken das Geforderte unterlaufen oder auch nur ein wenig variieren und sich so Freiheitsräume erobern. Auf diese Weise verändern sich bestehende Subjektformen. Subjekte setzen sich nicht nur brav auf die zugewiesenen Stühle, sondern sie rutschen hin und her, verhandeln mit dem Kellner oder setzen sich eigenmächtig auf einen anderen Stuhl. Zwischen einem starken Autonomiebegriff und einem sozialen Determinismus liegt eine Vielzahl von Arten und Weisen, Subjekt zu werden und zu sein. Diese werden gegenwärtig insbesondere unter dem Stichwort der „Praktiken der Subjektivierung" untersucht.[20] Gemeint sind damit diejenigen habitualisierten Vollzüge,[21] in denen Individuen als Subjekte positioniert und anerkannt werden, in denen sie die je nach sozialem Feld damit verbundenen Erwartungen erfüllen, aber auch unterlaufen, in denen sie an ihrer Positionierung im sozialen Raum der Subjekte arbeiten, ihre „Mitspielfähigkeit"[22] ausbilden und trainieren, anderen Anerkennung zollen oder verweigern sowie Konflikte austragen.[23] Subjekte sind nach dieser Auffassung nie nur Unterworfene sozialer Regeln, sondern immer auch aktive Mitspieler. Der Sprecher des langjährigen Oldenburger Graduiertenkollegs „Selbst-Bildungen", in dessen Rahmen dieses Forschungsprogramm vor allem entwickelt worden ist, ist Sportwissenschaftler. So ist der Sport ein gutes Leitbild für das, was unter Praktiken der Subjektivierung verstanden wird: Um in einer Sportart „mitspielfähig" zu werden, muss ich Regeln befolgen, die vorgegeben sind, aber auch an mir selbst arbeiten und trainieren. Ich muss dabei den Anweisungen von Trainern folgen, die mir meinen Platz auf dem Spielfeld zuweisen, aber, um erfolgreich zu sein, auch eine eigene Weise des Spiels ausbilden und andere überraschen. Bei all dem muss ich Fairness ausstrahlen und den Mitspielerinnen Respekt zollen, aber auch mal Regeln brechen und foulen.[24]

Man darf diese Metapher nicht überstrapazieren, aber sie scheint mir hilfreich, um konkrete Praktiken des Subjektseins und insbesondere der Selbstbestimmung zu analysieren. Auch Selbstbestimmung lässt sich verstehen als eine Form von Mitspielfähigkeit, die Erwartungen und Regeln folgt und diese zuweilen überschreitet, die Platzanweisungen folgt und sich selbst bewegt, die des

20 Vgl. Alkemeyer u. a. 2013.

21 Hier werden Diskursanalyse und Analyse der Praktiken verklammert (vgl. a. a. O., 14f.); zur Theorie der Praktiken vgl. Reckwitz 2003; Schmidt 2012.

22 Alkemeyer u. a. 2013, 13; vgl. Alkemeyer 2013, 34f.

23 Vgl. a. a. O., 62–68.

24 Zu dieser Balance zwischen Subjektformen und Eigenanteilen der Subjekte vgl. Alkemeyer u. a. 2013, 21ff.; Alkemeyer 2013, 34.

Trainings bedarf und zugleich einen eigenen Stil entwickelt.[25] Selbstbestimmung ist in dieser Perspektive keine abstrakte Subjekteigenschaft, sondern eine Verhaltensdisposition, die immer wieder neu in konkreten Praktiken an konkreten sozialen Orten aktualisiert und kultiviert werden muss. Wenn also Inklusion ohne Förderung der Selbstbestimmung nicht zu denken ist und Inklusionspraktiken in diesem Sinne Selbstbestimmungs- und damit Subjektivierungspraktiken sind, so lassen sie sich auch als solche analysieren.

Was das bringen könnte, will ich im Folgenden anhand einer kleinen Typologie zeigen. Ich unterscheide – idealtypisch – fünf verschiedene Formationen eines ‚inkludierten Subjekts'.[26] Bei jeder dieser Formationen tritt der Aspekt der Selbstbestimmung in anderer Form in Erscheinung. Die Idee ist, dass diese Formationen bei denjenigen, die im Bereich Inklusion professionell tätig sind, bewusst oder unbewusst eine orientierende Rolle spielen, und dass es hilfreich ist, sich solcher Leitvorstellungen zu vergewissern. Als Quellen verwende ich zum einen Programmtexte der Inklusion und zum anderen Ergebnisse empirischer Forschung. Dabei beschränke ich mich auf den Bereich der Eingliederungshilfe. Jede dieser Formationen werde ich knapp darstellen und dabei insbesondere darauf eingehen, welchen Sinn – das heißt insbesondere: welche soziale Legitimation – sie hat, in welchen Praktiken sie aktualisiert wird, welche anderen Subjektpositionen sie impliziert, und schließlich, welche Probleme sie aufwirft.

IV. Inklusion als Praxis der Subjektivierung

Typ 1: Das „behinderte" Subjekt

Am Beginn professioneller Inklusionspraktiken steht die Feststellung, dass ein Individuum inklusionsbedürftig sei. Um in den Geltungsbereich des Bundesteil-

---

25 Im Blick sind somit „Vorbilder und Techniken zur Selbstgestaltung und -verbesserung" (Alkemeyer u. a. 2013, 13).

26 Ich schließe an den Begriff der „Subjektformen" im Sinne von „Formen, in denen Individuen für andere wie für sich selbst als Subjekte intelligibel werden" (Alkemeyer u. a. 2013, 18) an, betone durch den Begriff der „Formation" aber zusätzlich den Charakter praktischer Hervorbringung. Alkemeyer/Budde/Freist sprechen zudem von „Subjektkulturen" (feldspezifischen praktisch-diskursiven Komplexen) und feldübergreifenden „Subjektordnungen" (Geschlecht, Klasse, Ethnie, vgl. a. a. O., 19f.).

habegesetzes zu fallen, muss ein Individuum zu den „Menschen mit Behinderung oder von Behinderung bedrohte[n] Menschen" zählen.[27] Zwar ist die Einsicht eines modernen Behinderungsbegriffs, dass Menschen nicht behindert *sind*, sondern durch „einstellungs- und umweltbedingte Barrieren" behindert *werden,*[28] durchaus in das Gesetz eingegangen.[29] Dennoch verlangt die Logik des Sozialstaates, der Individuen Rechte auf Leistungen zuerkennt, auch auf das Individuum bezogene Zugangsbedingungen zu diesen Leistungen. Als solche fungiert zentral die Kennzeichnung als „Mensch mit Behinderung". [30]

Dieses Label hat, wie Laura Dobusch für den Bereich des *Diversity Managements* am Arbeitsplatz gezeigt hat, eine Tendenz zur Totalisierung. Ihr zufolge „werden behinderungsbezogene Subjektpositionen in erster Linie und fast ausschließlich mit Verweis auf die jeweiligen ‚Beeinträchtigungsmerkmale' hergestellt: Andere Diversity-Dimensionen verbleiben im Bereich des Ungesagten"[31]. Wer als „behindert" gilt, dessen Platzanweisung im sozialen Raum der Subjekte ist für das *Diversity Management* damit nahezu vollständig bestimmt. „Dies zeigt sich beispielsweise in dem Umstand, dass Menschen mit Behinderungen oftmals als geschlechtslos dargestellt werden und die Subjektposition als Frau, Mann oder auch trans- oder intergeschlechtliche Person dabei ausgeblendet wird."[32]

Besonders einschlägig ist dies dann, wie Hendrik Trescher und andere gezeigt haben, wenn die Behinderung auf kognitive Einschränkungen zurückgeführt wird, ein Mensch also das Etikett „geistig behindert" trägt. In einer Studie zu einer stationären Wohneinrichtung zeigt Trescher, wie die Bewohnerinnen und Bewohner ihre Subjektposition als geistig behindert insbesondere dadurch aktualisieren, dass sie sich selbst als Dienstleistungsempfänger:innen verhalten[33] und sich zudem als öffentliche Subjekte ohne privaten Rückzugsraum konstruieren.[34] Die Subjektposition „geistig behindert" verweist damit sofort auf die komplementäre Subjektposition des professionellen Diagnose- und Betreuungssubjekts, das die erforderliche Versorgung leistet und potentiell alles über mich weiß; das zu mir im Verhältnis eines Erwachsenen zum Kind steht.[35] Im Falle der stationären Wohneinrichtung verweist diese Subjektposition zudem auf eine

---

27 United Nations, Übereinkommen über die Rechte von Menschen mit Behinderung [online], www.behindertenrechtskonvention.info/uebereinkommen-ueber-die-rechte-von-menschen-mit-behinderungen-3101/ (letzter Zugriff am 22.03.2022), §1.

28 Vgl. Theunissen 2011c, 53f.; Dobusch 2015, 249.

29 Siehe Anm. 27, §2 (1).

30 Zu den Themen Essentialismus, Normabweichung und Normalitätsbestätigung vgl. Dobusch 2015, 247; dies gilt selbst noch beim abweichenden Muster „menschliche Vielfalt" (a. a. O., 248).

31 A. a. O., 250.

32 A. a. O., 92. Mit Verweis auf Köbsell 2007, 92.

33 Vgl. Trescher 2018, 192.

34 Vgl. a. a. O., 188.

35 Zur Infantilisierung von Menschen mit Behinderung vgl. a. a. O., 169f.

nach wie vor in weitem Umfang totale Institution.[36] Diese Institution stellt den nahezu vollständigen Praxiskontext dar, innerhalb dessen die als „geistig behindert" gelabelten Individuen ihre Mitspielfähigkeit trainieren können – und damit zugleich ihren „stationären Hilfebedarf" reproduzieren.[37]

Die Pointe ist hier weniger das bekannte Inklusionsparadox, dass Inklusionsbemühungen mit Zuschreibungen von Inklusionsbedürftigkeit einhergehen, die selbst schon exkludierende Konsequenzen haben.[38] Wichtig in unserem Zusammenhang ist vielmehr, dass insbesondere das Prädikat „geistig behindert" in den genannten Kontexten nicht Element einer komplexeren Subjektposition ist, sondern dazu tendiert, selbst eine vollständige Subjektformation darzustellen. Inhaltlich zeichnet sich diese Subjektformation durch die Nichtberücksichtigung oder gar das Absprechen wesentlicher Charakteristika eines Subjekts aus. Zu diesen gehört potentiell auch die Fähigkeit zu einer selbstbestimmten und eigenständigen Lebensführung. Die Subjektformation „geistig behindert" ist mithin der negative Ausgangspunkt professioneller Bemühungen der Förderung von Selbstbestimmung. Diese zielen ihrerseits auf bestimmte Subjektformationen, die in den folgenden Typen dargestellt werden.

Typ 2: Das Wahlsubjekt

Hendrik Trescher schreibt wiederum in seiner Studie zu einer Wohneinrichtung für Menschen mit geistiger Behinderung: „Verlassen BewohnerInnen die Wohneinrichtung, dann zum einen, um in einem ca. drei Minuten entfernten Supermarkt einzukaufen (zumeist Güter wie Süßigkeiten oder Obst, die die BewohnerInnen von ihrem Taschengeld finanzieren). Einkauf und Konsum werden so zu einem Highlight im Alltag der BewohnerInnen."[39] Das Supermarktregal ist die prototypische Situation für diese Formation des selbstbestimmten Subjekts. Selbstbestimmung heißt an dieser Stelle *auszuwählen*: zwischen Erdbeer- und Himbeerjoghurt, zwischen *Bounty* und *Twix*, oder doch lieber ein Apfel? Ähnlich können Bewohnerinnen und Bewohner wählen, welchen der beiden Anoraks sie

---

36 Vgl. Goffman 1973a; Trescher 2018, 209; Trescher 2015, 253ff.

37 Zur Unterstellung aller Belange unter die Bewältigung des Wohnens plus Zuschreibung einer Behinderung, die das eigenständige Wohnen verwehrt, kritisch Becker 2016, 165. Mit Seligman 2004 spricht Trescher von „erlernte[r] Hilflosigkeit" (Trescher 2015, 296; vgl. 301).

38 Zur symbolischen Exklusion vgl. Wagner 2016.

39 Trescher 2015, 208.

anziehen und zu welchem der vorgeschlagenen Ziele sie einen Ausflug unternehmen möchten, vielleicht sogar, ob sie an diesem Ausflug teilnehmen möchten oder nicht.[40]

Der soziale Sinn dieser Formation ist leicht zu erkennen. Jede Wahlsituation ist eine Situation der Selbstwirksamkeit; sie erlaubt, den Gang der Dinge bewusst in die eine oder andere Richtung zu lenken. Zudem stellt die Eröffnung einer Wahl eine elementare Form der Inklusion dar: ins Wirtschaftssystem als Konsument, ins politische System als Wählerin. Dabei ist die Inklusion durch Wahl unabhängig von der Fähigkeit oder Bereitschaft des Subjekts, Gründe für seine Wahl anzugeben: Ob diese durch reifliche Abwägung oder durch Bauchgefühl zustande gekommen ist, ist unerheblich, solange die Wahl als eigene, eben: selbstbestimmte erscheint. *Ich will das so.*[41] Praktisch aktualisiert wird diese konsumierende Mitspielfähigkeit durch die regelmäßige Inszenierung kleiner oder größerer Wahlsituationen; insbesondere durch die Befragung – möchtest Du A oder B? –, verbunden mit der anschließenden Umsetzung des Gewählten durch die Bewohnerin oder den professionellen Assistenten.

Daher ist Selbstbestimmung als Wahl immer abhängig von komplementären Subjekten, die, sichtbar oder unsichtbar, die Wahlsituationen erzeugen. Hier tritt die Heteronomie der Autonomie, die Fremdbestimmung der Selbstbestimmung deutlich zutage: Jede Inszenierung einer Wahlmöglichkeit macht bestimmte Optionen sichtbar, blendet dafür aber andere aus. Die Alternative zwischen Erdbeer- und Himbeerjoghurt lässt die Optionen „Bananenjoghurt“ oder „Tafel Schokolade“ zunächst einmal nicht zu. Selbstbestimmung als Wahl verdankt sich somit der starken Lenkung durch andere, insbesondere durch professionelle Betreuungssubjekte, die Wahlsituationen inszenieren. Deren Urheberschaft bleibt jedoch unsichtbar; Urheberschaft wird nur den Wählenden zugerechnet: *Du hast das doch gewollt.* Selbstbestimmung als Wahl verbindet daher auf eigentümliche Weise ein hohes Souveränitätsideal mit einem passiven Empfang der zurechtgeschnittenen Optionen.[42] Insofern passt sie gut zur klassischen „Bewohnerinnenrolle“[43].

Der Einfluss der komplementären Subjekte wird noch deutlicher in Situationen, in denen Menschen ihren Willen nicht in einer eindeutigen Art und Weise äußern können. In diesem Fall hat gegebenenfalls der gesetzliche Betreuer „den Willen und die Bedürfnisse der behinderten Person sorgfältig zu erschließen und

---

40 Zur Logic of choice vgl. die eindrückliche Analyse des Marktsubjekts und des politischen Subjekts als Wahlsubjekt in von Mol 2008.

41 Vgl. Moos u. a. 2016b.

42 Vgl. auch zu Vesperkirchen Schlag 2018, 161f., der auf die bei aller Leitorientierung der Inklusion durchaus vorhandenen Unterschiede zwischen aktiven, regelsetzenden und bedürftigen, regelbefolgenden Subjekten abhebt.

43 Vgl. Trescher 2015, 250.

unter Berücksichtigung potenziellen Wohlbefindens (subjektiver Lebensqualität) zu fokussieren“[44]: eine hochgradig voraussetzungsreiche Operation.

Nichtsdestotrotz ist die Subjektformation des selbstbestimmt wählenden Subjekts für eine Praxis von Autonomie von eminenter Bedeutung. Das gilt insbesondere für das, was ich als *Vetowahl* bezeichnen möchte: die Option, etwas zu verweigern. Hier wird ein menschenrechtlicher Grundsinn des Wählens deutlich: das Wahlrecht als Abwehrrecht gegen eine unmittelbare Fremdbestimmung. Für den Bereich der Eingliederungshilfe ist eine solche Vetowahl insbesondere virulent, wenn es um die Verweigerung der Beschulung in einer Sonderschule, einer unterstützten Beschäftigung oder einer spezifischen Unterbringung geht.[45] Auch die Vetowahl muss regelmäßig trainiert und praktisch ins Werk gesetzt werden, damit das Veto zur realen Möglichkeit wird. Das lässt sich im Bereich der Medizin gut zeigen: Ein Arzt, der eine Spritze setzt, holt, anders als es das Medizinrecht vorgibt, oftmals nicht explizit die Einwilligung der Patientin ein; aber er wird an verschiedenen Stellen zögern (etwa, bevor er die Spritze aufzieht, jedenfalls vor dem Einstich), um der Patientin die Möglichkeit zum Veto zu geben. So inszeniert er verschiedene Mikrosituationen der Wahl, in denen er der Patientin die Subjektformation der selbstbestimmt Wählenden zuweist.

Typ 3: Das aktive Subjekt

Ich zitiere wiederum aus der Studie von Trescher: „Zum anderen [neben dem Taschengeld-Einkauf, TM] verlassen die BewohnerInnen die Wohneinrichtung, um, im Falle der arbeitenden BewohnerInnen, in eine Werkstatt für Menschen mit Behinderung gefahren zu werden [...].“[46] Inklusion ist hier ins Werk gesetzt durch die Einbeziehung der Bewohner und Bewohnerinnen in die gesellschaftliche Wertschöpfung. Allgemeiner geht es hier um die Formation eines Subjekts, das sein Leben in einer aktiven, engagierten, produktiven Teilhabe an den verschiedenen sozialen Sphären lebt. Das sich an den wirtschaftlichen, politischen oder zivilgesellschaftlichen Gestaltungsprozessen beteiligt, seinen Beitrag leistet und in diesem ‚aktiven‘ Sinne mitspielfähig ist und mitspielt. Das ökonomisch produktiv ist, politisch im Sinne einer „Self-Advocacy“[47] seine Stimme erhebt, und dessen „sinnerfüllte, selbstbestimmte Erschließung von Lebensräumen“[48] sich den Sozialraum zu eigen macht.[49]

---

44 Theunissen 2011c, 55.
45 Vgl. a. a. O., 53.
46 Trescher 2018, 208f.
47 Zum Self-Advocacy Movement vgl. Theunissen / Plaute 2002, 52ff.
48 Leuchte / Theunissen 2012, 352. Zitiert nach: Becker 2016, 163.
49 Zur Sozialraumorientierung vgl. Theunissen 2011c, 52f; Becker 2016, 159ff.

Auch diese Subjektformation hat einen menschenrechtlichen Grundsinn. So betont Georg Theunissen: „Partizipation bedeutet nicht nur bloße Teilnahme am gesellschaftlichen Leben, sondern (vor allem) aktive Teilhabe, Mitsprache, Mitbestimmung, Mitgestaltung.“[50] Nicht nur Versorgtwerden, sondern Ermächtigung zur vollen,[51] und das heißt aktiven Teilhabe ist auch die Leitorientierung der UN-BRK wie auch des SGB IX.[52]

Auch zu dieser Subjektformation gibt es eine Fülle von Subjektivierungspraktiken. Sie reichen von der Teilnahme an reproduktiven Tätigkeiten und Abstimmungsprozessen in der Wohneinrichtung über die bereits geschilderte Arbeit in einer Werkstatt für behinderte Menschen,[53] die Teilnahme an Selbsthilfegruppen und die kulturelle und künstlerische Produktivität bis hin zur Teilhabe am ersten Arbeitsmarkt und zur Ausübung politischer Ämter. Jeweils korrespondieren dem Praktiken der Bildung und Ausbildung, des Einübens und Trainierens.[54]

Komplementäre Subjektpositionen nehmen zum einen die assistierenden Subjekte ein, die das selbstgesteuerte Engagement unterstützen. Unbestritten gehören auch Bildungssubjekte wie Lehrende dazu, die individuelle Teilhabevoraussetzungen schaffen. Heikler ist die Frage nach Subjekten, die Engagement und Produktivität herbeiführen, indem sie darauf drängen oder es einfordern. Im Kontext des Empowerment-Begriffs ist das Problem auf prinzipieller Ebene analysiert worden, dass Menschen nicht von anderen intentional ermächtigt werden können, weil eine solche Ermächtigung wieder eine Bemächtigung wäre. Ermächtigung kann nur *angestiftete* Selbstermächtigung sein. In der Praxis sind die Übergänge fließend: Die Ergotherapeutin drängt auf Produktivität, der Altenpfleger will seine Leute vom Fernseher wegholen, die Mitarbeiterin in der Eingliederungshilfe motiviert die Bewohner täglich neu zur Arbeit in der Werkstatt und fährt sie zudem dorthin.

An dieser Stelle entzündet sich auch die Kritik an diesem Subjektideal. Der Soziologe Stephan Lessenich kritisiert den hier wirksamen sozialstaatlichen Aktivierungsimperativ, der Theologe Uwe Becker spricht im Hinblick auf die Arbeitsmarktinklusion von „Verzweckung“ und „Erziehung zur Arbeit“[55] und, anschließend an den Soziologen Armin Nassehi, von dem unterliegenden Ideal einer Mittelstandsgesellschaft.[56] Jenseits solcher prinzipiellen Kritik ist darauf

---

50 Theunissen 2011c, 59.

51 Vgl. Trescher 2018, 186.

52 Vgl. Theunissen 2011c, 59.

53 Vgl. Becker 2016, 51ff.

54 Zum „skill training“ vgl. Dodd / Gutierrez 1990, 68. Zitiert nach: Theunissen / Plaute 2002, 40.

55 Vgl. Becker 2016, 55, 66.

56 Vgl. a. a. O., 267.

hingewiesen worden, dass ein normativ so anspruchsvolles Subjektideal wiederum diskriminierend wirkt, da es nur von dem Teil der Betroffenen erfüllt wird, die die entsprechenden Fähigkeiten mitbringen. „Ableism",[57] die Diskriminierung nach Fähigkeiten, hat man das genannt. Für jedes Diversity Management gibt es eine „difference too far"[58] von Subjekten, die gleichsam *zu* divers sind und den aktivgesellschaftlichen Ansprüchen nicht genügen. Für den Arbeitsmarkt ist das gut beschrieben: Inklusion bedeutet oftmals Inklusion in den zweiten Arbeitsmarkt. Werkstätten für behinderte Menschen werden ihrer Übergangsfunktion in den ersten Arbeitsmarkt nicht gerecht; die Quote liegt unter 1%.[59] Hendrik Trescher hat für die von ihm studierte stationäre Wohneinrichtung eingehend beschrieben, wie durch die Arbeit in der Werkstatt sich nicht etwa die totale Institution zugunsten der gesellschaftlichen Teilhabe öffnet, sondern eher umgekehrt die Werkstatt zum Satelliten der totalen Institution – des „pädagogischen Protektorats"[60] – wird, wenn die Bewohnerinnen zwischen Heim und Werkstatt hin und her gefahren werden.[61]

Solcherlei Kritik wäre jetzt differenziert zu betrachten. Mir geht es an dieser Stelle nur darum, daran zu erinnern, wie voraussetzungsreich die Subjektivierungsform des inkludierten aktiven Subjekts ist. In ihr verbindet sich das Ideal der Selbstbestimmung mit einer hochgradig spezifischen Norm guten Lebens.[62]

Typ 4: Das „private" Subjekt

Diese vierte Subjektivierungsform liegt vielleicht weniger auf der Hand, ist jedoch meines Erachtens nicht minder wichtig. Um wieder an die Studie von Trescher anzuknüpfen: Sie zeigt, dass Menschen in der stationären Wohneinrichtung sich – im Kontext der Selbstkonstruktion als „behindert" – als öffentliches, jederzeit der Überwachung durch allwissende Andere zugängliches Ich konstruieren.[63] Die gegenläufige Subjektformation ist eine, in der ein Subjekt einen privaten, für andere unzugänglichen oder nur in Ausnahmefällen partiell zugänglichen, selbst kontrollierten Reservatraum reklamiert. Diese Betrachtung des

57 Dobusch 2015, 6.
58 Vgl. a. a. O., 267.
59 Vgl. Becker 2016, 52; dazu kritisch Theunissen 2011c, 54f.
60 Trescher 2018, 83.
61 Vgl. a. a. O., 209.
62 Vgl. Becker 2016, 17.
63 Vgl. Trescher 2018, 188.

Subjektiven unter der Differenz von öffentlich und privat ist letztlich eine bürgerliche Erfindung.[64] Das menschenrechtliche Freiheitsverständnis ist jedoch mit dieser Unterscheidung unmittelbar verbunden. Die Privatsphäre, das intime Bei-sich des Individuums, das sich zuallererst seinem Tagebuch und dann in zweiter Linie einzelnen Nahestehenden anvertraut, ist zugleich der Raum, in dem die Freiheit des Gedankens, der Meinung, des Glaubens und des Gewissens ihre erste und zentrale Bastion haben, bevor diese nach außen treten. Deswegen ist dieser Raum gegen allen obrigkeitlichen Zugriff zu schützen. In diesem privaten Bei-sich unterscheidet sich das Individuum von allen Rollen, in denen es nach außen tritt. Es ist der Raum des zwanglosen Selbstinteresses,[65] der Identitätsbildung, auch des Widerstands gegen äußere Zwänge. Und es ist dann auch der Raum der Intimität, der Raum der Partnerschaft, in dem die Erfordernisse der Selbstkontrolle und Selbstbehauptung mindestens zeitweilig ermäßigt sind und diejenigen Erfahrungen von Verschmelzung und Beim-anderen-Sein gemacht werden können, die Liebe genannt werden. Das Private ist in diesem Sinne sowohl keimhafter Ausgangspunkt wie erster und sensibelster Austragungsort freier Selbstbestimmung.

Es liegt auf der Hand, dass das Private in diesem Sinne, gerade in stationären Wohneinrichtungen und Kliniken hochgradig gefährdet bis kaum vorhanden ist. Der Umgang mit Sexualität ist ein klassisches, der Umgang mit der Nutzung digitaler Medien im Bereich der Eingliederungshilfe ein vergleichsweise neues Problem an dieser Stelle. Denn es bedarf einer Fülle von Praktiken, um den Reservatraum aufrechtzuerhalten: die Praktiken des Schließens der Tür, des Anklopfens, des Respekts vor Verstecken, geheimen Orten und Browserchroniken, der unüberwachten Zeit, des Wegschauens, Nichtwissens und Nichtwissenwollens. Und es bedarf des Trainings und des Selbstvertrauens, überhaupt den Anspruch auf einen privaten, nur von eigenen Interessen durchwalteten Raum zu erheben und gegen Widerstände durchzusetzen: Privatheit ist das Ergebnis einer bürgerlichen Sozialisation, eine spezifische Form des Erwachsenseins. Und es ist gerade die Zuweisung einer infantilen Subjektposition an behinderte Menschen, die dem entgegensteht.[66]

Auch diese Subjektformation ist keine selbstverständlich gültige Norm. Anders als im Falle des aktiv teilnehmenden Subjekts scheint mir aber ihre Verbin-

---

64 Sie findet ihren Ausdruck insbesondere im Grundriss der bürgerlichen Wohnung, die anders als etwa ein Schloss keine Durchgangszimmer, sondern einen Flur und dahinterliegende „Privaträume" hat. Der König mag im Schlafzimmer Gäste empfangen haben; der Bürger tut das nicht.

65 „Die Nicht-Entwicklung von Interessen verhindert die Teilhabe am Diskurs um die eigene Identitätsentwicklung." (Trescher 2015, 301).

66 Zur Infantilisierung vgl. Trescher 2018, 189.

dung mit dem Ideal der Inklusion weniger durchschaut. Wenn Privatheit diejenige Selbstexklusion darstellt, die Bedingung der Möglichkeit aller Inklusion ist,[67] dürfte es sich lohnen, hier aufmerksamer zu sein.

Typ 5: Das assistierte Subjekt

Der Begriff der Assistenz ist in der Sozialen Arbeit wohletabliert.[68] Assistenz bezeichnet gerade die Erbringung derjenigen Unterstützungsleistungen, die Menschen für eine selbstbestimmte gesellschaftliche Teilhabe benötigen. Jemandem zu assistieren, heißt, ihm oder ihr die „Regiekompetenz"[69] über das Wohin und Wieweit der Teilhabe zuzuschreiben. An die Stelle von Hilfeparadigmen, in denen Helfende zugleich Steuerungssubjekte sind, tritt im Assistenzparadigma die Überantwortung der Steuerung an das assistierte Subjekt. Auch Assistieren ist in diesem Sinne eine Subjektivierungspraxis, weil es den Subjektstatus der Assistierten fortwährend mit erzeugt und bestärkt, während es den der Assistierenden stark auf die Einbringung fachlicher Kompetenzen zurücknimmt.

Das wichtigste kulturelle Schema, nach dem die Assistenz gedacht wird, ist wohl das der Dienstleistung. Assistierende erbringen ihre Unterstützungsleistungen dezidiert im Auftrag der Assistierten. Das persönliche Budget ist die in Rechtsform gegossene Umsetzung dieser Idee: Ein Mensch wird vom Versorgungsempfänger zum Arbeitgeber der ihn Unterstützenden.[70] Er bestimmt, hier ganz explizit durch vertragliche Willenserklärung, welche Leistungen er in welchem Umfang in Anspruch nimmt. Auf seiner Seite liegt die „Entscheidungsmacht im Blick auf die Ausgestaltung wie Durchführung einer Dienstleistung",[71] und darin sieht etwa Johannes Eurich die zentrale Pointe der Selbstbestimmung an dieser Stelle.

Nun will ich keinesfalls leugnen, dass in dieser Übertragung der „Entscheidungsmacht" eine wichtige Errungenschaft des Assistenzparadigmas liegt. Vom Standpunkt der Subjektivierungsformen und -praktiken aus ist gleichwohl zu fragen, ob damit das Assistenzthema nicht unterbestimmt ist. Denn stellte man sich das assistierte Subjekt als eines vor, das fortwährend aus einem Katalog von möglichen Dienstleistungen und Leistungserbringern auswählte, so wäre es strukturell nichts anderes als das Willens- und Wahlsubjekt des Typs 2. Wenn es hingegen tatsächlich stärker als Arbeitgeberin aufträte, Arbeitsverträge selbst aufsetzte und Mitarbeitendengespräche führte, so gliche es dem aktiven Wirtschaftssubjekt des Typs 3. Ich behaupte dagegen, dass sich in der Formation des

---

67 Vgl. Plessner 1975.
68 Vgl. Eurich 2016.
69 Theunissen 2011c, 61.
70 Zur Kritik und zur Verbreitung vgl. Becker 2016, 49.
71 Eurich 2016, 153.

assistierten Subjekts noch einmal andere Praktiken finden, die sich am ehesten als Praktiken der Sorge, wie sie Annemarie Mol beschrieben hat,[72] rekonstruieren lassen.

Dazu ziehe ich ein anderes kulturelles Schema der Assistenz heran: nicht die Dienstleistung im Dual von Auftrag und Ausführung, sondern das unterstützte Gehen eines Menschen, der (derzeit) nicht selbst gehen kann. Wer eine andere Person stützt, fragt sie nicht beständig nach ihrem Willen und schließt auch keinen Vertrag. Vielmehr wird er ihr so unter die Arme greifen, dass beide sich gemeinsam fortbewegen, dies aber so, dass die gemeinsame Fortbewegung als das Gehen der *gestützten Person* verstanden werden kann. Dies geschieht durch eine Fülle von kleinsten Adaptionen, in der Verlagerung von Gewicht und Kraft hierhin und dorthin, je nachdem, wo es der Fortbewegung gerade dient. Die Gesamtbewegung ist, jedenfalls in ihrem konkreten Ablauf, nicht vorher verabredet, sondern entsteht fortwährend im mikroadaptiven Prozess der Unterstützung. Was hier in der Verbindung zweier Körper entsteht, wird gleichwohl von beiden als Bewegung *eines* Subjekts ins Werk gesetzt. Assistenz verdankt sich, so verstanden, nicht der Logik der Wahl, sondern der Logik der Sorge, die nicht einem vorgegebenen Ziel folgt, sondern deren Belange während des Prozesses des Sorgens erst im Einzelnen und möglicherweise auch im Großen konstituiert werden.[73]

Ähnlich ließen sich auch andere Assistenzschemata rekonstruieren: in der Bildung etwa die lehrende Unterstützung eines Subjekts, das *sich selbst bildet*; auf dem Gebiet der Orientierung etwa die Bereitstellung von Markierungen für ein Subjekt, das *sich* mit deren Hilfe *selbst orientiert*. Auch solche Prozesse sind viel zu unpräzise beschrieben, wenn sie auf Willenserklärungen und Wahlpraktiken zurückgeführt werden. Deutlich ist, dass der erklärte Wille des assistierten Subjekts jeweils Grund und Grenze der Assistenzpraktiken darstellen muss;[74] im Vollzug der Assistenz aber spielen viel komplexere Abstimmungen und damit Stabilisierungen des Subjekts der Selbstbestimmung eine zentrale Rolle.

V. Fazit

Insgesamt zeigen sich im Kontext von Bemühungen um Inklusion und Selbstbestimmung eine Vielzahl von Subjektformationen: das inklusionsbedürftige Subjekt, das Willens- und Wahlsubjekt, das aktiv engagierte und produktive Subjekt,

---

72 Vgl. Mol 2008.

73 Vgl. Moos 2018b, 489–493.

74 So etwa im Kontext der „*persönliche[n] Zukunfts- und Lebensstilplanung*“ (Theunissen 2011c, 59; vgl. dazu Theunissen 2011b).

das private Subjekt und das assistierte Subjekt. Die Liste ist sicherlich nicht vollständig. Jeweils, und das wäre die erste Pointe dieses Durchgangs, lassen sich insbesondere professionelle Praktiken der Inklusion daraufhin befragen, welchem Typ oder welcher Mischform von Typen sie zuarbeiten. Damit wäre also zunächst ein empirisch-analytisches Instrument gegeben, das für das Verstehen von professionellen Praktiken, Haltungen und Leitbildern hilfreich ist.

Jede der Subjektivierungsformen hat, so habe ich versucht zu zeigen, ihren guten sozialen Sinn und ihre inneren Probleme und Aporien. Diese gilt es, das wäre die zweite Pointe dieses Durchgangs, bewusst zu halten. Systematisch hat jede der genannten Subjektivierungsformen Anteil am Grundproblem der Selbstbestimmung, oder, um größere Worte zu benutzen, von Freiheit und Autonomie. Personale Freiheit ist immer abhängig von Voraussetzungen, derer sie selbst nicht habhaft werden kann. Die theologische Rede von der Geschöpflichkeit des Menschen, das heißt insbesondere: von seiner endlichen Freiheit, weist genau darauf hin. Jede professionelle Förderung von selbstbestimmter Teilhabe greift in das verwickelte Verhältnis von Freiheit und Abhängigkeit ein, in dem sich menschliche Selbstbestimmung überhaupt nur vollziehen kann. Jede der genannten Subjektivierungsformen ordnet auf ihre Weise Freiheit und Abhängigkeit zu.

Insofern wird es keine eindeutig vorzugswürdige Subjektposition geben, die diesen gordischen Knoten durchschlüge und zu einem Maximum an Freiheit vorstieße. Normativ gesprochen wird es daher gelten, die verschiedenen Zuordnungen von Freiheit und Abhängigkeit ihrerseits sorgfältig auszubalancieren. Noch diese Balance sollte so beschaffen sein, dass sie sich – unabhängig davon, mit wieviel professioneller Unterstützung sie zustande kommt – letztlich als Selbstkultivierung der Betroffenen verstehen lässt. Das allerdings ist nur noch eine Art Metaorientierung der Selbstbestimmungsförderung; es lässt sich nicht mehr auf die Ebene der konkreten Praktiken und Erwartungen des Subjektseins übersetzen. Auf dieser Ebene gibt es allenfalls noch die symbolischen Praktiken personaler Anerkennung, die ein Individuum als Person in unbedingter Würde, die über alle konkreten Subjektformen hinausgeht, adressieren. Zu ihnen gehören die Nennung des Namens, das „Du" der personalen Adressierung, der Gruß, der Blick in die Augen und, im liturgischen Kontext, der Segen.

Jede Subjektposition, die etwas mit Freiheit zu tun hat, ruht demnach auf der Zuschreibung unbedingter Würde der Person. Diese Zuschreibung hat immer etwas Kontrafaktisches, da sie durch die Empirie des Individuums und der Praktiken, in die es verwickelt ist, niemals gedeckt ist. Das hat unmittelbare praktische Implikationen. Denn wenn Personalität im Letzten nicht von der Empirie der Person abhängt, so ist sie auch dort noch möglich und nötig, wo die klassischen Charakteristika eines Subjekts an ihre Grenze kommen. So lassen sich die genannten Formationen des selbstbestimmten Subjekts auch noch etwa in die Situation von hochgradig Demenzkranken hinein ausziehen.[75] Dort, wo es keine explizit-eindeutige Wahl mehr gibt, gibt es doch Neigung (oder auch nur die Erinnerung der anderen an früher geäußerte Neigungen).[76] Wo es keine engagiert-produktive Teilhabe an der Gesellschaft mehr gibt, so doch tief habitualisierte, leibliche Formen der Äußerung. Wo ein Mensch seinen Privatraum nicht mehr selbst beanspruchen kann, mag es doch Verhaltensweisen geben, die sich als Praktiken des zurückgezogenen Bei-sich verstehen lassen; auch am Krankenzimmer einer Komapatientin kann (und soll) man anklopfen. Und auch die Mikroadaptivität der Assistenz ist, als ebenfalls sehr leibliche Praxis, offen für die Formation von Subjektsein am Rande des Subjektiven. Eine solche Einsicht in die Kontrafaktizität der Freiheit verhindert, dass Selbstbestimmung zur Ideologie wird; und sie ermöglicht die Achtung der personalen Würde eines Menschen unabhängig von seinem Zustand – bis an sein Lebensende und letztlich über den Tod hinaus.

---

75 Vgl. Kitwood 2004.

76 Vgl. Moos u. a. 2016b, 162.

4. Assistenz und Pflege: Menschlichkeit als Suchbegriff

Erst an der Kasse merke ich, dass ich mein Geld vergessen habe. Die Brötchen, schon eingetütet, sind plötzlich unerreichbar fern. Doch die Bäckereiverkäuferin hilft mir aus der Klemme. Sie leiht mir drei Euro von ihrem privaten Geld. Am nächsten Tag zahle ich es zurück und will, immer noch dankbar, noch etwas drauflegen, „für die Kaffeekasse". Die Verkäuferin weist das zurück. „Haben Sie keine Kaffeekasse?", frage ich. „Doch, haben wir", antwortete sie. „Aber ich möchte das nicht. Das ist einfach menschlich." Während ich den Laden verlasse, frage ich mich, was sie damit gemeint hat. Ist es einfach menschlich, also: ganz selbstverständlich, dass sie mir in dieser kleinen Notlage aushalf? Oder ist es einfach menschlich, also: irgendwie normal, dass ich mein Geld vergessen hatte? Vielleicht beides gleichzeitig. Dann wäre es also menschlich, unvollkommen und fehlbar zu sein, und ebenso menschlich, jemandem in einer dadurch entstandenen Bredouille beizuspringen. Menschlichkeit wäre dann die Solidarität der Unvollkommenen.

Was Menschlichkeit, Humanität, ausmacht, hat Menschen seit frühen Zeiten bewegt. In gebotener Kürze lassen sich vier Antworttypen, oder besser: vier Richtungen der Suche unterscheiden.

1. Was macht den Menschen zum Menschen?

Die eine Richtung will beschreiben, was den Menschen ausmacht und was ihn von anderem in der Welt unterscheidet. Berühmte Bestimmungen kommen nicht erst aus den modernen Humanwissenschaften, sondern schon aus der griechischen Antike. Der Mensch: das *zoon politikon*, das Lebewesen, das nach Gemeinschaft strebt (Aristoteles). Oder auch, gleichsam naturwissenschaftlich abgeklärt: der Mensch, ein Zweibeiner ohne Federn (Platon). Und immer wieder wurde die Fähigkeit zur Vernunft als das typisch und eigentlich Menschliche festgestellt.

Doch was so klar und sicher erscheint, ist es bei näherem Hinsehen nicht. Die moderne evolutionäre Anthropologie findet in akribischen Experimenten immer mehr Elemente des Vernunftsgebrauchs auch bei höheren Tieren: Rabenvögel zeigen immense Gedächtnisleistungen. Affen können symbolisch kommunizieren.

Umgekehrt zeigen sich Menschen längst nicht immer fähig zur Vernunft: als Kind, im Schlaf, im Rausch, in Krankheit, Todesnähe und manchen anderen Lebenslagen. Vernunftsfähigkeit ist also ein wackliges Unterscheidungskriterium, und ein gefährliches zumal: dann nämlich, wenn die vermeintlich rein beschreibende Bestimmung des Menschen unter der Hand zu einer normativen wird und dazu dient, Schutzansprüche und Lebensrechte zuzuteilen. Wenn es heißt, das sei doch kein, oder ein nur minder wertvolles menschliches Leben.

2. Was Menschen Menschen schulden

Menschlichkeit endet dort, wo Menschen Menschsein abgesprochen wird: Auf diese Einsicht lässt sich die zweite Suchrichtung zuspitzen. Sie sucht das, was den Menschen auszeichnet, gerade nicht in empirischen Kriterien. Der Kern dessen, was ethisch vom Menschen zu sagen ist, liegt aller Erfahrung voraus.

Es ist der Philosoph Immanuel Kant, der diesen Gedanken in unüberbotener Schärfe entfaltet hat. Menschen haben, ganz egal, in welcher Lage sie sind, keinen höheren oder niedrigeren Wert, der sich messen und vergleichen ließe. Sie sind Zwecke in sich selbst; sie haben unendlichen Wert; sie haben Würde. Menschlichkeit hat demnach ihr Zentrum in der Achtung der Menschenwürde. Menschlichkeit heißt, zu sehen und zu realisieren, dass jeder andere Mensch ein Mensch ist wie ich, unendlich wertvoll, ein Ebenbild Gottes, wie es die christliche Tradition sagt. Selbst wer sich als Unmensch geriert, hat Anspruch auf Achtung der, wie Kant sagt, „Menschheit“ in ihm.

Es sind insbesondere drei Einsichten, die der Begriff der Menschenwürde für die Bestimmung dessen beiträgt, was Menschlichkeit ist:

- Menschenwürde umfasst alle Menschen. Menschlichkeit bezieht sich auf jedes Exemplar der Menschheit; sie bezeichnet den weitestmöglichen Bereich von Solidarität und Verantwortung von Menschen für Menschen. So unterschiedlich die Menschen sind und so asymmetrisch oft ihre Beziehungen: Menschlichkeit setzt ein ihnen allen Gemeinsames, die fundamentale Gleichheit aller Menschen voraus. Würde ist nicht abhängig von kognitiver oder körperlicher Leistungsfähigkeit, Alter, Geschlecht, Nationalität, Hautfarbe, sexueller Orientierung oder weltanschaulicher Überzeugung. Es ist eine Würde, die alle teilen.
- Dieses Gemeinsame und Gleiche ist inhaltlich nicht festgestellt; es liegt insbesondere nicht in einer bestimmten „vernünftigen“ oder „zivilisierten“ oder „normalen“ Lebensführung. Das festzustellen ist besonders wichtig, weil ansonsten der Gedanke der Menschlichkeit mit Recht der Kritik verfiele, ein eurozentrisches oder androzentrisches oder in irgendeiner anderen Weise ausgrenzendes Konzept zu sein. Was einen anderen Menschen zum Menschen macht, ja: was mich eigentlich zum Menschen macht, ist mir, ist allen

entzogen. Menschlichkeit achtet nicht lediglich das Ähnliche und Vertraute, sondern gerade das Fremde im Anderen.

– Menschenwürde und eine von ihr aus verstandene Menschlichkeit ist kein theoretisches Konzept, das sich an unsere Einsicht richtete, sondern eine praktische Orientierung. Sie bedarf der Realisierung: in Recht und Gesetz, in professionellen Leitlinien, in Ausbildung und Arbeitswelt, in der konkreten Interaktion. Menschlichkeit als Achtung der Menschenwürde wird konkret in den alltäglichen Verhältnissen der Anerkennung zwischen Menschen. In diesem Sinne binden die Menschenwürde und die aus ihr entspringenden Menschenrechte alle staatliche Gewalt und sind zur Leitorientierung vieler Professionen geworden, etwa der Sozialen Arbeit, der Pädagogik oder auch der Medizin.

Zusammenfassend ist Menschlichkeit in diesem zweiten Sinne nicht das, was Menschen in ihrem Sosein auszeichnet, sondern der Inbegriff dessen, was Menschen einander als Menschen schulden.

3. Mehr als das Geforderte

Hiervon lässt sich ein dritter Bedeutungsstrang unterscheiden. Menschlichkeit ist hier nicht das elementar Geschuldete, sondern dasjenige, das über das Geschuldete hinausgeht. Im eingangs geschilderten Erlebnis in der Bäckerei überschreitet die Menschlichkeit gerade das ökonomische, vertraglich geregelte Verhältnis, das zwischen Verkäuferin und Käufer besteht. Die Verkäuferin hätte es weder mir noch ihrem Arbeitgeber geschuldet, ihr privates Kapital in diese Situation einzubringen.

In ähnlicher Weise spricht man im internationalen Bereich von humanitärer Hilfe, die über kodifizierte völkerrechtliche Verpflichtungen hinaus in spezifischen Notlagen geleistet wird. Auch im professionellen Kontext ist die Rede von Menschlichkeit, die über das Professionelle und Fachliche hinausgeht. Hier werde ich nicht nur als Patientin oder Bewohner behandelt, sondern eben auch als Mensch.

Diakonische Werbesprüche wie „Unternehmen Menschlichkeit" zielen gerade auf ein solches, vertragliche und professionelle Verpflichtungen übersteigendes Mehr, das in ihren Einrichtungen spürbar werden soll. Ähnlich klingt in alten Ersatzbegriffen für Menschlichkeit wie „Barmherzigkeit" oder „Wohlwollen" die Ausrichtung auf etwas an, das nicht unmittelbar geschuldet wird, das die jeweilige Systemlogik übersteigt und das vor allem nicht eingeklagt werden kann.

4. Menschlichkeit ist Übungssache

Schließlich gibt es noch eine vierte Suchrichtung im Begriff der Menschlichkeit. Ihr zufolge hat Menschlichkeit etwas zu tun mit dem wahren Menschsein. Ein wahrer Mensch zu sein, kommt jedem Menschen zu, aber es ist nicht einfach gegeben. Ein Mensch ist nie menschlich fertig, sondern steht lebenslang unter der Aufgabe, seine Menschlichkeit auszubilden. Menschlichkeit ist, für den Einzelnen wie für die Menschheit insgesamt, eine Bildungsaufgabe:

Dieser Gedanke findet sich in verschiedenen Ausprägungen: in der Antike etwa bereits bei Cicero, im Humanismus der Renaissance und bei den späteren humanistischen Denkern wie Johann Gottfried Herder, Novalis oder auch bei Johann Wolfgang von Goethe. Menschlichkeit will stetig geübt, in der Auseinandersetzung mit den Gedanken und Lebensbeispielen Früherer entwickelt und im eigenen Leben beständig bewährt werden. Menschlichkeit ist Übungssache: Menschen sind Menschen im Werden und auf Bewährung.

Im Menschen einen Menschen sehen

Nun könnte es als Schwäche des Begriffs Menschlichkeit ausgelegt werden, dass er so viele und offensichtlich divergierende Bedeutungsschichten hat. Ich denke allerdings, dass hierin gerade seine Pointe besteht. Wenn Menschlichkeit einerseits das gerechtermaßen Geschuldete benennt (der zweite Strang), andererseits das darüber Hinausgehende, nicht Einklagbare (der dritte Strang), so liegt darin eine tiefe Wahrheit. Menschen können einander nur gerecht werden, wenn es ihnen immer wieder gelingt, über das jeweils Geschuldete und Vereinbarte hinaus den Menschen im Anderen wahrzunehmen. Wer assistiert, pflegt, behandelt, lehrt oder sozialarbeiterisch tätig ist, bedarf der Fähigkeit, hinter dem Assistierten, der Patientin, dem Bewohner, der Schülerin und dem Klienten den Menschen zu sehen – und ebenso in sich selbst mehr als einen Heilpädagogen oder eine Therapeutin zu sehen.

Wer Assistenz oder Pflege erhält, muss ebenso in der Assistentin oder dem Pfleger einen Menschen sehen können. Ebenso bedürfen der Sozialstaat und das Recht in ihren konkreten Normen und Prozessen der beständigen Korrektur durch die Frage, ob sie den Bürgerinnen und Rechtsunterworfenen als Menschen gerecht werden. In der Spannung zwischen dem Geschuldeten und dem Darüberhinausgehenden, in der jede Menschlichkeit steht, entsteht bestenfalls ein individueller wie kollektiver Bildungsprozess (der vierte Strang). In diesen Bildungsprozess kommen durchaus erfahrungsbezogene Einsichten, was Menschen ausmacht, zur Geltung. Eine moderne Humanität bedarf der Humanwissenschaften, die sie informieren (der erste Strang).

Auf der Suche bleiben

Zugleich aber muss festgehalten werden, dass jeder Mensch unendlich viel mehr ist als das, was vom Menschen allgemein und von ihm oder ihr persönlich gewusst wird. Insbesondere hierin liegt der tiefe Wert christlichen Menschlichkeitswissens. Die Bibel erzählt von einem aus dem Staub und Matsch der Erde gemachten Menschen, wenig niedriger als Gott, unperfekt und anfällig, auf der Suche nach gutem Leben, ohnmächtig und gewalttätig, hasserfüllt und liebenswert, vor allem aber: ein Bild Gottes und damit niemals vollständig feststellbar, sondern offen und mehr als Augenschein, Wissenschaft und Lebenserfahrung sagen. Die Anerkennung des unendlichen Werts und der prinzipiellen Offenheit und Entzogenheit jedes Menschen soll Rechtsordnungen wie soziale Professionen leiten – und sie letztlich daran hindern, zu viel vom Menschen zu wissen und damit totalitär zu werden. Menschlichkeit in diesem letzten, höchsten Sinne wäre der beständig einzuübende Versuch, sich von jedem „Menschenbild" schließlich wieder zu verabschieden. Menschlichkeit hieße, in der Solidarität der Unvollkommenen und Nichtfestgestellten auf der Suche zu bleiben nach dem Menschen im Anderen und in sich selbst.

5. Unternehmensführung: Zur Rolle theologischer Vorstände[1]

1. Die Frage nach der *Rolle* der Theologie in der Unternehmenssteuerung impliziert zwei Aspekte: Zu einer Rolle gehören einerseits die sozialen Erwartungen, wie denn diese Rolle auszufüllen sei. Diese Erwartungen markieren die Position auf der Bühne, also den sozialen Ort, an dem eine Rolle überhaupt gespielt werden kann. Zum anderen gehört zu einer Rolle die individuelle Interpretation des Schauspielers, also die Art und Weise, wie die Rollenträgerin sie auszufüllen bereit ist. Eine Rolle entsteht mithin aus der beständigen Verhandlung von Erwartung und Erfüllungsbereitschaft. Diese Verhandlungen sind im Falle der Rolle „theologischer Vorstand" in vollem Gange.
2. Im Folgenden werden einige Beobachtungen hierzu angeführt, die der Analyse der Selbstbeschreibungen von Vorstandstheologen[2] entstammen. Wie wird das Problem bzw. die Frage genau gefasst (I.), welche Gemeinsamkeiten (II.) und Unterschiede (III.) zeigen sich in den einzelnen Antworten, welche wichtigen Einzelaspekte sind hervorzuheben (IV.)? Notiert werden jeweils Anschlussfragen für die weitere Diskussion in Diakoniewissenschaft und Diakoniemanagement.

I. Problemwahrnehmungen

3. Grundsätzlich lässt sich die Frage nach der Rolle als Ausdruck eines unterliegenden Problems verstehen. Dieses Problem hat unterschiedliche Facetten oder Aspekte. Zunächst und zuvörderst tritt es als *Relevanzproblem* auf. So wird wahrgenommen, dass die Deutungshoheit der Theologie kontinuierlich schwinde (diskursives Relevanzproblem). An anderer Stelle wird wahrgenommen, dass die Überzeugung, es bedürfe überhaupt der Theologinnen und Theologen in der Diakonie, zunehmend unplausibler wird (professionelles Relevanzproblem). Eine dritte Facette ist die zunehmende Entflechtung von Kirche und Diakonie, mit der die Bedeutung von Theologinnen und Theologen in der Diakonie schwindet (institutionelles

---

1 Der vorliegende Beitrag stammt aus dem Band Hofmann / Montag 2018. und stellt eine zusammenfassende Diskussion der dort veröffentlichten Beiträge dar.

2 Vgl. ebd.

Relevanzproblem). Diese drei Facetten des Relevanzproblems sind nicht unabhängig voneinander, aber es lohnt, sie zu unterscheiden, um die Problemdiagnose zu schärfen: Geht es um die Legitimität theologischer Denkformen, die Einräumung von Plätzen im Organigramm oder um die Stärke und Schwäche der institutionellen Verbindung von Wohlfahrtspflege und Religionspflege?

4. Eine andere Form der Problemwahrnehmung ist die der Konflikte zwischen theologischen und anderen Rollen: wiederum entweder zwischen Rationalitäten (diskursiv) oder zwischen Funktionsträgern (professionell). Auch dort, wo dezidiert von Gleichberechtigung oder Gleichrangigkeit der Theologie mit Ökonomie und anderen Fachlichkeiten gesprochen wird, mag die aufmerksame Leserin die Präsenz von derzeit gegebenenfalls abwesenden Konflikten mithören. So wird mit den paulinischen Charismen ein klassisches Modell der Pazifizierung von Konflikten aufgerufen; das Bild zweier Vorstände verschiedener Fachlichkeit auf einem Tandem, das ein Vorstandstheologe verwendet,[3] erfüllt eine entsprechende Funktion.
5. Zuweilen schwingt auch das religionskritische Motiv eines Ideologieverdachts an die Theologie mit, wenn etwa gegen eine allzu plakative Berufung auf ein christliches Menschenbild plädiert wird. Hier dürfte sich gleichsam das Negativ einer Zuordnung der Theologie zur Außendarstellung eines diakonischen Unternehmens zeigen: Es könnte bloße Oberflächenkosmetik sein.

II. Gemeinsamkeiten

6. Theologinnen und Theologen führen durch Deutung: In dieser Hinsicht besteht offenbar eine große Einigkeit unter theologischen Vorständen (siehe Fußnote 1). Ihr Ort ist gleichsam in der Präambel der Organisationsprozesse, bei den Motiven, tragenden Überzeugungen, die das im Unternehmen Geschehende in einem bestimmten Horizont verstehen lassen. Nach außen ist diese Deutungsfunktion mit der Pflege der Marke und zuweilen dezidiert mit Öffentlichkeitsarbeit verbunden, nach innen mit der Pflege des diakonischen Profils, der diakonischen Identität, der Unternehmenskultur, des historischen Bewusstseins.
7. An dieser Stelle lässt sich beobachten, dass die Identität der Diakonie als Diakonie mit der Rolle der theologischen Vorstände oftmals eng verknüpft erscheint. Ob (und für wen) sich dies tatsächlich so darstellt, und ob es so sein

---

[3] Vgl. Lunkenheimer 2018.

müsste, scheint mir eine hochinteressante Frage der zukünftigen Entwicklung diakonischer Unternehmen zu sein. Lässt sich eine gehaltvolle diakonische Identität eines Unternehmens auch ohne professionell-theologische Deutungsleistungen entwickeln und stabilisieren?

8. Eine weitere Anschlussfrage an die theologische Deutungsführung ist die, was sich denn genau durch jene Deutungen erschließt. Hinsichtlich welcher Aspekte der Unternehmenswirklichkeit ist denn eine theologische Deutung hilfreich, sinnvoll, zuträglich? Käme etwa einer Nudelfabrik auch eine theologisch-sakramentale Deutung zugute?[5]
9. Mindestens eine solche Deutungshinsicht scheint konsensfähig zu sein. Theologie hat im Unternehmen die Rolle eines inkarnierten Endlichkeitsbewusstseins. Wie mit dem Scheitern umzugehen sei, wie mit der Fragmentarität menschlichen Bauens und Gestaltens, dazu wird der Theologie einiges Aussagepotenzial zugeschrieben. Damit hätte die Theologie in der Unternehmensführung die Funktion, das Führen und Leiten unter einem spezifischen Gesichtspunkt selbst noch einmal zum Thema zu machen. Theologie erhöhte so die Selbstreflexivität der Unternehmensführung insbesondere mit Hinblick auf deren Grenzen.

III. Differenzen

10. Welche Rolle spielt die Theologie im Verhältnis eines diakonischen Unternehmens zur verfassten Kirche? Hier stehen unterschiedliche Optionen im Raum. Insbesondere Theologinnen und Theologen der kreiskirchlichen Diakonie heben ihre Funktion hervor, ein Scharnier zur verfassten Kirche zu bilden, während das bei großen freien Trägern eine untergeordnete Rolle zu spielen scheint. Dieser Befund lässt sich doppelt lesen: Steht die kreiskirchliche Diakonie ‚näher' an der verfassten Kirche, was sich dann auf die Rolle der Vorstandstheologen auswirkt – oder steht sie umgekehrt unter dem Verdacht, sich durch die Professionalisierung der Organisationsform und des Hilfehandelns von der verfassten Kirche, von der sie ausging, zentrifugal wegzubewegen, und muss gerade deswegen die Verbindung stärker betonen?
11. Auffällig ist die Rede von der eigenen Fachlichkeit der Theologie. Denn der Fachlichkeitsdiskurs der 1960er und 70er Jahre hatte eine dezidiert antitheologische Ausrichtung: Es ging um die Emanzipation nichttheologischer Fachlichkeiten, etwa der Pädagogik, von der theologischen Deutungshoheit. Wenn nun Theologie selbst als Fachlichkeit auftritt, so ist deutlich, wie sehr

---

[5] Vgl. Dopheide 2018 und siehe dazu auch These 10ff.

sich die Rolle der Theologie in den diakonischen Unternehmen geändert hat. Die Zuordnung bereitet dabei offensichtlich Schwierigkeiten; die Formel, Theologie stehe weder neben noch über anderen Fachlichkeiten,[6] erinnert durchaus an die Verlegenheiten antiker Christologie.

12. Auf der Suche nach solch eigener Fachlichkeit oder theologischer Rationalität wird zum einen an klassische pastorale Kompetenzen und Handlungsfelder angeknüpft: so im Konzept der Diakoniepfarrer/-innen oder des pastoralen Besuchsdienstes im Unternehmen.[7] An anderer Stelle wird das abgewiesen und diese Abweisung auch strukturell untersetzt, etwa wenn zwischen der Stabsstelle Theologie und Diakonie einerseits und den Pastoralen Diensten im Unternehmen unterschieden wird.[8] Ist die Rolle der Theologie in der Unternehmensführung also in der Verlängerung geistlicher Kirchenleitung zu verstehen oder gerade nicht? Hier erhält das alte Problem des Verhältnisses von Diakonie und verfasster Kirche noch einmal einen neuen Ton: Wie angemessen sind Analogien zwischen ihren Leitungsämtern?
13. An anderer Stelle wird die Rolle der Theologie in der Unternehmensführung auf spezifische materiale Bestände der christlichen Tradition oder der theologischen Ethik bezogen, etwa auf eine Vertretung des christlichen Welt- oder Menschenbildes, des diakonischen Auftrages, einer christlichen Zukunftshoffnung[9] oder auch, ganz basal, auf die Einbringung biblischer Narrative in die unternehmensinterne Kommunikation.[10] Demgegenüber steht ein funktionaler Ansatz, der religiöser Kommunikation die Aufgabe der Transzendenzthematisierung innerhalb des Unternehmens zuweist.[11] Hierbei handelt es sich selbstverständlich nicht um eine ausschließende Alternative, da die Kommunikation über Transzendenz oftmals mithilfe des genannten Traditionsmaterials geschehen wird; es wäre aber zu fragen, ob sich hier nicht auch unterschiedliche Heuristiken für Orte und Themen theologischer Leitung im Unternehmen zeigen.
14. Schließlich wird der Theologie eine Art Metarationalität zugeschrieben, deren Kompetenz es sei, gegenüber verschiedenen Rationalitäten sprachfähig zu sein,[12] die Diversität anderer Kompetenzen „zu orchestrieren“[13] und Leitungskommunikation zu moderieren.[14] Hier tritt der alte theologische Führungsanspruch in der Diakonie gleichsam in doppelt entschärfter Weise auf:

---

6 Vgl. Haase 2018.
7 Vgl. Hamburger 2018; Fricke-Hein 2018.
8 Vgl. Habenicht 2018.
9 Vgl. a. a. O.; Fricke-Hein 2018.
10 Vgl. Hamburger 2018; Fricke-Hein 2018.
11 Vgl. Starnitzke 2018.
12 Vgl. Dargel 2018.
13 Dopheide 2018, 85.
14 Vgl. Starnitzke 2018.

zum einen entmaterialisiert und auf die Moderation des Materials der anderen verlegt, zum anderen in gleichsam dienender, da moderierender Funktion. Dies eröffnet die Anschlussfrage, ob und wodurch Theologinnen und Theologen tatsächlich hierfür qualifiziert sind. Verstehen sie tatsächlich genug von den anderen Rationalitäten, um diese moderieren zu können? Hier scheint ein sehr anspruchsvolles Konzept diakonisch-theologischer Kompetenz im Hintergrund zu stehen, das es explizit zu machen gilt.

15. Damit verbunden ist die Frage danach, wie die Legitimation der Rolle von Theologie in der Unternehmensführung begründet werden kann. Diese wird wiederum unterschiedlich beantwortet. Neben positivistischen Begründungsformen, die auf vorhandene Leitbilder[15] und rechtliche Regelungen[16] verweisen, stehen empirische Begründungen, die auf eigene Erfahrungen als theologischer Vorstand, auf die historische Prägekraft der Theologie,[17] auf die Motivationskraft von Spiritualität[18] oder auf organisationstheoretische Einsichten rekurrieren.[19] Deutlich anders gelagert sind Ansätze, die die Rolle der Theologie in der Diakonie wiederum theologisch legitimieren. Hierfür wird etwa die theologisch qualifizierte Kirchlichkeit der Diakonie[20] und ihrer Steuerungslogik[21] angeführt.
16. An dieser Stelle zeigen sich unterschiedliche Richtungen der Argumentation und damit wiederum unterschiedliche Problemwahrnehmungen: Wird nach außen, in Richtung der anderen Rationalitäten bzw. Fachlichkeiten argumentiert, denen gegenüber Theologie plausibel gemacht werden muss, oder wird nach innen, in Richtung theologischen Denkens und damit auch in Richtung der Kirchen argumentiert? Damit wird die doppelte Herausforderung sichtbar, die die Frage nach der Rolle der Theologie in der Unternehmensführung stellt: Zum einen ist die Plausibilität von Theologie am Ort einer ausdifferenzierten Organisation der Wohlfahrtspflege unsicher, zum anderen aber auch der innere Anschluss der Theologie an die Diakonie und ihre Führungsfunktionen, also die eigene Rekonstruktion der Berufsrolle. Beide Herausforderungen treten offenbar in verschiedenen diakonischen Unternehmen in unterschiedlichen Gewichtsanteilen auf, dürften aber nichtsdestotrotz beide virulent sein.

---

[15] Vgl. Habenicht 2018.
[16] Vgl. Wehn 2018.
[17] Vgl. a. a. O.
[18] Fricke-Hein 2018.
[19] Starnitzke 2018; Hohlweger 2018.
[20] Hamburger 2018.
[21] Hohlweger 2018.

IV. Wichtige Einzelaspekte

17. Wichtig scheint mir der Gedanke, dass die Diakonie sich nicht nur aus der Theologie speist, indem sie theologische Reflexionsformen und theologisch ausgebildete Personen „importiert", sondern dass sie auch umgekehrt einen Resonanzraum theologischer Reflexion darstellt, der also selbst Theologie hervorbringt, prägt und bereichert.[22] An dieser Stelle ist zu fragen, ob der Rückfluss solcher diakonischer Theologie in die übrige, kirchlich bzw. akademisch orientierte Theologie gut genug funktioniert – und was zu tun wäre, dies zu verbessern.
18. Zum anderen ist auf die Rolle von theologischen Leitungspersonen hinzuweisen. Auch wenn dies in einer autoethnografischen Betrachtung wie im zugrundeliegenden Band[23] nur sehr gebrochen möglich ist, zeigt sich doch, dass theologische Leitungspersonen offenbar in vielfacher Hinsicht einen personalen Geltungsschutz für das Religiöse bzw. Diakonische an der Diakonie bieten. Wenn auch die Kirche weit weg und die Theologie in ihren Denkformen unverständlich ist, so mag doch der glaubwürdige theologische Vorstand als stellvertretende personale Repräsentanz des Diakonischen herhalten.[24] Ähnlich wie beim Pfarramt geht auch hier der Legitimationsdruck von der Institution auf das Individuum über.
19. Zwischenruf: Wenn sich somit die Rolle der Theologie in der Steuerung diakonischer Unternehmen zunehmend weniger an den institutionalisierten Erwartungen und zunehmend mehr an der individuellen Rollenerfüllung orientiert, welche Konsequenzen hat es dann, dass die diese Rolle erfüllenden Individuen in erdrückender Mehrheit männlichen Geschlechts sind?
20. Mit der personalen Stellvertreterfunktion von Vorstandstheologen (These 18) mag das Unternehmen zum einen von permanenter religiöser bzw. theologischer Selbstvergewisserung im Alltag entlastet sein. Es gehört zum theologischen Endlichkeitsbewusstsein, dass es auch einmal gut ist mit Theologie und auch einmal gut mit religiöser Kommunikation. Zum anderen mag doch das Problematisierungspotenzial religiöser bzw. theologischer Rede präsent gehalten werden: Diakonie bleibt an Ort des theologischen Vorstands als Diakonie sichtbar und damit auch kritisierbar. Das wären nicht die unwichtigsten Aspekte eine Rolle der Theologie in der Steuerung diakonischer Unternehmen.

---

22 Vgl. Lunkenheimer 2018.
23 Siehe Anm. 1.
24 Vgl. Hamburger 2018.

6. Assistierter Suizid als diakonische Herausforderung

Es hat im Vorfeld dieser Abschiedsvorlesung[1] Rückfragen gegeben: Warum dieses Thema? Weder liegen institutionelle Anspielungen darin, noch soll es eine Dramatisierung des eigenen Weggangs sein. Es geht um die Sache selbst. Denn diese beschäftigt diakonische Unternehmen und Verbände in hohem Maße, und es gibt eine lebhafte Meinungsbildung innerhalb der Diakonie. Diese praktisch-diakonische Seite ist die, die mich zunächst und vor allem interessiert.

Die zweite, theoretische Seite des Themas liegt in der Frage, wie Diakoniewissenschaft und Theologische Ethik zueinander gehören und sich wechselseitig bereichern. Theologische Ethik ist in guter Tradition des Betheler Institutes für Diakoniewissenschaft und DiakonieManagement ein Teil der Diakoniewissenschaft. Aber sie ist nicht die Pipeline, die Inhalte aus den Speicheranlagen der Theologie in die Diakoniewissenschaft hineinpumpt. Vielmehr verändert und erweitert sie sich ihrerseits in der Auseinandersetzung der anderen Disziplinen der Diakoniewissenschaft. Von dieser Veränderung und Erweiterung will ich Ihnen hier, zumindest im Subtext des Dargestellten, berichten.

I. Theologische Reaktionen auf das Urteil des BVerfG

Die Auseinandersetzung um die Sterbehilfe, in den letzten Jahrzehnten nie abgerissen, ist jüngst wieder neu in Bewegung gekommen. Der Auslöser war das Urteil des Bundesverfassungsgerichts von Anfang 2020 zum assistierten Suizid.[2] Der zweite Senat hat in seinem zentralen Leitsatz das Verbot der geschäftsmäßigen Förderung der Selbsttötung in § 217 Abs. 1 StGB als verfassungswidrig verworfen. Denn dieses, so das Gericht, „verengt die Möglichkeiten einer assistierten Selbsttötung in einem solchen Umfang, dass dem Einzelnen faktisch kein

---

1 Der folgende Beitrag wurde zuerst 2021 als Abschiedsvorlesung am Institut für Diakoniewissenschaft und DiakonieManagement (IDM) der Kirchlichen Hochschule Wuppertal / Bethel (heute als IDWM an der Universität Bielefeld) präsentiert und im Anschluss geringfügig überarbeitet. Der Vorlesungscharakter ist beibehalten.

2 Vgl. Bundesverfassungsgericht, Entscheidung 2 BvR 2347/15, 26.02.2020.

Raum zur Wahrnehmung seiner verfassungsrechtlich geschützten Freiheit verbleibt“ (Leitsatz 5).

Was war geschehen? 2015 hatte der Gesetzgeber eine Routinisierung des assistierten Suizides durch Sterbehilfeorganisationen wie Exit oder Dignitas ausschließen wollen und deswegen die geschäftsmäßige – d.h. bereits die auf Wiederholung angelegte und nicht erst die gewerbsmäßige, d.h. mit Gewinnerzielungsabsicht verbundene – Förderung der Selbsttötung unter Strafe gestellt. Das ist dem Bundesverfassungsgericht zufolge verfassungswidrig, insofern es Suizidwilligen faktisch unmöglich macht, Suizidassistenz zu erhalten. „Wenn die Rechtsordnung bestimmte, für die Autonomie gefährliche Formen der Suizidhilfe unter Strafe stellt, muss sie sicherstellen, dass trotz des Verbots im Einzelfall ein Zugang zu freiwillig bereitgestellter Suizidhilfe real eröffnet bleibt.“ (Leitsatz 4)

Die Begründung liefern die ersten Leitsätze des Urteils: „Das allgemeine Persönlichkeitsrecht (Art. 2, Abs. 1 i.V.m. Art. 1 Abs. 1. GG) umfasst als Ausdruck persönlicher Autonomie ein Recht auf selbstbestimmtes Sterben.“ (Leitsatz 1a) Mit der freien Entfaltung der Persönlichkeit und der Würde des Menschen sind hier höchstrangige Rechtsgüter angerufen. Das aus ihnen abgeleitete Recht auf selbstbestimmtes Sterben schließt näherhin die Freiheit ein, sich das Leben zu nehmen. Diese Freiheit verlangt Respekt: „Die Entscheidung des Einzelnen, seinem Leben, entsprechend seinem Verständnis von Lebensqualität und Sinnhaftigkeit der eigenen Existenz, ein Ende zu setzen ist im Ausgangspunkt als Akt autonomer Selbstbestimmung von Staat und Gesellschaft zu respektieren.“ (Leitsatz 1b) Auffällig ist das Adressatenpaar „Staat und Gesellschaft“ in einem Urteil, das sich primär an den Staat, insonderheit den Strafrechtsgesetzgeber, wendet. Das Gericht argumentiert hier offenkundig mit grundsätzlicherem, gesellschaftspolitischem Anspruch.

Die freie Inanspruchnahme von Suizidhilfe wird nun als Implikat des Rechts auf selbstbestimmtes Sterben und der aus ihm resultierenden Freiheit, sich das Leben zu nehmen, eingeführt. Denn diese Freiheit umfasse „auch die Freiheit, hierfür bei Dritten Hilfe zu suchen und Hilfe, soweit sie angeboten wird, in Anspruch zu nehmen“ (Leitsatz 1c). Die eingeschobene Einschränkung wird im letzten Leitsatz präzisiert: „Niemand kann verpflichtet werden, Suizidhilfe zu leisten.“ (Leitsatz 6) Es gibt ein Recht auf selbstbestimmtes Sterben, aber es gibt kein Recht auf den assistierten Suizid, das Einzelne oder Institutionen in die Pflicht nehmen könnte.

Soweit das Urteil, ich komme darauf zurück. Die kirchliche Reaktion auf dieses Urteil hätte schneller und entschiedener kaum sein können. Sofort, als das Urteil veröffentlicht wurde, wandten sich die Vorsitzenden der EKD und der deutschen Bischofskonferenz gemeinsam an die Presse. In ihrer Mitteilung heißt es: „Dieses Urteil stellt einen Einschnitt in unsere auf Bejahung und Förderung des Lebens ausgerichtete Kultur dar. Wir befürchten, dass die Zulassung organisierter Angebote der Selbsttötung alte und kranke Menschen auf subtile Weise unter Druck setzen kann, von derartigen Angeboten Gebrauch zu machen."[3]

Manche Vertreter der akademischen Theologie reagierten ähnlich. Ulrich Körtner kritisiert das zugrundegelegte Autonomiekonzept: „Dabei zeigt sich, dass das Gericht ein Verständnis menschlicher Autonomie vertritt, das mit einem christlichen Verständnis des Lebens als Gabe Gottes, die es vom ersten Moment bis zum letzten Atemzug zu achten und zu schützen gilt, nicht deckungsgleich ist." Nicht deckungsgleich mit dem christlichen Verständnis heißt schlicht: aus theologischer Perspektive *falsch*. „Auch geht es mit seiner Auslegung des Selbstbestimmungsrechtes, das Recht der Selbsttötung und die Freiheit zur Inanspruchnahme von Suizidbeihilfe bestehe in jeder Phase menschlicher Existenz, über Entscheidungen anderer Länder zur Liberalisierung der Sterbehilfe weit hinaus." Auch das steht Körtner zufolge „nicht im Einklang mit christlichen Grundsätzen."[4] Mithin sei das Gericht in der Intention, die Autonomie zu schützen, zu weit gegangen. Wenn hier eine Nichtübereinstimmung mit christlichen Grundsätzen festgestellt wird, dann heißt das, das grundsätzlicher theologischer Widerspruch angezeigt ist.

Hinsichtlich des theologisch-moralischen Prädikators wortgleich, aber mit gegensätzlicher Position haben Rainer Anselm, Isolde Karle und Ulrich Lilie in zwei Artikeln in der Frankfurter Allgemeinen Zeitung reagiert. Sie stellen fest: „Es gibt aus christlicher Sicht ein uneingeschränktes Recht auf Leben, aber keine Pflicht zum Leben. Eine Person darf nicht gegen ihren ausdrücklichen Willen zum Weiterleben gezwungen werden. Die Achtung und Stärkung des Selbstbestimmungsrechts entsprechen insofern christlichen Grundsätzen."[5] Wiederum wird also mit Rekurs auf christliche Grundsätze argumentiert, die hier allerdings affirmativ zum Urteil des Bundesverfassungsgerichts in Verbindung gesetzt werden.[6]

Auf politischer Ebene hat es noch in der bis 2021 dauernden Legislaturperiode eine Reihe von Gesetzesvorschlägen gegeben, wie Sterbehilfe nun zu regeln

---

3 Evangelische Kirche in Deutschland, Gemeinsame Erklärung der Vorsitzenden der Evangelischen Kirche in Deutschland und der Deutschen Bischofskonferenz zum Verbot der geschäftsmäßigen Förderung der Selbsttötung [online], https://newsletter.ekd.de/online.php?u=lyJeUeb3717 (letzter Zugriff am 28.02.2022).

4 Körtner / Will-Armstrong 2021.

5 Anselm u. a. 2021, http://www.ev.rub.de/mam/pt-karle/texte/faz_vorbeugen_und_helfen.pdf (letzter Zugriff am 28.02.2022), 6.

6 Ähnlich der Hannoversche Bischof Ralf Meister: epd Landesdienst Niedersachsen Bremen, Landesbischof Ralf Meister zum Urteil des Bundesverfassungsgerichtes zur organisierten Sterbehilfe [online], https://www.landeskirche-hannovers.de/evlka-de/presse-und-medien/nachrichten/2020/02/2020-02-26_3 (letzter Zugriff am 28.02.2022).

sei.[7] Bislang (Stand Februar 2022) nicht in ein Gesetz gemündet, haben diese Überlegungen in der neuen Legislatur ihre Fortsetzung gefunden.[8] Zugleich findet in der Diakonie derzeit eine intensive Orientierungsdebatte statt.[9] Dadurch, dass § 217 StGB nicht mehr gilt, ist assistierter Suizid, auch durch Sterbehilfeorganisationen, in Deutschland wieder legal.[10] Diakonische Einrichtungen müssen sich der Frage stellen, wie sie sich an dieser Stelle positionieren. Es gibt also ein theologisch-ethisches Problem auf der einen Seite und ein diakoniewissenschaftliches Problem auf der anderen Seite. Die lassen sich zunächst getrennt voneinander besprechen und dann auf ihren sachlichen Zusammenhang befragen.

Das möchte ich Ihnen im Folgenden vorstellen. Zunächst gilt es, die theologisch-ethische Kernfrage – die Relation von Suizid und Freiheit – zu entfalten (II.). Anschließend will ich Ihnen einige diakoniewissenschaftlichen Pointen nennen (III.), um dann fünf mögliche Leitbilder für den Umgang mit dem Wunsch nach assistiertem Suizid in diakonischen Einrichtungen zu diskutieren (IV.). Abschließend gestatten Sie mir eine theologische Bemerkung (V.).

II. Die ethische Kernfrage: Suizid und Freiheit

Was haben die Möglichkeit des Suizides und Freiheit miteinander zu tun, die das Bundesverfassungsgericht so fundamental miteinander verkoppelt hat? Nach

---

7 Vgl. Dorneck u. a. 2021 und dazu Huber 2021; Gesetzentwurf der Abgeordneten Katrin Helling-Plahr, Dr. Karl Lauterbach et al.: Entwurf eines Gesetzes zur Regelung der Suizidhilfe, Deutscher Bundestag Drucksache 19/28691; Gesetzentwurf der Abgeordneten Renate Künast, Katja Keul et al.: Entwurf eines Gesetzes zum Schutz des Rechts auf selbstbestimmtes Sterben, t.ly/YZe6 (letzter Zugriff am 28.2.2022).

8 Vgl. Lars Castellucci u.a.: Entwurf eines Gesetzes zur Neufassung der Strafbarkeit der Hilfe zur Selbsttötung und zur Sicherstellung der freiverantwortlichen Selbsttötungsentscheidung, https://kappertgonther.de/2022/01/vorschlag-zur-neuregelung-der-sterbehilfe/ (letzter Zugriff am 28.2.2022).

9 Vgl. Diakonie Deutschland, Selbstbestimmung und Lebensschutz [online], t.ly/rf16 (letzter Zugriff am 28.02.2022). Die innerverbandliche Debatte ist dokumentiert im Infoportal der Diakonie Deutschland, Die Würde der Sterbenden - Debatte zum selbstbestimmten Sterben [online], https://www.diakonie.de/journal/selbstbestimmt-sterben (letzter Zugriff am 28.02.2022) sowie unter Diakonie Zentrum Gesundheit, Rehabilitation und Pflege, Selbstbestimmung und Lebensschutz: Ambivalenzen im Umgang mit assistierten Suizid [online], https://www.diakonie-wissen.de/web/grp/assistierter-suizid (letzter Zugriff am 28.02.2022); Körtner / Will-Armstrong 2021.

10 Im Jahr 2021 haben nach Auskunft von Sterbehilfeorganisationen fast 350 Personen ihre Begleitung bzw. Vermittlung beim assistierten Suizid in Anspruch genommen vgl. „350 Mal Hilfe beim Suizid" 2022, https://www.sueddeutsche.de/politik/sterbehilfe-bilanz-350-mal-hilfe-beim-suizid-1.5533407 (letzter Zugriff am 28.02.2022).

der Lesart des Verfassungsgerichts folgt aus der grundrechtlich garantierten Freiheit, dass eine reale Möglichkeit zum Suizid und zur Einholung von Suizidassistenz durch den Gesetzgeber nicht verhindert werden darf. Aus der Freiheit folgt die Möglichkeit des Suizides (a). Doch man kann die Grund-Folge-Relation auch andersherum anlegen: Aus der Möglichkeit des Suizides folgt Freiheit (b). Jedenfalls liegt in dieser Relation m.E. das ethische Kernproblem.

(a) Das BVerfG hat eine spezifische Auffassung davon, was menschliche Autonomie sei. „Die selbstbestimmte Verfügung über das eigene Leben ist (...) unmittelbarer Ausdruck der der Menschenwürde innewohnenden Idee autonomer Persönlichkeitsentfaltung; sie ist, wenngleich letzter, Ausdruck von Würde.“[11] Sie kommt dem Menschen in dem Kern dessen was die Verfassung ihm zuspricht, zu.

Dieses höchstrichterliche Autonomiemodell ist wie folgt zu beschreiben: Es setzt voraus, dass es ein Subjekt der Autonomie gibt, eine zu Selbstbestimmung und Eigenverantwortung befähigte Person, die sich im Modus einer willensförmigen Entscheidung dazu bestimmt, nicht mehr weiterleben zu wollen. Seine Autonomie ist in konzentrischen Kreisen strukturiert. Die Entscheidung zur Lebensbeendigung gehört dem Verfassungsgericht zufolge in den innersten Bereich individueller Selbstbestimmung, und dieser Bereich zeichnet sich gerade dadurch aus, dass er der sozialen Vermittlung am stärksten entzogen ist. Davon zu unterscheiden sind Bereiche der Selbstbestimmung, die weiter draußen liegen und stärker sozial vermittelt sind, etwa in der Familie, im Beruf, im politischen Leben. Im Zentrum aber steht der Bereich der Autonomie, der das Individuum in seinen ureigenen Belangen betrifft und *per se* nicht sozial verfasst ist oder es zumindest nicht sein sollte. Diese auf den Kernbereich des Selbst bezogene Autonomie ist allein am Maßstab des individuellen Selbstverständnisses orientiert. Sie bedarf hinsichtlich der Art ihrer Ausübung keiner Begründung oder Rechtfertigung gegenüber anderen. Ich muss nicht begründen, ob ich weiterleben möchte oder nicht. In ihrem Zentrum ist Autonomie als sozial unvermittelte Selbstbestimmung gedacht.

Das Recht auf selbstbestimmtes Sterben ist demnach zu verstehen als eine Art ultimatives Reservat gegen die Zumutungen einer potenziell invasiven und heteronomen Sozialität. Es geht darum, eine innerste Person als Kern von Individualität im Doppelsinne zu behaupten und diese Behauptung unmittelbar an die Würde des Menschen anzuschließen. Der autonome Wille ist konzipiert als Grenzzaun einer *Abwehrindividualität*, die gegen alle soziale Inanspruchnahme eine letztlich maßgebliche unvermittelte Selbstbestimmung setzt.[12]

---

11 BVerfGE (wie Anm. 2), Rn. 209.

12 So optiert in Umfragen auch der weitaus größte Teil der Bevölkerung (vgl. Schöne-Seifert 2020, 20). Vgl. zum Bezug von Autonomie und Individualität auch Polke 2011.

Dagegen ist Kritik laut geworden. Peter Dabrock spricht von einem „überhöhten Autonomiebegriff" des Verfassungsgerichts.[13] Der Philosoph Jan Beckmann plädiert in seiner Monographie zur Autonomie gegen eine Rechtfertigung des Suizides mittels des Autonomiebegriffs. Er macht klassische philosophische Einwände namhaft: den logischen Einwand, die Selbstbestimmung des Subjektes könne nicht die Zerstörung des Subjekts intendieren ohne selbstwidersprüchlich zu sein. Den sozialen Einwand, man stehle sich aus der Verantwortung und aus der Solidarität der Menschen, die ein gehaltvoller Autonomiebegriff mitzuführen habe. Den psychologischen Einwand, der Suizid führe zu einer Verstörung anderer.[14] Diese Einwände laufen darauf hinaus, Autonomie aus der individuellen Selbstbezüglichkeit herauszuführen und sie an die Allgemeinheit der Vernunft oder auch an die soziale Einbindung des Individuums zu verweisen, mithin sie zu *resozialisieren.* Selbst Bettina Schöne-Seifert, die im medizinethischen Spektrum deutlich auf liberaler Seite steht, fordert für die Inanspruchnahme von Suizidhilfe ein Minimum an intersubjektiver Nachvollziehbarkeit des Suizidwunsches, damit der Adressat dieses Wunsches verantwortlich reagieren kann.

Die meisten dieser Einwände sind dabei durchaus kompatibel mit dem grundlegenden Argument des Verfassungsgerichtes, aus der Norm personaler Freiheit folge ein Recht auf selbstbestimmtes Sterben.[15] Umstritten ist nur, wie sozial diese Freiheit bzw. Selbstbestimmung zu denken sind. Sind sie also per se nichtsozial zu verstehen, wie es das Bundesverfassungsgericht im abwehrrechtlichen Kontext tut, oder sind sie als soziale, kommunikative bzw. kommunikable Freiheit zu verstehen?[16]

(b) Nun ein Perspektivenwechsel, der das Verhältnis von Freiheit und der Möglichkeit des Suizides umkehrt. Dieser Gedanke findet sich in vielen Egodokumenten von Menschen, die den Suizid für sich erwägen. Der Schriftsteller Terry Pratchett schreibt angesichts seiner absehbar zum Tode führenden Erkrankung: „Wenn ich wüsste, dass ich zu jedem Zeitpunkt, zu dem ich es wollte, sterben könnte, dann wäre mir plötzlich jeder einzelne Tag so wertvoll wie eine Million Pfund. Wenn ich wüsste, dass ich sterben könnte, würde ich leben."[17] Ähnlich spricht der deutsche Schriftsteller Wolfgang Herrndorf von einer „Exitstrategie",[18] die er vorhält für den Fall, dass seine Krankheit noch schlimmer werden sollte.

---

13 Drobinski 2020, t.ly/duWs (letzter Zugriff am 28.02.2022). Vgl. auch Weilert 2020, 879f.

14 Beckmann 2020, 238ff.

15 Grundsätzlich kritisch zu diesem Recht aber Fischer 2020.

16 Diese Frage ist, anders als es der positive Unterton des Terminus „sozial" vermuten lässt, nicht suggestiv zu verstehen.

17 Prachett, Shaking Hands with Death [online], t.ly/XVm6 (letzter Zugriff am 28.02.2022), Übersetzung Schöne-Seifert 2020, 90.

18 Herrndorf 2013, 87, vgl. 86; 118ff.

In diesem Zusammenhang sind Erfahrungen aus Ländern, in denen assistierter Suizid seit langem legal ist, interessant. Aus dem US-Bundesstaat Oregon weiß man, dass etwa ein Drittel der Patienten von rezeptierten Medikamenten zur Selbsttötung keinen Gebrauch machen.[19] Für sie reicht es offenbar, die Option zu haben, falls es schlimmer kommt. Das erinnert an den Topos der Zyankalikapsel, in den soldatischen Rocksaum eingenäht für den Fall, den Feinden in die Hände zu fallen.

Eine reale Möglichkeit des Suizids ermöglicht es demnach, das Weiterleben als von der eigenen Bejahung getragen zu wissen. Ich lebe, solange ich es will. Wenn ich diesen Willen nicht mehr aufbringe, wenn ich nicht mehr kann, muss ich auch nicht mehr. Das Leben, das ich nicht selbst gewählt habe und dessen Bedingungen ich nur zu einem geringen Ausmaß bestimmen kann, dessen Bedingungen sich in Extremsituationen fast gänzlich meinem Einfluss entziehen, dieses Leben in starken Abhängigkeiten erhält durch die Möglichkeit des Suizids ein Freiheitsmoment. Solange ich noch mitmache, ist zumindest das freiwillig, dass ich hier noch mitmache. Das ist, so ist es den Egodokumenten zu entnehmen, ein tröstlicher Gedanke. Er ist verwandt mit dem ethischen Grundprinzip des *ultra posse nemo obligatur*. Wer könnte sich dem verschließen?

Ethisch scheint mir die Schwierigkeit darin zu liegen, dass diese Verbindung von Suizidmöglichkeit und Freiheit zweierlei zugleich ist: Sie ist einerseits das unabweisbare, humane Wahrheitsmoment der Sterbehilfebewegung, und sie ist andererseits zutiefst *obszön*. Eine durch die Möglichkeit des Suizides gewährleistete Freiheit ist sozialpolitisch obszön, weil eine Gesellschaft für Menschen in Grenzsituationen nicht als ein Land der Feinde erscheinen darf, für das eine Zyankalikapsel aufzubewahren ist, falls es zu schlimm kommt. Sie ist sozialethisch obszön, weil die Perspektive, so lange zu leben, wie ich mein Leben noch bejahen kann, eine vereinzelnde Perspektive ist, die mir die Aufgabe anweist, mein Leben unabhängig von den Beziehungsnetzen zu evaluieren, in die ich eingebettet bin. Schließlich ist sie auch theologisch obszön. Es ist der Kerngedanke reformatorischer Theologie, dass ich die Bejahung meines Lebens nicht selbst leisten kann. Ein Leben, ständig auf die eigene Bejahung angewiesen, durch sie konditioniert, ein Leben auf Probe – Reicht es noch? Ist es noch gut genug, ist es noch lustvoll genug? Bin ich zu abhängig? –, wäre im theologischen Sinne ein gnadenloses Leben. Das scheint mir das Wahrheitsmoment der theologischen Kritik an der Verbindung von Suizid und Freiheit und an der „Normalisierung" eines Lebensendes von eigener Hand zu sein. An dieser Stelle sehe ich das theologisch-ethische Kernproblem, mit dem es umzugehen gilt.

---

[19] Vgl. Oregon Health Authority, Death with Dignity Act Annual Reports [online], https://bit.ly/3jpMDam (letzter Zugriff am 28.02.2022), 5.

III. Diakoniewissenschaftliche Pointen

Wie sehr das Thema im kirchlichen und diakonischen Bereich umstritten ist, wird an einem Gespräch im Januar 2021 zwischen dem Rat der EKD und der Diakonie Deutschland deutlich. Aus diesem Gespräch ist eine Pressemitteilung überliefert, die einen Dissens als dreifachen Konsens formuliert. Erstens wird der Primat des Lebensschutzes als Konsens benannt: „Für die EKD und ihre Diakonie steht der Lebensschutz an erster Stelle. Der assistierte Suizid darf nicht zu einer normalen Option unter anderen werden". Konsensual sind zweitens die dementsprechenden Präventionsanstrengungen: „Dass Menschen nur noch die Möglichkeit des Suizids sehen, ist immer eine tragische Grenzsituation, die die EKD und ihre Diakonie durch die Bereitstellung palliativer Versorgung, Seelsorge, Beratung und die Arbeit der Hospize zu verhindern versuchen." Drittens wird ein Konsens über den Dissens angedeutet: „Dennoch gibt es Dilemmasituationen, für deren Bewältigung derzeit keine eindeutigen Antworten und Regelungen bestehen." Dieser Dissens wird wiederum als protestantisch legitimiert: „Dass die dafür notwendigen Schlussfolgerungen aus der gemeinsamen, am Lebensschutz orientierten Grundhaltung heraus in unterschiedlichen Perspektiven und unterschiedlichen Lösungswegen bedacht werden, gehört zum Wesen des Protestantismus."[20] Man könnte das einen zähneknirschenden Pluralismus nennen, dessen Grunddissens mitnichten ausgeräumt ist. Auch diakonische Unternehmen und Verbände haben sich sehr unterschiedlich dazu positioniert bzw. sind noch dabei, sich zu positionieren.

Zur Analyse des Problems möchte ich fünf Perspektiven nennen, die den diakoniewissenschaftlichen Blick auf diese ethische Auseinandersetzung zu orientieren vermögen.

(a) *Perspektivierung*: Darunter verstehe ich die Differenzierung ethischer Fragestellungen nach ihrer Verortung auf der sozialen Mikro-, Meso- oder Makroebene. Diese Ebenen oder Perspektiven gilt es zu betrachten und ernst zu nehmen, weil hier differente Probleme des Freiheitsbegriffes deutlich werden. Auf der Mikroebene, auf der Ebene der Individuen und ihrer Interaktionen, kommen insbesondere die professionellen Hilfebeziehungen in den Blick. Hier ist etwa zu fragen, inwieweit ein Suizidwunsch diakonische Mitarbeitende in ihrer Professionalität angeht und es möglicherweise zu ihrer Professionalität gehört, auf diesen einzugehen. Mehrere diakonische Unternehmen haben eine professionelle Aufgabe der Mitarbeitenden, auf Suizidwünsche einzugehen oder gar selbst Suizidassistenz zu leisten, dezidiert abgelehnt. Der Ärztetag hat die Tür in die umgekehrte Richtung geöffnet. Im Mai 2021 hat er das bisherige Verbot des

---

[20] EKD, Januar 2021. Nachzulesen unter: Diakonie Deutschland, Die Würde der Sterbenden - Debatte zum selbstbestimmten Sterben [online], https://www.diakonie.de/journal/selbstbestimmt-sterben (letzter Zugriff am 28.02.2022).

assistierten Suizids aus der Musterberufsordnung für Ärzte gestrichen.[21] Damit plädierte er zwar nicht dafür, die Suizidassistenz zur ärztlichen Regelleistung zu erklären, aber doch dafür, die Möglichkeit der individuellen Entscheidung für Ärzte einzuräumen. Suizidassistenz wurde damit ein Stück weit hineingeholt in die ärztliche Professionalität.

Auf der Makroebene gesellschaftlicher Diskurse geht es um diakonische Anwaltschaft in sozialpolitischen Positionierungen. Hier ist insbesondere das Argument des gesellschaftlichen Drucks auf Individuen angesiedelt, der aus einer Optionalisierung des assistierten Suizides entstehen könne. Wenn das zur Mikroebene individuellen Entscheidens ins Verhältnis gesetzt wird, treten Schwierigkeiten auf. In einem Papier der Diakonie Deutschland heißt es in Aufnahme einer früheren EKD-Denkschrift: „Das Ziel eines legislativen Schutzkonzepts muss es daher sein, das Bewusstsein dafür wach zu halten, dass das gesellschaftliche Klima immer die Einschätzung des eigenen Lebens mitprägt und wie schmal daher die Grenze sein kann zwischen einer eigenen Entscheidung und einer Entscheidung, die zwar von einem Einzelnen getroffen wird, die aber vorrangig eine Reaktion auf gesellschaftliche Einflüsse darstellt."[22] Das Problem an dieser Beschreibung ist, dass hier keine kategoriale Grenze zu ziehen ist. Sicher lassen sich Extremfälle konstruieren: auf der einen Seite ein Suizid, der allein unter äußerem Druck zu Stande kommt, und auf der anderen Seite ein Bilanzsuizid, der rein aus einer inneren, wohl abgewogenen Bilanzierung zu einer zeitlich stabilen und klaren Entscheidung kommt. Aber der Versuch, die eigene Entscheidung und den gesellschaftlichen Einfluss durch eine Grenzziehung disjunkter Sphären zu trennen, trivialisiert das Freiheitsproblem. Die Perspektive auf das Individuum und die gesellschaftliche Perspektive liegen unentwirrbar ineinander.

Noch komplizierter wird es, wenn man die mittlere, die Mesoebene der Organisation von Freiheit einbezieht. Hier wird in der Diakonie die Forderung nach Freiheit für Organisationen laut. Die Diakonie Württemberg fordert: „Wir möchten Regelungen und Freiraum für unsere Dienste, denen Fürsorge und Lebensschutz genauso wichtig sind wie Selbstbestimmung."[23] Wir wollen also dies selbst regeln, schreiben sie. Die Organisationsebene ist so wichtig, dass ich sie als zweite Perspektive noch einmal hervorheben will.

---

21 Beschluss vom 5.5.2021: Deutscher Ärztetag, Ärztetag streicht berufsrechtliches Verbot der ärztlichen Suizidbeihilfe [online], t.ly/GbKG (letzter Zugriff am 28.02.2022).

22 Ataie u. a. 2021, 72f.

23 Diakonie Württemberg, Orientierungshilfe zur „geschäftsmäßigen Förderung der Selbsttötung" (assistierter Suizid) [online], t.ly/JjmT (letzter Zugriff am 28.02.2022), 13. Vgl. Dabrock / Huber, Selbstbestimmt mit der Gabe des Lebens umgehen [online], t.ly/oHpt (letzter Zugriff am 28.02.2022): „Aber kein freier Träger wird dazu genötigt, mit organisierter Regelmäßigkeit im Feld der Suizidassistenz tätig zu werden. Die nach wie vor bestehenden Handlungsspielräume diesseits der Suizidassistenz sollten deshalb gerade von kirchlichen Häusern genutzt werden."

(b) *Kontextualisierung*: In dieser Perspektive stellt sich die Frage, was die mit der Möglichkeit des Suizids in Verbindung gebrachte Freiheit des Individuums im Kontext der Organisation bedeutet. Denn hier heißt es, Freiheit zu organisieren. Das macht das Problem gehaltvoller, aber auch komplizierter. Denn was heißt das etwa für Hausordnungen und Zugangsregelungen? Hier muss unabhängig vom Einzelfall entschieden werden, ob Sterbehilfevereinen Zugang zu Einrichtungen gewährt wird oder nicht, was wiederum im Horizont der rechtlichen Frage steht, ob eine Zugangsverweigerung rechtlich möglich ist oder nicht. Was heißt das zweitens für Heimverträge? Soll es Kündigungsklauseln für Menschen geben, die beabsichtigen, einen assistierten Suizid in Anspruch zu nehmen? Was heißt das drittens für bauliche Arrangements? Sind Sterbezimmer in diakonischen Einrichtungen vorzuhalten, in denen Suizidhilfe geleistet werden kann? Was heißt das weiterhin für das Leistungsspektrum einer Organisation, für prozedurale Standards, für Abrechnungen, Refinanzierungen usw.?

Wenn ich richtig sehe, besteht ein weitgehender Konsens unter diakonischen Unternehmen, zumindest in den veröffentlichten Stellungnahmen, dass Suizidassistenz nicht als Regelleistung vorgehalten werden soll. Aber auch, wenn es keine Regelleistung ist, heißt es noch nicht, dass das Thema der Qualitätssicherung sich an dieser Stelle nicht stellen würde. Selbst dann, wenn man sich eindeutig entschiede, keinen assistierten Suizid in diakonischen Häusern zuzulassen, bräuchte man noch Prozeduren der Ablehnung von Suizidassistenz.[24] So stellen sich eine Vielfalt von allgemeinen Fragen, die am Ort des Unternehmens *allgemein*, d.h. unter Absehung vom Einzelfall, entschieden werden müssen. Diese unternehmensbezogene Allgemeinheit dieser Fragen erschwert einen klassischen Ausweg in der Sterbehilfedebatte, der für die bisherige kirchliche Meinungsbildung zentral war: den Weg, sich zwar zu sozialpolitischen Fragen, nicht aber zu individuellen Suizidentscheidungen zu äußern. Die individuelle und extreme Situation, in der Suizidwünsche aufkommen, entzieht sich, so der Grundton wesentlicher evangelischer Verlautbarungen zum Thema, aller ethischen, aber auch aller kirchlichen Reflexion.[25] Diese auf den protestantischen Zentraltopos des individuellen Gewissens rekurrierende Strategie lässt sich auf die Ebene diakonischer Unternehmen und ihrer allgemeinen Regelungsbedarfe nicht unmittelbar übertragen.

(c) *Rationalisierung*: Das Problem der Suizidassistenz in der Diakonie lässt sich ferner durch eine Unterscheidung von Rationalitäten perspektivieren, die im Feld

---

24 Vgl. dazu die Stellungnahme von Bischöfin Kirsten Fehrs: Bischöfin Fehrs: Menschen mit Suizid-Wunsch nicht allein lassen [online], shorturl.at/tCF06 (letzter Zugriff am 28.02.2022).

25 Vgl. Kirchenamt der Evangelischen Kirche in Deutschland 2008, 28f.

präsent sind: etwa der juristischen, ökonomischen, theologischen oder fachlichen Rationalität.[26] An dieser Stelle einschlägig ist die Frage, wie sich unterschiedliche Rationalitäten zueinander verhalten. Das gilt insbesondere für die juristische und die theologische Rationalität. Die Diakonie hat sich auch in ihren theologischen Leitorientierungen immer wieder als *driven by law* gezeigt, vorangetrieben durch Gesetzgebungen. Das ist im Arbeitsrecht der Fall,[27] es ist bei Inklusion und Teilhabe der Fall,[28] und möglicherweise ist es auch an dieser Stelle der Fall. Welche Rolle spielen angesichts der gewandelten Rechtslage theologische Überlegungen?

Wie verhalten sich, zweitens, medizinische und seelsorgliche Rationalitäten zueinander? Zur medizinischen Rationalität der Patientenzentrierung gehört es, den Wunsch eines Patienten nach einem todbringenden Medikament mindestens als potenziellen Auftrag an die Ärztin zu verstehen, zu dem diese sich dann stellen muss. Seelsorgliche Rationalität würde einen Sterbewunsch hingegen zunächst als einen Wunsch, als individuelle Imagination eines Vorzugswürdigen, und nicht sofort als Handlungsauftrag begreifen. Nicht jeder Sterbewunsch ist ein Suizidassistenzauftrag.[29] Auch hier ist die Unterscheidung von Rationalitäten hilfreich.

In ähnlicher Weise lassen sich eine psychologisch-psychiatrische Rationalität einerseits und eine ethische Rationalität andererseits idealtypisch voneinander unterscheiden. Zu Recht wird darauf hingewiesen, dass die meisten Suizide oder Suizidversuche von Menschen unternommen werden, die eine psychologische oder psychiatrische Diagnose haben.[30] Das impliziert aber nicht, darauf hat insbesondere der Jurist Stefan Augsberg hingewiesen, dass diese Menschen ethisch betrachtet kein Recht auf Selbstbestimmung hätten. Es gibt Augsberg zufolge eine Überpathologisierung von Menschen mit psychischen Erkrankungen.[31] Wie also verhalten sich psychologisch-psychiatrische und ethische Rationalität zueinander?

(d) *Differenzierung*: Die vierte Perspektive ist die der Berücksichtigung unterschiedlicher, insbesondere vulnerabler Lebenslagen. In dem schon zitierten Pa-

---

26 Siehe den Abschnitt „Die Multirationalität diakonischer Unternehmen“ in diesem Band.

27 Siehe den Abschnitt „Diakonische Identität und Pluralität“ in diesem Band.

28 Vgl. stellvertretend für viele die Stellungnahme der Johannes-Diakonie, Bundesteilhabegesetz: Auf neuen Wegen [online], https://www.johannes-diakonie.de/ueber-uns/bundesteilhabegesetz.html (letzter Zugriff am 21.03.2022).

29 Zur Unterscheidung zwischen Sterbewunsch und Sterbewillen vgl. Rehmann-Sutter u. a. 2015, 3ff.

30 Vgl. Nationaler Ethikrat, Selbstbestimmung und Fürsorge am Lebensende [online], shorturl.at/hiNZ1 (letzter Zugriff am 28.02.2022), 78f.

31 Bundespsychotherapeutenkammer, BPtK-Round-Table zur Suizidassistenz [online], https://www.bptk.de/im-spannungsfeld-von-selbstbestimmung-und-schutz/?cookie-state-change=1633120209600 (letzter Zugriff am 28.02.2022).

pier der Diakonie Deutschland heißt es: „Aus Sicht der Diakonie Deutschland zielen die Bestimmungen des BVerfG auf eine sehr kleine Gruppe von Menschen, die – legt man vorliegende Daten zur Inanspruchnahme von assistiertem Suizid in der Schweiz oder in den USA zugrunde – einen hohen Sozialstatus und Bildungsabschluss aufweisen und als Recht für sich reklamieren, ihrem Leben selbstbestimmt ein Ende zu setzen, da Schmerzen oder Abhängigkeit von Pflegeleistungen ihrer Vorstellung von Würde widerspricht. Die Biographien und Schicksale von Menschen, die einen Suizid begehen bzw. ihn erwägen, denen wir in unserer diakonischen Praxis begegnen, verweisen hingegen auf andere Gruppen und schwierige Lebenslagen."[32] Das halte ich für einen sehr wichtigen Punkt, auch wenn wiederum keine glatte lineare Unterscheidung vorliegt, weil auch Menschen mit hohem Sozialstatus und Bildungsabschluss in Einrichtungen der Diakonie leben oder von der Diakonie betreut werden. Nichtsdestotrotz ist die Differenzierung der Lebenslagen, in denen assistierter Suizid angefragt wird, eine unbedingt einschlägige Aufgabe.

(e) *Relationierung*: Das gilt auch für die fünfte und letzte diakonische und, theoretisch reflektiert: diakoniewissenschaftliche Perspektive, die Relationierung. Es geht immer um mehr als nur um das suizidwillige Individuum. Es geht um Patientinnen, Bewohner, Gäste, die den Wunsch nach einem assistierten Suizid äußern, aber es geht auch um Mitarbeitende und die Frage, was das für sie bedeutet, es geht um Angehörige und schließlich auch um andere Patienten und Bewohnerinnen. Schon von daher wird man sich auf das Gedankenspiel einer im Kern antisozial verfassten Freiheit am Ort diakonischer Einrichtungen auch dann nicht vollumfänglich einlassen können, wenn man dessen Berechtigung im abwehrrechtlichen Kontext anerkennt.

Diese fünf Perspektiven stellen m.E. irreduzible diakoniewissenschaftliche Beiträge zur ethischen Reflexion unseres Themas bereit. Sie sind nicht in dem Sinne *spezifisch* diakoniewissenschaftlich, dass sie nicht auch in anderen Bezügen diskutiert werden könnten. Aber sie sind unabweisbar, wenn die Frage nach assistiertem Suizid auf dem Feld organisierten Helfens im Kontext der Kirchen, also in Diakonie und Caritas, gestellt wird. Hier mahnen sie Differenzierungen an, unter denen das Problem noch einmal komplizierter wird und an Struktur gewinnt. Zum Teil handelt es sich, wie an den Ebenen von sozialer Mikro- und Makroebene gezeigt wurde, sogar um inkompatible Standpunkte, die nicht gleichzeitig eingenommen werden können, sondern einander ausschließende Zuschnitte des Problems markieren. Angesichts dieser feldspezifischen Problemkomplexität nimmt es nicht wunder, dass der Konflikt ausgerechnet in der Diakonie ausgetragen wird.

---

32 Diakonie Hessen 2021, 76.

IV. Fünf mögliche diakonische Leitbilder

Was heißt das jetzt für diakonische Unternehmen? Damit komme ich zum letzten Punkt. Ich werde mir eher die Zunge abbeißen, als ethische Ratschläge zu geben, wie sich einzelne diakonische Unternehmen konkret verhalten sollen. Das ist nicht meine Aufgabe und auch nicht mein Verständnis von theologischer Ethik im Kontext der Diakoniewissenschaft. Theologische Ethik hat vorrangig den Beitrag zu leisten, Situationen zu erschließen und Strukturierungshilfen zu bieten. So werde ich als Strukturierungshilfe fünf mögliche diakonische Leitbilder für den Umgang mit dem Wunsch nach assistiertem Suizid nennen und jeweils kurz besprechen. Keines dieser Leitbilder bietet, diese These sei vorangeschickt, für sich eine befriedigende Lösung des Problems.

(a) *Diakonie als Schutzraum*: Dieses Leitbild wird oft explizit so benannt. *Bei uns gibt es das nicht*, das heißt: Wir schützen insbesondere unsere Patientinnen, Gäste und Bewohner vor dem sozialen Druck, der durch das Angebot von Suizidhilfe entstehen kann. So hat sich der Bundesverband der evangelischen Behindertenhilfe geäußert: „Eine Regelleistung ‚Suizidassistenz' einer diakonischen Einrichtung würde das Vertrauen derjenigen beschädigen, die auf den uneingeschränkten Schutz ihrer Würde in Krankheit und bei Behinderung durch unsere Unterstützungsleistungen setzen."[33]

Das hat ein starkes Wahrheitsmoment, wie oben entfaltet: Eine Gesellschaft darf nicht zulassen, das Land der Feinde zu sein, für das man eine Zyankalikapsel bereithält. Gerade angesichts der Geschichte diakonischer Einrichtungen für Menschen mit Behinderung liegt die Idee des Schutzraumes, den man in Phasen der Vergangenheit gerade nicht oder nicht ausreichend bieten konnte, nahe. Trotzdem wird man sich an dieser Stelle fragen lassen müssen, wen man hier schützen möchte. Ja, es geht zunächst um Patienten, Bewohnerinnen, Gäste. Inwiefern aber will man auch Mitarbeitende schützen vor der Inanspruchnahme durch Suizidwünsche und vor den moralischen Ambivalenzen, in die sie dadurch hineingezogen werden?[34] Inwiefern will man das Unternehmen vor moralischen Ambivalenzen schützen, um Zwielicht in den Augen spendenrelevanter Stakeholder zu vermeiden? Es gibt eine Tradition der diakonischen Ausgliederung von Ambivalenz, wenn etwa diakonische Kliniken mit Verweis auf ihre christliche Tradition keine Schwangerschaftsabbrüche oder keinen selektiven Fetozid, also keine Reduzierung von Mehrlingsschwangerschaften aus medizinischen

---

33 Bundesverband evangelische Behindertenhilfe, Orientierungshilfe des BeB zur Debatte um die gesetzliche Neureglung des Assistierten Suizids [online], https://diakonie-gap.de/fileadmin/user_upload/Orientierungshilfe_des_BeB_assistierter_Suizid_final.pdf (letzter Zugriff am 21.03.2022), 3.

34 Zu den schwerwiegenden Fragen in diesem Kontext vgl. Körtner / Will-Armstrong 2021, 475f.

Gründen, durchführen, dazu aber eingeübte Kooperationen mit anderen Akteuren etabliert haben. Auf Dauer scheint mir dieses Leitbild problematisch zu sein. Zwar vermittelt der Schutzraum zunächst die Glaubwürdigkeit eines Akteurs, der klar zu den eigenen Überzeugungen steht. Aber man wird vermutlich auf Dauer nicht glaubwürdig bleiben, wenn man versucht, solche Ambivalenzen prinzipiell zum Verschwinden zu bringen und die Realität etwa von Alterssuiziden auch in diakonischen Einrichtungen mit dem Mantel des Schweigens zu bedecken.

(b) *Diakonie als Ort professioneller Qualitätssicherung*: Der erste Beitrag von Anselm, Karle und Lilie in der FAZ stand unter dem (redaktionellen) Titel: „Den assistierten professionellen Suizid ermöglichen".[35] Dort heißt es: „Anstatt durch Verweigerung Suizidwillige dazu zu zwingen, sich auf die Suche nach möglicherweise durchaus eigennützig und nicht dem Interesse des Lebensschutzes entsprechend handelnden Organisationen zu machen, dürfte es sehr viel mehr Ausdruck eigenverantwortlichen Handelns sein, entsprechende Möglichkeiten eines assistierten Suizids durch besonders qualifizierte interdisziplinäre Teams in den diakonischen Einrichtungen zuzulassen." Dort ist auch die Rede von Qualitätssicherung durch Ärztinnen und Ärzte durch Beihilfe zum Suizid und einer besonderen Schulung von Seelsorgerinnen und Seelsorgern.

Richtig ist, dass, was in einem Unternehmen geschieht, qualitätsgesichert sein muss. Auch steht die Frage nach Qualitätssicherung in ihrer Pragmatik in der Nähe eines christlich motivierten Nächstenliebegedankens, der fragt, wie dem Nächsten am besten zu dienen wäre. Aber zu fragen ist doch, ob das Leitbild von Diakonie als Ort eines professionellen qualitätsgesicherten assistierten Suizides nicht doch einer Logik des Angebotes folgt, gerade wenn es in einem werbenden Ton vorgetragen wird.

(c) *Diakonie als Ort ethischer Abwägung*: Die dritte Möglichkeit wäre, die Rolle der Diakonie gerade dadurch zu profilieren, Ort ethischer Abwägung zu sein. Im Vordergrund stünde damit die klassisch deliberative Art, mit moralischen Ambivalenzen umzugehen: sie kommunikativ einzuhegen, sich an ihnen abzuarbeiten durch verlässliche Kommunikation, Beratung und etablierte Strukturen der Reflexion wie etwa Ethikkomitees. Auch hierfür spricht sehr viel. Einige der Gesetzesentwürfe, die ich hier nicht diskutieren kann, sehen solche Lösungen vor.

Kritisch wäre einzuwenden, dass das Verfassungsgericht zu Recht eine Tribunalisierung von Suizidwünschen für unstatthaft erklärt hat. Es verbietet sich, Menschen, die sterben wollen, eine plausible, ein entsprechendes Gremium überzeugende Begründung ihres Sterbewillens abzufordern. Auch weiß man von Ethikprozessen in Unternehmenskontexten, dass solche Prozesse immer Stan-

---

[35] Anselm u. a., Den assistierten professionellen Suizid ermöglichen [online], https://zeitzeichen.net/node/8772 (letzter Zugriff am 28.02.2022).

dardisierungen ethischer Kultur nach sich ziehen. Manche Argumentationstypen erweisen sich regelmäßig als durchsetzungsfähiger als andere. Eine entsprechende Vorfeld-Beratungsstruktur würde sich etablieren. Es ist zweifelhaft, inwiefern eine solche Standardisierung dem in Rede stehenden Problem angemessen ist. Es gibt eine Grenze institutionalisierter Ethik in diesem Kontext. Noch eine bloße Pflichtberatung ohne Entscheidungskompetenz eines Gremiums würde einen allgemeinen Rechenschaftsanspruch gegenüber dem sterbewilligen Individuum transportieren, der hinter das protestantische Pathos der Urteilszurückhaltung in solchen Grenzlagen[36] zurückfiele.

(d) *Diakonie als Ort verlässlicher individueller Begleitung*: Dieses Leitbild berücksichtigt den letzten Einspruch und entspricht dem Paradigma der Seelsorge: Was auch immer passiert, wir bleiben da und halten das mit aus. *Wir lassen Sie nicht alleine*: diese an das Schlusswort des Auferstanden bei Matthäus gemahnende Zusage unbedingten Beistandes stünde einer Diakonie in der Nachfolge Christi gut zu Gesicht. Unbedingter Beistand ist aber nur dann glaubwürdig, wenn er nicht an einer bestimmten, kritischen Stelle bedingt ist: *Wir lassen Sie nicht alleine, außer in folgenden Fällen.* Das gilt schon auf der Ebene der Kommunikation: Die Nachricht, Sie können mit uns über alles reden, allerdings lassen wir über bestimmte Dinge nicht mit uns reden, wäre ein *double bind.* Damit Suizidwünsche artikuliert und gerade im Sinne einer wirksamen Prävention wirklich besprochen werden können, muss die Zusage unbedingten individuellen Beistandes Priorität vor der moralischen Positionierung der Organisation und ihrer Mitglieder haben.[37]

Auch das hat viel Wahres für sich. Die kritische Frage an dieser Stelle wäre, ob und inwiefern ein Unternehmen eine solche Zusage wirklich einlöst. Stehen Instrumente und Orte, angemessene zeitliche und personelle Ressourcen für eine verlässliche individuelle Begleitung zur Verfügung?[38] Wieviel Last an individueller Sorge legt das auf Mitarbeitende, und welche Entlastungsstrukturen sind für sie vorhanden? Oder etabliert man dadurch *de facto* doch eine Standardprozedur und operiert so in der Logik des Angebotes?

(e) *Diakonie als Ort religiöser Rationalität*: Das letzte Leitbild ist orientiert am Versuch, das Leiden an diesem Thema selbst präsent zu halten und vor dem Hintergrund der christlich-religiösen Tradition zu reflektieren. Diakonie leidet am Thema des assistierten Suizides, sofern sie sich theologisch, ethisch wie sozialpolitisch mit einer Optionalisierung der Lebensbeendigung von eigener Hand nicht zufriedengeben und zugleich die soziale Wirklichkeit von Suizidwünschen ebensowenig aus der Welt schaffen kann wie den Umstand, dass es auch in diakonischen Einrichtungen faktisch zu Suiziden kommt. Der Kern des fünften Leitbildes wäre es, ein solches Leiden nicht durch Vereindeutigung stillzustellen

---

36 Dazu vgl. Kirchenamt der Evangelischen Kirche in Deutschland 2008, 28f.

37 Vgl. hierzu Anselm u. a., Den assistierten professionellen Suizid ermöglichen [online], https://zeitzeichen.net/node/8772 (letzter Zugriff am 28.02.2022).

38 Zum Problem der Individualität vgl. auch Fischer 2020, 293.

bzw. zum Verschwinden zu bringen, sondern es im Modus von Anwaltschaft und eigener sozialpolitischer und unternehmenspolitischer Aktivität öffentlich zur Verfügung zu stellen.

Solche Spannungsverhältnisse zeigen sich etwa in einer Positionierung von Altenheimseelsorgenden. Hier wird betont: „Seelsorgende werden beim Vollzug des Suizids nicht behilflich sein. Seelsorgliche Begleitung, der Empfang von Sakramenten, Segen oder Aussegnung jedoch sind einem Menschen, der durch Selbsttötung aus dem Leben scheidet, zu ermöglichen." Dann heißt es aber: „Es bleibt immer die Gewissensentscheidung jedes/jeder Seelsorgenden, wie weit seine/ihre Begleitung geht."[39] Ist das Gewissen der Seelsorgeperson hier zwischen zwei Leitplanken (keinesfalls Assistenz, jedenfalls rituelle Begleitung) gestellt, oder ist hier neben einem allgemeinen Erwartungsmanagement hinsichtlich der Seelsorgerolle mit dem Stichwort des Gewissens ein umfassenderer Raum der Wahrnehmung von und des Handelns in individuellen Lebenslagen eröffnet? Zusammen zeigen beide Lesarten die unauflösbare Spannung, die der Text widerspiegelt, hinsichtlich seelsorglicher Praktiken reflektiert und letztlich offen hält. Das Problem dieses Leitbildes besteht darin, dass der Umfang der auf diese Weise offen zu haltenden Spannungen in einem Unternehmen immer begrenzt ist. An vielen Stellen wird irgendwann entschieden werden müssen.

Insgesamt stellen die fünf Leitbilder keine exklusiven Alternativen dar, sondern stecken gemeinsam einen Raum potentieller Positionierungen oder auch wechselnder Schwerpunktbildungen von Unternehmen ab. Eine Kombination mehrerer Leitbilder würde wechselseitige Korrekturen erlauben, erbrächte aber möglichereweise geringere Leistungen an Erwartungssicherheit und Vertrauensbildung für die jeweiligen Stakeholder. Jedenfalls lässt sich keine dieser Möglichkeiten, das hoffe ich gezeigt zu haben, mit moralisch breiter Brust als einfache Lösung vertreten.

V. Vom religiösen Sinn des Sterbenwollens

Erlauben Sie mir zum Schluss eine theologische Bemerkung zum religiösen Sinn des Sterbenwollens. Die Voraussetzung der theologischen Kritik an der Möglichkeit des assistierten Suizides ist, dass Suizid als Moment der Gottesferne verstanden wird. Ich hatte versucht, das zu rekonstruieren durch das Moment der Reduktion des eigenen Bejahtseins auf Selbstbejahung.

---

39 Konferenz für AltenPflegeHeimSeelsorge in der EKD, Grenz-Wert [online], shorturl.at/lzDS1 (letzter Zugriff am 28.02.2022), 2.

Aber es wäre zu prüfen, ob eine solche – ihrerseits allgemeine – theologische Deutung wiederum der Konkretheit und Individualität der Lebenslagen angemessen ist. Möglicherweise sind auch andere theologische Interpretationen von Suizidalität in Betracht zu ziehen. Es ist zu fragen, ob nicht der Wunsch nach assistiertem Suizid auch eine Art Gottesstreit sein kann, ein Aufstand gegen eine Wirklichkeit, die den Anspruch nicht einlöst, dass man in ihr soll gut leben können: die sich eben nicht als gute Schöpfung zeigt. Das ist dem theoretischen Problem der Theodizee nahe. Solange der Streit und die Klage bleiben, ist die Gottesbeziehung nicht gekappt; das ist etwas anderes als Gottesferne.

Möglicherweise lässt sich aber der Wunsch nach Suizid als ein Moment von Gottesnähe verstehen. Im letzten Tagebucheintrag von Jochen Klepper, der mit seiner Familie gemeinsam den Tod gewählt hat, heißt es: „Wir sterben nun, ach, auch das steht bei Gott. Wir gehen heute Nacht gemeinsam in den Tod. Über uns steht in den letzten Stunden das Bild des Segnenden Christus, der um uns ringt. In dessen Anblick endet unser Leben."

Es liegt mir fern, den Suizid religiös zu überhöhen. Auch in dieser Beziehung, das aber wäre mein Schlussappell, steht uns keine Eindeutigkeit zu Verfügung. Es passiert mehr zwischen Gott und Mensch, als sich ethisch, theologisch, diakoniewissenschaftlich fassen lässt. Und so steht jedes ethische Votum, jede diakoniewissenschaftliche Perspektivierung und jede diakonische Unternehmensentscheidung, wie wohlbegründet sie sein mögen, unter einem letzten Vorbehalt. Gott befohlen.

7. Diakonische Kultur unter den Bedingungen von Ökonomisierung und Säkularisierung

I. Hinführung

Diakonie in der Moderne steht, so heißt es, in Gefahr, unter die Räder zu kommen. Vor allem zwei Modernisierungsphänomene werden namhaft gemacht, die Diakonie in ihren Grundfesten bedrohen. Die Ökonomisierung verdränge spezifisch diakonische Zielsetzungen und Motivlagen, indem sie auch das Soziale dem obersten Ziel der Profit- bzw. Renditemaximierung unterwerfe und das Ethos der Nächstenliebe in den Zangengriff ökonomischer Steuerungsinstrumente nehme. Und die Säkularisierung, insbesondere die Entkonfessionalisierung der Mitarbeiterschaft, entkopple die sozialen Dienstleistungen von denjenigen christlichen Motivlagen, denen sich das helfende Handeln im Umfeld der Kirchen seit frühchristlicher Zeit verdanke. Christliche Nächstenliebe werde unter den Bedingungen von Ökonomisierung zum Geschäftsmodell und unter den Bedingungen von Säkularisierung zum Job.

Um zu beschreiben, wie diese Entwicklungen sich auf die Diakonie auswirken, sind verschiedene Begriffe für den Wesenskern des Diakonischen aufgerufen worden. Das diakonische Profil, die diakonische Identität, das diakonische Proprium oder die diakonische Kultur: mit diesen Begriffen soll jeweils zum einen das Gefährdete und zum anderen das Rettende benannt sein. Es handelt sich um Suchbegriffe für das Diakonische in der Moderne, das es insbesondere angesichts von Ökonomisierung und Säkularisierung zu erhalten, zu stärken oder neu auszurichten gelte. Insbesondere der Terminus der diakonischen Kultur ist in diesem Sinne als Inbegriff des Bedrohten wie des Wehrhaften an der Diakonie auf der Bildfläche erschienen und zum Leitstern wissenschaftlicher Analyse wie praktischer Programme gemacht worden. „Diakonische Kultur" soll gerade dasjenige Surplus bezeichnen, das das diakonische Helfen über die bloß warenförmige Dienstleistung hinaushebt und die diakonische Organisation vom reinen Wirtschaftsunternehmen unterscheidet. Und sie soll denjenigen Geist bezeichnen, in dem Diakonie auch in einem zunehmend entkirchlichten Umfeld mit einer zunehmend konfessionslosen Mitarbeiterschaft ihrem christlichen Auftrag entspricht.

Im Folgenden soll der Such- und Hoffnungsbegriff der diakonischen Kultur in seinem Verhältnis zu den genannten Modernisierungsphänomenen entfaltet werden. Nach einem kurzen Überblick über den Diskurs zur diakonischen Kultur

(II.) wird in zwei parallel strukturierten Abschnitten vergleichend die Rolle diskutiert, die diakonischer Kultur angesichts von Ökonomisierung (III.) und Säkularisierung (IV.) zugeschrieben wird. Der Beitrag schließt mit einigen Schlussfolgerungen für Diakonie und Diakoniewissenschaft (V.).

II. Was ist diakonische Kultur?

Der Begriff der diakonischen Kultur hat seit Beginn des 21. Jahrhunderts eine gewisse Popularität erreicht.[1] Programmatisch, steht er im 2008 erschienenen Text „Charakteristika einer diakonischen Kultur" für einen für die Diakonie statuierten „enge[n] Zusammenhang von Glaube und Tat". Die „kulturelle Prägekraft" gläubigen Gottvertrauens macht die äußeren Vollzüge der Diakonie zu dem, was sie theologisch sein sollen: „Ausdruck des Glaubens an Jesus Christus".[2] Diakonische Kultur verbindet, so der hier vorgetragene Anspruch, noch einmal das sichtbare Äußere der Diakonie mit einem sinngebenden Dahinter; sie verbindet die Pluralen Einzelnen zu einem gemeinsamen Ganzen; sie vermittelt zwischen theologischer Norm und sozialwirtschaftlicher Wirklichkeit; kurz: sie kittet die Bruchlinien moderner Diakonie.

Diesen Kulturbegriff gilt es offenkundig theologisch abzurüsten, um nicht sofort einer marxistischen Kulturkritik zu erliegen, die in Kultur lediglich den Überbau erkennt, der die brutale Wirklichkeit gesellschaftlicher Strukturen ideologisch einkleidet. Aber er ist hilfreich, um die geistesgeschichtliche Wurzel des Kulturbegriffs offenzulegen, die auch in elaborierteren Konzepten diakonischer Kultur wirksam ist. Denn die der Kultur zugeschriebene Syntheseleistung von außen und innen, Einzelnem und Ganzem, Norm und Wirklichkeit erbrachte klassisch, insbesondere bei Georg Friedrich Wilhelm Hegel, der Geist. „Kultur" beerbt „Geist" unter nachmetaphysischen Bedingungen: Das gilt für die semantische Umstellung von Geistes- auf Kulturwissenschaften um 1900 wie für den *cultural turn* in den Geistes- und Sozialwissenschaften des 20. Jahrhunderts. Mit dem Interesse an Kultur richtet sich der Blick auf diejenigen ‚objektiven' Gewebe des Sozialen, in denen alles subjektive Tun und Leiden Sinn, Form und Kontext

---

1 Vgl. Bundesverband evangelische Behindertenhilfe, Diakonisches Selbstverständnis und diakonische Kultur in Einrichtungen des BeB [online], https://beb-ev.de/files/pdf/2008/sonstige/2008-08-27DSKultur.pdf (letzter Zugriff am 04.04.2022); Hofmann 2008; Claß 2008; Reber 2009. Zum Folgenden vgl. ausführlicher Moos 2015a; Moos 2016; Moos 2018.

2 Diakonisches Werk der Evangelischen Kirche in Deutschland e. V., Charakteristika einer diakonischen Kultur [online], https://www.diakonie.de/fileadmin/user_upload/Texte-2008-01-Charakteristika-diakonische-Kultur.pdf (letzter Zugriff am 04.04.2022), 7.

erhält. Es geht um Sinnwelten, Deutungsmuster, Mentalitäten, Ausdrucksformen, Symbole, Rituale und andere soziale Praktiken, Räume, Stile und Atmosphären. Diese sind nicht statisch, sondern in geschichtlicher Bewegung begriffen; und sie sind potentiell plural und konflikthaft verfasst.

Innerhalb dieses größeren Kontextes sind zwei Entwicklungsstränge zu nennen, die in Konzepten der diakonischen Kultur zusammenlaufen. Das ist zum einen der Strang einer christlichen Kulturtheorie, wie sie bereits für Johann Hinrich Wicherns Programm innerer Mission grundlegend ist. Es geht nicht nur darum, Menschen in Not zu helfen, sondern auch darum, die zeitgenössische Kultur insgesamt christlich zu prägen.[3] In heutigen Programmen diakonischer Kultur ist das Ziel einer umfassenden Wiederverchristlichung so nicht mehr formuliert. Diakonie wird auch umgekehrt in gesamtkulturelle Einflüsse, Dynamiken und Differenzen eingebettet verstanden.[4] Nicht aufgegeben ist allerdings der Anspruch, die „kulturelle Prägekraft" des christlichen Glaubens solle auf die „Kultur des Helfens" insgesamt einwirken.[5]

Ein zweiter Strang greift nicht oder nur nachgeordnet auf ‚Kultur insgesamt' aus und konzentriert sich auf die einzelne diakonische Organisation. Hier wird der in der Betriebswirtschaftslehre verankerte Begriff der Unternehmenskultur übernommen.[6] Gefragt wird dabei nach der Analyse und praktischen Handhabung ‚weicher' Steuerungsmechanismen wie Werte und Leitbilder,[7] Symbole und Rituale in einer Organisation insgesamt[8] und deren einzelnen Funktionen.[9] Wiederum wird „Kultur" als hervorgehobener Ort des Christlichen,[10] Religiösen[11] oder auch Spirituellen[12] verstanden sowie an theologischen Kriterien bemessen.[13] Neben vornehmlich programmatischen Ansätzen finden sich auch Beiträge mit didaktischem[14] oder empirischem Schwerpunkt.[15] Insgesamt ent-

---

3 Vgl. Wichern 1971, 241 und dazu Kaiser 1998b.
4 Vgl. Heinemann 2012.
5 Diakonisches Werk der Evangelischen Kirche in Deutschland e. V., Charakteristika einer diakonischen Kultur [online], https://www.diakonie.de/fileadmin/user_upload/Texte-2008-01-Charakteristika-diakonische-Kultur.pdf (letzter Zugriff am 04.04.2022), 7; 9. Vgl. auch Huber 1999, 320ff.; Adam u. a. 2006; Körtner 2010, 166. Zum Stichwort der ‚kulturellen Diakonie' vgl. Haslinger 2009, 398–411.
6 Zu diesem vgl. Schanz 2006.
7 Vgl. Deutmeyer 2014.
8 Vgl. Hofmann 2008.
9 Vgl. Dietz 2015; Hanselmann 2007; Hartmann / Schwarz 2020.
10 Vgl. Budde 2009.
11 Vgl. Theurich 2016.
12 Vgl. Reber 2009.
13 Vgl. Arnold u. a. 2017, 166–189, insbesondere 171 mit 54–58.
14 Vgl. etwa Ricker 2019.
15 Vgl. Claß 2008; Hofmann 2020.

steht unter dem Paradigma „diakonische Kultur" kein einheitliches Forschungsprogramm.[16] Aber es bietet den Anlass, diakonische Wirklichkeit jenseits theologischer Programme oder organisatorischer Strukturen zu adressieren und dabei etwa Deutungsmuster und Sinnwelten, Einstellungen und Mentalitäten, Praktiken und Routinen in ihrer Pluralität und ihrem Wandel in den Blick zu nehmen. Inwieweit sind diese durch Phänomene ökonomischer Rationalisierung und Säkularisierung beeinflusst?

III. Diakonische Kultur und Ökonomisierung

Ohne im Folgenden einen spezifischen Kulturbegriff zugrunde zu legen, lässt sich konstatieren, dass „Ökonomisierung" ein fester Teil der Sinnwelten und Praktiken moderner Diakonie ist.[17] Die Geschichte diakonischer Unternehmungen[18] ist ein – wenngleich erst selten explizit geschriebener – Teil der Wirtschaftsgeschichte. Der Unternehmergeist diakonischer „Entrepreneure" ist nicht nur legendär behauptet, sondern auch analytisch rekonstruiert worden.[19] Das Deutungsschema „Unternehmen" für diakonische Organisationen,[20] das in den 1980er Jahren noch starken Widerspruch hervorrief, ist heute ein weithin unauffälliger Bestandteil der Fremd- und Selbstbeschreibung von Diakonie. Darüber hinaus sind spezifische Ökonomisierungspraktiken auf der Ebene der Allokation wie auch der Erstellung sozialer Leistungen untersucht worden. Die „Vermarktlichung des Sozialstaates" ist für Deutschland insbesondere für die 1990er Jahre diagnostiziert worden.[21] Im Anschluss an die Taxonomie der Ökonomisierung von Uwe Schimank und Ute Volkmann diskutiert Frank Jöst, welche Entwicklungen im diakonischen Bereich unter „Ökonomisierung" subsummiert werden können.[22] Zur Ökonomisierungsdiagnose gehört dabei in aller Regel auch die Kritik: Schon in der Weimarer Republik war die „Riesenvertrustung" der freien Wohlfahrtspflege ein Topos der zeitgenössischen Polemik,[23] und die

16 Vgl. Moos 2018.

17 Schon für die christliche Kirche der Antike weist Ulrich Luz darauf hin, dass sie erstmals anhand diakonischer Aktivitäten mit Finanzierungsfragen konfrontiert wird. Vgl. Luz 1989, 541.

18 Der Begriff ‚Diakonie' wird als Inbegriff für organisiertes Helfen im Horizont des Christentums unabhängig von dessen Selbstbezeichnung (‚innere Mission' etc.) verwendet.

19 Vgl. Schild 2021.

20 Vgl. Jäger 1986.

21 Nullmeier 2004.

22 Vgl. Jöst 2018.

23 Zitiert nach Kaiser 2008, 79.

Opposition von „Geld" und „Geist" wird seitdem in unterschiedlichsten Varianten aufgerufen.[24]

„Ökonomisierung", näherhin verstanden als ökonomische Rationalisierung,[25] prägt die Kultur moderner Diakonie mithin seit ihrer formativen Phase im 19. Jahrhundert. Aus theologisch-ethischer Perspektive ist dazu festzuhalten, dass ökonomische Rationalisierung nicht allein als äußerer Einfluss dem Eigentlichen der Diakonie entgegengesetzt werden kann. Vielmehr ist sie zunächst als ‚inneres' Moment einer Organisation des Helfens in der Diakonie zu verstehen.[26] Der Imperativ, den Nächsten in Not zu helfen, setzt aus sich selbst heraus Rationalisierungsdynamiken frei: Angesichts des Umfangs der Not gilt es, das Helfen auszuweiten; angesichts der Vielfalt der Not gilt es, das Helfen zu differenzieren; angesichts ihrer Beständigkeit gilt es, das Helfen unabhängig von spontaner Hilfsbereitschaft auf Dauer zu stellen. Es liegt im Eigensinn des Helfens selbst, geeignete Institutionen und Infrastrukturen, Professionen und Organisationen zu schaffen. Und es liegt im Eigensinn des Helfens, die angesichts des Umfangs der Not immer knappen Hilfsgüter möglichst effizient einzusetzen. Wenn Helfen sein soll, dann bedarf es auch einer Ökonomie des Helfens. Dies als ethisches Erfordernis festzuhalten ist wichtig angesichts des klassischen Topos, Hilfe sei nur als spontane Interaktion im sozialen Nahraum wirklich wertvoll, während ihre Organisation, Professionalisierung und ökonomische Gestaltung bereits einen Zustand der Entfremdung darstellten.[27]

Wenn dergestalt der Organisation des Helfens ein Impuls ökonomischer Rationalisierung innewohnt, folgt daraus jedoch noch nicht, dass umgekehrt alle Formen von Ökonomisierung dem organisierten Helfen zuträglich wären. Vielmehr ist eine Eigendynamik der Ökonomisierung zu konstatieren, die den Warencharakter diakonischer Hilfeleistung und insofern deren Formalisierung und Standardisierung befördern, persönliche Verbindlichkeit reduzieren und den Hilfeempfangenden eine problematische Rolle als Kunden andienen kann. Auf der Ebene der Organisationen sind adverse Effekte ökonomischer Steuerungsinstrumente wie Kostendruck, Arbeitsverdichtung, Selektion „lohnender" Handlungsfelder, verdeckte Rationierung und Deprofessionalisierung beschrieben worden. Auf gesellschaftlicher Ebene lässt sich eine semantische Ökonomisierung von politischen Diskursen namhaft machen, die unter Stichworten wie „Eigenverantwortung" und „Befähigungsgerechtigkeit" das Politische zugunsten

24 Vgl. Tanner 2018.
25 Zum Begriff der Rationalisierung vgl. Weber 1985, 321ff.; 348ff.
26 Zum folgenden Passus vgl. ausführlicher Moos 2017, 28ff.
27 Zum religiösen Unbehagen gegenüber rational-ökonomischer Vergesellschaftung (Versachlichung) vgl. Weber 1920, 552; Foß 2021, 8.

vermeintlicher ökonomischer Sachzwänge zurückdrängt.[28] Von Ökonomisierung des Sozialen im engeren Sinne wird mit Bezug auf ebensolche Phänomene ökonomischer Rationalisierung gesprochen, die den humanen Ursprungszweck des Helfens in destruktiver Weise überformen. Wenn also die Hilfe soweit warenförmig geworden und damit versachlicht ist, dass diakonisches Handeln nicht mehr als Hilfehandeln zwischen Personen, die mehr sind als nutzenmaximierende Akteure, erfahren wird, wird Diakonie unglaubwürdig. Dasselbe gilt, wenn die Arbeitsbeziehungen in der Diakonie so verfasst sind, dass Mitarbeitende sich nicht mehr als Hilfepersonen mit einem professionellen Ethos und berechtigten Erwartungen an eine sinnvolle und auskömmlich entlohnte Tätigkeit gewürdigt erfahren.

Wenn also diakonische Kultur in der pragmatischen Effizienz des Helfens ökonomische Rationalisierung aus sich heraussetzt bzw. jedenfalls für diese anschlussfähig ist, so droht sie doch zugleich von ihr überformt und beschädigt zu werden. Solche Überformungen ließen sich vor dem Hintergrund verschiedener Kulturbegriffe präzisieren: so etwa hinsichtlich der Bedeutungsdimension („Was machen wir hier eigentlich?"), der Dimension der Praktiken („So machen wir das hier")[29] oder auch der Dimension der organisationalen Leitorientierungen, d.h. der im Unternehmen gültigen „Werte". Wenn nun diakonische Kultur wie einleitend dargestellt zugleich als Antidot gegen ebendiese Überformung ins Feld geführt wird, ist zu fragen, welche anti- oder transökonomischen Ressourcen diakonischer Kultur an dieser Stelle namhaft gemacht werden können.

Hierzu ist noch einmal daran zu erinnern, dass der Begriff der diakonischen Kultur in aller Regel an den aus der Ökonomie stammenden Begriff der Unternehmenskultur anschließt. Er ist also potentiell geeignet, das Rationalisierungsunbehagen, das sich – „Geld" gegen „Geist" – in der Regel mit seinem Gebrauch verbindet,[30] am Ort der Ökonomie selbst zur Geltung zu bringen. Das leistet der Rekurs auf diakonische Kultur insbesondere in dreierlei Hinsicht. Auf der Mikroebene der helfenden Interaktion ist mit dem Verweis auf diakonische Kultur in aller auseinanderdriftenden Rationalisierung eine *Einheit des Helfens* aufgerufen. Ob in der „Haltung" von Mitarbeitenden (Einheit des Individuums), in der eigenen Gründungsgeschichte und ihren Heroen, der und denen man verpflichtet sei (Einheit des Ursprungs), in den gemeinsamen „Werten", die alles Handeln bestimmten (Einheit des Zielhorizonts), in dem gemeinsamen einen „christlichen Auftrag" (transzendente Einheit) oder auch in der Bindung an die verfasste Kirche (organisatorische Einheit): Jeweils wird ein Einheitspunkt des Helfens diskursiv fassbar gemacht und der Kultivierung und Gestaltung anempfohlen.

---

28 Vgl. dazu Moos 2017, 31–34; spezifisch für das Gesundheitswesen Beckmann 2020, 281–357.

29 Vgl. Hofmann 2020.

30 Vgl. Moos 2018, 19ff.

Von diesem Einheitspunkt aus kann dann auch die ökonomische Rationalisierung kritisiert oder mindestens als nachrangig markiert werden.[31] Das geschieht etwa auf der Ebene der Haltung bzw. des Zielhorizonts typischerweise im Rekurs auf die „Menschlichkeit", die doch hier die „Hauptaufgabe" sei,[32] und die man nicht der Ökonomie opfern dürfe.

Zweitens kann auf der Ebene der Organisation mit Hilfe des Rekurses auf diakonische Kultur eine *Organisationstranszendenz* aufgerufen werden. Ein diakonisches Unternehmen ist mehr und anderes als das, was am Tage liegt und in den „harten" Geschäftszahlen ablesbar ist. Es bietet mehr als bloße soziale Dienstleistungen, woran noch der religiöse Unterton des Dienstbegriffes erinnert.[33] Insbesondere im Modus einer „Unterbrechungskultur",[34] in der Andacht, Seelsorge oder andere Formen darstellenden Handelns die normalen Arbeitsabläufe für eine kurze Zeit suspendieren, wird die Organisationstranszendenz von Diakonie inszeniert. Auch in bestimmten Personen bzw. Funktionen wie in Angehörigen diakonischer Gemeinschaften oder auch im theologischen Vorstand kann sich dieser Umstand manifestieren, dass Diakonie sich als Mehr und Anderes gegenüber ihren sichtbaren Strukturen und Abläufen weiß. Auch solche Elemente diakonischer Kultur stellen Plattformen dar, auf denen verdichtete Formen ökonomischer Rationalisierung kritisiert und möglicherweise eingehegt werden können.

Drittens und auf der Makroebene der Gesellschaft ist es noch einmal der Rekurs auf „Werte", seien sie als allgemein-human oder christlich apostrophiert, der es erlaubt, andere Rationalitäten als die der ökonomischen Rechenhaftigkeit in Geltung zu halten. Im diakonischen Kontext ist es legitim, Argumente vorzubringen, die über Kosten-Nutzen-Analysen und Businesspläne hinausgehen; und ebenso fühlt man sich auch solchen Stakeholdern verpflichtet, die andere Erwartungen an die Diakonie als lediglich die des ökonomischen Gedeihens haben.[35]

Der Rekurs auf diakonische Kultur erbringt also, das mag diese Skizze zeigen, potentiell ökonomisierungskritische Leistungen im ökonomischen Kontext. Ob sich diese Möglichkeit realisiert, hängt dabei von anspruchsvollen Voraussetzungen ab. Es muss plausibel sein, sich – auch in säkularen Arbeitsfeldern und inmitten einer religiös pluralen und zu Teilen konfessionslosen Mitarbeiterschaft – auf so etwas wie diakonische Kultur zu berufen. Das leitet über zur Frage nach dem Verhältnis von diakonischer Kultur und Säkularisierung.

---

[31] Vgl. Moos 2018, 20ff.; Moos 2017, 38.

[32] Zitiert nach Foß 2021, 190.

[33] Vgl. dazu Tanner 2006. Siehe auch den Abschnitt „Segensdienstleistungen" in diesem Band.

[34] Vgl. Reber 2013, 56.

[35] Wiederum für konfessionslose Mitarbeitende Foß 2021, 230ff.

IV. Diakonische Kultur und Säkularisierung

Ebenso wie „Ökonomisierung" kann auch „Säkularisierung"[36] als Teil diakonischer Kultur gelten. Auch wenn die säkulare Option Charles Taylor zufolge erst seit dem 18. Jahrhundert besteht, so ist die Tendenz, das Helfen bzw. die Nächstenliebe im christlichen Kontext von einer spezifischen religiösen Codierung zunächst einmal abzusetzen, schon in den neutestamentlichen Zentralnarrativen der Diakonie spürbar. Der vorbildlich Helfende in der Beispielerzählung vom barmherzigen Samariter (Lk 10) ist ein Andersreligiöser. Erst im Rahmendialog wird seine zutiefst humane Motivationslage des „es jammerte ihn" in den ‚eigenreligiösen' Kontext des Doppelgebots der Liebe gestellt. Die Schafe im Weltgericht (Mt 25) zeigen sich ahnungslos hinsichtlich der religiösen Dignität ihrer später so genannten Werke der Barmherzigkeit: „Wann haben wir [...] dir zu essen gegeben?" Erst der wiedergekehrte Menschensohn codiert ihre praktische Menschenfreundlichkeit dann religiös um: „Was ihr einem Geringsten unter meinen Geschwistern getan habt, das habt ihr mir getan." Der ‚Nächstenliebegedanke' überschreitet auf Seiten der Helfenden wie der Hilfeempfangenden partikulare religiöse Zugehörigkeiten. Schon im vierten Jahrhundert bemerkt der christlicher Sympathien unverdächtige Julian Apostata, die Christen ernährten nicht nur ihre eigenen, sondern auch fremde Arme.[37] In dem Maße, in dem die moderne Diakonie zum Teil des Sozialstaates wird,[38] wird die universelle Versorgung aller Hilfebedürftigen zum Regelfall. Das gilt auch auf der Seite der Helfenden: Was im 19. Jahrhundert als christlich motivierte Tätigkeit in Vereinen und Stiftungen begann, erfuhr insbesondere im Rahmen der sozialstaatlichen Expansion der 1960er Jahre eine Pluralisierung von Motivationslagen und, gegen Ende des 20. Jahrhunderts, auch eine Pluralisierung konfessioneller (und nichtkonfessioneller) Zugehörigkeiten der Mitarbeitenden – bis hin zur überwiegend konfessionslosen Mitarbeiterschaft in vielen ostdeutschen diakonischen Einrichtungen.

Die biblischen Narrative weisen bereits darauf hin, dass die Säkularisierung der Diakonie nicht nur von außen als zunehmend bedrohliche Rahmenbedingung entgegenkommt, sondern es gleichsam eine säkulare Eigenlogik des Diakonischen gibt. Klassisch für die protestantische Tradition ist die Verneinung jeglicher religiöser Verdienstlichkeit helfenden Handelns in Martin Luthers Freiheitsschrift. Dem anderen zu helfen ist für Luther ein naturrechtliches, mithin

---

[36] Zum komplexen Diskurs der Säkularisierung vgl. Krech 2015. Unter Säkularisierung einer Entität wird im Folgenden sehr formal eine Apartsetzung dieser Entität von ‚Religion' verstanden, unabhängig davon, ob diese durch Ausdifferenzierung, Entkirchlichung, Privatisierung oder anderweitig hervorgerufen wird.

[37] Vgl. Schneider 2017, 48.

[38] Vgl. Sachße 2018.

allgemein-humanes Gebot. Wenn der Glaube es erfüllt, so zielt er dabei nicht auf sich selbst, sondern einzig auf das Wohl des Nächsten – „christlichen Utilitarismus“ hat Trutz Rendtorff das genannt.[39] In dieser Tradition befreiter Weltlichkeit dürfte es auch heute zum Überzeugungsbestand diakonischer Mitarbeitender jeder Religion oder Weltanschauung gehören, im Dienst für andere über konfessionelle Grenzen hinweg *gemeinsame Sache zu machen.*[40] In einer modernen, ausdifferenzierten Gesellschaft fungiert „Religion“ nicht mehr als gemeinsamer Deutungsrahmen freier Wohlfahrtspflege, selbst wenn sie in organisatorischer Verbindung zu den Kirchen steht. So haben denn auch etwa Heinz Rüegger und Christoph Sigrist einerseits und Herbert Haslinger andererseits von unterschiedlichen theologischen Voraussetzungen her auf der humanen Allgemeinheit diakonischen Handelns bestanden.[41] Damit ist die historische wie gegenwärtige Bedeutung christlich-religiöser Motivationslagen für helfendes Handeln nicht bestritten. Bestritten – empirisch wie normativ – sei nur, dass das Säkulare und das Diakonische sich in einfacher Antipodik gegenüberstünden. Säkularität gehört, ebenso wie ökonomische Rationalisierung, zum Inneren und Eigenen diakonischer Kultur.

Ebenso wie hinsichtlich der Ökonomisierung ist jedoch der Umkehrschluss abzuweisen: Aus der säkularen Eigenlogik des Diakonischen folgt nicht, dass jede Form von Säkularisierung der Diakonie zuträglich wäre. Wiederum sind adverse Dynamiken zu konstatieren. Beate Hofmann u. a. haben plausibel gemacht, dass es für den Bestand diakonischer Unternehmenskultur Mitarbeitender bedarf, die für andere als exemplarische Kulturträgerinnen und -träger gelten können („Ankermenschen“).[42] Doch diese sind im diakonischen Bereich nicht mehr selbstverständlich. Das resultiert zum einen aus allgemeinen religionskulturellen Entwicklungen. Eine von Gert Pickel diagnostizierte „Kultur der Konfessionslosigkeit“[43] setzt Religion in den Bereich des Außergewöhnlichen und Legitimierungsbedürftigen. Mit der zurückgehenden Bedeutung der familiären religiösen Sozialisation schwindet auch die Tradierung elementaren christlichen Grundwissens an die Nachgeborenen.[44] Deren Stellung zur Religion ist dann weniger durch explizite Ablehnung als durch religiöse Indifferenz gekennzeichnet.[45] Aktive Distanzierung wie Indifferenz ist auch für Mitarbeitende diakonischer Einrichtungen aufgewiesen worden. Tobias Foß beschreibt in seiner empirischen Studie „Ablehnungs- und Distanzierungsprozesse (Widerständigkeiten)“, die konfessionslose Mitarbeitende in der Diakonie in Interviews gegenüber der

---

39 Vgl. Rendtorff 2011, 120.

40 Siehe den Abschnitt „Kirche bei Bedarf“ in diesem Band.

41 Vgl. Rüegger / Sigrist 2011a; Haslinger 2009, 191–200; 312–314.

42 Vgl. Hofmann 2020.

43 Pickel 2013, 15.

44 Vgl. Evangelische Kirche in Deutschland 2014, 131ff.

45 Zu diesem Begriff vgl. auch Bartels / Eurich 2021.

„christlichen Lebensform“ [46] an den Tag legen. Neben der Religionsdemographie zeichnen sich auch andere Faktoren ab, die sich auf die diakonische Unternehmenskultur potentiell negativ auswirken können. Hier ist zum einen das Arbeitsrecht zu nennen, das eine gezielte Auswahl konfessionsgebundener Mitarbeitender mit zunehmend hohen Begründungspflichten versieht, da die religiöse Zugehörigkeit ein Diskriminierungsmerkmal im Sinne der Antidiskriminierungsgesetzgebung auf EU- und nationaler Ebene darstellt.[47] Auch Deinstitutionalisierung, Ambulantisierung und Sozialraumorientierung in vielen Bereichen sozialer Arbeit führen tendenziell zur Bildung kleinerer und fluiderer Strukturen in der Diakonie, die den Erhalt einer großräumigen, einrichtungsbezogenen diakonischen Unternehmenskultur erschweren dürften.

Diakonische Kultur steht mithin zur Säkularisierung in einem strukturanalogen Verhältnis wie zur Ökonomisierung: aus innerer Sachlogik diese einerseits befördernd, andererseits von dieser in ihrem Bestand bedroht, wird sie drittens als Gegengift gegen diese diskursiv ins Feld geführt. Allgemein verdankt sich die theologische Beliebtheit des Kulturbegriffs unter anderem dem Versuch, den Ort von Religion in modernen Gesellschaften anzugeben. Auch wenn diese sich als plural und ausdifferenziert zeigen und Religion in ihnen nur einen allenfalls marginalen Status zu haben scheint, so kann doch auch in der Moderne eine kulturelle Prägekraft von Religion aufgewiesen werden.[48] Entsprechend dient die Befassung mit diakonischer Unternehmenskultur wie einleitend gezeigt dazu, auch in den verrechtlichen, ökonomisierten, professionalisierten, weltanschaulich pluralen Wirklichkeiten diakonischer Unternehmen noch einen Ort des Religiösen angeben zu können: in den organisatorischen Praktiken, Symbolwelten und Deutungsschemata. „Kultur“ steht damit, hegelianisch gesprochen, für die Verschiebung vom subjektiven zum objektiven Geist. Wo „Religion“ nicht mehr oder nur noch sehr gebrochen in den Überzeugungen und Plausibilitäten der Einzelnen repräsentiert ist, so ist sie doch in den sozialen Objektivationen der Organisationswirklichkeit nach wie vor vorhanden und als solche auch Gegenstand intentionaler Gestaltung: Eine diakonische Unternehmenskultur kann *gepflegt* werden.

In diesem Sinne basieren Programme der Pflege diakonischer Unternehmenskultur auf unterliegenden Säkularisierungswahrnehmungen. Dabei, diese These soll hier vertreten werden, ratifizieren sie jedoch nicht nur gesamtgesellschaftliche Entwicklungen. Vielmehr können sie selbst als Instrumente von Sä-

---

46 Foß 2021, 18ff.

47 Vgl. etwa Charbonnier 2020.

48 Vgl. für den deutschsprachigen Bereich insbesondere die Arbeiten Friedrich Schleiermachers, Albrecht Ritschls, Wilhelm Herrmanns, Ernst Troeltschs und Ernst Cassirers sowie für die jüngere Literatur etwa Moxter 2000; Gräb 2006. Zu Kulturbegriffen im theologischen Kontext vgl. auch Fermor / Mogge-Grotjahn 2011.

kularisierung verstanden werden, die die beschriebene innere säkulare Eigenlogik des Diakonischen in mehrfacher Weise aufnehmen. Zum einen befördern sie potentiell eine *praktische Säkularisierung.* Indem bestimmte explizit religiöse Praktiken im Unternehmen gepflegt werden – etwa geistliche Schwellenrituale der Begrüßung und Verabschiedung von Mitarbeitenden, Andachten am Beginn von Besprechungen oder Angebote der Seelsorge –, sind die übrigen Vollzüge diakonischen und organisatorischen Handelns davon entlastet, religiös erkennbar sein zu müssen. Dem entspricht eine *subjektive Säkularisierung*: Die Verschiebung vom subjektiven auf den objektiven Geist, der Rekurs auf diakonische Unternehmenskultur, entlastet Mitarbeitende von der expliziten oder diffusen Erwartung, sich als religiös motiviert, überzeugt oder auch nur zugehörig zu zeigen. Das wird verstärkt durch die Auszeichnung bestimmter Individuen als spezifisch für die Unternehmenskultur Verantwortlicher: Führungskräfte, Theologinnen und Theologen, Angehörige diakonischer Gemeinschaften, mit dem Diakonat Beauftragte etc. Sie stehen stellvertretend für den Gesamtsinn diakonischer Kultur.[49] Was negativ als Delegationsproblem beschrieben worden ist, kann auch positiv als Entlastungsmoment gelten, das auch nichtkonfessionelle Motivationslagen im Unternehmen legitimiert. Drittens impliziert ein Programm der Pflege diakonischer Unternehmenskultur im Sinne eines „So machen wir das hier“[50] auch eine *semantische Säkularisierung.* Denn das hierin vorausgesetzte Gemeinsame ist als „diakonisch“ und damit nicht unbedingt sofort als „christlich“ codiert. Auf die gemeinsame diakonische Sache können sich auch muslimische oder atheistische Mitarbeitende berufen.[51]

Selbstverständlich kann die Verschiebung des Religiösen aus dem subjektiv Authentischen in das objektiv Organisationsbezogene auch zur vollständigen Entkopplung führen und auf diese Weise Indifferenz oder Heuchelei befördern. Es ist hochgradig voraussetzungsreich, dass diakonische Kultur tatsächlich lebendig ist und die Potentiale religiöser Rationalität im Unternehmen insbesondere in Krisenlagen verfügbar hält. Gleichwohl ist es für „diakonische Kultur“ konstitutiv, dass sie nicht in die unmittelbare Identifikation zwingt und Individuen sich zu ihr eben auch subjektiv in Distanz setzen können – eine Voraussetzung dafür, zu ihr auch ein positives Verhältnis zu entwickeln. Damit sind Zugehörigkeit und Distanz selbst zu den Wesensmomenten diakonischen Kultur zu rechnen.[52]

---

49 Zu Diakonissen vgl. Foß 2021, 317ff; 346ff.

50 Hofmann 2020, 14.

51 Siehe den Abschnitt „Diakonische Identität und Pluralität“ in diesem Band.

52 Der hier verfolgte Ansatz verfährt damit anders als der Eberhard Hauschildts, der ebenfalls das Entlastungsmoment einer Säkularisierung der Diakonie stark macht, dass allerdings auf die Figur einer wechselseitigen Entlastung von verfasster Kirche (vom Helfenmüssen) und institutionalisierter Diakonie (vom Religiösseinmüssen) konzipiert. Vgl. Hauschildt 2000. Das kommt einer vollständigen Entkopplung mindestens nahe. Die

V. Folgerungen für Diakonie und Diakoniewissenschaft

Aus dem mit dem uneinheitlichen Theorierahmen „diakonische Kultur“ bezeichneten Blick zeigen sich ökonomische Rationalisierung und Säkularisierung nicht allein als ‚äußere‘ Zwangsbedingungen, sondern vielmehr auch als ‚innere‘ Momente des Diakonischen. Zugleich weisen beide potentiell destruktive Dynamiken auf. An dieser Stelle wird diakonische Kultur als Gegengift aufgerufen. Sie tritt auf die Bühne zum einen als Trägerin des einen, ökonomische Rationalität transzendierenden Grundsinns diakonischen Helfens und zum anderen als Ort des Religiösen in einem ausdifferenzierten und pluralen Organisationsgefüge. Diakonische Kultur ist damit nicht der selige Garten, in dem die Mitglieder diakonischer Organisationen in von Ökonomie und Säkularisierung unangekränkelter Dienst-, Glaubens- bzw. Menschheitsgemeinschaft wandeln. Sie ist vielmehr durch starke Spannungen gekennzeichnet: erstens durch die parallel verlaufenden Spannungen zwischen wesensgemäßer und potentiell adverser ökonomischer Rationalisierung bzw. Säkularisierung, zwischen denen jeweils keine kategoriale Grenze zu ziehen ist. Zweitens durch die über Kreuz verlaufenden Spannungen zwischen beiden:[53] So sind die ökonomietranszendierenden Potentiale diakonischer Kultur ebenso durch eine säkularisierende Totalentkopplung von religiöser Rationalität und praktischem Hilfehandeln bedroht, wie die religionsbeheimatenden Potentiale diakonischer Kultur durch radikale Ökonomisierung gefährdet sind – diakonische Kultur ist schließlich ein Kostenfaktor. Drittens ist diakonische Kultur gekennzeichnet durch die Spannung zwischen den hohen Erwartungen an diakonische Kultur im Kontext von Ökonomisierung und Säkularisierung einerseits und ihren immer limitierten bis ärmlichen Realisierungsgestalten andererseits.

Wird also die Frage nach dem diakonischen Profil als Kulturfrage gestellt, können die mit Ökonomisierung und Säkularisierung bezeichneten Modernisierungsphänomene jedenfalls nicht mehr theologisch alteriert, also als das Andere der christlich verstandenen Diakonie nach draußen gestellt werden. Es handelt sich um diakonische Binnenphänomene. Somit zeigen sie nicht per se Scheitern oder Rückzug von Diakonie an, sondern sind vielmehr immer auch Momente der Realisierung von Diakonie. Das ändert die Beschreibung: In dieser Perspektive steht im Herzen der Diakonie nicht die ruhige Gewissheit der sich an den Nächsten verschenkenden Heilandsliebe, die ganz bei sich selbst wäre, würde sie nicht

---

Pointe der Suche nach diakonischer Kultur läge demgegenüber darin, das entlastende Andere nicht aus der Diakonie auszulagern, sondern es als einen Teil ihrer selbst zu begreifen: eine Art Regionalisierung der Entlastung.

53 Zum Zusammenhang von Ökonomisierung und Säkularisierung vgl. Priddat 2014.

durch äußere Ökonomisierung und Säkularisierung bedroht. Vielmehr erscheinen Ökonomisierung und Säkularisierung als konstitutive, wenngleich potentiell destruktive Realisierungsbedingungen einer Organisation des Helfens.

Damit ändert sich möglicherweise auch das Design von diakoniewissenschaftlichen Forschungsprojekten: Dann wäre eine „christliche Lebensform“ nicht als Einheit vorauszusetzen, der gegenüber sich Individuen im Modus von „Zugänglichkeit“ und „Widerständigkeit“ positionierten; vielmehr wären Aneignung und Abstoßung sowie die verschiedenen Schattierungen und Wege dazwischen selbst als Binnenmomente christlicher Lebensform zu rekonstruieren. Von hier aus würden möglicherweise multiple Distanzierungs- und Identifizierungspraktiken diakonischer Mitarbeitender, konfessionslos oder konfessionsgebunden, gegenüber ganz unterschiedlichen Elementen diakonischer Kultur sichtbar – und noch die Suche nach der Einheit des Diakonischen, die Skandalisierung von wahrgenommenen Inkohärenzen wären dann als solche Praktiken zu verstehen. Dann erschienen auch Selbstpositionierungen als konfessionslos und konfessionell hoch identifiziert weniger als Voraussetzung denn als Bestandteil dieses Spektrums von Distanzierungs- und Identifizierungspraktiken. Es wäre hoch interessant zu erforschen, in welchen Kontexten solche Praktiken – verstanden als Bestandteile diakonischer Kultur – tatsächlich vorkommen.[54]

Für diakonische Organisationen ergibt sich aus diesem Zugang, dass die Frage nach einer lebendigen Unternehmenskultur tatsächlich eine je und je regionale, auf die konkrete Organisation bezogene Aufgabe ist. Es gibt starke Hinweise darauf, dass die Rolle der Träger in der Kulturgestaltung recht begrenzt ist. Die wesentliche Ebene, auf der mit Kulturfragen und den der diakonischen Kultur immanenten Spannungen umgegangen werden muss, ist die Ebene der einzelnen Einrichtung – wenngleich wesentliche Voraussetzungen der Kulturgestaltung wiederum auf Trägerebene getroffen werden. Diese „Regionalisierung“ diakonischer Kultur wird in Zukunft angesichts der Bildung kleinerer Organisationseinheiten und fluiderer Organisationsformen noch einmal neu zur Herausforderung werden. Wesentlich dürfte die „kulturelle Kompetenz“ der diakonischen Mitarbeitenden, insbesondere der Führungskräfte sein. Wenn, wie gezeigt, die grundlegenden Spannungen von Ökonomisierung und Säkularisierung konstitutiv für Diakonie sind, gilt es, Diakonie zu gestalten, ohne diese Spannungen einlinig aufzulösen: mit Blick auf die Ökonomisierung weder durch die Delegitimierung und semantische Auslagerung des Ökonomischen noch durch die Monopolisierung ökonomischer Rationalität. Und mit Blick auf die Säkularisierung weder durch den Rückzug in residuale Räume (vermeintlicher) religiöser Überzeugungshomogenität noch durch eine vollständige Entkopplung

---

54 Die idealistisch dem Geist zugeschriebenen Syntheseleistungen werden im Konzept von Kultur mithin nicht irrelevant; aber sie werden in nicht mehr metaphysisch garantierte und insofern dauerhaft prekäre, wenngleich im Eigensinn diakonischer Praxisgefüge aufweisbare Suchprozesse übersetzt.

von Religion und helfendem Handeln am Ort diakonischer Organisationen. Theologisch gesprochen besteht die gemeinsame Herausforderung beider Aufgaben darin, die Organisationstranszendenz diakonischer Organisationen am Ort der organisationsimmanenten Strukturen und Vollzüge selbst glaubhaft präsent zu halten – und zwar so, dass dieses Überschussmoment der diakonischen Organisation nicht nur als Anspruch und Erwartungsüberschuss, mithin als Gesetz, sondern auch als Zuspruch und Entlastung, mithin als Evangelium, erfahrbar ist.

III. Öffentliche Diakonie

1. Öffentliche Diakonie
Ein praxistheoretischer Zugang

I. Hinführung

Das Thema „Öffentlichkeit“ hat Konjunktur.

Erstens gehört es zu den unter der Chiffre der Digitalisierung verhandelten Einsichten, dass der gegenwärtige Strukturwandel der Öffentlichkeit nicht nur mit einer Erweiterung des Medienspektrums und damit der verfügbaren Kanäle öffentlicher Verständigung einhergeht, sondern dass eine erhebliche Zurückdrängung, wenn nicht gar Ablösung der klassischen Institutionen bürgerlicher Öffentlichkeit zu verzeichnen ist. Mit den Medien verändern sich die Mechanismen der Selektion öffentlich relevanter Akteure und Themen wie auch die innere Differenziertheit, Pluralität und Partikularität der öffentlichen Sphäre(n).

Zweitens wandeln sich politische Debatten und politische Kulturen. Ein neuer Nationalismus in verschiedenen europäischen Ländern sucht den Umfang derer, deren Belange öffentlich zu verhandeln sind, ethnisch oder rechtlich einzugrenzen. Die Chiffre des Populismus steht wiederum für einen wahrgenommenen Wandel der Techniken des Appellierens, Legitimierens und Debattierens, die bisherige (vermeintlich) konsentierte Formen öffentlicher Auseinandersetzung infrage stellen.

Drittens sind für die postindustriellen Gesellschaften der Gegenwart Prozesse verschärfter Individualisierung aufgewiesen worden, wie sie etwa Andreas Reckwitz unter dem Stichwort einer „Gesellschaft der Singularitäten“ verhandelt hat. Es sei das Singuläre, nicht das Universale, das sich in den Rückkopplungsschleifen spätmoderner Aufmerksamkeitsökonomie als von Belang erweise. So werde die Verständigung auf und über Gegenstände von allgemeinem Belang immer schwieriger.[1]

Vor dem Hintergrund dieser Wahrnehmungen wächst, so ließe sich in einer vorläufigen Definition zusammenfassen, das Interesse an *Öffentlichkeit* als einem Forum der Verhandlung gemeinsamer Belange jenseits systemrationaler Ausdifferenzierung, in das sowohl die Individuen wie auch die organisierten Strukturen politischer Willensbildung in verantwortlicher und verantwortungsgenerierender Weise eingebunden sind. Öffentlichkeit in diesem republikanisch-bürgerlichen Sinne scheint gegenwärtig zugleich dringend erforderlich wie zunehmend weniger selbstverständlich.

---

1 Vgl. Reckwitz 2017.

In diesem Kontext steht auch die neuere Konjunktur des Attributs „öffentlich" in der Theologie. Dessen klebrige Qualitäten erlauben seine Verbindung mit nahezu jeder größeren theologischen Pathosformel. Mithilfe solcher Kombinationen werden unterschiedliche, wenn auch nicht distinkt abgrenzbare theologische Probleme von „Öffentlichkeit" benannt.[2] So werden unter dem Stichwort „Öffentliche Theologie" im engeren Sinn die Frage nach dem Geltungsanspruch öffentlichen kirchlichen Redens,[3] allgemeiner die Frage nach Wirken und Wirkungen des Christentums in der Öffentlichkeit[4] bzw. noch allgemeiner die Frage nach der öffentlichen Dimension religiöser Diskurse wie der religiösen Dimension öffentlicher Diskurse[5] diskutiert. Unter der Überschrift „Öffentliche Kirche" steht die Frage nach der Rolle von Kirche im öffentlichen Raum und hier insbesondere als intermediäre Institution, die Individuen bzw. Teilgruppen an verfasste politische Strukturen der Willensbildung koppelt, im Vordergrund.[6] Der Begriff „Öffentliche Religion" steht hingegen im Kontext der Diskussion um die (Un-)Haltbarkeit der These von der Privatisierung der Religion in modernen Gesellschaften[7] wie auch, allgemeiner, der Rekonstruktion von Religion als einem öffentlichen sozialen Tatbestand.[8] Eher deskriptiv angelegt ist die Formel „Öffentliches Christentum", mittels derer nach Sedimenten des Christentums in der sozialen und politischen Kultur gefragt wird.[9] Als Scharnier zwischen historischer Deskription und normativer Rekonstruktion fungiert hingegen der Begriff „Öffentlicher Protestantismus": Er chiffriert insbesondere die Suche nach dem protestantischen Beitrag zu dem, was in allen politischen Differenzen als allgemein Verbindendes vorausgesetzt werden kann.[10]

In die Reihe dieser Wortkombinationen ist jüngst auch das Stichwort „Öffentliche Diakonie" getreten.[11] Das erscheint – mindestens für den deutschen

---

2 Für einen Überblick vgl. van Oorschot / Höhne 2015.

3 Vgl. Bedford-Strohm, Öffentliche Theologie und Kirche [online], https://landesbischof.bayern-evangelisch.de/downloads/Abschiedsvorlesung_Bedford_Strohm.pdf (letzter Zugriff am 21.02.2022), im Anschluss an die internationale Debatte um Public Theology.

4 Vgl. Huber 2015, 206.

5 Vgl. Meireis, Öffentlichkeit - eine kritische Revision [online], https://www.theologie.hu-berlin.de/de/professuren/professuren/ethik/Aktuelles/offentlichkeitmeireis.pdf (letzter Zugriff am 19.07.2019).

6 Schlag 2012.

7 Vgl. Casanova 1994.

8 Vgl. Moos 2012.

9 Vgl. Jähnichen 2015b.

10 Albrecht / Anselm 2017.

11 Vgl. Kehlbreier 2009.

Bereich, um den es im Folgenden vorrangig geht – aus mehreren Gründen naheliegend; gehört die Diakonie doch zu den Elementen von Kirche,[12] die in besonderer Weise *in der Öffentlichkeit stehen.* In funktionaler Hinsicht beziehen sich die Erwartungen von Kirchenmitgliedern und Nichtmitgliedern daran, was Kirche tun solle, in erster Linie auf diakonische Aktivitäten.[13] In personaler Hinsicht begegnen Menschen in erheblichem Umfang der Kirche als Diakonie: als Nutzerinnen und Nutzer diakonischer Dienste wie auch als Mitarbeitende im Hauptamt und im Ehrenamt. Entsprechend ist in (sozial-)räumlicher Hinsicht festzustellen, dass kirchliche Orte an vielen Stellen diakonische Orte sind. Auch die Bekanntheit diakonischer Marken spricht für eine prominente öffentliche Rolle der Diakonie. Und schließlich hat die Diakonie Teil an der protestantischen Verlautbarungskultur, wenn sie sich etwa mit sozialpolitischen Stellungnahmen oder auch mit Spendenaufrufen an die Öffentlichkeit wendet. In der Diakonie wird Kirche mithin in spezifischer Weise öffentlich. Doch damit ist noch nicht gesagt, wie sich dies auf die unter den vorgenannten Chiffren „Öffentliche Theologie" etc. verhandelten Fragestellungen und insbesondere auf die Kernfrage nach der Erzeugung und Sicherung von Öffentlichkeit bezieht.

Zu fragen ist also, inwieweit Diakonie zur Öffentlichkeit im Sinne einer republikanischen Verständigung über gemeinsame Belange beiträgt. Dieser Frage ist der vorliegende Beitrag gewidmet. Dazu wird zunächst ein (praxis)theoretischer Rahmen skizziert (II.), in dem diakonische Praktiken der Produktion von Öffentlichkeit beschrieben (III.) und auf ihre Schwierigkeiten und Gefährdungen hin analysiert werden (IV.). Am Schluss steht die ekklesiologische Frage nach der inneren Beziehung von kirchlicher und diakonischer Öffentlichkeitsproduktion (V.). Insgesamt soll die These erwiesen werden, dass Diakonie ein komplexes Bündel von Praktiken differenzbewusster Allgemeinheitsproduktion aufweist, mithilfe derer öffentliche Belange konstituiert und verhandelt werden. Diakonie stellt damit Ressourcen der Stabilisierung und Entwicklung politischer Kultur und ihrer Öffentlichkeit(en) bereit: sie ist in diesem Sinne *öffentliche Diakonie.*

---

12 Zum hier vorausgesetzten Verhältnis von Diakonie und Kirche siehe den Abschnitt „Kirche bei Bedarf" in diesem Band.

13 Vgl. Evangelische Kirche in Deutschland 2014, 93.

II. Öffentliche Theologie: ein praxistheoretischer Zugang

Innerhalb des weitläufigen und zerfurchten Feldes öffentlicher Theologie[14] lassen sich mit grobem Strich einige grundlegende Divergenzen markieren. Einmal werden Religion, Christentum, Protestantismus, Kirche bzw. Theologie als distinkter Akteur in einer „äußeren" Öffentlichkeit reflektiert. In anderen Zugängen erscheinen sie als Ort einer eigenen, „inneren" Öffentlichkeit; anderswo als Voraussetzung bzw. materiale Prägung einer „allgemeinen" Öffentlichkeit. Quer dazu steht die Option, ein spezifisch religiöses Moment von Öffentlichkeit selbst zu identifizieren (oder nicht). Diese verschiedenen Optionen lassen sich mithilfe von drei zentralen Fragen systematisieren:

1. Welcher Begriff und welche paradigmatischen Phänomene von Öffentlichkeit sind jeweils vorausgesetzt, und welcher Status von öffentlichen Akteuren ist darin impliziert?[15]
2. Wie werden Partikularität und Universalitätsanspruch des Christlichen mit Blick auf Öffentlichkeit ins Verhältnis gesetzt (Pluralitätsproblem)?[16]
3. Wie wird das Moment „starker" religiöser Bindung mit dem Kompromisscharakter öffentlichen Verhandelns ausgeglichen (Säkularitätsproblem)?

Auch die Rede von öffentlicher Diakonie muss sich vor dem Forum dieser drei Fragen ausweisen. Allerdings hieße hier Entscheidungen zu treffen nichts anderes als zunächst das Gesamtproblem öffentlicher Theologie zu lösen, bevor überhaupt Diakonie in den Blick genommen werden könnte. Stattdessen wird im Folgenden ein Zugang gewählt, der die Differenzierung der genannten Optionen zunächst unterläuft (und dann in zweiter Linie auf seine Implikationen für diese Optionen befragt werden kann).

Dieser Zugang bedient sich der Theorie sozialer Praktiken, wie sie insbesondere Andreas Reckwitz und Robert Schmidt expliziert haben.[17] Soziale Praktiken

---

[14] Mit dem Begriff *öffentliche Theologie* (mit kleingeschriebenem Attribut) soll im Folgenden das theologische Interesse an Öffentlichkeit insgesamt umfasst werden, unabhängig davon, welcher der genannten Zentralbegriffe jeweils zugrunde gelegt wird. Im Unterschied dazu werden unter *Öffentlicher Theologie* diejenigen Beiträge subsummiert, die diesen Begriff als eigene Programmvokabel verwenden.

[15] Dabei sind insbesondere die deskriptiven und die normativen Anteile des Öffentlichkeitsbegriffs auszuweisen.

[16] Diese Frage stellt Florian Höhne ins Zentrum seiner Rekonstruktion öffentlicher Theologie und differenziert sie wiederum in eine sozialethische, eine fundamentaltheologische und eine kirchentheoretische Unterfrage (vgl. Höhne 2015).

[17] Hier werden Diskursanalyse und Analyse der Praktiken verklammert (vgl. a. a. O., 14f.); zur Theorie der Praktiken vgl. Reckwitz 2003; Schmidt 2012.

sind habitualisierte Vollzüge, die zunächst unabhängig von Subjekten, Motivationen und Intentionen beschrieben werden können. Sie werden nicht durch theoretische Begründung, sondern durch beständige performative Reaktualisierung in Gebrauch gehalten. In Praktiken setzen mithin nicht gegebene Subjekte mithilfe propositionalen Wissens („knowing that") spezifische Handlungsziele um; vielmehr ist sozialen Praktiken Wissen eingeschrieben („knowing how"), das den an ihnen Beteiligten nicht bewusst sein muss.[18] Verstetigte soziale Formationen wie Institutionen und Organisationen lassen sich praxistheoretisch als Bündel von Praktiken verstehen, die dann wiederum auf ihnen eingeschriebene Subjektpositionen, Gegenstandsformationen, Sinnzuschreibungen etc. hin analysiert werden können. So können auch Kirche und Diakonie als Bündel von Praktiken analysiert werden.

In diesem Rahmen lassen sich nun auch soziale Praktiken der Öffentlichkeitsproduktion auszeichnen: solche nämlich, in denen Gegenstände von gemeinsamem Belang adressiert (benannt, bestimmt, verhandelt, bestritten, negiert etc.) werden. Darunter fallen so unterschiedliche Praktiken wie die Weihnachtsansprache des Bundespräsidenten, das Aufhängen eines Wahlplakats, ein Blog zu Zeitfragen, eine politische Predigt, ein Leserbrief an eine Tageszeitung, die Veröffentlichung einer Denkschrift oder der individuelle Protest gegen eine Unternehmensentscheidung auf einer Mitarbeiterversammlung. Solche Praktiken sind hinsichtlich des ihnen eingeschriebenen Praxiswissens voraussetzungsreich. Sie implizieren unter anderem, (a) dass es eine Gesamtheit derer gibt, für die die adressierten Gegenstände von Belang sind bzw. sein sollten (eine Öffentlichkeit), (b) dass Einzelne sich legitimerweise an diese Öffentlichkeit wenden (öffentliche Akteure),[19] (c) dass bestimmte Gegenstände für diese Öffentlichkeit als *gemeinsame Sache* gelten sollen (öffentliche Belange), (d) dass normative bzw. evaluative Kriterien allgemeiner Relevanz in Geltung stehen, mit deren Hilfe ein Gegenstand als öffentlicher Belang ausgezeichnet werden kann (öffentliches Interesse), und (e) und dass es nötig ist, sich in der Öffentlichkeit über allgemeine Belange zu verständigen (öffentliche Meinungsbildung). Praktiken der Öffentlichkeitsproduktion dienen damit der Erzeugung von Allgemeinheit und lassen sich insofern als Spezialfall der von Andreas Reckwitz benannten Praktiken des *doing universality* verstehen.[20]

---

18 Selbstverständlich lassen sich jedoch auch diskursive und reflexive Praktiken aufzeigen, die mit expliziten Wissensbeständen einhergehen (und darüber hinaus weitere implizite Wissensbestände aufweisen).

19 Die Legitimationen des Sprechens können mit Max Webers Herrschaftssoziologie in bürokratische (legale), traditionale und charismatische unterschieden werden (vgl. Weber 1985, 122ff.).

20 Vgl. Reckwitz 2017, 441.

Die Pointe eines solchen praxistheoretischen Zugangs für die oben genannten divergierenden Optionen öffentlicher Theologie ist nun, dass die Entscheidung zwischen diesen Optionen nicht auf der Ebene der Theorie vorgegeben werden muss, sondern auf die Ebene der Praktiken selbst verlegt werden kann. Die oben skizzierten Optionen öffentlicher Theologie lassen sich so als Charakteristika unterschiedlicher Öffentlichkeitspraktiken rekonstruieren:

1. So setzen diese Praktiken jeweils eine spezifisch zugeschnittene – größere oder kleinere, „innere“, „äußere“ oder „allgemeine“ – Öffentlichkeit voraus und zeichnen Akteure aus, die sich an diese Öffentlichkeit wenden.[21]
2. In der Adressierung einer Öffentlichkeit ist ein mindestens regionaler Allgemeinheitsanspruch impliziert (*doing universality*); in der Auszeichnung einer Sprecherposition gegebenenfalls eine Vorstellung individueller oder gruppenbezogener Partikularität.
3. Öffentlichkeitspraktiken ziehen als Verhandlungspraktiken jeweils eine – klare oder diffuse – Grenzlinie zwischen dem jeweils Verhandelten und dem nicht Verhandelten wie auch zwischen dem Verhandelbaren und dem Unverhandelbaren. Insofern sie religiöse Praktiken sind, haben sie es mit der Differenz zwischen dem „Heiligen“, Unbedingten und dem „Profanen“, Bedingten und damit ggf. Verhandelbaren zu tun.[22]

Wenn im Folgenden Diakonie – verstanden als organisiertes Helfen im Raum der Kirche in der Fülle seiner Erscheinungsformen – als *öffentliche Diakonie* beschrieben wird, lässt sich das praxistheoretisch auf folgende Frage bringen: In welchen Praktiken wird im Bereich der Diakonie „Öffentlichkeit“ produziert? Wo und wie wird in und mit aller Pluralität (2.) „gemeinsame Sache“ ins Werk gesetzt als etwas, das (von welchen Akteuren?) verhandelt wird (1.), und wie wird dabei die Grenze zwischen dem Verhandelbaren und dem nicht Verhandelbaren ausgelotet (3.)?[23]

Bevor nun Öffentlichkeitspraktiken in der Diakonie kartiert werden, soll der Untersuchungsgegenstand noch etwas weiter eingegrenzt werden. Das Thema der Öffentlichkeit, so wurde einleitend gesagt, stößt gegenwärtig insbesondere aufgrund der Wahrnehmung verschärfter Individualisierung bzw. Pluralisierung auf Interesse. Problematisch ist das öffentlich Allgemeine gerade angesichts der starken Betonung von Differenzen zwischen Individuen bzw. zwischen

---

21 So kann auch der normative Status des Öffentlichkeitsbegriffs geklärt werden: Es handelt sich um die innere Normativität der Praktiken selbst.

22 Öffentlichkeitsbezogene religiöse Praktiken sind in diesem Sinne *Zwei-Regimenter-Praktiken*. Dazu vgl. Moos 2018.

23 Die Beschreibung von Praktiken erfolgt dabei explorativ im Anschluss an bisherige eigene Studien und Studien anderer Autoren und Autorinnen bzw. aus anekdotischer Feldkenntnis. Zugleich ist damit implizit ein Forschungsprogramm entfaltet, das auf eine strukturierte Datenerhebung zu Öffentlichkeitspraktiken in der Diakonie und Kirche mit den Mitteln teilnehmender Beobachtung und semistrukturierter Interviews und auf die theologische Rekonstruktion dieser Daten zielt.

einzelnen Kollektiven. Anhand dessen lassen sich zwei Idealtypen von Öffentlichkeitspraktiken unterscheiden: auf der einen Seite diejenigen, die Allgemeinheit herstellen, indem sie Differenz negieren oder zumindest delegitimieren, und auf der anderen Seite diejenigen, die Allgemeinheit unter Bewahrung von Differenz generieren. Letztere sind in der gegenwärtigen Situation von besonderem Interesse.[24] Daher werden im Folgenden solche Praktiken im Bereich der Diakonie in den Blick genommen, die Öffentlichkeit im Sinne eines differenzbewussten *doing universality* ins Werk setzen.

III. Differenzbewusstes *doing universality* in der Diakonie

Zu den diakonischen Öffentlichkeitspraktiken gehören zunächst und vor allem die diakonischen Grundvollzüge des Helfens selbst.[25] In ihnen wird zum einen eine Öffentlichkeit der Mitarbeitenden ins Werk gesetzt, die um eines bestimmten Hilfeziels willen arbeitsteilig gemeinsame Sache machen. Als Gegenstand von gemeinsamem Belang fungiert das Wohl der Nutzerinnen und Nutzer (Klientenzentrierung). Schon die Präzisierungsbedürftigkeit dieses Gegenstandes und seiner praktischen Umsetzung sowie die damit potentiell verbundenen Zielkonflikte setzen beständige Verhandlungen in der Öffentlichkeit der Mitarbeitenden aus sich heraus. Verhandelt wird über die gemeinsame Sache zum einen fallbezogen in Teambesprechungen, im Schichtwechsel oder in der Tumorkon-

---

[24] Im Hintergrund steht dabei Hannah Arendts Pluralismustheorie und ihr an Kant anschließender Begriff des Gemeinsinns, wie diese bei Joachim Weber rekonstruiert werden. (Vgl. Weber, Diakonie im Lichte der Welt [online], shorturl.at/beitT, letzter Zugriff am 21.02.2022, insbesondere 27f.). Das politisch Allgemeine hat demnach nicht die Struktur des erkenntnistheoretisch Allgemeinen im Sinne der ersten Kritik Kants, sondern die Struktur des im Geschmacksurteil angezielten Allgemeinen im Sinne der dritten Kritik, das mit unterschiedlichen „Vorstellungsarten" rechnet: „Unter dem *sensus communis* muß man die Idee eines gemeinschaftlichen Sinnes, d. i. eines Beurtheilungsvermögens verstehen, welches in seiner Reflexion auf die Vorstellungsart jedes andern in Gedanken (a priori) Rücksicht nimmt, um gleichsam an die gesammte Menschenvernunft sein Urtheil zu halten und dadurch der Illusion zu entgehen, die aus subjectiven Privatbedingungen, welche leicht für objectiv gehalten werden könnten, auf das Urtheil nachtheiligen Einfluß haben würde." (Kant 1968c, 293).

[25] Zum Helfen als Kernprozess der Diakonie siehe den Abschnitt „Kirche bei Bedarf" in diesem Band. Die Pointe dieser Grundbestimmung besteht gerade darin, die Grundvollzüge des Diakonischen nicht als „spezifisch diakonisch" zu verstehen. Ebenso wenig ist die damit verbundene Allgemeinheitsproduktion nicht allein für die Diakonie einschlägig.

ferenz, zum anderen organisationsbezogen etwa in Leitungskonferenzen, Mitarbeiterversammlungen oder Leitbildprozessen.[26] Öffentlichkeit wird mithin konstituiert in Routinesituationen des Organisationsalltags wie auch in routinierten Krisenpraktiken, etwa der ethischen Fallbesprechung.[27] Abhängig von der hierarchischen Struktur der Unternehmung gibt es dabei jeweils unterschiedlich legitimierte Sprecherpositionen.

Interessant sind nun diejenigen Öffentlichkeitspraktiken, in denen die Gesamtheit der Mitarbeitenden in ihren Differenzen hervortritt. Das gilt in der Berücksichtigung individueller Kompetenzen in Abstimmungsprozessen eines Teams, in ethischen Fallbesprechungen, wo dezidiert professionsbezogene Unterschiede inszeniert werden,[28] oder im *diversity management* einer diakonischen Organisation. Im Kontext der religiösen Pluralisierung diakonischer Organisationen sind auch solche Praktiken einschlägig, in denen unter dezidiertem Verweis auf religiöse Differenzen um die gemeinsame Sache verhandelt wird. Das ist etwa zu vermuten in Einführungsseminaren für diakonische Mitarbeitende oder in diakonischen Kindertagesstätten, in denen aufgrund der multireligiösen Herkunft der Kinder auch die Mitarbeiterschaft multireligiös zusammengesetzt ist. Es würde sich lohnen, dies empirisch zu untersuchen.[29] Im arbeitsrechtlichen Kontext ist es der problematische Begriff der Dienstgemeinschaft, der zur Bezeichnung einer alle innere Pluralität überwölbenden Allgemeinheit der Mitarbeitenden aufgerufen wird und damit als Ausdruck wie als Problemanzeige diesbezüglicher Öffentlichkeitsproduktion gelesen werden kann.[30]

Noch grundlegender als die Öffentlichkeit der Mitarbeitenden erscheint jedoch die Öffentlichkeit der Klientinnen und Klienten. Dass christliche Liebestätigkeit starke Allgemeinheit impliziert, insofern sie sich an potentiell *alle* wendet, ist ein Grundmotiv, das die Christentumsgeschichte seit ihren Anfängen prägt. Biblisch zeigt sich die Bewegung einer Universalisierung des Liebesgedankens, in der hinter dem Nächsten immer schon die Übernächste wahrgenommen wird. Dass Christinnen und Christen ohne Ansehen der Person Hilfe für alle leisten, ist bereits in der Antike aufgefallen.[31] Entsprechend gehört Friedrich von

---

26 Zur Frage einer organisationsbezogenen Öffentlichkeitsbildung vgl. Haas 2019.

27 Zur Ethik in der Klinik vgl. etwa Frewer u. a. 2013.

28 Vgl. dazu Bobbert 2012.

29 Siehe dazu auch Hofmann u. a., Merkmale diakonischer Unternehmenskultur in einer pluralen Gesellschaft [online], http://www.diakoniewissenschaft-idm.de/2018/wp-content/uploads/2019/01/2019_01_Forschungsbericht_END_online-Version.pdf (letzter Zugriff am 11.04.2022).

30 Vgl. die Beiträge in Anselm / Hermelink 2006. Siehe auch Sektion IV in diesem Band.

31 Vgl. Schneider 2017, 45ff.

Bodelschwinghs „Dass Ihr mir ja keinen abweist" zu den zentralen Topoi moderner Diakonie.[32] Eine solche „Transpartikularisierung"[33] der Solidarität manifestiert sich im Sozialstaat mit seinem allgemeinen, rechtlich verbürgten Anspruch auf Hilfe bei bestimmten Bedürfnislagen. Sie manifestiert sich aber auch in zivilgesellschaftlichen Praktiken wie der Flüchtlingshilfe, in der eine transnationale Gesamtheit derer, denen das Helfen zugute kommen soll, ins Werk gesetzt – und in seiner Legitimität verhandelt – wird. Ähnlich implizieren diakonische Praxisfelder wie die Hilfe für Menschen ohne Krankenversicherung oder für Menschen in der Illegalität eine Allgemeinheit der Solidarität, die über Rechtsansprüche hinausgeht. In der Verbindung von diakonischer Arbeit und Menschenrechtsdebatte wird dieses *doing universality* auf die größtmögliche humane Allgemeinheit hin ausgezogen.[34] Damit ist nicht behauptet, dass die konkrete Hilfe das faktisch einlöste. Diakonisches Helfen ist allzu begrenzt und in der Gegenwart weit überwiegend an sozialstaatliche Refinanzierungsbedingungen gekoppelt. Behauptet ist nur, dass in Praktiken diakonischen Helfens wie diakonischer Diskurse eine solche Bewegung der Transpartikularisierung und damit eine Richtung auf eine größere Allgemeinheit derer, deren Not als gemeinsamer Belang gelten soll, eingeschrieben ist.

An dieser Stelle bedarf es eines sorgfältigen Blicks darauf, welche Öffentlichkeit durch diese Allgemeinheitspraktik konstituiert wird. Das Bodelschwingh'sche Abweisungsverbot setzt von einer charismatischen Sprecherposition aus eine Allgemeinheit der Hilfeempfangenden, adressiert aber lediglich eine Öffentlichkeit der Hilfeleistenden. Nur in dieser stehen die gemeinsamen Belange zur Verhandlung. Zur Öffentlichkeit gemäß der oben vorgeschlagenen Definition wird die Allgemeinheit der Hilfeempfangenden erst dann, wenn diese auch in die Verhandlungen über gemeinsame Belange einbezogen sind. Konzeptionell wird das unter dem Begriff der Inklusion verhandelt, der in jüngerer Zeit zum Paradigma Sozialer Arbeit geworden ist. Die Gesamtheit derer, die bei gemeinsamen Belangen mitzusprechen haben, entsteht nicht infolge von Maßnahmen der Integration Außenstehender durch „Innenstehende". Vielmehr sind gemeinsame Belange in einer umfassenden Öffentlichkeit zu verhandeln, die bei aller anzuerkennenden Diversität zwischen Menschen keinen Unterschied zwischen „innen" und „außen" kennt.[35] Diese Idee einer Erweiterung der Öffentlichkeit liegt etwa der „unerhört!"-Kampagne der Diakonie Deutschland zu Grunde.[36]

32 Etwa zitiert in v. Bodelschwinghschen Stiftungen Bethel 2014, 4.
33 Dabrock 2012, 67.
34 Vgl. etwa Oelschlägel 2013.
35 Vgl. etwa Liedke / Wagner 2016c; Geiger / Stracke-Bartholmai 2018.
36 Vgl. Lilie 2018.

Nun steht der Begriff der Inklusion ähnlich unter Ideologieverdacht wie der Begriff der Dienstgemeinschaft.[37] Praxistheoretisch ist daher wiederum zu fragen, wo und inwieweit sich im Bereich der Diakonie tatsächlich Praktiken einer Nutzerinnen und Nutzer wie Mitarbeitende umfassenden Öffentlichkeit aufzeigen lassen. In den Blick kommt hier ein Kontinuum von emphatischen Öffentlichkeitspraktiken wie den Verhandlungen im Bewohnendenbeirat einer stationären Einrichtung über die Zusammenarbeit mit Selbsthilfegruppen und die täglichen Abstimmungsprozesse in einer Wohngruppe bis hin zur Mikroadaptivität einer Assistenzleistung, in der Art und Umfang gemeinsamer Belange in der kleinstmöglichen Öffentlichkeit zwischen Assistierten und Assistierenden fortwährend aktualisiert wird.[38] Auch diesen Öffentlichkeitspraktiken ist ein Differenzbewusstsein eingeschrieben, wenn etwa persönliche Vorlieben und individuelle Bedarfe wahrgenommen, abgefragt, vorgebracht, abgewogen, berücksichtigt oder abgewiesen werden. Das Bewusstsein relevanter Differenzen intensiviert sich dabei gegenwärtig aufgrund sozialgesetzlicher Veränderungen, die auf Dezentralisierung, Deinstitutionalisierung und Ambulantisierung sozialer Dienstleistungen zielen.[39] Nichtsdestotrotz ist das Ausmaß der jeweils bewusst gehaltenen Differenz ebenso wie das Ausmaß der Partizipation ‚aller' an der gemeinsamen Öffentlichkeit wiederum praktisch begrenzt. Demzufolge steht es in beständiger Spannung zu der in diskursiven Praktiken etablierten Normen von Inklusion, Sorge[40] bzw. Teilhabe. Diese normative Spannung ist Kennzeichen nicht nur diakonischer Öffentlichkeitspraktiken, tritt aber an und innerhalb der Diakonie besonders prägnant hervor, insofern Diakonie sich in Markenpflege und Selbstthematisierung als auf eben diese Normen behaftbar zeigt.

Zudem sind es spezifische religiöse Praktiken, in denen eine gemeinsame Öffentlichkeit der Verschiedenen inszeniert wird: so im Gottesdienst von Mitarbeiterinnen und Bewohnern, in dem unterschiedliche Belange etwa in Fürbitten öffentlich vorgebracht werden. Auch der Gottesdienst fungiert insofern als differenzbewusste Öffentlichkeitspraktik; er ist zudem eine reflexive Praktik, insofern der normative Graben zwischen Anspruch und Wirklichkeit der Öffentlichkeitsproduktion in ihm selbst zum Ausdruck kommt. Die umfassende Gemeinschaft der in ihrer vollständigen Individualität anerkannten Einzelnen wird nicht als empirisch vorhanden behauptet, sondern als transzendente symbolisch adressiert: als Reich Gottes.

---

37 Vgl. Becker 2016.

38 Zu dieser Mikroadaptivität vgl. Niewöhner 2018.

39 Insbesondere unter dem Begriff der Sozialraumorientierung wird solches Differenzbewusstsein namhaft gemacht und eingefordert. Vgl. dazu Herrmann / Bieker 2019; Theunissen 2012 und Eurich 2020.

40 Der Sorge-Diskurs, insbesondere in der Care-Ethik, hat entsprechend ein Zentrum in der Individualisierung von Hilfe, mithin in der *Entstandardisierung des Allgemeinen*. Vgl. dazu Moos 2018, 483–500.

Bis hierhin werden also in diakonischen Praktiken des Helfens mindestens zwei Öffentlichkeiten ins Werk gesetzt: die der Mitarbeitenden und die all derer, die (potentiell) der Hilfe bedürfen. Darüber hinaus lassen sich jedoch weitere Öffentlichkeiten namhaft machen, die in diakonischen Organisationen regelmäßig praktisch aktualisiert werden. So haben diakonische Organisationen als hybride Organisationen Anteil an verschiedenen, ausdifferenzierten Sphären des Allgemeinen, die potentiell als Öffentlichkeiten fungieren.[41] Erstens hat Diakonie als Teil des Sozialstaates Teil an denjenigen Praktiken, in denen über Art und Umfang staatlich zu berücksichtigender sozialer Belange verhandelt wird. Dies zum einen als Spitzenverband der Wohlfahrtspflege in der Aushandlung von Pflegesätzen und weiteren Refinanzierungsformen, zum anderen – in der schwierigen, aber unauflösbaren Doppelrolle als Lobbyistin und „Anwältin" – als sozialpolitischer Akteur in den allgemeinen Debatten der Sozialgesetzgebung. Insbesondere hier ist die Balance zwischen christlicher oder gar konfessioneller Partikularität und politischem Allgemeinheitsanspruch ähnlich virulent wie in der kirchlichen Denkschriftenproduktion. Zweitens hat Diakonie als wirtschaftlicher Akteur teil an Aushandlungsprozessen auf dem (Quasi-)Markt sozialer Dienstleistungen wie auch auf dem Arbeitsmarkt. Hier sind es ökonomische Instrumente wie die Markenpflege, der Businessplan, die Standardisierung und Bepreisung sozialer Dienstleistungen, die Tariffindung oder auch die Pflege der Unternehmenskultur, die je und je Praktiken der Verhandlung über gemeinsame Belange in bestimmten Öffentlichkeiten mit sich bringen. Drittens hat Diakonie vermöge der Vielzahl diakonischer Professionen Anteil an professionellen Öffentlichkeiten etwa der Ärzteschaft, der Pflege, der Sozialen Arbeit, der Pädagogik etc., in denen – jeweils im eigenen professionellen Habitus – gemeinsame Belange konstituiert und verhandelt werden.

Insbesondere die Professionalisierung hat sich in der Diakonie als prominentes Medium der Produktion von Allgemeinheit etabliert. In den 1960er und 1970er Jahren stand „Fachlichkeit" vor allem gegen eine zunehmend als partikular verstandene Definitionshoheit der Theologen über die Belange des Diakonischen.[42] Wie den diakonischen Belangen gerecht zu werden sei, sei vor allem durch die sozialarbeiterischen, pädagogischen, pflegerischen und weiteren diakonischen Professionen zu bestimmen. Inzwischen segelt nun auch Theologie zuweilen unter der Flagge der „Fachlichkeit" und indiziert damit eine gewandelte Sprecherposition in der interprofessionellen diakonischen Öffentlichkeit.[43]

An anderer Stelle werden Theologinnen und Theologen nach wie vor als Stellvertretung oder für das Ganze des Diakonischen in Anspruch genommen,

41 Zum Begriff der hybriden Organisation vgl. Evers / Ewert 2010.
42 Vgl. dazu die Beiträge in Jähnichen u. a. 2010, 101ff. und 167ff.
43 Vgl. dazu Haase 2018.

was etwa für Vorstandstheologen[44] und Klinikseelsorgerinnen[45] der Fall ist. Sie legitimieren als Personalsymbole bestimmte Praktiken des *doing universality*, die als weiterer Typ diakonischer Öffentlichkeitspraktiken abschließend in den Blick genommen werden sollen. Diese Praktiken ranken sich um die Frage nach dem „Diakonischen", nach dem die moderne Diakonie zeit ihres Bestehens unter verschiedenen Bezeichnungen sucht. Diakonisches Spezifikum, Proprium oder Ethos, diakonische Identität, Sinnmitte, Achse oder Kultur: Jeweils ist nach dem Wesen diakonischer Arbeit im Kontext einer funktional differenzierten und pluralen Gesellschaft gesucht. Wer das „Diakonische" aufruft, etwa im Modus der Skandalisierung – „Das, was ich hier erlebe, ist nicht diakonisch!" –, appelliert an eine Öffentlichkeit derer, denen es um Diakonie zu tun ist, setzt das Diakonische als gemeinsamen Belang, den es darin öffentlich zu verhandeln gilt, und positioniert sich als Sprecherin in einer solchen Verhandlung. Zugleich ist im Rekurs auf das Diakonische ein Element des Unverhandelbaren mitgesetzt. Mit dem Diakonischen wird eine Relevanzstruktur aufgerufen, die als individueller Beliebigkeit und gruppenbezogenen Interessen entzogen vorausgesetzt wird. Diakonische – oder auch wahlweise: christliche, protestantische oder trägerbezogene – Identität, Kultur etc. fungiert also als Markierung für gemeinsame Belange, die in Praktiken diakonischer Öffentlichkeitsproduktion fortwährend aktualisiert werden.[46] Dabei handelt es sich insofern um die allgemeinste Markierung, als sowohl die Gesamtheit der Mitarbeitenden, der Nutzerinnen und Nutzer, der Kostenträger, der Kundinnen und Kunden, der Professionsangehörigen einschließlich der Theologinnen und Theologen sich darauf berufen und damit je und je Öffentlichkeit herstellen können.[47]

Insgesamt ist Diakonie als Ort einer Vielzahl von Praktiken der Öffentlichkeitsproduktion zu verstehen, in denen ein diversitätsbewusstes *doing universality* stattfindet. Diese Praktiken setzen unterschiedliche Zuschnitte von Öffentlichkeit ins Werk. Darunter sind „innere" Öffentlichkeiten, etwa der Mitarbeiterschaft einer Einrichtung, wie auch „äußere" Öffentlichkeiten, beispielsweise der sozialpolitischen Diskussion auf Bundesebene, in der Diakonie *in toto* als Akteurin auftritt. Diese verschiedenen Öffentlichkeiten gruppieren sich keineswegs zu einem einheitlichen oder auch nur kohärent gestaffelten Ganzen. Vielmehr stehen sie durchaus in Spannung zueinander. So klagen Professionen tendenziell das Allgemeine gegenüber der einzelnen Organisation ein, wenn etwa die Prozesse einer Klinik als pflegerischen Standards widersprechend skandalisiert werden. Umgekehrt werden Organisationen als Orte höherer Allgemeinheit in Anspruch genommen, wenn die interprofessionelle Zusammenarbeit gegen

44 Vgl. a. a. O.

45 Vgl. Moos u. a. 2016a, 106–109.

46 Siehe den Abschnitt „Diakonische Identität und Pluralität" in diesem Band.

47 Darüber hinaus ist es auch Referenzpunkt diakonischer Bildung; vgl. dazu Horstmann 2011.

eine einzelne professionelle Binnenperspektive gesetzt wird. Mit dem „Diakonischen" wird eine potentielle Abschlusssemantik für das in allen Öffentlichkeiten aufgesuchte Allgemeine diakonisch-öffentlicher Belange vorgehalten, die sich allerdings durch eine entsprechende materiale Unterbestimmtheit auszeichnet.[48] Rekurse auf das „Diakonische" gehören damit in eine Reihe mit den aufgezeigten religiösen Praktiken diakonischer Allgemeinheitsproduktion, in denen jeweils die konkret als Öffentlichkeit adressierte Gruppe auf eine umfassendere Öffentlichkeit hin transzendiert wird. In dieser Transzendierungsbewegung lässt sich ein Element *religiöser Rationalität* in der diakonischen Allgemeinheitsproduktion identifizieren, insofern diese zugleich die Begrenztheit konkreter Öffentlichkeit (und damit den normativen Überschuss allen Öffentlichkeits*anspruchs*) präsent hält.[49] Diakonie ist in diesem Sinne auf eine reflektierte Weise öffentliche Diakonie – allerdings mitnichten in stabiler, sondern vielmehr in fragiler und gefährdeter Art und Weise.

IV. Schwierigkeiten öffentlicher Diakonie

Zu den Schwierigkeiten diakonischer Öffentlichkeitsproduktion gehören zunächst mannigfache Phänomene der Universalitätsermüdung und -überforderung. Je intensiver und engagierter gemeinsame Belange verhandelt werden, und je weiter der Bereich derer ist, die zur Öffentlichkeit gezählt und deren Belange als gemeinsame Belange gewertet werden, desto höher wird der im *doing universality* transportierte normative Anspruch, und desto weiter klaffen Anspruch und Wirklichkeit auseinander. Hilfe für Geflüchtete, Inklusion, Dienstgemeinschaft: Diese Stichworte stehen paradigmatisch für Entgrenzungen des Allgemeinen, die als überfordernd erlebt werden können. Generell steht das diakonischen Hilfepraktiken eingeschriebene Ideal, zu helfen, wo es nötig ist, in Spannung zu dem alltäglich erlebbaren Umstand, dass die Diakonie den Solidaritätsbegrenzungen des Sozialstaates in aller Regel unmittelbar folgt. Kliniken, Beratungsstellen, Einrichtungen für Menschen mit Assistenzbedarf und andere diakonische Einrichtungen schränken regelmäßig aus Gründen mangelnder Refinanzierung ihre Hilfeleistungen ein oder weisen Klientinnen und Klienten ab. Die Subjektposition der Helfenden, die Hilfepraktiken unter solchen Bedingungen eingeschrieben ist, ist die des hochgradig geforderten und beständig hinter dieser Forderung zurückbleibenden Subjekts. Es gibt unterschiedliche individu-

---

[48] Siehe den Abschnitt „Diakonische Identität und Pluralität" in diesem Band.

[49] Siehe den Abschnitt „Religiöse Rationalität des Helfens" in diesem Band. Siehe dazu auch unten, V.

elle Möglichkeiten, diese Subjektposition auszufüllen: im Modus der zerstörerischen Selbstüberforderung; im Modus des Dienstes nach Vorschrift; im Modus des partikularen Rückzugs, der sich intensiv um ein begrenztes Klientel kümmert und andere ausblendet; im Modus der zynischen Verweigerung, konkrete Notlagen wahrzunehmen. Die Folge ist jeweils, dass die diakonische Öffentlichkeitsproduktion gefährdet ist: durch die überforderte Abkehr der erschöpften Subjekte von der Verhandlung gemeinsamer Belange, durch die Sistierung des Verhandelns zugunsten formal fixierter Aufträge oder auch durch die zynische Entleerung der Relevanzstrukturen, die das Verhandeln sinnlos macht.

Zugleich gibt es auch Gegenbewegungen zur diakonischen Öffentlichkeitsproduktion: gleichsam Rückzuge aus der Allgemeinheit und hin zu einer Selbst(re-)partikularisierung des Christlichen am Ort der Diakonie. Dies geschieht etwa dann, wenn im Kontext des kirchlichen Arbeitsrechts der kirchliche Sonderweg der Arbeitsrechtsregelung betont wird. Idealtypisch zugespitzt gesprochen wird in diesem Fall „Dienstgemeinschaft" als Ideal konfessionell-christlicher Partikularität nach außen und Homogenität nach innen formuliert. Der Begriff dient dann der Negierung von Differenz wie der Delegitimierung von Interessenauseinandersetzungen (und entsprechenden Sprecherpositionen). Die gemeinsamen Belange gelten als mit dem kirchlichen Auftrag gegeben. Öffentlichkeit als Sphäre der Verhandlungen um gemeinsame Belange wird an dieser Stelle nicht produziert; sie entsteht dann allenfalls sekundär vor staatlichen Gerichten.

Ähnlich kann im theologischen Kontext die Suche nach der „Identität", dem „Profil" oder „Proprium" der Diakonie eine partikularisierende und differenznegierende Funktion haben. Diakonie erscheint dann, wiederum idealtypisch zugespitzt, als um einen bestimmten Überzeugungshaushalt zentrierte Sondergemeinschaft, in der nicht verhandelt, sondern gegebenes Gemeinsames geteilt wird.[50] Hieraus ergibt sich eine Affinität zur Forderung, Diakonie möge aus dem Öffentlichkeiten sozialstaatlichen Verhandelns, selbstbewusster Professionalisierung und ökonomischer Rechenhaftigkeit heraustreten und sich auf gemeindenahe, ehrenamtlich gestützte Arbeit im sozialen Nahbereich konzentrieren.

Umgekehrt kann auch eine starke hierarchische Strukturierung einer diakonischen Einrichtung partikularisierend und differenznegierend wirken. Vorgegebene Unternehmensleitlinien, Managemententscheidungen oder auch Maßnahmen zur Förderung diakonischer Unternehmenskultur können die Grenze zwischen dem Verhandelbaren und dem Unverhandelbaren zu Ungunsten des ersteren und damit der Öffentlichkeitsproduktion verschieben. Neben dem demokratischen Mehrheitsentscheid gehört die Leitungsentscheidung zu den machtvollen Instrumenten der diskursiven Schließung.

---

50 Auch dies kann durch die Praxis des Gottesdienstes ins Werk gesetzt werden: dann etwa, wenn sich mit dem Kreis der am Abendmahl Teilnehmenden die Gruppe der ‚wirklich' Zugehörigen gegenüber den anderen augenfällig abschließt.

Diakonie ist also mitnichten ein Ort der fortwährend ungefährdeten Produktion von Öffentlichkeit, sondern ebenso ein Ort für Praktiken der Delegitimation, der Schließung oder der allgemeinheitsüberforderten Austrocknung von Öffentlichkeiten. Das ist an dieser Stelle zunächst beschreibend festzustellen, um den Begriff der öffentlichen Diakonie zu differenzieren. Normativ sei hinzugefügt, dass Öffentlichkeitsproduktion unter endlichen Bedingungen immer begrenzt sein muss. Der unendliche Diskurs steht außerhalb der menschlichen Möglichkeiten, zumal nebenbei in der Diakonie ja auch noch gepflegt, assistiert, beraten, ausgebildet und anderweitig geholfen wird.

V. Diakonische und kirchliche Öffentlichkeitsproduktion

Wenn diakonische Öffentlichkeitsproduktion dergestalt zwischen partikularisierender Eingrenzung und universalisierender Entgrenzung steht, so ist abschließend nach den Ressourcen des diakonischen *doing universality* zu fragen. Theologisch lässt sich sagen, dass Universalität eine Gestalt des Absoluten ist. Die großen universalisierenden Topoi der Theologie wie die Schöpfung, die Gottesebenbildlichkeit des Menschen oder das Reich Gottes verweisen auf die bzw. speisen sich aus der Universalität des monotheistischen Gottesgedankens. Diese Universalität bzw. die Bewegung der anthropologischen, kosmologischen, sozialethischen und theologischen Universalisierung werden in gottesdienstlichen Praktiken wie dem gemeinschaftlichen Hören, Sprechen, Singen und Essen sowie im Segen inszeniert. Sie findet ebenso ihren Niederschlag in den diakonischen Basisnarrativen von Lk 10 und Mt 25, die ihre je eigene Universalisierungs- bzw. Transpartikularisierungsbewegung enthalten. Und sie korrespondiert religiösen Erfahrungen, die im Kontext des Helfens gemacht werden: insbesondere der zutiefst kontrafaktischen Erfahrung von der Würde der „Armen", „Schwachen" und Sterbenden.[51] Die vielspältige, zuweilen inkohärente und jedenfalls immer prekäre diakonische Produktion von Öffentlichkeit, insbesondere: von differenzbewusster Allgemeinheit, findet in dieser Universalisierungsbewegung einen letzten Horizont und Rückhalt.

Das lässt sich auch auf der Ebene sozialer Formationen reformulieren. So lässt sich „Kirche" im vorliegenden Kontext verstehen als Inbegriff derjenigen rituellen und reflexiven Praktiken, in denen, symbolisch gesprochen, die Universalität Gottes und die Partikularität des Menschen gemeinsam präsent gehalten werden. Für das organisierte Helfen in der Diakonie entsteht dann in dem

---

51 Vgl. dazu Braune-Krickau 2015; Augustyn 2009, 161.

Maße, wie sie selbst Kirche ist bzw. Verbindung zu anderen Formen von Kirche pflegt, ein unternehmens- bzw. organisationstranszendenter Raum der gemeinsamen Belange, deren letzte Universalität durch die immer vorletzten, in Raum und Zeit begrenzten Verhandlungen angezielt ist, aber nicht erreicht wird. In diesem Sinne braucht Diakonie den Raum der Kirche, um nicht partikularistisch zu werden (und etwa Unternehmenskultur und Heiligen Geist zu verwechseln). Wird also nach protestantischen Ressourcen der Stabilisierung und Entwicklung einer politischen Kultur, die in ihren Öffentlichkeiten gefährdet ist, gefragt, so kann insbesondere auf Öffentlichkeitspraktiken organisierten Helfens im Raum der Kirche, mithin auf Diakonie, verwiesen werden.

Umgekehrt dient Diakonie als Transpartikularisierung der verfassten Kirche. Im organisierten Helfen transzendiert sich die organisierte Kirche: über Mittelstandsmilieus hinaus, über „moralisch Wohlmeinende" hinaus, und auch – in einer bisherige Selbstverständlichkeiten des Kircheseins verstörenden Weise – über das Christentum hinaus. Insgesamt fungiert Diakonie mithin als Raum differenzbewusster Allgemeinheits- und Öffentlichkeitsproduktion innerhalb der Kirche, der zugleich Kirche braucht, um nicht partikularistisch zu werden, und den die Kirche braucht, um nicht partikularistisch zu werden. Die ekklesiologische Pointe im Verhältnis zwischen öffentlicher Diakonie und öffentlicher Kirche wäre also, dass es eine Beziehung wechselseitiger Transpartikularisierung von Kirche und Diakonie gibt. Diese einerseits theologisch auszuformulieren und andererseits empirisch zu studieren wäre ein probates Thema für eine künftige praxistheoretische Ekklesiologie und Kirchentheorie, die die Diakonie einschließt; und es wäre ein Studiengegenstand für die theologisch-ethische Erforschung politischer Kultur, die nach den Beiträgen religiöser und religionsassoziierter Praktiken zur politischen Öffentlichkeitsbildung fragt.[52]

---

[52] Vgl. dazu Evangelische Kirche in Deutschland 2017.

2. Prophecy in Context Empirical and Conceptual Issues of Diakonia in the Public Space[1]

I. Introduction: Prophetic Diakonia in Western Contexts?

Over the last decades, the idea of *prophetic diakonia* has become quite influential in the ecumenical movement. Established at the international level during the WCC conference in Larnaca in 1986[2], it has been further developed in papers like "Prophetic Diakonia—For the Healing of the World," the final document of the LWF Conference in Johannesburg in 2002. That paper describes the need and the willingness to "move toward more prophetic forms of diakonia."[3] Another important document, "Theological Perspectives on Diakonia in 21st Century" from the WCC conference in Colombo, Sri Lanka, in 2012, puts it like this: "Diakonia is prophetic action which also involves speaking truth to powers."[4] It is not just charity and service, but also advocacy; not only dressing of wounds, but addressing the causes responsible for people being wounded—causes rooted in the structures of societies and in the mechanisms of power distribution. That is the common idea of prophetic diakonia, which can be traced back to liberation theology and to the "Life and Work" strand of the ecumenical movement of the 20th century.

Ecumenical contributions such as the Colombo document decidedly take the "vantage point of the global South." Many of their statements presuppose contexts characterized by the weakness or absence of social-security systems, by a low degree of institutional diakonia, by low economic and manpower resources in civil society, especially in the churches, as well as by repression of free speech. But is the concept of prophetic diakonia also relevant for so-called Western societies with their democratic, pluralistic, secularised background and their more

---

1 I thank the reviewers of *Diaconia* for their substantial comments on an earlier version of this text.

2 See Leer-Helgesen 2018.

3 The Lutheran World Federation, Prophetic Diakonia: "For the Healing of the World" [online], shorturl.at/NTVX6 (last accessed on 07.10.2022), 6.

4 World Council of Churches, Theological Perspectives on Diakonia in 21st Century [online], https://www.oikoumene.org/resources/documents/theological-perspectives-on-diakonia-in-21st-century (last accessed on 01.03.2022).

or less developed welfare-state regimes? Can a prophetic attitude of diaconal representatives or church organizations work in this context? Is the gesture to stand up and speak truth to power appropriate—or is it superfluous, even ridiculous or disrespectful toward the democratic formation of opinions in an open society? Do Western societies have recipients for prophecy?

There have been some attempts to integrate the ideas of liberation theology into "Western" contexts, probably the most popular being the notion of "public theology."[5] Correspondingly, it was proposed to understand diaconal theology as public theology[6] and even to speak of "public diakonia."[7] The churches and their diakonia should go public in society and politics; they should decidedly take Christian positions in politics. Above all, they should publicly exercise the option for the poor and advocate for improving the life conditions of those worst off. By providing their moral resources to the public, diakonia can make a special contribution to innovation in social services and political processes.[8]

These positions have received support but also critique: (1) Surveys show that Germans, whether church members or not, expect from churches and diakonia that they take care of those who need help, but that they do not get too involved with politics.[9] (2) European liberal theologians have called on churches not to take particularly political standpoints but rather to care for a common political culture.[10] (3) Historical insights might also lead to some reluctance in the field of prophetic politics. If we consider European welfare state regimes, there seems to be a strong correlation between the historically dominant Christian denomination, on the one hand, and the form and structure of the welfare state, on the other hand. This seems to be a particularly "Lutheran" type of welfare state in Scandinavia, a "Reformed" type in the UK, a "Catholic" type in southern Europe, and a mixed confessional type in Germany. There has been considerable research on the reasons for this correlation. Various influences have been named, but in general researchers agree that there was no direct influence of the denomination's social gospel—the prophetic diakonia—on the development of the welfare-state regimes. Instead, the characteristics of the nations' electoral systems, conflicts between church and state, and changing discourse coalitions and their influence on leading welfare semantics have all been

---

5 See, for example Bedford-Strohm 2018; Fretheim 2013 draws analytical lines between public, political, and prophetic "dimensions" of diakonia, reserving the latter for its utopian, critical, and symbolic aspects. Nevertheless, the phenomena as well as the traditional lines of these "dimensions" are interwoven. As to the core aspect of "speaking truth to power," I will focus on this part of every "dimension."

6 Körtner 2017, 55; Youn 2018.

7 See Maaser 2013.

8 See Angell 2016.

9 See Evangelische Kirche in Deutschland 2014, 90.

10 See Albrecht / Anselm 2017, 43; 61, with the notion of Public Protestantism.

seen as responsible for the respective paths of welfare state development.[11] From this it should be clear that a concept of prophetic diakonia must not rely on naive presuppositions concerning ecclesiastical influence on public opinions and politics.

So, is there a place for prophetic or public diakonia in Western societies? In this paper, I study how diakonia in Germany went public in recent years. I present some examples of diaconal contributions to recent public issues (Sections III, IV). To analyze them, however, I first develop a framework of public religion (Section II). This analysis of the material is followed by a concluding discussion that also includes a normative standpoint (Section V).

II. The Framework: Public Religion

How do religions go public? Which public role do they play in society? This question combines theological and sociological aspects. Theological: What sort of self-understanding drives a religion to go public? How, for example, is Protestant Christianity willing to fulfil or to disappoint the expectations directed toward religions in public? Sociological: How is "religion" framed in public affairs, and what do people expect from a religion? The theoretical model I use to analyse this is that of a "public religion," which is the result of an ongoing negotiation between external expectations and ascriptions, on the one hand, and internal willingness to execute, on the other hand. These negotiations allow a religion to achieve (or not achieve) a role in public affairs.[12]

For a public religion, these negotiations take place on at least four different levels or dimensions. These levels show four ideal-typical ways in which a religion (and diakonia as a religious entity) can go public. Together they constitute a tool for the analysis of public religions that I want to use in the following. I list these levels with only a brief explanation; the picture will get more complete during the analysis itself.

The first level is that of *organizations* (and institutions, respectively). Religions go public as a network of organizations such as churches, associations, schools, newspapers, religious parties, universities, charity organizations, and

---

11 See Manow 2008; Manow 2018; Gabriel / Reuter 2017; Gabriel 2018.

12 See Moos 2012; for the concept of role see Goffman 1973b.

many more. As organizations, religions relate to other organizations and institutions of society such as the state, the social economy, and others.[13] As organizations, religions have goals, "values,"[14] bodies, representatives, finance, administration, etc. As organizations, they do lobbying for themselves, claiming and negotiating a legitimate position in the institutional setting of society.[15]

On the second level we find *convictions*, especially moral propositions. Religions appear in public as systems of belief, of dogmatic and ethical convictions. These convictions claim to be true or right, either in a particular or in a universal sense.[16] Religious convictions can affect a wide range of issues, from the existence of God and correct liturgy, to concrete political issues brought forward in legislative processes. In public, such "religious" convictions are not only criticized and denied or defended and affirmed. There is also a discourse about whether it is appropriate to raise religious claims in political contexts (for example) at all.

Third, we have the level of *individuals*. Religions go public in the shape of religiously driven persons. Religion appears as the driving force behind their opinions and actions. Publicly religious persons can be church representatives,[17] charismatic persons,[18] or religiously bound citizens/next-door neighbours engaged in political issues.[19] Negotiations on this level concern, for example, whether religion is a good or a bad driving force for political engagement.

The fourth level is that of *symbols*. A religion appears in public as a symbolic cosmos, ranging from central symbols such as the Christian cross to a wide variety of logos and corporate identity markers. In many respects, religious language is symbolic. Buildings and other material items can also serve as religious symbols. In public, the legitimate place and use of religious symbols is subject to ongoing negotiations: Islamic headscarves and minarets as well as Christian crosses in courtrooms and schools are recent examples.

If we ask how diakonia goes public, we must consider at least these four levels. Diakonia appears as organizations and persons, as a set of convictions, and as a plethora of symbols. On every level—this is my central thesis—it goes pub-

---

13 According to Manow 2018, because of these constellations Christianity exerted an influence on European welfare state regimes.

14 For value-driven organizations, see Schröer / Mildenberger 2018; Powell / Bromley 2020.

15 For the role of the church in public, see Höhne 2015.

16 For particular positions, see Arens 2016. For the emphasis on universal ideas of the right vs. the sacralization of certain political positions, see Albrecht / Anselm 2017, 31f.; 41f.

17 See Bedford-Strohm, Öffentliche Theologie und Kirche [online], https://landesbischof.bayern-evangelisch.de/downloads/Abschiedsvorlesung_Bedford_Strohm.pdf (last accessed on 21.02.2022).

18 See Gabriel 2018, 227.

19 For the political engagement of individuals, see Albrecht / Anselm 2017, 41f. Religion correlates weakly with civic engagement; see Liedhegener 2016.

lic in a different and specific manner. When talking about "prophetic" or "public" diakonia, it is important to distinguish between these levels and to consider the tensions and incoherencies that lie within and between them. To substantiate this thesis, I now consider some examples from German diakonia.

III. Example 1: Abortions in Christian Hospitals

My first example deals with the public positions of two diaconal hospitals in the question of abortion. These recently became public in the context of media scandals, and differ not only in moral content, but also in the very way that diakonia itself went public.

The first hospital is a clinic in a largely rural district in Northern Germany. Three formerly communal hospitals were combined into a single hospital that is now run by a large diaconal enterprise. This enterprise has a guideline not to undertake abortions, except in life-threatening emergency situations. Consequently, women who want an abortion must now go elsewhere, probably travelling far. The local press made a scandal of this situation; the enterprise defended its practice as resulting from its Christian convictions.[20] In the scandal, religion became public on two levels: as an organization and as a particular conviction, with the organization itself claiming a direct correspondence between its practice and its Christian convictions.

The second hospital is a clinic in a large town with a long diaconal tradition. Some years ago, a new head physician was hired for the gynaecology/obstetrics department. He is a specialist in prenatal diagnostics. As a consequence, women with "problematic" courses of pregnancy were often transferred to this hospital, and the number of late-term abortions rose to a high level. In this case employees made a scandal of the situation, and again the press reported it.[21] The situation was exacerbated by the fact that the hospital belongs to a diaconal enterprise that also runs facilities for people with disabilities—disabilities like those "prevented" by abortions in the hospital. The hospital management started an ethics procedure among the employees. As a result, the situation of women considering late-term abortions was acknowledged as a moral dilemma: on the one

---

20 See Vorsamer 2016, Keine Abtreibungen mehr im Landkreis Schaumburg [online], https://www.sueddeutsche.de/leben/schwangerschaftsabbruch-keine-abtreibungen-mehr-im-landkreis-schaumburg-1.3280668 (last accessed on 01.03.2022); Zuschlag 2016, Christliche Klinik streicht Abtreibungen [online], https://taz.de/No-Choice-im-Krankenhaus/!5355366/ (last accessed on 01.03.2022).

21 See Rinas 2011, Heftiger Streit um späte Abtreibungen [online], https://www.haz.de/Hannover/Aus-der-Stadt/Uebersicht/Heftiger-Streit-um-spaete-Abtreibungen (last accessed on 07.03.2022).

hand, the protection of life and the acknowledgment of every human being having the same dignity; on the other hand, the care for the woman and the couple in this stressful situation. It was stated that, from a Protestant standpoint, this dilemma should not be reduced to a single, unambiguous moral position. Rather, an intense ethical debate should be held in every individual case. Again, religion became public on the two levels of organization and convictions. But instead of claiming a strong correspondence between these levels, tensions and dilemma situations were acknowledged, opening up a space for individual solutions.

I do not discuss which of the two strategies of diakonia going public has to be considered as more adequate, since that would open up the ethical debate on abortion, which lies beyond the scope of this article. In order to elaborate a concept of prophetic diakonia in pluralistic societies, it is sufficient to note that the relationship between the levels or channels of public diakonia involved (organization and conviction) is different in the two cases. In the first case, coherence is presented between organization and conviction. The organization steps into public view as a representative, as a bastion of a clear-cut, strong moral conviction. One might call this *prophetic diakonia.* In the second case, the organization shows itself as a place where opposing convictions legitimately exist and are communicated. The diaconal organization in this case presents itself not as identical with one specific conviction, but with a specific way of dealing with strong opposing moral convictions. Nevertheless, this might have 'prophetic' impact on the public debate as well. Thus, the understanding of prophetic diakonia should be nuanced. But first it is necessary to add more observations and to extend the analysis to all four levels of public diakonia mentioned above.

IV. Example 2: Diakonia Germany

In my second example, I look at a diaconal organization that runs no charity facilities at all: Diakonie Deutschland (Diakonia Germany), the central diaconal association at the national level.[22] Its main task is to build links: between the Protestant Church in Germany (EKD) and diaconal member institutions, between diakonia and national politics, and not the least between diakonia and the general public. For the context of this article, Diakonia Germany is one of the most important agents of public diakonia. How does it go public on the different levels of public religion?

---

22 To be precise, the top-level organization is called "Evangelisches Werk für Diakonie und Entwicklung" (Protestant Organization for Diakonia and Development), and Diakonia Germany is a part of it.

In the following, I can only highlight a few observations, without claiming them to be representative for what Diakonia Germany generally does. But I would claim that they show something about the range of possibilities and the complexity of diakonia's going public—a complexity that a theological concept of prophetic diakonia must take into account if it is not to be accused of being naive and oversimplistic. I concentrate on issues of justice, since they are among the most frequent in the public statements of diaconal bodies.

As an organization, Diakonia Germany produces a great deal of statements in the context of actual social political discussions or major political events such as elections. Before the last parliamentary election in Germany in 2017, for example, it issued papers on just participation[23] and on diversity in society.[24] In these papers, Diakonia presents itself as a typical political stakeholder: advocating certain political options and refusing others. These papers are very detailed, sometimes technical, as far as politics is concerned, and they very rarely refer explicitly to "religion." Only in the short prefaces do we find loose references to a few basic convictions that are framed as "Christian." What can be found throughout the papers instead is a widespread semantic of justice: social justice,[25] justice of participation,[26] justice of opportunities,[27] justice with respect to needs,[28] gender justice.[29] It is not specifically Christian semantics but these general semantics of welfare that carry the burden of making plausible what diakonia says.

This corresponds to two observations from the research on the semantics of welfare: first, in the so-called "crisis of the welfare state" since the 1990s we find a pluralization of the semantics of justice.[30] Second, as noticed earlier, it is especially the use and the coining of common welfare semantics like "justice," by which Christian influence on the modern welfare state development has been exerted. "Justice," of course, can be connected to the Christian symbolic cosmos as well as to the church's social gospel; but it is also a political "value semantic"[31] that can expect nearly universal acceptance.

---

23 See Evangelische Kirche in Deutschland, Gerechte Teilhabe — Befähigung zu Eigenverantwortung und Solidarität [online], https://www.ekd.de/denkschrift_gerechte_teilhabe.htm (last accessed on 07.03.2022).

24 See Diakonie Deutschland, Positionen der Diakonie zur Bundestagswahl 2017 [online], shorturl.at/fuvxN (last accessed on 07.03.2022).

25 See ibid.

26 "Gerechte Teilhabe" (see footnote 23).

27 "Chancengerechtigkeit" (see a. a. O.). Also equivalence of opportunities (see footnote 24).

28 "Bedarfsgerechtigkeit" (see footnote 23).

29 See footnote 24.

30 See Gabriel / Reuter 2017, 474.

31 See loc. cit., 16.

In this context, I want to point out a typical semantic strategy of diakonia in political contexts. If basic convictions are invoked which are framed as "Christian," they are often at the same time presented as universally valid. An example from the Preface of the statement on diversity: "Diakonia is convinced: the uniqueness and distinctiveness of every human being is *willed by God and good*."[32] Willed by God: Christian conviction; good: common moral conviction.[33] In this way, the position of Diakonia Germany is connected to the Christian symbolic cosmos and to the church's social gospel; but it also claims to be acceptable by everybody.

Justice plays a huge role in statements made by German Diakonia. In the year of the Reformation Jubilee, in 2017, it launched a campaign called "Open doors. Live justice."[34] It had a participatory character: on a website, people could create door leaves that visualized issues of justice. Some of them were then realized in the diakonia pavilion at the Reformation exhibition in Wittenberg. This campaign is a very interesting example for what might be called *diaconal semantic politics*. On the one hand, a firm link was established between diakonia as an organization and justice as well as between diakonia, justice, and Protestantism, since the campaign referred to the Reformation. On the other hand, the semantics of justice was deliberately broadened, opened up, and made connectable to individual understandings of what justice should mean. Justice wasn't advocated as a political concept; rather, it was advocated as a discourse platform, as a means of discussing political issues.[35] If this is prophecy, it is prophecy with indeterminacy.

As a preliminary conclusion, this shows that the relations between the organization-related and the conviction-related level of public diakonia can be even more complex. Diaconal organizations might go public with convictions that are not specifically framed as Christian, or that are framed as Christian and universal at the same time. The level of precision of the convictions might range from highly specific political positions to broad moral semantics.

This becomes even more complex if the personal level of diakonia going public is considered. The president of Diakonia Germany, Ulrich Lilie, regularly

---

32 "Die Diakonie ist überzeugt: Die Einmaligkeit und Unverwechselbarkeit eines jeden Menschen ist *gottgewollt und gut*." See footnote 24 (my emphasis).

33 This strategy is made explicit in a paper on poverty: "Sozialstaatliches Handeln ist damit gleichermaßen ethischer Auftrag des christlichen Glaubens wie Verfassungsgebot. Die christliche Grundüberzeugung und internationale Vereinbarungen sprechen vom Recht auf soziale Hilfen. Dieses Recht ergibt sich direkt aus dem Grundgesetz und hat Verfassungsrang." Diakonie Deutschland, Prävention und Bekämpfung von Altersarmut [online], shorturl.at/bdhC6 (last accessed on 07.03.2022), 12.

34 See Lilie, Aschermittwoch: Gerechtigkeit leben? [online], https://praesident.diakonie.de/2017/03/01/aschermittwoch-gerechtigkeit-leben/ (last accessed on 07.03.2022).

35 In this respect, churches and diakonia fulfil a "value guardian" role in public welfare discourse. See Angell 2007, 180.

writes in his blog about his work, about politics, and diaconal issues. The title of the blog is interesting: it is not called "diakonia blog" or "Comments by the President of Diakonia Germany." The URL is "praesident.diakonie.de," but the title is simply "Ulrich Lilie blogs." Correspondingly, in the "About me" section, Lilie writes: "I write [this blog] in my role as diakonia President and as a Protestant pastor ... But I also write as Ulrich Lilie, born 1957, who has a life beside his work ... [M]y way to think and act, to dispute and decide as 'president' feeds off my private life."[36] Diakonia here goes public in the shape of its top executive; what diakonia says and does is thus framed as an issue of individual authenticity. As a result, the style of the blog is quite colloquial; the author presents himself as impressed, as enthusiastic as well as disgusted,[37] as thoughtful and pondering,[38] as decided and resolute. Nearly every text is illustrated by one or more pictures of Ulrich Lilie in the middle of other people.

It goes without saying that this blog is a professional public relations product, corresponding to current expectations: news should be personal, and anonymous organizations need a real human face to be credible. Nevertheless, it is deeply rooted in the Protestant tradition that faith is individual and not institutional. Correspondingly, in the blog there is considerable space for questions of religion and for the use of religious semantics.[39] Even sermons are provided for download. Narratives are presented that are obviously connected with the moral or political interests of the author, though a "moral of the story" is not always given. And there is, explicitly and implicitly, a lot of meta-reflection on the role of diakonia within society and on the public role of a diakonia executive.[40] If this is called prophecy, it turns out to be a quite reflective type of prophecy.

---

36 "Ich schreibe ‚Auf ein Wort' in meiner Rolle als Diakoniepräsident und evangelischer Pfarrer .... Ich schreibe hier aber auch als Ulrich Lilie, Jahrgang 1957, der ein Leben neben der Arbeit hat ... [M]eine Art als 'Präsident' zu denken und zu handeln, zu diskutieren und zu entscheiden, speist sich trotzdem auch aus meinem Privatleben. Der Blog ist ein Ort, an dem das erkennbar werden kann ... Es geht mir darum, für die Sache der Diakonie zu werben. Das wird, hoffe ich, besser gelingen, wenn wir Menschen, die in der Diakonie arbeiten, in unserem Denken und unseren Zielen erkennbarer werden" Lilie, Über mich [online], https://praesident.diakonie.de/ueber-mich/ (last accessed on 07.03.2022).

37 See Lilie, Populismus – jetzt auch in Berlin? [online], shorturl.at/py456 (last accessed on 07.03.2022).

38 See Lilie, Bitte zuhören! [online], https://praesident.diakonie.de/2017/10/11/bitte-zuhoeren/#more-1387 (last accessed on 07.03.2022).

39 See Lilie, Pfingsten und die Offene Gesellschaft [online], https://praesident.diakonie.de/2018/05/17/1619/#more-1619 (last accessed on 07.03.2022).

40 "Wie oft gelingt es einer Sozialministerin oder einem Diakonie-Präsidenten sich gegenüber Betroffenen verständlich zu machen? ... Wir brauchen Übersetzer, die von einer Sprach- und Lebenswelt in die andere dolmetschen ... Ich sehe hier auch eine wichtige Aufgabe der Diakonie. Wir sind Brückenbauer" Lilie, Bitte zuhören! [online], https://praesident.diakonie.de/2017/10/11/bitte-zuhoeren/#more-1387 (last accessed on 07.03.2022).

Finally, let me give some remarks on the symbolic level of diakonia going public. Diakonia Germany, of course, has a professional corporate design. Recently, they launched a website that explains every aspect thereof.[41] The claim, as stated by Ulrich Lilie, is that this is not mere public relations—decorating the surface—but that it is based on the central "values" of diakonia, the so-called nucleus of the brand ("Markenkern").[42] Diaconal "values" were translated into guidelines for visual appearance; for example, "Christian solidarity" translates into an "accessible and simple" appearance. Convincing or not, this again must be considered as a specific channel of diakonia going public.

In this context, a designer created symbols for the different spheres of diaconal activity. They do not refer to primary religious symbols such as the cross. Rather, they employ a visual language that can expect to be commonly understood. One picture I found quite impressive stands for the field of family and pregnancy. It shows a couple, traditionally male and female, with a child. Each has put one arm around the shoulders of the other, and one arm on the shoulder of a child located before them. But the child is not depicted as a third figure in front of the background. Rather, the spectator sees only its silhouette as a part of the background. There are caring parents, but there is no child as such; there is only a space in the shape of a child. Maybe this child will be born soon, maybe it's just around the corner; maybe it already left home; maybe it died; maybe it was never born. This is a deep and highly ambiguous visualization of the issues of family and pregnancy, of the care for and the dignity of human beings—symbolically spoken: of the image of God, which cannot be depicted. Here it becomes clear that a symbol is a representation neither of a moral conviction, nor of an authentic individual, nor of an organization. It is a fourth mode of diakonia going public, and it is a mode with its own laws.

---

41 Diakonie Deutschland, Markenportal [online], https://design.diakonie.de/ (last accessed on 07.03.2022).

42 "Wer diese Bemühungen um einheitlichere Markenkommunikation als ‚äußerlichen Kram' abtut, hat nicht verstanden: Unser CD ist mehr als eine schicke Ästhetik. Es ruht auf einem verbindenden inhaltlichen Fundament, dem sogenannten Markenkern. Alle Äußerungen der Diakonie sollten diesen Markenkern reflektieren. Wo das gelingt, spricht die Diakonie mit einer Stimme" Lilie, Diakonisches Design – preisgekrönt [online], https://praesident.diakonie.de/2017/11/03/diakonisches-design-preisgekroent/#more-1409 (last accessed on 07.03.2022).

With kind approval of Diakonie Deutschland, ©Diakonie/Francesco Ciccolella

V. Concluding Discussion

Can the diaconal contributions in these different forms and on these different levels be understood as "speaking truth to power," as prophecy in pluralistic and democratic contexts? Obviously, it's quite a way down the road from the prophetic gesture of Amos to the professional corporate identity of German diakonia more than 2,500 years later. Nonetheless, on closer inspection, there is "truth" on each of these levels of public religion. On every level, truth claims are raised.

First: On the level of convictions, it is moral truth claims especially that are raised. Diaconal statements are presented as Christian convictions or as convictions of institutional diakonia, which implies the claim that they are morally right. But these claims are highly differentiated: they are directed toward different public spheres; they show quite different levels of precision, reaching from very precise positions in social politics, on the one hand, to general and widely indeterminate pleas, for example, for "social justice," on the other hand. In the latter case, the truth claim is not connected to a single moral proposition, but to a general semantic that is supposed to describe a common background conviction, an imprecise consensus (to be committed to "social justice"). As a result, this semantic can serve as a shared platform for discourse on concrete aims and measures of social politics. It is precisely these semantics—justice, solidarity, responsibility, etc.—that, according to Karl Gabriel and Hans-Richard Reuter, have mediated the main historic influence of the churches on the German welfare system. This might be called prophecy, but it's more subtle than the expression of particular moral propositions. In the words of Andreas Reckwitz, it is a practice of *doing universality* within a "society of singularities."[43]

In other cases, moral propositions, as has been shown, were connected with explicit or implicit meta-reflections concerning the relationship of morality and politics, a legitimate moral plurality within society, or the relationship between religion and morality. Truth claims in this case are raised not only for the moral righteousness of the conviction proposed, but also for the placement of "religious" moral convictions within a pluralistic and democratic political system. Here, religion is presenting itself as more than simply moral. "Prophecy" in this case includes at the same time moral concern and the consciousness of the transmoral core of religion.

Second: On the organizational level, diakonia reveals multiple surfaces in the context of different social spheres. It speaks differently towards politics, towards church members, towards clients and patients in daily work; sometimes, it uses the language of economics, other times the symbolic language of religion. This may be a form of hypocrisy, as when, for example, 'hard' economical reasoning is simply disguised by some cloudy religious semantics. In general, nevertheless, it is inevitable that organizations are multirational,[44] that is, that they belong to different social spheres, and that they join themselves to what is counted as rational within these spheres. Diakonia as an organization constantly works at and on the borderlines between different rationalities: economic, legal, medical, theological, etc. Thus, truth claims on the level of diakonia as an organization are nearly never just theological or religious or even moral—there are nearly always political and economic concerns involved. Again, this might still be called prophecy; but then, the concept of "purely Christian" convictions independent of all political or economic influence has to be dropped. Prophetic diakonia in particular does not come from the outside of politics but is an intrinsic part of public as well as of political discourses.

Third: On the personal level, truth claims are again raised in a different manner. The truth of a person is not the truth and well-foundedness of a coherent

---

43 See Reckwitz 2017.
44 See Schedler 2012.

ethical system, nor is it the truth of an organization in its multirationality. Individuals may be unsure of what to say, they may ask questions, they may doubt, they may change their opinions, they may even express incoherent moral convictions—as long as they show themselves to be *authentic*. Authenticity is basically an expressive truth claim: the person seriously and credibly says what he or she really believes, feels, and thinks, in all his or her finite reliability. So, if prophecy is conceived of as a personal "witness," this again is a different form of diakonia going public.

Fourth: On the level of religious symbols, the question of truth might be asked as well. What is meant if somebody talks about "God's will" or if somebody uses the cross or an image with Biblical connotations in the context of diakonia? This again might be appropriate or inappropriate; it might be accepted or rejected. Nevertheless, the logic of symbols and images is not the logic of verbal propositions. Symbols and images can never be directly translated into verbal language. They are always open to interpretation; they are characterized by indeterminacy and by intersymbolic and intericonic relations. Symbols point beyond themselves; images show, they don't tell. Symbols and images are situated at the core of religion; and by this, they are characteristic for the way religions go public. For some religious symbols there is a constant public discourse on what they "really mean." Think, for example, of the Muslim headscarf. Diakonia going public is always symbolic politics. This might again be called prophecy; but again, the specific characteristics of this *going public* must be considered.

And *fifth and finally*: These four levels, of course, can only be separated analytically. In reality, they appear as interwoven. As we have seen in the abortion example, this makes things more complicated. Tensions appear, for example, between moral convictions and organizations. A "Christian" organization might relate to "Christian" convictions, but it need neither completely identify itself with them nor claim that the strategy of this organization is clearly deduced from religious moral convictions.

So, if prophetic diakonia means going public and "speaking truth to power," further analysis shows a highly differentiated and complex relationship between "religion" and "public." Depending on what or who appears as religion in public, different truth claims are connected to this religious publicity. My central point is that we must consider this fact in a concept of prophetic or public diakonia. There might be acute political situations, where it can be appropriate to (try to) hide this complexity: to pretend that the truth of diakonia as an organization is identical with the personal authenticity of its members and identical with a specific and coherent set of moral convictions that is derived from the symbolic cosmos of Christianity. Nevertheless, in a democratic and pluralistic society, this prophetic strategy might in general be neither possible nor preferable. Rather, the complexity of being a public religion could be considered theologically as appropriate, as far as the transmoral core of Christian faith, the Gospel, is concerned.

3. Historie als Deutungsmacht Zur Geschichtspolitik diakonischer Einrichtungen

I. Deutungskampf in Bethel

„Für Pastor Fritz war der Augenblick da, den er sich gewünscht hatte. Brandt verkörperte als Reichskommissar und Leibarzt Hitlers eine Macht, und wenn es gelang, sie niederzuringen, hatte er gewonnen. Er hatte diese Stunde herbeigesehnt, aber er hatte sich nicht die dramatischen Umstände dabei gewünscht. Die Ärztekommission hatte ihre Arbeit schon aufgenommen [...]. Es gab für ihn, Pastor Fritz, keinen Aufschub mehr, in Bethel ging in diesen Minuten die Gewalt um, wurden die Kranken schon untersucht und wurde mit der Entscheidung ‚lebenswert' – ‚lebensunwert' begonnen. Entweder siegte er in allerletzter Sekunde oder es war alles für immer verloren. Er hatte an diesem Tag den Kampf seines Lebens zu kämpfen." [1]

So beginnt ein einflussreiches historisches Narrativ zur Rolle Bethels im Kontext der sogenannten „Euthanasie" im Nationalsozialismus. Es entstammt dem zwischen 1953 und 1960 in vier Auflagen erschienenen Buch „Der Einsame von Bethel" des Journalisten Kurt Pergande. Mit Unterstützung der von Bodelschwinghschen Anstalten entstanden, fungierte dieses Werk bis in die 1960er Jahre hinein trotz oder wegen seines hagiographischen Charakters als Referenzerzählung für die Geschichte Bethels in der NS-Zeit.[2] Der titelgebende „Einsame" sind eigentlich zwei Personen: Friedrich von Bodelschwingh der Ältere, der Bethel von 1872 bis 1910 vorstand, und sein Sohn und Nachfolger Friedrich von Bodelschwingh der Jüngere, genannt „Pastor Fritz", der Protagonist der Episode. Dass die Darstellung in vielfacher Hinsicht historisch unzutreffend ist, interessiert im Folgenden nicht,[3] umso mehr jedoch der Umstand, dass hier mindestens auf eine dreifache Weise diakonische[4] Deutungsmacht in Szene gesetzt

---

1 Pergande 1960, 263. Ich danke meinem verehrten Kollegen Matthias Benad für den Hinweis auf diesen Text sowie für hilfreiche Anmerkungen zu einer früheren Version dieses Beitrages.

2 Vgl. Benad 1997, XVIf.

3 Vgl. a. a. O., XVIf. und XXIff.; allgemein Kaiser 2013.

4 „Diakonie" und „diakonisch" stehen im Folgenden für den nicht scharf abzugrenzenden Gesamtzusammenhang organisierten Helfens im deutschen Protestantismus, der historisch unterschiedlich bezeichnet wurde (innere Mission, Innere Mission, Diakonie etc.).

wird: Präsentiert wird erstens eine Bewährung von Deutungsmacht als historisches Ereignis, die zweitens zugleich als Aktualisierung eines deutungsmächtigen Gründungsgeistes gerahmt und drittens als solche in einen offenen Deutungsmachtkonflikt der Gegenwart (der Erzählzeit) eingespielt wird.

Das Setting ist dramatisch. Eine Ärztekommission hat sich, so die literarische Fiktion der Szene, gewaltsam Zutritt zu den Patientenakten verschafft, um die Selektion der zu ermordenden Kranken vorzunehmen. Der Maßnahmenstaat ist mit Gewalt in den Betheler Schutzraum eingedrungen. Zufällig in diesem Moment trifft auch der Reichskommissar für das Sanitäts- und Gesundheitswesen, der Medizinprofessor Karl Brandt in Bethel ein. Brandt, der über die laufende Aktion nicht informiert ist, wird dargestellt als ein von der biologischen Notwendigkeit der Euthanasie überzeugter, aber moralisch ansprechbarer Arzt. „Brandt war kein fanatischer SS-Arzt, er gehorchte auch nicht etwa aus reinem Gehorsam dem Führerbefehl [...]. [... E]r war viel gefährlicher, weil er von der Richtigkeit seines medizinischen Standpunktes tief überzeugt war. Aber: Fanatiker konnte niemand bekehren und belehren, gegen Überzeugung jedoch konnte man ringen. Hier sah Pastor Fritz die einzige Chance, zu gewinnen.“[5] Mit der Figur Brandts wird der Konflikt zwischen dem NS-Staat und Bethel umarrangiert: Aus dem Gegenüber von überzeugungsloser Macht und machtloser Überzeugung wird der Konflikt zwischen der Macht zweier Überzeugungen: ein Deutungsmachtkonflikt.[6] „So standen sich also zwei Männer gegenüber, die Welten trennten: ein ganzer Christ der eine, Ungläubiger durch und durch der andere. Glaube stand gegen Idealismus, wie Brandt ihn verstand.“[7]

Dieser Konflikt wird zunächst argumentativ ausgetragen: „Zunächst legte [von Bodelschwingh, TM] Brandt eine Fülle von Material darüber vor, wie leichtfertig und rigoros die Ausmerzungsmaßnahmen durchgeführt wurden, und Brandt war erschüttert. Seine Grundhaltung änderte es aber nicht; er suchte Pastor Fritz zu überzeugen, daß aus rassischem Idealismus und aus Motiven der Menschlichkeit die Ausmerzung solcher Kranken bejaht werden müsse, bei denen es zu einem völligen Erlöschen des geistigen Lebens gekommen sei.“[8] Auch wenn der Gegner moralisch berührbar ist, lässt sich mit den Mitteln rationaler Argumentation hier nichts ausrichten. Die Deutung Bodelschwinghs bleibt auf dieser Ebene machtlos.[9]

---

5 Pergande 1960, 263.

6 Um konfligierende Deutungen handelt es sich insbesondere hinsichtlich des psychischen Zustandes der Kranken und des Wesens und der Zulässigkeit der „Euthanasie“. Zum Deutungsbegriff vgl. Stoellger 2014a, 11ff.

7 Pergande 1960, 263f.

8 A. a. O., 264.

9 Vgl. Hastedt 2014, 90, der sieben Typen der Deutungsmacht unterscheidet.

In diesem Moment erscheint der patrilineare Gründungsgeist Bethels. „Pastor Fritz [...] hat es dann gehalten, wie sein Vater es tat, wenn er auf einen Ungläubigen stieß. Der Vater hatte gesagt: ‚Mit Ungläubigen und Spöttern soll man nicht viel disputieren, sondern einfach vom eigenen Glauben zeugen und ihnen bezeugen, wie selig und ruhig man in diesem Glauben ist, während sie meist von einer heimlichen Unruhe geplagt sind, wovon die Lust am Disputieren und Lästern nur ein Zeichen ist.'"[10] Bodelschwingh stellt angesichts seiner Deutungsohnmacht auf dem Feld des argumentativ Rationalen auf das charismatische Zeugnis um. *Glaube vs. Unglaube* wird zur signifikanten Differenz. „Brandt war ihm in dieser Stunde kein Feind, kein Gegner, er war in seinen Augen ein Verlorener, dessen Seele gerettet werden mußte."[11] „Gegen diesen völligen Unglauben in Brandts Herzen begann Pastor Fritz zu ringen. Er stellte ihm vor die Seele, daß Kranker und Krankheit nicht nur Objekte für den Arzt sein dürfen, daß die Frage von Nützlichkeit und Zweck nicht zum Gradmesser der menschlichen Persönlichkeit gemacht [...] werden dürfe. Er wies überzeugend nach, daß die Euthanasie-Aktion gegen Gottes Gebot verstoße und für einen Christen auch darum verwerflich sei, weil hier vergessen werde, daß Christus auch um der Elendesten willen gekreuzigt und auferstanden sei."[12] Das Instrumentalisierungsverbot, theo- und christologisch fundiert und in charismatischer Eindringlichkeit vorgetragen, zeigt sich im Fortgang des Gesprächs als das Zeugnis, das den argumentativ wehrhaften, aber letztlich haltlosen humanen Idealismus des Reichskommissars überwindet. Diese Deutungsmacht verdankt sich nicht zuletzt der Performanz des Vortrages, aus der sie einen geradezu physischen Charakter gewinnt:[13] „Die Stunden fielen, Pastor Fritz sprach. Brandts Einwände wurden immer schwächer, immer mutloser, und schließlich rang der große Christ ihn völlig nieder. [...] Frau v. Bodelschwingh hat später erzählt, daß sie Dr. Brandt beobachtet habe, wenn sie durch das Zimmer gehen mußte. Er habe zunächst in aufrechter Haltung gesessen und ruhig und sachlich seine Überzeugung vertreten, nachher sei er stiller und stiller geworden, während nur ihr Mann gesprochen habe, und schließlich habe Brandt erschüttert und mit tief gesenktem Kopf gesessen."[14]

Damit ist der Deutungskonflikt beendet, und der Blick weitet sich ins Historisch-Universale. „Nach drei Stunden war das Ringen entschieden und von Pastor Fritz gewonnen; der Stärke und Überzeugungskraft seines Glaubens mußte auch Brandt sich beugen. Pastor Fritz hatte den schwersten Kampf seines Lebens gewonnen, für Bethel, für die christliche Kirche, für ganz Deutschland, und er

---

10 Pergande 1960, 264.

11 A. a. O., 265.

12 A. a. O., 264.

13 Zum Performanzaspekt von Deutungsmacht vgl. Stoellger 2014a, 55.

14 Pergande 1960, 265.

hatte Abertausenden von Kranken und Verängstigten das Leben gerettet.“[15] Die Euthanasie-Aktion gegen Bethel wurde, so wird in der Folge berichtet, abgebrochen.[16]

Doch nicht damit schließt die Szene, sondern mit einer ganz anderen Beglaubigung des großen Deutungsmächtigen. „Pastor Fritz begleitete [Brandt, TM] bis vor die Tür. Vor der Tür stand ein Epileptiker, er hatte Stunde um Stunde ausgeharrt und keinem gesagt, was er wollte. Als Brandt gegangen war, fragte Pastor Fritz: ‚Nun, Otto, willst du etwas von mir?‘ ‚Ich wollte heute nichts von Ihnen, Herr Pastor.‘ Der Kranke legte ihm die Hand auf die Schulter und fuhr fort: ‚Ich wollte Ihnen nur sagen, wir stehen alle hinter Ihnen.‘“[17] Die Macht, die hier zu Tage trat, ist keine Selbstmacht des Starken; sie ist, entsprechend dem Betheler Selbstverleugnungsimperativ, Macht aus dem Dienst an den Schwachen. So geht es Pastor Fritz schließlich nicht anders als jedem Diakon und jeder Diakonisse: „ganz erschöpft saß er [...] Stunden später am Abendbrottisch.“[18]

Auf der Ebene des Erzählten handelt die Episode von einer Deutung, die in einer existenziellen Situation mächtig ist und damit Leben rettet. Im Kontext des Erzählens geschieht dadurch jedoch mehr und anderes: Indem von historischer diakonischer Deutungsmacht erzählt wird, wird Diakonie selbst wesenhaft als Deutungsmacht präsentiert und damit zugleich für die Gegenwart des Erzählers Deutungsmacht *über* Diakonie beansprucht.

Bethel insgesamt verdankt sich Pergandes Hagiographie zufolge dem machtvollen Deutungswort. Schon der alte Bodelschwingh, dessen Geist hier zitierend aufgerufen ist, wird als bethelgründender[19] Deutungsvirtuose dargestellt, der in seinem Glauben und seiner Hingabe an die Schwachen aus Ohnmacht Macht gewinnt. Für ihn sind Krankheit und Tod die primären Ohnmachtserfahrungen.[20] „Wer körperlich gesund war, den Glauben an Gott aber verloren hatte, war in seinen Augen viel schlimmer dran als der körperlich Kranke, der an Gott und die Erlösung von allen Leiden nach dem Tode glaubte. Diesen Glauben schenkte er seiner Umwelt, von der Kanzel herab, in stillen Zwiegesprächen in seinem Arbeitszimmer oder im kleinen Stübchen dahinter, in Unterrichtsstunden.“[21] Aus diesem Glauben wächst das große Werk der Barmherzigkeit, gegen allen Zweifel vor allem einer modernen Industriegesellschaft, die

---

15 Ebd.

16 Vgl. a. a. O., 269.

17 A. a. O., 265.

18 Ebd.

19 Der Umstand, dass Friedrich von Bodelschwinghs der Ältere nicht der erste Anstaltsgeistliche Bethels war, spielt in der Darstellung kaum eine Rolle. Es ist eine Gründungsgeschichte.

20 Vgl. die Anfangsszene des Todes seiner ersten vier Kinder (a. a. O., 7ff.; interpretiert a. a. O., 44).

21 Pergande 1960, 48.

„Fallsüchtige", „Geistesschwache"," Krüppel" und „Kretins"[22] nicht mehr zu verwenden weiß und die zugleich selbst nicht auf festem Fundament steht. Anders Bodelschwingh: „[S]o stark wußte er sein Liebeswerk an den Ärmsten seines Volkes von seinem Glauben und vom Geiste Jesu durchdrungen, daß er einmal in heiligem Eifer ausrief: ‚Bethel ist sicherer als der preußische Staat!'"[23]

Diese zentralen Motive der Gründungsgeschichte werden in der Darstellung des eine Generation später angesiedelten Deutungsmachtkonflikts um die Euthanasie wieder aufgerufen: eine fundamentale Ohnmachtssituation, die durch Deutung überwunden wird; die Unbarmherzigkeit einer Moderne, die die Schwachen durch Selektion ausgliedert, und die christliche Hingabe an eben diese Schwachen; die harte Rationalität der Moderne, die doch schwankend ist, und das feste Fundament des Glaubens, der sich dennoch zur Geltung bringt, indem er die Herzen gewinnt und dadurch auch gegen den Augenschein weltlich machtvoll ist. Die Geburtsgeschichte wird repräsentiert als Geschichte einer erneuten Bewährung des Betheler Gründungsgeistes unter neuen Bedingungen.

Diese Re-Präsentation hat nun jedoch ihren Sitz im Leben wiederum unter ganz anderen gesellschaftlichen, politischen und unternehmenspolitischen Bedingungen. In den späten fünfziger und beginnenden sechziger Jahren kommt das Modell des alten Bethel zunehmend unter Druck. Im beginnenden Wirtschaftswunder, dem Ausbau des Sozialstaates und der fortschreitenden Professionalisierung sozialer Berufe verliert insbesondere das Arbeits- und Lebensmodell der Diakonisse seine Attraktivität. Zunehmend bleibt der Nachwuchs aus.[24] Es dürfte dem hohen symbolischen Kapital der Betheler Anstalten geschuldet sein, dass diese Entwicklung erst in den späten sechziger Jahren zu Reformen geführt hat. Bis dahin versucht man insbesondere in der Leitung Bethels, das Modell christlich motivierter Selbstverleugnung und Hingabe, die das ganze Leben der Helfenden wie der Hilfeempfangenden umgreifen sollte, und die es tragenden Institutionen der Diakonisse, des Diakons, des maßgeblichen theologischen Vorstehers, der Glaubensvermittlung in Ausbildung und Hilfehandeln usw. aufrechtzuerhalten.[25] In dieser Situation werden die genannten Grundelemente des Gründungs- und des Bewährungsnarrativs interessant: die potentiell haltlose moderne Rationalität in Staat und Gesellschaft und das feste christliche Fundament; die Erfahrung der Ohnmacht und die Verheißung ihrer Überwindung im Modus des machtvollen Deutens und Bezeugens.[26] Das wird im Schlussteil des Buches in einer Erzählung vom Betheler Aufnahmeleiter inszeniert, der über die Zuweisung von Hilfesuchenden zu den Einrichtungen Bethels entscheidet. Auch seine Macht wird wesentlich als glaubensgegründete Deutungsmacht

22 A. a. O., 47.
23 A. a. O., 44.
24 Vgl. zeitgenössisch Leich 1955.
25 Vgl. Benad 1997, XXXVI.
26 Vgl. Pergande 1960, 311.

erzählt; auch er handelt „wie ein Vater" und damit als Reinkarnation des alten Bodelschwingh.[27] Und so erscheint als selbstverständlich, was zeitgenössisch umstritten gewesen sein dürfte: „Der Aufnahmeleiter ist kein Verwaltungsdirektor, kein Arzt, er ist ein Pastor. [...] Bethel ist erst in zweiter Linie Krankenhaus und Klinik."[28]

Die Gründungsgeschichte und ihre Re-Präsentation gegen ein mörderisches Regime werden damit zum Teil desjenigen Plausibilitätshintergrundes, vor dem Forderungen nach Reform abgewehrt werden. Die Erzählung von Deutungsmacht affimiert den Machtanspruch einer spezifischen Deutung dessen, was Bethel seinem Wesen nach sei, wer sich hier wem auf welche Weise zuzuwenden habe und wie es dies zu organisieren gelte. Damit reflektiert die Erzählung eine Vielzahl von Deutungsmachtkonflikten, die die moderne Diakonie seit ihrer formativen Phase begleitet haben; und sie nimmt das Instrument der Geschichtspolitik in den Dienst, um diese Konflikte zu entscheiden oder wenigstens zu sistieren. Im Folgenden wird die Landschaft diakonischer Deutungsmachtkonflikte kartiert (2.), bevor ein näherer Blick auf diakonische Geschichtspolitik geworfen wird (3.). Diakonische Geschichtserzählungen erweisen sich dabei nicht nur als Instrumente der Ausübung von Deutungsmacht, sondern auch als Plattformen theologischer Reflexion über die Macht von Deutungen und deren Grenzen (4.).

II. Deutungsmachtkonflikte in der Diakonie

Das dargestellte Narrativ stellt im Kern einen *personalen* Deutungsmachtkonflikt dar. Wer hat, im Anschluss an Max Weber gesprochen, die Chance, dass sich seine Deutung gegen anderslautende Deutungen durchsetzt?[29] Dabei geht es jedoch nicht nur um individuelle Überzeugungskraft; es geht auch um die Konfrontation von Vertretern zweier Deutungseliten. Ein Theologe steht gegen einen Mediziner: ein Konflikt, der sich innerhalb Bethels Ende des 19. Jahrhunderts ausprägt.[30] Ähnliche Professionskonflikte um die organisationale Deutungshoheit finden sich insbesondere in den 1960er und 70er Jahren zwischen Theologie und anderen Referenzprofessionen der Wohlfahrtspflege sowie vor allem in den 1980er und 90er Jahren zwischen Theologie und Ökonomie. Ein gegenwärtiges Konfliktfeld liegt insbesondere in der Frage, ob eine Theologin oder

---

[27] „Der Aufnahmeleiter [...] hat keine Macht über sie, keine Erziehungsgewalt, die er nun etwa anwenden könnte, er kann beide nur retten mit der Offenheit seines Wortes und dem Beweis seines Willens Ihnen wirklich zu raten und helfen zu wollen wie ein Vater." (Pergande 1960, 318). Zu „Vater Bodelschwingh" vgl. a. a. O., 43.

[28] A. a. O., 314.

[29] Zum Konzept personaler Deutungsmacht vgl. Hastedt 2014, 94.

[30] Vgl. Schmuhl 1998.

ein Theologe im Vorstand eines diakonischen Unternehmens gebraucht wird oder nicht.[31] Als Deutungskonflikt erweist sich eine solche interprofessionelle Auseinandersetzung nicht zuletzt dadurch, dass Theologinnen und Theologen, befragt nach ihrem eigenen professionellen Leitungshandeln in der Diakonie, dieses wesentlich als *Führung durch Deutung* verstehen.[32] Auch die gängige Ökonomisierungsdiagnose weist zentral auf das Problem der Deutungsmacht. Ökonomisierung bedeute, so wird gesagt, eine „Umkehrung der Zweck-Mittel-Relation",[33] in der das ökonomische Kalkül seine angestammte instrumentelle Funktion verlasse und in Gestalt der Gewinnmaximierung zum Zweck der gesamten Unternehmung werde. Nun liegen Zwecke niemals absolut, sondern immer nur relativ zu einer zwecksetzenden Instanz vor. In der Ökonomisierungsdiagnose wird also problematisiert, wer als maßgebliche zwecksetzende Instanz einer diakonischen Unternehmung zu verstehen ist.

Im personalen Deutungsmachtkonflikt zwischen Vertretern verschiedener Professionen manifestiert sich dabei das potenziell konflikthafte Gegenüber der Deutungsansprüche verschiedener professioneller *belief systems*.[34] Professionen treten im Kontext der Organisation als Sinngemeinschaften auf, die divergierende Grundverständnisse der Organisationswirklichkeit in deskriptiver wie in präskriptiver Hinsicht verkörpern.[35] Solche Divergenzen sind etwa für den Bereich des Gesundheitswesens zwischen ärztlichen und pflegerischen Professionen oder auch für die Geburtsmedizin zwischen Ärzten und Hebammen namhaft gemacht worden.[36] In der Diakoniewissenschaft ist als paradigmatische Divergenz von *belief systems* das Verhältnis zwischen Theologie und Ökonomie diskutiert worden. Klassische systematische Zuordnungsmodelle zwischen ihnen wie etwa die „theologische Achse" Alfred Jägers[37] suchen zwischen den potentiell konfligierenden Deutungsansprüchen auszugleichen und erweisen sich gerade darin wiederum als Dominanzmodelle.[38] In jüngerer Zeit ist im Anschluss an plurale Konzepte von Rationalität der Begriff der Multirationalität als Zuordnungsmodell vorgeschlagen worden, der entweder aus systemtheoretischen oder aus

---

31 Vgl. Hofmann / Montag 2018.

32 Siehe den Abschnitt „Unternehmensführung" in diesem Band.

33 Kühn / Simon, Anpassungsprozesse der Krankenhäuser an die prospektive Finanzierung (Budgets, Fallpauschalen) und ihre Auswirkungen auf die Patientenorientierung: Abschlussbericht [online], shorturl.at/ejpX0 (letzter Zugriff am 07.03.2022), sowie dazu Moos 2017, 34.

34 Zum Begriff der *belief systems* im Anschluss an Nicolas Wolterstorff vgl. Stoellger 2014a, 6–8. Im Folgenden wird der Begriff auf professionsbezogene *beliefs* angewandt, die vielleicht noch deutlicher als personen- bzw. gruppenbezogene Gewissheiten oder Weltanschauungen holistisch strukturiert sind.

35 Vgl. Schedler / Rüegg-Stürm 2013a, 45.

36 Vgl. etwa die Beiträge in Duden u. a. 2002.

37 Vgl. Jäger 1993a, 64–70.

38 Vgl. Hofmann 2018, 16f.

geltungstheoretischen Prämissen heraus professionelle Deutungsmachtkonflikte erstens zu entpersonalisieren und zweitens sachlich handhabbar zu machen sucht.[39]

Schließlich eröffnet der Verweis auf *belief systems*, der von der personalen auf die professionelle Ebene von Deutungsmachtkonflikten führte, noch eine dritte Ebene der Deutungsmacht in der Diakonie. Wenn Professionen angesprochen sind, so geht es zwar zunächst um die kommunikative Kultivierung spezifischer Wirklichkeitsverständnisse im Modus wissenschaftlicher oder professionsethischer Auseinandersetzung. Professionen erweisen sich im Organisationsalltag als sprachfähig hinsichtlich der eigenen Überzeugungen und treten demzufolge in explizite Deutungsauseinandersetzungen. Doch diese vorgetragenen bzw. abrufbaren Überzeugungen stehen ihrerseits, hermeneutisch gesprochen, in einem Horizont des nicht Expliziertten und jedenfalls in toto nicht Explizierbaren. In praxistheoretischer Wendung handelt es sich dabei um Habitualisierungen von Deutungspraktiken und um deren eingeschriebene Wissensbestände, das *knowing how* des Deutens, das im Unterschied zum *knowing* that ebenso impliziten Charakter hat. Damit richtet sich der Blick auf modale Deutungsmacht:[40] auf diejenigen Voraussetzungen, die Kommunikation möglich und explizite Deutungen plausibel machen. Die Wahrnehmung einer langreichweitigen Verschiebung solcher Voraussetzungen findet sich im einleitend dargestellten Narrativ dort, wo es ein Bild der Moderne und ihrer Rationalität zeichnet. Diese Wahrnehmung leitet auch diakonische Zeitdiagnosen, die unter Stichworten wie „Säkularisierung" oder „Pluralisierung" vorgetragen werden. Nicht nur die dominanten Deutungen des „Diakonischen" wandeln sich demnach, sondern die Bedingungen dessen, was überhaupt als Deutung des Diakonischen vorgetragen werden und Anspruch auf Anerkennung oder auch nur Bedeutsamkeit erheben kann. Solche Wahrnehmungen, die sich auf den Wandel von Sinnhorizonten oder auf Um-Habitualisierungen von Deutungspraktiken beziehen, lassen sich ihrerseits am ehesten rückschließend aufweisen: etwa aus biografischen Berichten oder aus Entwürfen von Programmen, wie Diakonie gegenwärtig und zukünftig zu verstehen und zu gestalten sei. Verwiesen sei hier beispielsweise auf Literatur zur diakonischen Bildung[41] und zur diakonischen Kultur,[42] aber auch auf den Vorschlag, den „verhängnisvolle[n] Sonderbegriff" des Diakonischen gänzlich aufzugeben, insofern mit ihm verbundene Deutungspraktiken unter gegenwärtigen Bedingungen nur noch eine unselige christliche Überheblichkeit auf Dauer stellten.[43]

---

39 Vgl. Schedler / Rüegg-Stürm 2013.

40 Vgl. Stoellger 2014b, 30.

41 Vgl. etwa Adam u. a. 2006.

42 Vgl. etwa Hofmann 2010.

43 Rüegger / Sigrist 2011, 130–145, 138.

Die personale, die professionelle und die modale Ebene von Deutungsmachtkonflikten in der Diakonie lassen sich mithin analytisch unterscheiden, liegen aber, wie schon das einleitend angeführte Narrativ zeigt, in concreto material unentwirrbar ineinander. Neben diesen Ebenen lassen sich typische Gegenstände diakonischer Deutungsmachtkonflikte benennen, die in der Geschichte der modernen Diakonie immer wieder prägnant geworden sind. Das soll hier nur mit grobem Strich geschehen; es auszuführen hieße, eine ganze Kulturgeschichte moderner Diakonie zu schreiben.

Zunächst ist hier die Deutung von Hilfsbedürftigkeit zu nennen. Aufgrund von welchen Lebenslagen und für welche Personen wird Diakonie tätig? Für Friedrich von Bodelschwingh den Älteren ist eine spezifische Deutung der Epilepsie und der Lebenssituation derer, die von ihr betroffen sind, orientierend. Die zeitgenössisch nahezu unbehandelbaren, aus dem Nichts hereinbrechenden Anfälle der Kranken gehen einher mit einer Ohnmachtserfahrung, die Bodelschwingh mit dem Tod als der Ohnmachtserfahrung schlechthin verbindet und dadurch in einen religiösen Horizont einrückt. Epilepsie ermögliche es, bereits im Leben Todeserfahrungen zu machen und sich so auf den Tod, das Ziel des menschlichen Lebens, vorzubereiten. Es ist diese Deutung selbst, die – dem Anspruch nach – sich als hilfreich erweisen soll. Im Zuge der medizinischen Professionalisierung tritt sie dann in Konflikt mit anderen Deutungen, die das Hilfegeschehen zu orientieren beanspruchen. Epilepsie wird, auch in Bethel, zunehmend zur medizinischen Indikation, die es nach den Regeln ärztlicher Kunst zu behandeln gilt.[44]

Auf diese Weise geht die Arbeit in diakonischen Hilfefeldern immer mit Deutungen von Hilfsbedürftigkeit einher. Konkurrenzen verschiedener Hilfeangebote werden als Deutungskonkurrenzen ausgetragen.[45] Der „Sinn" von Krankheit ist dabei eine der am meisten umkämpften Deutungskategorien.[46] Das gilt auch für die Deutung von Lebenslagen wie „Alter" und „Behinderung". Die Umstellung der „Behindertenhilfe" vom Leitbild der Integration auf das der Inklusion, wie sie jüngst im Bundesteilhabegesetz eine rechtliche Form gefunden hat, geht einher mit einer grundlegenden Deutungsrevision von „Behinderung".[47] Hier kreuzen sich eine Vielzahl von politischen Interessen, Systemlogiken und individuellen Erfahrungen, die das konfliktäre Deutungsgeschehen immer wieder aufrühren. Insbesondere im Kontext der Behindertenbewegung ist namhaft gemacht worden, dass es sich tatsächlich um einen Deutungsmachtkonflikt handelt. Unter dem Motto „Nichts über uns ohne uns" wird ein Subjektstatus nicht nur im Hilfegeschehen, sondern auch im Geschehen der Deutung des Helfens eingeklagt.

---

[44] Vgl. Schmuhl 1998.

[45] Vgl. Moos 2015b.

[46] Vgl. Moos 2018b, 248ff.

[47] Vgl. Schmuhl 2010b; Waldschmidt u. a. 2017.

Ausdruck finden solche Deutungskonflikte nicht zuletzt in der notorischen Unsicherheit, wie diejenigen zu bezeichnen seien, denen diakonische Leistungen zugutekommen: Label wie „Nutzerinnen", „Klienten", „Gäste", „Kundinnen", „Bewohner" etc. gehen mit spezifischen Rollenzuschreibungen einher. Für die Gründerzeit der modernen Diakonie ist an dieser Stelle das Bild der Familie prägend geworden, in dem die Hilfsbedürftigen die Stelle der Kinder einnehmen. Ein solches paternalistisches Hilfeverständnis kann inzwischen als weithin überwunden gelten; die Suche nach anerkennungsfähigen Deutungsformen der Hilfebeziehung, die deren konstitutive Asymmetrie zum Ausdruck bringen, ohne eine Differenz an Wert und Würde zu implizieren, ist hingegen nach wie vor in vollem Gange.

Doch nicht nur die Hilfeempfangenden, sondern auch die Helfenden sind ein klassischer Gegenstand von Deutungskonflikten. Die Rolle der Diakonisse, die im 19. Jahrhundert vermöge einer spezifischen Überlagerung von christlichem Dienstideal und bürgerlich-mütterlichem Weiblichkeitsideal anerkennungsfähig wird,[48] tritt später in Konkurrenz zu anderen diakonischen Berufsrollen wie der freien oder gar „wilden" Schwester und der fachlich Professionellen. Eine wesentliche Deutungskonkurrenz in derlei Konstruktionen des helfenden Subjekts, die in unterschiedlicher Form immer wieder thematisch wird, ist die Frage, welche Art und welches Ausmaß individueller Bindung an die Tätigkeit, die Organisation und die Diakonie überhaupt von diakonischen Mitarbeitenden gefordert werden kann. Ein gegenwärtiger Hauptaustragungsort dieser Auseinandersetzung ist der Streit um das kirchliche Arbeitsrecht und die dort kodifizierten Anforderungen an Kirchenzugehörigkeit und Loyalität.

Ein dritter Gegenstand von Deutungskonflikten, der mit den ersten beiden unmittelbar verbunden ist, ist die Frage nach statthaften und unstatthaften Formen des Helfens. Im einleitenden Narrativ sind es Eugenik und Euthanasie, in späterer Zeit Auseinandersetzungen beispielsweise um Schwangerschaftsabbruch und Sterbehilfe, die längst nicht nur, aber auch und zuweilen in spezifischer Weise im Kontext der Diakonie ausgetragen werden.[49] Der Ethikboom in der Medizin und in jüngerer Zeit auch in der Pflege kann in diesem Zusammenhang verstanden werden als Konjunktur einer spezifischen Technik, Deutungsmachtkonflikte als Konflikte der Geltung (also nicht der Personen oder der Professionen) material auszutragen und sie zugleich prozedural einzuhegen. Es ist insbesondere die Rede von den „christlichen Werten", durch die die Diakonie als auf solche Geltungsfragen ansprechbar ins Werk gesetzt wird.[50]

Schließlich soll als vierter Gegenstand noch die diakonische Unternehmung selbst genannt werden. Formeln wie „diakonische Identität", „Proprium", „Spe-

---

48 Vgl. Gause 2003, 66.

49 Zu Deutungskonflikten hinsichtlich des werdenden Lebens vgl. Schwarke 2003.

50 Siehe dazu unten, III.

zifikum", „Sinnmitte", „Profil" oder „Kultur" fungieren als Plattformen, auf denen Deutungskonkurrenzen über das Wesen der diakonischen Organisation ausgetragen werden.[51] Explizit umstritten sind dabei sowohl die Kategorien, in denen das Diakonische zu fassen sei – gibt es etwa ein diakonisches Spezifikum? – als auch die materialen Bestimmungen, die mithilfe dieser Kategorien vorgenommen werden. In dieser Dauerfrage der Diakonie nach sich selbst, die in einzelnen diakonischen Einrichtungen, auf der Ebene von Verbänden wie auch in der Diakoniewissenschaft ventiliert wird, kulminiert der Deutungsbedarf im Handlungsfeld der Diakonie. Zugleich laufen die Deutungskonkurrenzen möglicherweise gerade hier leer, weil sie sich von den übrigen diakonischen Vollzugsformen im Modus der Abstraktion weithin abgekoppelt haben. Es könnte sein, dass hier vorrangig die semantischen Materialien und deren horizonthafte Umhöfe im Umlauf gehalten werden, mit deren Hilfe an anderer Stelle gehaltvolle Deutungsmachtkonflikte ausgetragen wurden und werden.

Die Liste der Gegenstände diakonischer Deutungsmachtkonflikte ist damit keinesfalls erschöpft. Aber schon diese vier zeigen, wo und auf welche Weise Diakonie insbesondere sensibel für Konflikte um und zwischen Deutungen ist. Dabei sind es keineswegs nur explizit ‚religiös' semantisierte Deutungen, die sich als relevant für das Diakonische erweisen; und ebenso lassen sich die angedeuteten Deutungskonflikte auf eine dominante Konkurrenz ‚religiöser' und ‚nichtreligiöser' Deutungen zurückführen.

Vor dem Hintergrund der Unterscheidung der Ebenen und der Gegenstände diakonischer Deutungsmachtkonflikte soll nun die Geschichtspolitik diakonischer Einrichtungen, wie sie sich exemplarisch im einleitend dargestellten Narrativ gezeigt hat, als ein zentrales Instrument im Konflikt um Deutungsmacht rekonstruiert werden.

III. Diakonische Geschichtspolitik

Versteht man unter Geschichtspolitik „eine von [...]politischen Interessen geleitete Indienstnahme von Geschichte",[52] so handelt es sich bei dem vorgestellten Text fraglos um eine solche. In einer komplexen unternehmenspolitischen Situation wird ein geschichtliches Narrativ aufgerufen, um einer bestimmten Deutung der Situation Macht zu verleihen und eine bestimmte politische Option zu legitimieren. Geschichtspolitik durchzieht die moderne Diakonie seit ihren Gründertagen; einige Beispiele seien im Folgenden genannt.

---

[51] Vgl. Moos 2018, 11.

[52] Richter 2017, 2.

Das grundlegende Deutungsschema diakonischer Geschichtspolitik des 19. Jahrhunderts ist die Heilsgeschichte. In Gründungsphasen, in denen es noch keine eigene Geschichte gibt, wird die Unternehmung mit unterschiedlichen Mitteln in die christliche Heilsgeschichte insgesamt eingestellt. In Bethel geschieht das insbesondere durch die Namensgebung der Häuser. Das neue Pflegehaus der Anstalt für Epileptische ist das namensgebende „Bethel", das Ziel der Bußfertigen (Gen 35,1-3), wo der Himmel offensteht (Gen 28,16-18). Höher gelegene Häuser werden benannt nach heiligen Bergen der Bibel, so etwa Tabor, Nebo oder Garizim, niedriger gelegene nach Wasserstellen, etwa Bethesda, Mara oder Siloah, andere nach Orten der Heilung, etwa Nain oder Bethanien.[53] Wer durch Bethel geht, geht auf Zion zu und durchstreift auf diesem Weg die Geschichte Gottes mit den Menschen.

Solcherart in die Heilsgeschichte eingeschrieben, werden die Geschichten der Gründungen selbst zur Heilsgeschichte. Silke Köser hat für das Diakonissenhaus in Kaiserswerth gezeigt, wie die Entstehungsgeschichten durch ihre regelmäßige Wiederholung in den eigenen Publikationen „heilsgeschichtliche Züge" bekommen.[54] Nun gehören eben nicht nur Nebo, Mara oder Bethanien zu den heilsgeschichtlichen Orten, sondern auch Theodor Fliedners Gartenhaus, in dem 1833 der erste weibliche Fürsorgezögling aufgenommen worden war. Es ist, so der Topos, die „Wiege der Mutterhausdiakonie"[55] In der Rezitation der Gründungsgeschichte kommt es zu Mehrfachüberlagerungen von biblischer Geschichte, diakonischer Einrichtungsgeschichte und der jeweiligen Gegenwart des Erzählens. Damit ist der Diakonie von Anfang an ein starkes Geschichtsbewusstsein eingeschrieben. Dem historistischen Geist des 19. Jahrhunderts entsprechend wird auch die Musealisierung des Eigenen in selbstbewusster Weise betrieben. Der Schreibtisch Fliedners steht auf seine eigene Anweisung hin im Kaiserswerther Museum.

Damit verdankt sich solche diakonische Geschichtspolitik einem geschichtstheologischen Konzept. Es dürfte auch noch bei heutigen Anrufungen diachroner diakonischer Identität wirksam sein, insofern es die implizite Normativität der eigenen Geschichte trägt. Denn an deren Verpflichtungscharakter wird auch heute zumeist festgehalten, auch wenn eine unmittelbare religiöse Qualifikation der eigenen Gründungsgeschichte nicht mehr ganz so leicht fällt.[56]

Das geschichtstheologische Konzept lässt sich dabei nicht nur an topographischen, sondern auch an personalen Erinnerungssymbolen festmachen. Johann Hinrich Wichern und Theodor Fliedner geben sogenannte Märtyrerbücher

---

[53] Vgl. Benad 2010, 220.

[54] Köser 2006, 383.

[55] Friedrich 2018, 146.

[56] So sind im „Leitbild Diakonie" der Diakonie Deutschland von 1997 der Verweis auf die Bibel, an der sich das Handeln orientiere, und der Verweis auf die „lebendige[] Tradition", aus der heraus man innovativ sei, auseinandergerückt.

heraus, die Diakonen und Diakonissen die beispielgebenden Glaubenshaltungen der Vorfahren vor Augen führen sollten.[57] Später fungieren die Diakonissen ebenso wie die Gründerväter selbst als historische Chiffren beispielgebender Glaubenshaltung, auf die wiederum andere verwiesen werden können.[58]

An dieser Stelle findet sich wiederum der diakonische Topos einer Deutungsmacht, die keine eigene ist. So heißt es in Fliedners „Märtyrer-Buch" im Anschluss an eine Lebensbeschreibung: „Dies sind doch Worte, welche das Bild echten Martyrthums in evangelischer Fülle und Schönheit aussprechen. Siehe hier nicht nur die feste Entschlossenheit, [...] den guten Kampf des Glaubens, wie heiß er auch werde, bis an's Ende durchzukämpfen, sondern vielmehr noch die Demuth, solches geschehe mit Nichten aus eigner Kraft; und mit Nichten zu eigenem Verdienst!"[59] Unüberhörbar ist der konfessionelle Ton: Nicht die katholische Werkgerechtigkeit, sondern die evangelische Demut ist der Kern jener diakonischen Mentalität. So erhalten die historischen Personalsymbole des Diakonischen den Selbstverneinungscharakter eines religiösen Symbols.[60]

Die Anrufung der Gründungsgeschichte, ihrer Orte und Personen spielt bis heute in der Selbstdarstellung diakonischer Unternehmen eine wichtige Rolle. In einem neueren Text aus Bethel werden die Gründungsgeschichte und das Leben des alten Bodelschwingh aufgerufen. Danach folgt ein Sprung in die Gegenwart, der zugleich auf den historischen Wandel und die bleibende Identität der Anstalten verweist. „Vieles hat sich im Laufe der Zeit verändert. Der christliche Auftrag bestimmt jedoch nach wie vor die Arbeit."[61] Nach einer kurzen Entfaltung folgt gleichsam eine postcharismatische Entschuldigung: „Die Umsetzung dieses Grundsatzes in allen Bereichen stößt jedoch immer wieder auf Grenzen, die von der heutigen Gesellschaft gesetzt werden. Während der alte Friedrich von Bodelschwingh noch weitgehend unabhängig von staatlichen Vorgaben agieren konnte, ist die Arbeit heute fest in Rahmenbedingungen eingebunden, die von außen bestimmt werden."[62] Recht und Ökonomie statt unmittelbarem Gründercharisma: Es geht eben nicht mehr so zu wie beim alten Friedrich. Weniger die personal-charismatische Tradition als die bleibende Bindung an den

---

57 Dazu vgl. Friedrich 2018, 147; Gause 2003, 71.

58 So die Diakonisse und Vorsteherin Sareptas, Emilie Häuser, die auf Einsegnungsurkunden der Diakonissen abgebildet ist; vgl. Gause 2019.

59 Fliedner 1864, 357. Zitiert nach: Gause 2003, 71.

60 Vgl. dazu Heinemann 2015, 362.

61 V. Bodelschwinghsche Stiftungen Bethel (o. J.) [online], https://www.bethel.de/fileadmin/Bethel/downloads/historie/verschluesselt/texte_zur_historie_s.pdf (letzter Zugriff am 26.02.2020). Der undatierte Text muss zwischen 1990 und 2010 entstanden sein.

62 Siehe Anm. 62.

„christliche[n] Auftrag" ist nun dasjenige Deutungsschema, das Legitimität aus der Gründungsgeschichte in die Gegenwart transportiert.[63]

Eine ähnliche Vokabel, die diachrone Identität behauptet und damit gründerzeitliche Legitimität importiert, ist die der christlichen Werte oder gar Grundwerte: „Der Wittekindshof wurde 1887 gegründet, um für Menschen mit geistiger Behinderung erste evangelische Angebote in Westfalen zu entwickeln. Die Diakonische Stiftung Wittekindshof hat sich seitdem stetig verändert und weiter entwickelt. Doch noch immer bilden die christlichen Grundwerte das zentrale Fundament ihrer Arbeit."[64] Es sind die überpersonalen Kategorien von „Auftrag" und „Werten", die die charismatische Legitimität des Diakonischen in eine organisationsbezogene überführen sollen.[65]

Die geschichtspolitische Aneignung von Gründungsgeschichten findet jedoch nicht nur bei positiv qualifizierter Geschichte, gleichsam auf dem heilsgeschichtlichen Zweig, statt. Der Verweis auf Phasen eigener Unheilsgeschichte kann ähnliche Funktionen einnehmen. Legitimatorisch für das Tun der Gegenwart fungiert in diesem Fall der Verweis darauf, dass man sich auch den dunklen Stellen der eigenen Geschichte stelle und daraus gelernt habe. An dieser Stelle reichert sich Geschichtspolitik an: neben die heilvolle Gründungsgeschichte treten Phasen der Unheilsgeschichte, die man aufarbeitet, wodurch eine Aufarbeitungsgeschichte entsteht, auf die wiederum positiv verwiesen werden kann: Wir haben uns auch schon früher unserer dunklen Vergangenheit gestellt, was uns heute verpflichtet.[66]

Spätestens im Kontext von Debatten um die Aufarbeitung von Unheilsgeschichte wird Geschichtspolitik reflexiv. Es gibt nicht nur einen politischen Umgang mit der Geschichte, sondern der Umstand, dass es Geschichtspolitik gibt, ist selbst ein Politikum und setzt wiederum bestimmte Formen der Geschichtspolitik aus sich heraus. So reagieren diakonische Unternehmen auf den Vorwurf,

---

[63] An anderer Stelle kann die ökonomische Orientierung selbst in die Gründungsgeschichte eingezogen werden. So posiert der Gründer des Bielefelder Johanneswerks, Karl Pawlowski, in den 1960er Jahren in Ludwig-Erhard-Manier mit Zigarre. Die Pose des Theologen, der sich in der Tat emphatisch als Unternehmer verstand, funktioniert auch noch 2011, als die unternehmenseigene Zeitschrift „Unser Werk" mit ihm aufmacht (Bild in: Benad 2018, 136). Sie dient als Darstellung einer spannungsvollen Beziehung von Diakonie und Ökonomie, die aber gut eingehegt ist in die leicht ironisch gebrochene, aber doch affirmativ-stolze Beziehung zur eigenen Gründergestalt.

[64] Diakonische Stiftung Wittekindshof, Menschenwürde und Teilhabe [online], https://www.wittekindshof.de/unternehmen/werte/ (letzter Zugriff am 08.03.2022).

[65] Die Semantik des Auftrages hat dabei durch die Goch-Entscheidung des Bundesverfassungsgerichts 1977 unmittelbare rechtliche Relevanz für die Zuordnung einer diakonischen Einrichtung zur Kirche erhalten (vgl. Bundesverfassungsgericht, Entscheidung 46, 73, 11.10.1977).

[66] Vgl. etwa die Pressemittelung des Wittekindshofs vom 26.02.2020 (Diakonische Stiftung Wittekindshof, Pressemitteilung 26.02.2020 [online], shorturl.at/pqW08 (letzter Zugriff am 11.03.2020).

Geschichtspolitik zu betreiben,[67] wiederum geschichtspolitisch. Die Themen der „Euthanasie", der sexuellen und physischen Gewalt in geschlossenen Einrichtungen wie auch der Arzneimittelversuche bedrohen das Vertrauen in die eigene Marke. Um insbesondere journalistische Skandalisierungen zu korrigieren oder solchen zuvorzukommen, werden selbsttätig historische Forschungen beauftragt und veröffentlicht. An die Stelle der Hagiographie treten hier die phänomenale Differenzierung und die historische Kontextualisierung sowie gegebenenfalls die moralische (Selbst-)Verurteilung und die Bitte um Entschuldigung. Legitimatorisch in Dienst genommen wird in diesem Fall nicht die Geschichte selbst, sondern der Umgang mit ihr, der gerade diejenigen Tugenden der Wahrhaftigkeit und Redlichkeit offenbaren soll, denen es in den aufgearbeiteten Phasen der dunklen Geschichte gemangelt hat.[68] Das geschichtstheologische Deutungsschema ist hier nicht das der Heilsgeschichte, sondern das der Buße, die *confessio*, *contritio* und gegebenenfalls auch *satisfactio* umfasst.[69]

Angesichts des intensiven Geschichtsgebrauchs vieler diakonischer Einrichtungen ist es auffällig, wenn an anderer Stelle nicht so sehr die alte Kulturtechnik des Erinnerns, sondern die ebenso alte Kulturtechnik des Vergessens in Dienst genommen wird, auf die vor einiger Zeit der Althistoriker Christian Meier hingewiesen hat.[70] Als diakonisches Beispiel für ein mindestens selektives Vergessen als Teil von Geschichtspolitik kann das zehnjährige Jubiläum des Agaplesion-Konzerns im Jahr 2012 gelten. Die damals 29 Krankenhäuser und 31 Wohn- und Pflegeeinrichtungen des Konzerns stammen zum beträchtlichen Teil aus der Mutterhaus-Diakonie und bestehen teils seit anderthalb Jahrhunderten; sie werden aber in eine lediglich zehnjährige Geschichte eingeschrieben. Damit sind Selbstbeschreibungen verbunden wie: „Agaplesion ist ein moderner Gesundheitskonzern [...]. Agaplesion bietet fortschrittliche medizinische und pflegerische Versorgung [...]. Wir sind ein moderner Gesundheitsdienstleister für alle Generationen und Lebensphasen."[71] Hightech passt besser zu 10 Jahren als zu 150. Zu langreichweitige Geschichtspolitik ist gerade im Medizinsektor riskant; sie klingt nach Amputationen mit Handsäge ohne Narkose. Etabliert wird eine

---

67 Ein solcher wird etwa erhoben von Ingo Harms, der davon spricht, diakonische Unternehmen umgäben sich mit einem „Galenmythos" (Harms 2017, 139).

68 Es ist wichtig zu betonen, dass eine kritische Geschichtsschreibung zu diakonischen Unternehmen und Persönlichkeiten nicht erst im Kontext von Unheilsgeschichte betrieben wird, sondern auch etwa zur Differenzierung des Bildes der eigenen Gründerfiguren beigetragen hat. Hier ist beispielsweise Martin Gerhardts große Biographie von Friedrich von Bodelschwingh zu nennen, die in der gleichen Zeit wie Pergandes Hagiographie entsteht: Gerhardt 1950–58.

69 Vgl. etwa Stiftung Anerkennung und Hilfe, Nach Leid und Gewalt endlich Anerkennung [online], shorturl.at/rDHX4 (letzter Zugriff am 08.03.2022).

70 Vgl. Meier 2010.

71 Broschüre Agaplesion Vorstand 2012. Ich danke Norbert Friedrich Kaiserswerth, herzlich für diesen Hinweis.

eindeutige, kurzzeitige Gründungsgeschichte, deren Legitimationsleistung offenkundig deswegen als höher eingeschätzt wird, weil sie mit dem Fortschrittsnarrativ verträglicher ist. Dabei wird eine explizit religiöse Deutung nicht sistiert, sondern vielmehr in der Rede von den „Werten christlichen Handelns" und der „Nächstenliebe" eingespielt.[72] Solche „Werte" werden aber nicht mehr historisch legitimiert, sondern als zeitlos aufgerufen.

Noch radikaler ist die Schweizer Strategie, „Diakonie" als Marke und historisch konnotierten Deutungsraum für den Bereich übergemeindlicher sozialer und Gesundheitsdienstleistungen gänzlich aufzugeben. So sieht sich die aus der Mutterhaus-Diakonie stammende „Stiftung Diakoniewerk Neumünster – Schweizerische Pflegerinnenschule" zwar in ihrer Geschichtsdarstellung an einer „christlichen Haltung" orientiert,[73] verzichtet aber in ihrer sonstigen Selbstpräsentation gänzlich auf religiöse Semantiken und entsprechende historische Verweise. Das von ihr getragene Spital Zollikerberg verweist lediglich auf eine „Tradition der Menschlichkeit".[74] Die diakonische Geschichte wird gänzlich zum Allotrion. Hinter dieser Geschichtspolitik steht offenbar kein Fortschrittsnarrativ, sondern eine spezifische Säkularisierungsthese.[75]

Eine dritte Form von Vergessenspolitik – und die Liste ließe sich verlängern – ist profaner. Sie hat es mit der Ökonomie des Erinnerns zu tun.[76] Wenn etwa ein wichtiges diakoniegeschichtliches Archiv aus Gründen der Kostenersparnis aufgegeben werden soll, so setzt das voraus, dass der legitimatorische Ertrag der aus diesem Archiv zu gewinnenden Geschichtsaneignung geringer veranschlagt wird als die dafür aufzuwendenden Kosten. Hier bleibt es Geschichtsinteressierten nur, auf weitere Skandale zu hoffen, die den Marktwert historisch generierter Legitimation wieder nach oben treiben.

IV. Zur Deutungsmacht historischer Narrative

Doch solche vergessenspolitischen Maßnahmen dürften aufs Ganze gesehen in der Diakonie eher die Ausnahme sein. In aller Regel bezieht man sich affirmativ

---

72 Ebd.

73 Vgl. Stiftung Diakoniewerk Neumünster - Schweizerische Pflegerinnenschule, Vom Krankenasyl zum Sozialunternehmen [online], https://www.diakoniewerk-neumuenster.ch/geschichte (letzter Zugriff am 08.03.2022).

74 Spital Zollikerberg, Mehr als ein Spital [online], https://www.spitalzollikerberg.ch/portraet (letzter Zugriff am 08.03.2022).

75 Vgl. dazu Rüegger / Sigrist 2011.

76 Es gibt in Deutschland 14 Einrichtungen in der Diakonie, an denen hauptamtliche Archivare arbeiten (vgl. Friedrich 2018, 149).

auf die eigene Geschichte, insbesondere auf die Gründungsgeschichte, und zitiert diese als den Humus, auf dem noch die gegenwärtige Unternehmung kultiviert wird. Die Deutung des Eigenen wird als Deutung der eigenen Geschichte vorgetragen. Für die Attraktivität historischer Narrative in den Deutungsmachtkonflikten der Gegenwart können mehrere Gründe angegeben werden. Zum einen operiert ein historisches Narrativ auf verschiedenen Ebenen von Deutungsmacht. Diese wird sowohl auf personaler und professioneller als auch auf modaler Ebene in Szene gesetzt. Das geschieht vordergründig im Arrangement der Figuren wie auch hintergründig in der Aufrichtung der Kulissen, also in der Deutung der sozialen Welt, in der die Figuren leben. Zum anderen wird, wie das einleitende Narrativ exemplarisch zeigt, Deutungsmacht nicht nur ausgeübt bzw. beansprucht, sondern auch als Thema selbst vor Augen gestellt. In den Gründergeschichten wird Diakonie (auch) als Deutungsleistung vorgeführt, die sich angesichts anfänglicher Skepsis als machtvoll erweist und die diese Macht auch in Situationen expliziter Bestreitung behaupten kann. In der Geschichtserzählung wird Deutungsmacht mithin partiell reflexiv – unbenommen des Umstandes, dass solche Reflexion aus der Perspektive der Deutungsmachtanalyse wiederum ihre modalen Voraussetzungen hat. Damit können drittens theologische Schemata für die reflektierende Deutung der Deutungsmacht einfließen. Hier ist insbesondere das gnadentheologische Schema der Macht, die keine eigene ist, einschlägig. Deutungsmacht wird nicht zufällig gerade dort zum Gegenstand theologischer Reflexion, wo fundamentale Erfahrungen von Ohnmacht – wie Krankheit oder Gewalt – auf solche Macht verweisen, die keine Deutung mehr ist.[77] Somit wird das diakonische Geschichtsnarrativ in doppelter Weise zum theologischen Narrativ: vermöge der aufgezeigten heilsgeschichtlichen bzw. bußtheologischen Hintergrundschematisierungen für das Erzählen der Geschichte insgesamt wie auch vermöge expliziter Figuren der Reflexion über die erzählte Geschichte.

Materialiter resultiert die Attraktivität diakonischer Geschichtspolitik daraus, dass der entsprechende Legitimationsbedarf hoch ist. Das gilt insbesondere für die grundlegende Verbindung von Religion und Wohlfahrtspflege. Hier besteht ein Legitimationsproblem in doppelter Richtung: Einerseits gilt es, die verschiedenen säkularen Rationalitäten am Ort der Diakonie zu rechtfertigen: das ökonomische Kalkül, die staatliche Aufgabenerfüllung, überhaupt die starke Verrechtlichung. Seit dem 19. Jahrhundert ruht ein Verdacht auf aller *Organisation* der Liebestätigkeit, die gegenüber der persönlichen, spontanen, unmittelbaren und darin religiös zu deutenden Zuwendung – gegenüber dem „es jammerte ihn"[78] des barmherzigen Samariters – eben doch nur äußerlich bleibe. Auch in umgekehrter Richtung besteht Legitimationsbedarf: Wie ist die massive Präsenz

---

77 Vgl. dazu Stoellger 2014a, 47–49.

78 Vgl. Lk 10,33; als jesuanischer Affekt vgl. Mt 9,36; 20,34; 1,41; Lk 7,13.

des Kirchlichen bzw. Religiösen am Ort öffentlicher Wohlfahrtspflege zu rechtfertigen? Wie ein eigenes kirchliches Arbeitsrecht im staatlichen Recht, wie bestimmte religiöse Moralvorstellungen im Gesundheitswesen und wie die Präsenz der Theologen auf den Vorstandssesseln?

Aus dieser doppelten Legitimationsbedürftigkeit resultiert die Attraktivität der Gründergeschichten. In einer gleichsam rückwärts gelesenen Säkularisierungsthese wird bei den Gründergestalten noch als integriert gedeutet, was im jeweiligen Heute zu zerfallen droht: die Einheit von individueller religiöser Bindung und organisierter sozialer Hilfeleistung. Sehen wir doch an den Gründergestalten die Organisation aus dem Individuum spontan herauswachsen, das Werk als Liebeswerk entstehen.[79] In diesem Sinne ist jede Erzählung von einer innerlich motivierten Hilfeleistung eine Wiederholung der Geburtsgeschichte der Diakonie. Daraus erhellt die Attraktivität der diakonischen Personalsymbole: In jeder Diakonisse kommt die Gründungssituation der Diakonie im Sinne des Anfangens Hannah Arendts zur Anschauung und legitimiert die spannungsvolle Einheit von Religion und sozialer Dienstleistung.

Zugleich besteht an dieser Stelle ein Legitimationsparadox. Denn der Verweis auf die in tiefer innerer Überzeugung wurzelnde Liebestätigkeit der historischen diakonischen Virtuosinnen und Virtuosen mag zwar das Ganze diakonischer Organisation legitimieren. Er tendiert aber zugleich dazu, die gegenwärtigen in der Diakonie Arbeitenden in ihren Motivationslagen zu delegitimieren, die eben nicht so eindeutig und einheitlich sind. Wer von uns ist denn schon ein Friedrich von Bodelschwingh oder eine Emilie Heuser?

Dieses Legitimationsparadox ist in der diakonischen Geschichtspolitik immer empfunden worden. Und so lässt sich die Geschichte der diakonischen Geschichtspolitik schreiben entlang der dominanten Strategien, mit diesem Paradox umzugehen. Da ist erstens, wie gezeigt, die urprotestantische Strategie von Gnade und Sünde: Das Tun der Gründergestalten verdankt sich nicht der eigenen Macht und Kraft; und auch dieses bleibt hinter dem eigenen Ideal zurück. Die Omnipräsenz einer lutherisch-dunklen Sündentheologie in der formativen Phase der inneren Mission ist mehr als bloß historisch kontingent: Ohne ein gerüttelt Maß an Sündenbewusstsein ist die Emphase der Nächstenliebe nicht zu ertragen; hiervon wissen auch die alten diakonischen Heiligenlegenden im Stil Pergandes. Da ist zweitens die Strategie des objektiven Geistes: Nicht das glaubensvirtuose Individuum, sondern die Institution trägt die legitimatorische Last, Religion und Sozialdienstleistungen zu vereinen. Diese Strategie zieht sich von der heilsgeschichtlichen Theologie Bodelschwinghs bis in die gegenwärtigen Anstrengungen einer Pflege diakonischer Unternehmenskultur. In der Ge-

---

79 An dieser Stelle erweisen sich die Überlegungen von Werner Stegmaier zur Deutungsmacht von Religionsstiftern als hilfreich; vgl. Stegmaier 2014.

schichtsschreibung entspricht dem die Konzentration auf Institutionengeschichte. Drittens ist da die Strategie einer radikalen Säkularisierung, also der vergessenden Entlastung von der eigenen diakonischen Geschichte und damit auch von der Anforderung, das Religiöse und das Wohlfahrtsprofessionelle noch einmal ineinanderdeuten zu müssen. Beispiele habe ich genannt. In der Gegenwart deutet sich eine vierte Strategie an, die Strategie der Pluralisierung. Gerade angesichts einer gegenwärtig weltanschaulich und religiös immer vielfältiger werdenden Mitarbeiterschaft wird die Pluralität diakonischer Motivationen unübersehbar, und zuweilen gelingt es bereits, das als Bereicherung zu verstehen. Dem entspricht in der Diakoniegeschichtsschreibung eine Rückkehr der Biografie, nun aber als diversitätsbetonte Geschichte der Verschiedenen, wie sie jüngst Ute Gause anhand dreier Diakonissen Sareptas vorgelegt hat.[80]

Insgesamt wird sich dieses Legitimationsparadox nicht lösen lassen. So wird die Frage nach dem Diakonischen auch in Zukunft die offene Mitte der Sozialwirtschaft im Raum der Kirche, wie wir sie kennen, darstellen. Die entsprechenden Deutungsmachtkonflikte werden fortgesetzt werden. In ihnen wird sich zeigen, ob auch in Zukunft solche Deutungsschemata lebendig bleiben, die diese offene Mitte nicht nur als klaffende Wunde, unternehmerisches Identitätsdefizit und Vereindeutigungsauftrag verstehen, sondern sie – *sit venia verbo*: sachgemäßerweise – als Offenes präsent halten.

---

80 Vgl. Gause 2019.

IV. Arbeitsrecht

1. Diakonische Identität und Pluralität Suchbewegungen im Umfeld des Arbeitsrechts[1]

I. Die Botschaft der Gerichte

Dürfen Kirche und Diakonie von ihren Mitarbeitenden fordern Kirchenmitglieder zu sein? Wollte man die Entscheidungen des Europäischen Gerichtshofs und des Bundesarbeitsgerichts im Fall Egenberger[2] von 2018 zu dieser Frage hinsichtlich ihrer Botschaft an Kirche und Diakonie in einem Satz zusammenfassen, so müsste dieser wohl lauten: *Macht Euch verständlich, sonst verstehen wir Euch.*

Macht Euch verständlich: Wenn ihr „mit der Religion zusammenhängende[] Anforderungen" an eine Arbeitnehmerin stellt, werden nur solche vor Gericht Bestand haben, die „nach der Art der fraglichen Tätigkeit oder den Umständen ihrer Ausübung als eine wesentliche, rechtmäßige und gerechtfertigte berufliche Anforderung angesichts des Ethos der Organisation [...] angesehen werden können", so der EuGH unter Berufung auf die einschlägige EU-Richtlinie.[3] Es gilt, religionsbezogene Anforderungen mit Blick auf den individuellen Fall – nicht generell für alle Tätigkeiten, nicht nur für eine bestimmte Tätigkeitsgruppe, sondern für das konkrete Anforderungsprofil des in Rede stehenden Arbeitsplatzes – plausibel zu machen. Solche konkrete Klärung, *hic et nunc*, hat gleichwohl, so verstehe ich den impliziten Auftrag, allgemeine Voraussetzungen: Macht Euch verständlich, warum und inwiefern Kirchenmitgliedschaft generell von solcher Bedeutung für Euer religiös gegründetes Ethos ist, dass es überhaupt nichttriviale Fälle geben kann, in denen hochrangige Normen wie Nichtdiskriminierung und Berufsfreiheit zurückstehen müssen. (Nichttriviale Fälle: jenseits eines engen Kerns von Kult- und Ideologiebeauftragten.) *Macht Euch verständlich.* Das ist der erste Teil der Botschaft.

---

1 Der vorliegende Beitrag basiert auf Vorträgen auf der Tagung „Diakonische Identität und Pluralität" von EKD und EWDE am 29.11.2018 (veröffentlicht in Diakonie-Text 02.2019, 11–17) und auf der Tagung „Die Zukunft des kirchlichen Arbeitsrechts" an der Evangelischen Akademie Tutzing in Kooperation mit Diakonie Deutschland und dem Deutschen Caritasverband e.V. am 29./30.01.2019. Der Vortragsstil ist weitgehend beibehalten.

2 Vgl. Europäischer Gerichtshof, Entscheidung C–414/16, 17.04.2018; Bundesarbeitsgericht, Entscheidung 8 AZR 501/14, 25.10.2018.

3 EuGH2018 (wie Anm. 2), Rn 37, mit Bezug auf Art. 4 (2) der Richtlinie 2000/78/EG.

Der zweite Teil: *Wenn Ihr Euch nicht verständlich macht, dann verstehen wir Euch.* In der Urteilsbegündung des BAG heißt es, die berufliche Anforderung der Kirchenmitgliedschaft sei im vorliegenden Fall aufgrund fehlender Gefährdung des Ethos nicht gerechtfertigt. Dabei sei entscheidend, „dass der jeweilige Stelleninhaber/die jeweilige Stelleninhaberin – wie auch aus der Stellenausschreibung ersichtlich – fortwährend in einen internen Meinungsbildungsprozess beim Beklagten eingebunden war und deshalb in Fragen, die das Ethos des Beklagten betrafen, nicht unabhängig handeln konnte, dh. ohne sein Vorgehen mit dem Beklagten abzustimmen. Vor diesem Hintergrund bestand keine wahrscheinliche oder erhebliche Gefahr, dass das Ethos des Beklagten durch ungeschützte oder unabgestimmte Positionierungen des Referenten bzw. der Referentin beeinträchtigt würde."[4] Das Ethos der Organisation wird vor möglicherweise widerspenstigen Einzelnen durch deren hierarchische Einbindung geschützt. Solange sie an der Leine laufen, etwa nicht selbstständig für die Organisation sprechen können, ist ihr Handeln nicht ethosrelevant. Hierarchie garantiert Ethos: Das mag für die römische Weltkirche oder auch für staatliche Ministerialbehörden gelten; einer protestantischen Ekklesiologie entspricht es sicher nicht. In der gerichtlichen Prüfung des Einzelfalls wird somit zwar zugestanden, dass die theologische Füllung des Ethos unter die kirchliche Selbstbestimmung fällt. Zugleich wird aber ein Zwischenglied eingetragen, das nicht minder theologischer Natur ist: Ethos kommt von oben. Das hat Hans Michael Heinig treffend „Richtertheologie durch die Hintertür" genannt.[5] *Macht Euch verständlich, sonst verstehen wir Euch.*

Schon aus diesem Grund war der Gang nach Karlsruhe angezeigt. Es kann nicht sein, dass Richtertheologie mit eigenem Objektivitätsanspruch[6] derart grundsätzlich in die Plausibilitätslücken des kirchlichen Arbeitsrechts eintritt.[7]

---

4 BAG 2018 (wie Anm. 2), Rn. 100; vgl. Rn. 70, 94.

5 In Jantzer, Heinig: Urteil wird Einstellungspraxis der Kirchen kaum verändern [online], https://w.epd.de/sw/2018/10/26/2-4.htm (letzter Zugriff am 05.04.2022).

6 Zur Ablösung der bisherigen gerichtlichen Plausibilitätskontrolle (mit anschließender Grundrechtsabwägung) in der Rechtsprechung des EuGH vgl. Unruh 2019, 200f. Einschlägig ist hier vor allem der Begriff „gerechtfertigt" in EuGH 2018 (wie Anm. 2), Rn 67: „Drittens impliziert der Ausdruck ‚gerechtfertigt' nicht nur, dass die Einhaltung der in Art. 4 Abs. 2 der Richtlinie 2000/78 genannten Kriterien durch ein innerstaatliches Gericht überprüfbar sein muss, sondern auch, dass es der Kirche oder Organisation, die diese Anforderung aufgestellt hat, obliegt, im Licht der tatsächlichen Umstände des Einzelfalls darzutun, dass die geltend gemachte Gefahr einer Beeinträchtigung ihres Ethos oder ihres Rechts auf Autonomie wahrscheinlich und erheblich ist, so dass sich eine solche Anforderung tatsächlich als notwendig erweist."

7 Allerdings ist zu betonen, dass die Grenze zwischen kirchlicher und staatlich-richterlicher Theologie immer prekär bleiben wird; sie lässt schlicht nicht grundsätzlich festlegen. So hat das BAG ja auch schon gute Theologie produziert. Wenn etwa das Arbeitsrechtsregelungsgrundsätzegesetz der EKD von 2013 festlegt, „[d]ie gemeinsame Verantwortung für

Zugleich, das soll die Ausgangsthese meiner Überlegungen sein, wird auch die aus der Sicht bisheriger kirchlicher Politik günstigste denkbare Entscheidung – Karlsruhe widerspräche dem BAG und stärkte das kirchliche Selbstbestimmungsrecht noch einmal – am Grundproblem nichts ändern. Denn das Grundproblem liegt in der ersten Hälfte der Botschaft: *Macht Euch verständlich.* In den letzten Jahrzehnten hat sich ein fundamentaler Plausibilitätswandel hinsichtlich des kirchlichen Arbeitsrechts vollzogen, der im arbeitsrechtlichen Instanzenzug langsam nach oben gewandert ist, letztlich aber viel allgemeinere, gesellschaftliche Voraussetzungen hat:

1. Religion und soziale Dienstleistungen haben sich weitgehend voneinander ausdifferenziert. Warum eine Pflegekraft oder eine Chefärztin im evangelischen Krankenhaus evangelisch sein sollen, ist auch für viele der Diakonie wohlgesonnene Zeitgenossen unplausibel.
2. Die Einschätzung sozialer Institutionen ist in einem grundsätzlichen Wandel begriffen. Der Korporatismus der alten Bundesrepublik zerbröckelt. Entsprechend haben sich in der Abwägung zwischen individuellen und korporativen Rechten die Plausibilitäten deutlich zu Ungunsten der letzteren verschoben. Was ist kirchliche Selbstbestimmung gegenüber der Berufsfreiheit und insbesondere gegenüber der Nichtdiskriminierung, die sich im letzten halben Jahrhundert zu einer rechtlichen wie moralischen Zentralnorm entwickelt hat?[8]
3. Ebenso, und das scheint mir unterschätzt, hat sich die Wahrnehmung religiöser und weltanschaulicher Diversität verändert. Eine Vielfalt von Überzeugungen und Bindungen wird grundsätzlich als legitim, wenn nicht sogar

---

den Dienst der Kirche und ihrer Diakonie verbindet Dienstgeber und Mitarbeiter wie Mitarbeiterinnen zu einer Dienstgemeinschaft, die auch in der Gestaltung der verbindlichen Verfahren zur Regelung der Arbeitsbedingungen ihren Ausdruck findet" (ARGG.EKD, § 2), so verdankt sich diese theologische Bestimmung nicht dem Einfluss kirchlicher oder akademischer Theologiebildung, sondern den Entscheidungen des BAG zum Streikrecht in kirchlichen Einrichtungen (Bundesarbeitsgericht, Entscheidungen 1 AZR 611/11 und 1 AZR 179/11, 21.11.2012).

8 Rüdiger Krause hat jüngst darauf hingewiesen, dass das Diskriminierungsverbot tief in das allgemeine moralische Bewusstsein eingegangen ist (auf der Tagung von EKD und EWDE am 29.11.2018, siehe Anm. 1). Demgegenüber erscheinen insbesondere Großorganisationen wie Parteien, Gewerkschaften und eben auch Kirchen, die lange Zeit institutionellen Charakter hatten, in einer „Gesellschaft der Singularitäten" (Reckwitz 2017) eher als Machtapparate und weniger als Zusammenschlüsse von Individuen zur gemeinschaftlichen Ausübung ihrer individuellen Rechte. Gerade das kirchliche Arbeitsrecht trägt hierzu bei, weil es *als Recht* den Individuen gegebenenfalls mit Zwang entgegentritt. Vor allem in Regionen, wo Diakonie oder Caritas in bestimmten Hilfefeldern eine quasi-monopolhafte Stellung auf dem Arbeitsmarkt innehaben, wirkt das kirchliche Arbeitsrecht nicht als Werbung für den Freiheitscharakter grundgesetzlich geschützter religiöser Vergemeinschaftung, sondern als Machtausübung – und als solche der eigenen Plausibilität abträglich.

als wünschenswert erachtet (und noch die Gegenbewegung in Form von neuen Homogenitätsidealen scheint mir ein Beleg für diese Plausibilitätsverschiebung zu sein).[9] Demgegenüber gerät die Kirchenmitgliedschaftsanforderung in den Verdacht eines rückwärtsgewandten Entdifferenzierungsprogramms.[10]

4. Hinzu kommt, dass die Diakonie im Kontext der Entwicklung des deutschen Sozialstaates diese Ausdifferenzierungs- und Pluralisierungsprozesse faktisch weithin mitvollzogen hat. Heute arbeiten Menschen unterschiedlicher Religionszugehörigkeit in diakonischen Einrichtungen. Vor der Folie der diakonischen Wirklichkeit erscheint das kirchliche Arbeitsrecht als zunehmend kontrafaktisch.
5. Die Vorstellung, staatliche (Arbeits-)Rechtsetzung sei für die Kirche eine potentiell freiheitsgefährdende Bevormundung von außen, und deswegen sei die *eigene* Regelung eigener Angelegenheiten grundsätzlich vorzugswürdig, hat ihre Überzeugungskraft verloren[11] – ist doch ihr Plausibilitätshintergrund, der Kirchenkampf der NS-Zeit, verlängert durch die Lage der Kirchen in der DDR und in anderen sozialistischen Ländern, inzwischen verblichen.[12]
6. Auf dieser Linie war es der Plausibilität des kirchlichen Arbeitsrechts nicht zuträglich, dass sich in dessen Geltungsbereich immer wieder Praktiken etabliert haben, die mindestens im Nachhinein kaum anders denn als Missbrauch kirchlichen Selbstbestimmungsrechts zu werten sind. Einbindung von Gewerkschaften, Wahl zwischen Arbeitsvertragsrichtlinien, Outsourcing aus der Dienstgemeinschaft: Solche Praktiken wurden zumeist nicht durch innerkirchliche Verständigung, sondern durch die weltliche Gerichtsbarkeit revoziert.[13]

Man kann diese Plausibilitätsverschiebungen begrüßen oder bedauern; zunächst einmal gilt es, sie nüchtern wahrzunehmen. Dieser Plausibilitätswandel ist meines Erachtens die eigentliche Herausforderung, und davor wird auch das Bundesverfassungsgericht nicht schützen. Denn der Wandel betrifft nicht allein das Außenverhältnis von Kirche und Diakonie zur weltlichen Gerichtsbarkeit, der man nur besser erklären müsste, was innen eigentlich geklärt ist. Vielmehr bestehen dieselben Plausibilitätsprobleme ja innerhalb von Kirche und Diakonie:

---

9 Vgl. Reckwitz 2017, 371ff.

10 Vgl. dazu Starnitzke 2014.

11 Vgl. etwa Kreß 2019.

12 Der EKD-Ratsvorsitzende Otto Dibelius forderte 1951 von Bundeskanzler Adenauer, die Kirchen vom geplanten Betriebsverfassungsgesetz auszunehmen. Er schreibt: „Nach den Erfahrungen der nationalsozialistischen Zeit und angesichts der Gefahren, die den räumlich über das Gebiet der Bundesrepublik hinausreichenden Religionsgesellschaften von totalitären Staaten drohen können, muss die Kirche auf dem uneingeschränkten Recht, den kirchlichen Dienst in freier, ihren Wesensgesetzen entsprechender Selbstverantwortung regeln zu können, unbedingt bestehen." (Zitiert nach Joussen 2016, 310).

13 Siehe dazu Anm. 7.

Mitarbeitende, Führungskräfte, Mitglieder und Klientinnen leben in dieser sich wandelnden Plausibilität und haben Anteil an ihr. Mag es also auch geboten gewesen sein, in diesem Fall nach Karlsruhe zu gehen: Die eigentliche Herausforderung ist zu explizieren, was dieser Plausibilitätswandel für Selbstverständnis und Organisationsformen der Diakonie bedeutet. Insbesondere: Was darf und muss heute von den einzelnen Mitarbeitenden und was von diakonischen Organisationen gefordert werden, um ihren diakonischen Charakter (EU-sprachlich: ihr Ethos) aufrechtzuerhalten und zeitgemäß zu entwickeln? Dazu will ich als Systematischer Theologe einige Gedanken vortragen. Ich betrachte dazu die Begriffe der Identität und der Pluralität zunächst je für sich (II.; III.) und dann in ihrem inneren Zusammenhang (IV.). Abschließend frage ich nach Konsequenzen für diakonische Organisationen (V.) und das kirchliche Arbeitsrecht (VI.).

II. Identität

Was ist das „Ethos" diakonischer Organisationen im Sinne der EU-Gesetzgebung und EU-Rechtsprechung? Für das Diakonische an der Diakonie wurden im Laufe der Zeit eine Reihe von Suchformeln vorgeschlagen: „Profil", „Kultur", „Sinnmitte", „innere Achse", „Proprium".[14] Zu ihnen gehört auch prominent der Begriff „Identität", wie er in der aktuellen Fassung der Loyalitätsrichtlinie verwendet wird: „Die kirchlichen und diakonischen Anstellungsträger haben die Aufgabe, ihre Dienststellen und Einrichtungen gemäß ihrer evangelischen Identität zu gestalten."[15] Hilft es also, diese Identität mit einigem Nachdruck theologisch zu bestimmen, um die Begründungslasten zu erleichtern? Drei Anmerkungen dazu.

Schon dem Wortsinn nach impliziert „Identität" eine Selbstübereinstimmung, die in doppelter Weise verstanden werden kann: als Selbstübereinstimmung in der Sache, also als eindeutige Bestimmtheit und Identifizierbarkeit, und als Selbstübereinstimmung in der Zeit, also als Stetigkeit und Dauerhaftigkeit.[16] In beiden Fällen sind hinsichtlich der Formulierbarkeit einer diakonischen Identität Zweifel angebracht. Das Diakonische an der Diakonie erweist sich theologischen Eindeutigkeitswünschen gegenüber notorisch als resistent, ebenso wie von einer bruchlosen Kontinuität diakonischer Formen, Praktiken und Überzeugungen kaum die Rede sein kann. Eine solche Skepsis gegenüber starken Identitätskonzepten ist dabei ihrerseits theologisch wohlfundiert. Henning Luther

---

14 Vgl. dazu Moos 2018, 11 mit weiteren Nachweisen.

15 Loyalitätsrichtlinie der EKD (LoyRL) von 2016, § 2 (2), Satz 1.

16 Vgl. zur Unterscheidung von *ipse*- und *idem*-Identität Ricoeur 1987, 57.

hat, für den Bereich der personalen Identität, überzeugend dargelegt, dass Identität immer einen fragmentarischen Charakter aufweist;[17] Dietrich Rössler, dass Religion in ihren Phänomenen immer mehrdeutig ist (und aus Gründen der Freiheit mehrdeutig bleiben muss).[18] Die Sozialphilosophie hat Identität als Resultat unabgeschlossener Verhandlungsprozesse zwischen sozialen Zuschreibungen und Selbstverständnis, Erwartung und Erfüllungsbereitschaft gefasst.[19] Von hier aus liegt es nahe, auch den Begriff der diakonischen Identität nicht als bestimmt und formulierbar zu verstehen, sondern vielmehr als eine Plattform, auf der unter sich wandelnden Kontextbedingungen die Frage nach dem Wesentlichen an der Diakonie beständig neu verhandelt wird.

Das Material dieser Verhandlungen ist dabei historisch geprägt: Überlieferte und neuere Texte, Semantiken, Narrative, Bilder, Symbole u.a. stellen kulturelle Formen bereit, mittels derer und in denen je aktuell verhandelt wird. „Identität" ist somit zwar als historisch geprägt, aber keineswegs als kohärent, konsistent oder vollständig bestimmt zu denken. Sie zeichnet sich vielmehr durch Brüche, Widersprüche wie auch durch Momente konstitutiver Unbestimmtheit aus, die nur in Krisensituationen partiell in Bestimmtheit überführt werden.

> Hier ist ein möglicher Ansatzpunkt für einen Beliebigkeitsvorwurf: Ist das Diakonische also frei verhandelbar? Offenkundig nicht. Denn alle, die sich, auf welcher Ebene auch immer, mit Herz und Hirn an solchen Verhandlungen beteiligen, wissen sich gebunden an ihre Überzeugungen von Wesen und Sinn der Diakonie. Denen, die ernsthaft über das Wesentliche an der Diakonie verhandeln, erscheint das jeweils als gegeben, als unbeliebig, womöglich: als unverhandelbar. Symbolisch gesprochen gibt Diakonie sich ihren „Auftrag" nicht selbst. Geht es um Identität, wird mithin über Unverhandelbares verhandelt. Das klingt paradox, ist aber bei Lichte besehen nicht besonders aufregend, sondern Element jedes Gesprächs, das Glaubensdinge berührt. Mein theologischer Punkt ist hier, dass wir diesen Verhandlungen vertrauen können und vertrauen müssen. Wir haben protestantisch nichts anderes.

Das führt auf den zweiten Punkt: Wenn um diakonische Identität verhandelt wird, diese zugleich aber als gegeben erscheint, folgt daraus, dass das unter „Identität" Aufgesuchte kein Gegenstand unternehmerischer Gestaltung ist.[20] Die Loyalitätsrichtlinie bietet hierfür eine glückliche Formulierung: „Die kirchlichen und diakonischen Anstellungsträger [die die Aufgabe haben, ihre Dienststellen und Einrichtungen gemäß ihrer evangelischen Identität zu gestalten, TM] tragen Verantwortung für die evangelische Prägung in den Arbeitsvollzü-

---

17 Vgl. Luther 1992.

18 Vgl. Rössler 1976, 121–125.

19 Vgl. dazu umfassend Zarnow 2010.

20 Darauf weist auch Christian Albrecht hin, wenn er „Gelassenheit" und „Vertrauen" gegenüber der diakonischen Identität einfordert und dafür plädiert, diese nicht „ängstlich hüten" zu wollen (vgl. Albrecht 2016, 83f.; wörtliches Zitat 87).

gen, den geistlichen Angeboten und der Organisation ihrer Dienststelle oder Einrichtung."[21] Gestaltet wird, je am konkreten Ort, evangelische Prägung – aber dieses Gestalten ist vor demjenigen Nichtgestaltbaren zu verantworten, das als diakonische Identität beständig verhandelt wird. Um es auf eine Kurzformel zu bringen: Diakonische Identität ist nicht Selbstübereinstimmung, sondern *Behaftbarkeit*: Wer unter der Flagge Diakonie segelt, muss sich behaften lassen auf das als diakonisch in Geltung Stehende. Er muss das eigene Sprechen, Handeln und Organisieren daran messen lassen und sich von Klienten, Mitarbeitenden, aber auch von staatlichen Gerichten daraufhin befragen lassen.[22]

Drittens: Dass „Identität" ein Verhandlungsbegriff ist, zeigt sich schon daran, dass er mit unterschiedlichen Attributen verbunden wird, die die Verhandlungen jeweils anders zuschneiden. So ist in der Loyalitätsrichtlinie von *evangelischer* Identität die Rede. Verhandelt wird also im Horizont einer konkreten konfessionellen Tradition und im Kreise derer, die sich als evangelisch verstehen. Hingegen stellt die Rede von *christlicher* Identität die Verhandlung in den Horizont überkonfessioneller Verbundenheit (oder versteht sich als Position im interreligiösen Bereich). Damit ändern sich mögliche Referenzpunkte für Argumente wie auch der Kreis der potentiell Beteiligten. Wenn demgegenüber von *diakonischer* Identität gesprochen wird, öffnet sich der Raum der an diesen Verhandlungen Beteiligten potentiell für nicht evangelische und nicht christliche Mitglieder diakonischer Organisationen.[23] Mit der Frage nach der Identität ist also sofort die Frage verbunden, wer denn um diese Identität mitverhandeln darf, und welche Referenzen in solchen Verhandlungen legitim sind. Die Frage nach der Identität führt auf die Frage nach der legitimen Pluralität.

III. Pluralität

Die Frage nach legitimer religiös-weltanschaulicher Pluralität in der diakonischen Mitarbeiterschaft ist seit längerem virulent. Idealtypisch lassen sich drei verschiedene Antwortoptionen unterscheiden: (1.) Wohl nicht selten ist das, was ich *stillschweigende Pluralität* nennen möchte: Hier spielt die Kirchenzugehörig-

---

21 LoyRL 2016, § 2 (2) (Hervorhebungen TM).

22 Eine ähnliche Unterscheidung macht auch die EU-Richtlinie 2000/78. Hier ist die Rede von einem „Ethos, das auf religiösen Grundsätzen oder Weltanschauungen beruht", Art. 4 (2). Auch hierbei wird also unterschieden zwischen dem in der Organisation Konkreten (und damit Gestalteten), dem Ethos, und dem, was diese Gestaltung transzendiert, den religiösen Grundsätzen.

23 Dazu vgl. Albrecht 2016, 80.

keit in der Einstellungspraxis keine Rolle. Weder wird sie in Stellenausschreibungen gefordert noch in Bewerbungsgesprächen angesprochen, ohne dass das mit einem expliziten Protest gegen die Loyalitätsrichtlinie verbunden wäre.

(2.) Ein anderes Modell ist das der *partiellen Pluralität*: Die Frage diakonischer Identität wird von der Kirchenzugehörigkeit und Überzeugung der meisten Mitarbeitenden entkoppelt und auf spezifische Funktionsbereiche ausgelagert, deren individuellen Trägern dann konfessionelle Homogenität abverlangt wird. Dabei handelt es sich in der Regel um die Unternehmensführung, den Diakonat oder auch die *Big Four* der Loyalitätsrichtlinie: Verkündigung, Seelsorge, evangelische Bildung und Leitung. Auch das richtertheologische Modell einer Abstufung nach Verkündigungsnähe gehört hierzu. In der Emphase unterscheiden sich diese Modelle freilich deutlich: Das Spektrum reicht von der bejahten bis zur mit leiserem oder lauterem Zähneknirschen hingenommenen Pluralität.

(3.) Ein drittes Modell befürwortet dezidiert einen *prinzipiellen Pluralismus* und damit den Wegfall aller Mitgliedschaftsvoraussetzungen mit Verweis auf die institutionelle oder organisationale Identität. Christian Albrecht plädiert für ein Vertrauen in die gegebene diakonische Identität, wobei er das Wie des Gegebenseins dieser Identität nicht weiter entfaltet.[24] Der Brüsseler Kreis favorisiert einen „konfessionsgebundenen Überzeugungspluralismus", den er mit einem autoritativen Rahmengestus versieht: „Die Struktur des Handelns [der Mitarbeitenden, TM], das Verständnis, in dem dieses Handeln geschieht und der sich daraus ergebende Qualitätsanspruch müssen auf dieser Basis von konfessionsgebundenen Unternehmen [...] eindeutig vorgegeben, klar formuliert und sichergestellt werden. [...] Abweichungen davon sind nicht tolerierbar."[25]

Auch hierzu drei kurze Punkte. Zum einen sei zum 250. Geburtstag den Manen des heiligen Friedrich Schleiermacher eine Locke geopfert. In seinen Reden „Über die Religion" entwickelt Schleiermacher ein Verständnis von Kirche, das diese in der wechselseitigen Ergänzungsbedürftigkeit religiöser Subjekte und der daraus folgenden Notwendigkeit religiöser Kommunikation fundiert sieht.[26] Religiöse Diversität ist mit Schleiermacher grundsätzlich also nicht Gefährdung, sondern vielmehr der Grund der Kirche. Von daher mag sie auch der Diakonie nicht prinzipiell abträglich sein.

Zweitens gehört zu jedem Pluralismus, so freundlich sein Gesicht auch sein mag, ein Grenzregime. Die Frage, wer denn zu denen gehört, die darüber mitverhandeln dürfen, was *uns* ausmacht, ist selbst nicht vollständig diskursiv aufzulösen. (Dieses Dilemma wurde an anderer Stelle gerade in den verschiedenen Be-

---

24 Siehe oben Anm. 20.

25 Haas / Starnitzke 2015, 54.

26 Vgl. Schleiermacher 1984, 267f.

schlüssen von Kirchentag und Katholikentag zum Umgang mit der AfD beispielhaft durchexerziert.) Plurale Diskurse haben machtförmige Ränder; auch das gilt es nüchtern wahrzunehmen.[27]

Drittens bin ich dennoch fest davon überzeugt, dass die evangelische Prägung diakonischer Organisationen sich nicht mit den Mitteln der Exklusion, sei es durch Grenzregime oder gar durch konfessionelle Homogenisierung, sicherstellen lässt. Auf die Dauer dürfte hingegen entscheidend sein, ob die protestantisch-diakonische Tradition sich in der Pflege einer Kultur des Helfens bewährt: für die, die in der Diakonie arbeiten, seien sie kirchlich gebunden oder nicht, wie auch für die, die ihre Dienste in Anspruch nehmen.[28]

Insgesamt ist der Diakonie (und auf Dauer auch der verfassten Kirche) jedenfalls die Frage nach legitimer innerer Pluralität intensiver als bisher aufgegeben. Es gilt, das Verhältnis von evangelischer Identität und legitimer Pluralität – vor allem in der Mitarbeiterschaft – unter gegenwärtigen Bedingungen neu zu bestimmen.

IV. Identität und Pluralität

Identität ist das Resultat beständiger Neuverhandlung. Identität bedarf also des Raumes für solche Verhandlungen, der Ressourcen dafür und, insbesondere seitens der Mitarbeitenden, des Willens, sich daran zu beteiligen. Im Zentrum der Identitätsentwicklung steht das Bewusstsein, in der diakonischen Arbeit *gemeinsame Sache zu machen*. Was das jeweils konkret heißt, mag durchaus umstritten sein. Natürlich gibt es in einer diakonischen Organisation unterschiedliche Interessen, Professionskulturen, Hierarchieebenen und moralische Überzeugungen. Aber solange die Beteiligten voraussetzen, *wir machen hier gemeinsame Sache*, werden die Verhandlungen andauern. So lange wird diakonische Identität insbesondere als Plattform fruchtbarer Problematisierung – „Das ist für mich nicht Diakonie!" – funktionieren. Diakonische Identität braucht in diesem Sinne einen inneren Republikanismus der gemeinsamen Sache.[29]

Es ist eine Pointe des Bestsellers „Gesellschaft der Singularitäten" des Kulturwissenschaftlers Andreas Reckwitz, dass das Bewusstsein gemeinsamer Sache nicht einfach gegeben ist, sondern beständig praktisch aktualisiert werden

---

27 Vgl. dazu auch Haas / Starnitzke 2015, 55.

28 Siehe die Abschnitte „Kirche bei Bedarf" sowie „Religiöse Rationalität des Helfens" in diesem Band.

29 So würde ich den schwierigen Begriff der Dienstgemeinschaft hier rekonstruieren als Inbegriff derjenigen, die sich der *res publica* des Diakonischen zurechnen und um diese mitverhandeln.

muss. In einer Gesellschaft verschärfter Individualisierung bedarf es der Praktiken des *doing universality*, der fortwährenden Herstellung von Allgemeinheit, um einen öffentlichen Raum gemeinsamer Verantwortung aufrechtzuerhalten.[30] Diese Perspektive scheint mir für die Diakonie fruchtbar zu sein. Denn unter dem Stichwort des *doing universality* tritt die gemeinsame Grundstruktur dreier gegenwärtiger Herausforderungen der Diakonie zutage: der organisationskulturellen Frage nach der diakonischen Identität der Einrichtungen und Träger; der kirchlichen Frage nach dem Zusammenhang von verfasster Kirche und organisierter Diakonie; und der politischen Frage nach dem Diakonischen im Kontext von Staat und Gesellschaft, das Thema der Anwaltschaft. In allen drei Fällen bedarf es des *doing universality*, der Herstellung und Pflege einer Öffentlichkeit, in der um das Diakonische als gemeinsame Sache verhandelt wird.

Nun sind Unternehmen der Diakonie nicht primär innere Diskursgemeinschaften. In ihnen wird vor allem gepflegt, assistiert, ausgebildet, medizinisch behandelt, beraten usw., kurz: es wird geholfen. Im Alltag wird gemeinsame Sache gemacht, ohne das Gemeinsame als solches zu thematisieren und zu problematisieren. Problematisiert wird in Krisenfällen; dann nämlich, wenn es sich nicht mehr selbst versteht, was hier und jetzt diesem Gemeinsamen angemessen ist. Ein schlechter Umgang mit Mitarbeitenden oder Klienten, umstrittene medizinische Maßnahmen, eine unangemessene Sterbekultur – wer ein Problem wahrnimmt, kann sich auf das Diakonische, die diakonische Identität, berufen und so eine Verhandlung in Gang setzen. Diakonische Identität ist mithin ein Thema für Krisenfälle. Aber damit sie in Krisen auch „funktioniert", damit die gemeinsame Sache eine gültige Referenz ist, muss sie im Alltag präsent gehalten werden. Das hat anspruchsvolle Implikationen für die Organisationskultur. Der Alltag der Organisation, ihre Prozesse, die Kommunikation, das Verhalten ihrer Mitglieder muss sich dann nämlich lesen lassen als Ergebnis früherer, bewusster Verhandlungen um die gemeinsame Sache, das jetzt zur Gewohnheit geworden ist. So ist meines Erachtens die Prägung bzw. das Ethos der Organisation zu begreifen: Es handelt sich um Haltungen und Strukturen, die sich als *zur Gewohnheit gewordene Verantwortung* verstehen lassen.

Die evangelische Prägung einer Einrichtung ist also die in Haltungen und Strukturen zur Gewohnheit gewordene Verantwortung, die im Krisenfall zur aktualen Verantwortung wird: dann nämlich, wenn das Diakonische auf dem Spiel steht und um die gemeinsame Sache, die evangelische bzw. diakonische Identität, neu verhandelt wird. Genauer geht es um drei Momente der Identität: zum einen um Habitualisierung, um das Geprägte, zur Gewohnheit Gewordene, das heißt auch: um konkrete Tradition, um Weitergabe von Bewährtem: das *konservative Moment* von Identität. Zum anderen geht es um Reflexivität, um Selbstdis-

[30] Vgl. Reckwitz 2017, 441.

tanz, um die organisationale wie individuelle Bereitschaft, im Krisenfall die Verhandlung neu zu eröffnen: das *kritische Moment* von Identität. Und es geht drittens um die beständige Gestaltung und Pflege beider genannten Aspekte in den Vollzügen der Organisation: das *praktische Moment* von Identität.

Insgesamt ist diakonische Identität damit im Kern eine eschatologische Kategorie: Sie hat die Strukturen des Schon und Noch-nicht, der nicht endgültigen Identifizierbarkeit und konstitutiven Unbestimmtheit, des Ausseins auf ein Ziel, das sich der eigenen Gestaltungsmacht gleichwohl entzieht. Identität ist damit theologisch nicht weniger komplex als das Reich Gottes, also sollten wir sie auch ähnlich behutsam in Anspruch nehmen. Es ist noch nicht offenbar geworden, was wir sein werden.[31]

Was heißt das für die legitime Pluralität in der Mitarbeiterschaft einer diakonischen Einrichtung? Welche Anforderungen können an Mitarbeitende gestellt werden? Wenn es bei der evangelischen Prägung um Habitualisierung und Reflexion (und um die beständige Pflege beider) geht, so müssen Mitarbeitende beides sein können: Trägerinnen der Habitualisierung und Subjekte der Reflexion. Und beides können sie, das wäre meine Pointe an dieser Stelle, unabhängig von ihrer religiös-weltanschaulichen Orientierung sein. Mitarbeitende, die in einer Einrichtung ‚angewachsen' sind, sind Träger des Ethos, der Prägung dieser Einrichtung geworden. Sie kennen die Gewohnheiten, sie wissen: „So machen wir das hier".[32] Und ebenso können (und sollen!) sich potentiell alle an den Verhandlungen um die gemeinsame Sache beteiligen.[33] Was demnach von allen Mitarbeitenden gefordert werden kann, ist eine zweifache Loyalität: eine *materiale Loyalität*, in der die faktische Prägung der Einrichtung geachtet wird, und eine *reflexive Loyalität*, in der Mitarbeitende bereit sind, sich an den Verhandlungen um die gemeinsame Sache aktiv zu beteiligen.[34] In Abweichung von der bisherigen Loyalitätsrichtlinie sehe ich hier grundsätzlich keinen Unterschied zwischen Christinnen und Nicht-Christen.[35]

Allerdings ist dieses Ergebnis zu differenzieren. Dazu gilt es zu fragen, in welchen Öffentlichkeiten bzw. Horizonten die Verhandlung um evangelische Identität von Diakonie stattfindet. Dies ist zunächst die Öffentlichkeit des einzelnen diakonischen Unternehmens oder der Einrichtung. Dies ist aber auch eine gemeinsame evangelische bzw. christliche Öffentlichkeit, in der die Fragen

---

31 Vgl 1 Joh 3,2.

32 Vgl. Hofmann 2018, 14.

33 Von daher ist die Änderung des Mitarbeitervertretungsgesetzes auf der 12. Synode der EKD am 14.11.2018 (Synode der Evangelischen Kirche in Deutschland, Beschluss zum ersten Kirchengesetz zur Änderung des Mitarbeitervertretungsgesetzes der EKD [online], shorturl.at/kqw23 (letzter Zugriff am 11.04.2022), dezidiert zu begrüßen.

34 Siehe den Abschnitt „Loyalität" in diesem Band.

35 Vgl. LoyRL 2016, § 4 (1).

nach – traditionell gesprochen – dem Wesen des Protestantismus bzw. des Christentums in Verhandlung stehen. Ohne diese zweite Öffentlichkeit, ohne diesen größeren Horizont, bliebe man in der abgeschlossenen Sphäre der Einzelorganisation. Hier würde die Frage nach der organisationalen Identität über kurz oder lang zum rein betriebswirtschaftlichen Problem. Dann degradierte der Rekurs auf evangelische Identität auf die Anrufung sogenannter Unternehmenswerte, und die haben Google und Facebook auch. Es ist dieser größere Horizont, in den eine diakonische Einrichtung sich hineingestellt wissen muss, um Diakonie zu sein. Hierin materialisiert sich die Organisationstranszendenz diakonischer Organisationen. Für diese zweite Öffentlichkeit gibt es einen theologischen Begriff: Wir nennen sie Kirche. Erst durch die Teilhabe an Kirche wird ein Sozialunternehmen zur Diakonie.

Damit ist allerdings nicht gesagt, dass die verfasste Kirche in Gestalt von Landeskirchen und EKD der Diakonie wirklich Kirche im eben genannten Sinne ist. Es ist nicht selbstverständlich, dass die verfasste Kirche tatsächlich als diejenige Öffentlichkeit fungiert, in der um die christliche bzw. evangelische Sache in einer für die Diakonie relevanten und anschlussfähigen Weise verhandelt wird. Es ist nicht gesagt, dass das *doing universality* an dieser Stelle gelingt. Die Ausdifferenzierung insbesondere zwischen verfasster Kirche und unternehmerischer Diakonie ist zuweilen bis zur Sprachlosigkeit gediehen. Und so sehe ich den derzeitigen Prozess zwischen dem Rat der EKD und der Diakonie zugleich als Problemanzeige wie als Chance, die verfasste Kirche als Teil des diskursiven Raumes für die Verhandlung um die gemeinsame Sache von Kirche und Diakonie zu entwickeln und neu zu bewähren. Das heißt, öffentliche Theologie noch einmal in einem anderen Sinne zu treiben.

Wenn es nun bei den Verhandlungen um evangelische Identität nicht nur um die Öffentlichkeit des Unternehmens, sondern auch um diese größere Öffentlichkeit der Kirche geht, so wird klar, dass in der diakonischen Mitarbeiterschaft auch eine Ansprechbarkeit auf diesen größeren Horizont hin vorhanden sein muss. Inwieweit sind Mitarbeitende von ihren weltanschaulich-religiösen Prägungen her willens und in der Lage, sich in diesen größeren Horizont zu stellen? Inwieweit wissen sie um die hier prägenden materialen Gehalte, religiösen Traditionen, Ethosformen? Damit ist ein Bereich kirchlich-diakonischer Kompetenz angesprochen, die nicht jede Mitarbeiterin mitbringen muss, die aber in der Organisation benötigt wird: in Form einer kritischen Dichte entsprechend ansprechbarer Mitarbeitender wie auch möglicherweise in der Ausübung einer spezifischen Tätigkeit. In diesem Sinne wäre das entscheidende Kriterium im Fall Egenberger nicht, ob jemand, die mit Kirche nichts am Hut hat, hierarchisch so an die Leine genommen wäre, dass sie durch unabhängiges Denken keinen Schaden anrichten könnte. Vielmehr ginge es darum, ob für die in Rede stehende Referententätigkeit eine diskursive Selbstverortung im Raum der Kirche und eine entsprechende kirchlich-diakonische Kompetenz erforderlich ist. Es spricht einiges dafür, dass es sich so verhält.

Das lässt sich auch auf andere Tätigkeiten und Tätigkeitsfelder übertragen. Wo sind die diskursive Selbstverortung im Raum der Kirche und eine entsprechende kirchlich-diakonische Kompetenz für die einzelne Tätigkeit von Belang? Und wo zumindest für ein Team oder für eine Organisation, die solche Selbstverortung und Kompetenz unter ihren Mitarbeitenden insgesamt brauchen, aber nicht bei jedem einzelnen? Die eingangs formulierte Aufgabe ist also, ein Doppeltes verständlich zu machen: Zum einen, dass solche Selbstverortung und Kompetenz für das organisierte Helfen im Raum der Kirche überhaupt relevant sind, und zum anderen, in Bezug auf welche Tätigkeiten das insbesondere gilt.[36]

So haben beispielsweise Chefärztinnen und Chefärzte in diakonischen Kliniken eine Leitungsfunktion – müssen sie also nach EKD-Loyalitätsrichtlinie Kirchenmitglieder sein? Es gibt keine evangelische oder römisch-katholische Herzklappenoperation, sondern nur eine besser und eine schlechter durchgeführte. Die primäre Anforderung an die Chefärztin in der Kardiochirurgie ist medizinische Exzellenz. Doch zugleich gilt, dass die Rolle von Chefärzten für die Kommunikation in einer Klinik, für das, was gesagt und was nicht gesagt werden darf, kaum zu unterschätzen ist. Insofern spielt die religiöse Ansprechbarkeit der Chefärztin durchaus eine erhebliche Rolle, und die Bevorzugung von ACK-Mitgliedern bei gleicher fachlicher Eignung scheint mir dieser Stelle begründbar.

V. Konsequenzen für diakonische Organisationen

Was heißt das nun zunächst für die Organisationformen von Diakonie? Wenn es bei Identität um Habitualisierung und Reflexion geht, dann folgt erstens: Diakonie muss ein Ort diakonischer Bildung sein. Es bedarf der Einführung in materiale Gehalte und Ethosformen einerseits und der Einübung der Reflexion über die gemeinsame Sache andererseits. Dies in den unterschiedlichen angesprochenen Horizonten: im Horizont der Organisation, des Trägers, der Diakonie überhaupt, aber auch im Horizont der evangelischen Tradition bzw. des Christentums insgesamt. Da gilt es nüchtern zu sehen, dass Kompetenzen an dieser Stelle unterschiedlich verteilt sind. Auch Theologinnen und Theologen, die im Horizont von Kirche und Christentum sprachfähig sind, müssen das noch lange nicht für den diakonischen Kontext in Einrichtung, Träger und Verband sein. Die oben angesprochene Frage, ob die verfassten Kirchen sich als Öffentlichkeit auch in diakonierelevantem Sinne bewähren, hängt auch damit zusammen, wie ansprechbar

---

36 Es ist wichtig zu betonen, dass eine diskursive Selbstverortung im Raum der Kirche und eine entsprechende kirchlich-diakonische Kompetenz nicht identisch mit Kirchenmitgliedschaft ist. Näher aber ist m.E. an Kirchenmitgliedschaft aus einer funktionalen Perspektive (die der EuGH vorgibt) nicht heranzukommen. Siehe dazu auch unten, Abschnitt VI.

das kirchlich-theologische Personal für Fragen des organisierten Helfens ist. Die Entwicklung diakonischer Kompetenz ist auch eine Anforderung an die theologische Ausbildung insgesamt, soll die Verbindung von Kirche und Diakonie auch in Zukunft lebendig bleiben.

Zweitens setzt das Konzept eines inneren diakonischen Republikanismus voraus, dass es in der Diakonie eine gewisse Dichte von geprägtem Ethos und Reflexionskultur gibt. Hier zeigen sich gleich mehrere größere Herausforderungen. Eine ist, selbstverständlich, der Traditionsabbruch des christlichen Basiswissens und der Rückzug der Familie als religiöser Sozialisationsagentur. Hier sind die Chancen, aber auch die Grenzen diakonischer Bildung zu reflektieren. Eine andere Herausforderung ist die zunehmende Arbeitsverdichtung, die ressourcenintensive Verhandlungen und Diskurse als Luxusphänomene erscheinen lässt. Es gibt gleichsam eine Ökonomie der Identitätspflege, die Zeiten, Räume und weitere Ressourcen braucht und das rechtfertigen muss. Eine dritte ist die – an vielen Stellen wünschenswerte – Deinstitutionalisierung und Ambulantisierung in Handlungsfeldern wie der Eingliederungshilfe oder der Pflege. Mit der Bildung kleinerer Einheiten nimmt potentiell auch die diskursive Dichte ab. Was das für den Erhalt einer diakonischen Prägung bedeutet, wird derzeit an vielen Stellen experimentell erprobt. Insbesondere die Rolle der Träger und der Verbände wird an dieser Stelle neu zu fassen sein. (Für die Debatte um evangelische Identität ist umgekehrt kritisch zu fragen, inwieweit hier implizit das Bild großer Anstalten noch als Norm in den Köpfen sitzt.)

Wenn es um die diskursive Dichte für die Verhandlungen um das Diakonische geht, ist auch nach Schlüsselpersonen zu fragen, die als Legitimatoren und Treiberinnen solcher Verhandlungen fungieren können. Üblicherweise und zu Recht wird hier auf diakonische Führungskräfte, Mitglieder diakonischer Gemeinschaften, besonders engagierte Mitarbeitende sowie auf Theolog:innen in Vorständen und pastoralen Diensten verwiesen. Kaum im Blick sind aber die Klientinnen und Klienten der Diakonie; auch sie fungieren, etwa in der Altenhilfe, als Träger diakonischer Kultur und Prägung.[37]

Insgesamt nehme ich wahr, dass in den diakonischen Einrichtungen und Unternehmen in der Frage nach der Sache des Diakonischen erhebliche Bewegung ist. Von der Klausurtagung eines Aufsichtsrates bis zur Mitarbeitendenfortbildung, vom Leitbildprozess bis zum diakonischen Ethik-Café, vom Einführungsgottesdienst bis zur Kurzandacht vor einer Sitzung werden Situationen geschaffen, in denen Habitualisierungen wahrgenommen, Traditionsbestände gesichtet und die gemeinsamen Sachen des Diakonischen reflektiert werden. All das ist

---

37 Vgl. dazu Hofmann u. a., Merkmale diakonischer Unternehmenskultur in einer pluralen Gesellschaft [online], http://www.diakoniewissenschaft-idm.de/2018/wp-content/uploads/2019/01/2019_01_Forschungsbericht_END_online-Version.pdf (letzter Zugriff am 11.04.2022), 106.

diakonisches *doing universality* im besten Sinne. Noch die schmerzhaften Aufarbeitung des sexuellen Missbrauchs oder die Erforschung der in der frühen Bundesrepublik unternommenen pharmazeutischen Versuche in diakonischen Einrichtungen tragen dazu bei, die Behaftbarkeit auf das Diakonische zu stärken. Es sind solche Verhandlungen, in der die Plausibilität evangelischer Prägung in der Diakonie eine Chance hat, sich zu erneuern und fortzubilden.

Hinsichtlich der Inhalte solcher Verhandlungen lässt sich derzeit eine Fülle von Fragen ausmachen, in denen es diakonisch ans Eingemachte geht. Die Debatte um die explizite Rationierung von Gesundheitsleistungen steht an. Der Umgang mit demographischen Entwicklungen wie dem Fachkräftemangel, aber auch etwa mit der internationalen Pflegemigration ist weithin ungeklärt. Die Digitalisierung sozialer Dienstleistungen stellt diakonische Organisationen vor Herausforderungen, deren Umfang allenfalls zu ahnen ist. Zudem bleiben klassische Fragen wie die einer Ethik der Reproduktionsmedizin bedeutsam. Und schließlich sind es die elementaren Themen von Würde und Wertschätzung, von Teilhabe und Gerechtigkeit, von Selbstbestimmung und Zuwendung, von hohen Idealen und vom Scheitern an ihnen, anhand derer auch in Zukunft diakonische Identität auf dem Spiel steht und angesichts sich wandelnder Rahmenbedingungen fortwährend neuverhandelt werden muss. Ich bin davon überzeugt, dass sich in solchen Fragen die Bestände der evangelischen Tradition sowohl in der Prägung von Haltungen wie in der Freisetzung von Reflexivität bewähren werden.

An diesen Stellen ist meines Erachtens anzusetzen, um die kirchliche Einstellungspraxis rechtssicherer zu machen. Diese Investitionen in die gemeinsame Sache des Diakonischen sind auch dann unmittelbar sinnvoll, wenn sich manche Elemente des kirchlichen Arbeitsrechts möglicherweise mittelfristig als unhaltbar erweisen werden.

VI. Zur Auseinandersetzung um das kirchliche Arbeitsrecht

Der dargelegte Gedankengang hat eine Reihe von Implikationen hinsichtlich der Diskussion um das kirchliche Arbeitsrecht. Diese sollen, wiederum auf die Diakonie konzentriert, abschließend offengelegt werden. Zunächst halte ich angesichts der hohen moralischen Bedeutung der Nichtdiskriminierungsnorm – wenigstens in ethischer Hinsicht – eine methodische Umkehrung in den Begründungsfiguren für das kirchliche Arbeitsrecht angezeigt.[38] Probater Ausgangspunkt ist nicht die korporative Religionsfreiheit nach Art. 140 GG i.V.m. Art. 137

38 Das ist wohlgemerkt ein rechtsethischer und kein rechtsdogmatischer Vorschlag, der mir als juristischem Laien auch nicht zustünde. Aber es wäre zu fragen, ob die von Peter Un-

(3) WRV, sondern die individuelle Religionsfreiheit nach Art. 4 GG, als deren Ausfluss dann die Rechte der Religionsgesellschaften zu gelten hätten.[39] Die Freiheit der Kirchen steht im Dienste der freien Religionsausübung und religiösen Vergemeinschaftung ihrer Mitglieder und muss sich darin erweisen. Nur so tritt dem Antidiskriminierungsgedanken überhaupt eine Norm ähnlicher moralischer Tragweite an die Seite.[40]

Für die Diakonie in der Fülle ihrer Erscheinungsformen und der Vielzahl der ihr innewohnenden Rationalitäten hieße das, dass das Selbstbestimmungsrecht der Kirchen (und mit ihm das kirchliche Arbeitsrecht) für sie nur insofern von Belang sein sollte, als sie selbst Kirche, also Ort religiöser Kommunikation ist. Ich habe an anderer Stelle gezeigt, dass das nicht nur für die im engeren Sinne religiösen Vollzüge wie Gottesdienste und Andachten gilt, sondern dass das Helfen als diakonischer Kernprozess selbst Transzendierungsmomente aufweist, die in religiöser Kommunikation einen adäquaten Ausdruck finden. Diakonie ist, so die damals vorgeschlagene Formel, „Kirche bei Bedarf",[41] insofern sie sich bei Bedarf als religiös ansprechbar zeigt. Daraus folgt für das kirchliche Arbeitsrecht im Bereich der Diakonie eine recht bescheidene Leitfrage: Was sollte hier überhaupt rechtlich geregelt sein, um dem genannten religiösen Horizont des Helfens Rechnung zu tragen? Ich schlage also vor, die Abwehranstrengungen zum kirchlichen Arbeitsrecht in diesem Sinne funktional zu beschränken. Inwieweit trägt es dazu bei, die religiöse Ansprechbarkeit in diakonischen Organisationen zu gewährleisten?[42]

Eine solche funktionale Perspektive ändert auch die Form der Argumentation. Denn in den seltensten Fällen wird sie auf absolut notwendige Anforderungen an Mitarbeitende und auf unbedingt erforderliche kollektivarbeitsrechtliche Regelungen rekurrieren können. Das ist jedoch gerade kein Manko. Der Verfassungsrechtler Martin Morlok hat schon vor längerem darauf hingewiesen, dass eine differenzierende und priorisierende statt einer vereindeutigenden und tabuisierenden Argumentation seitens der Kirchen es den staatlichen Gerichten einfacher machen würde, die geforderte Abwägung und den schonenden Ausgleich verschiedener Grundrechtspositionen durchzuführen.[43] Von daher sollte

---

ruh namhaft gemachte Abschaffung der zweistufigen gerichtlichen Prüfung religionsbezogener Anforderungen an Mitarbeitende von Kirchen und religiösen Organisationen durch den EuGH (siehe Anm. 6) nicht genau dies im Hintergrund hat.

39 Vgl. den Vorschlag von Schäfer 2018, 407.

40 Diese Umstellung scheint mir auch den „Abschied von der Plausibilitätskontrolle" (Unruh 2019, 200) durch den EuGH zu motivieren.

41 Siehe den Abschnitt „Kirche bei Bedarf" in diesem Band.

42 Dabei ist gleichwohl an dem Grundprinzip eines liberalen Religionsrechts festzuhalten, dass nicht der Staat bestimmen darf, was „religiös" ist und was nicht.

43 So ist es nicht nur theologisch hanebüchen, ein absolutes Streikverbot in diakonischen Einrichtungen begründen zu wollen. Es ist auch rechtlich nicht mehr anschlussfähig, seit das BAG 2012 den Streik geradezu zum Garanten des Dritten Weges gemacht hat: Gestreikt

es auch Bestandteil der künftigen Klärung vor dem Bundesverfassungsgericht sein, welche Art von Objektivitätsanspruch der gerichtlichen Prüfung der „wesentlichen, rechtmäßigen und gerechtfertigten" Einstellungserfordernisse zukommen kann und welche nicht.

Ein wesentlicher Punkt für die Zukunft des kirchlichen Arbeitsrechts ist die Frage, auf welcher Ebene und auf welchem Allgemeinheitsgrad eigentlich Begründungen für kirchliches Arbeitsrecht angesiedelt sein können und sollen. Für das Individualarbeitsrecht geht es nach der Rechtsprechung von EuGH und BAG um den einzelnen Arbeitsplatz in der konkreten Organisation. Es muss deutlich gemacht werden, was die Religionszugehörigkeit der Mitarbeitenden im Kontext konkreter Organisationen bedeutet. Für die Diakonie heißt das, wie im letzten Abschnitt entfaltet: Nötig ist eine innere, organisationsbezogene – und das heißt auch: hinsichtlich der je spezifischen regionalen, hilfefeldbezogenen und organisationskulturellen Besonderheiten differenzierte – Verständigung über die Art und Weise und der Grenzen ihres Kircheseins im Sinne der Begriffe von Ethos und Identität. Allgemeine Reflexionen auf der Ebene von EKD, Landeskirchen und diakonischen Werken können eine solche innere Selbstverständigung allenfalls anstoßen, fördern und anreichern, aber nicht abnehmen.

Für solche Verständigungsprozesse ist es schließlich unabdingbar, nicht in die Propriumsfalle zu tappen. Wenn die Diakonie nur das zum Diakonischen rechnen kann, was sie anderswo nicht findet, wird sie nichts finden – oder in einen Strudel christlicher Überheblichkeit geraten. Hier mag der Wortlaut des Art 137 (3) WRV helfen, der die Religionsgesellschaften „ihre" Angelegenheiten selbst regeln lässt. Es geht um diejenigen Angelegenheiten, die sie als ihre eigenen erkennen und als solche plausibel machen können, nicht um ihre besonderen. Es bleibt dann lediglich, verständlich zu machen, welche besonderen Arbeitsrechtsregelungen diesen eigenen Angelegenheiten am besten entsprechen.

---

werden darf, wenn die hohen Anforderungen des Dritten Weges nicht erfüllt werden (siehe Anm. 7). Es ist also nicht die Frage „Streik oder nicht?", sondern die Frage, welche Rolle und welchen Ort der Streik in der Konfliktaustragung kirchlicher Organisationen begründetermaßen einnehmen sollte.

2. Dienstgemeinschaft als theologischer Begriff[1]

I. Das im Begriff der Dienstgemeinschaft vorausgesetzte Sachproblem

„Dienstgemeinschaft" ist eine Integrationssemantik. Integrationssemantiken werden dann aufgerufen, wenn Differenzen antagonistisch werden.[2] Es sind mithin Krisensemantiken. In der Tat ist die hinter dem Begriff Dienstgemeinschaft stehende Problemwahrnehmung für die Diakonie (auf die ich mich hier konzentrieren will) einschlägig: Gelingt es angesichts des hoch professionalisierten, verrechtlichten und ökonomisierten Sozialbetriebs noch, denjenigen *über-professionellen Sachbezug* von Diakonie zur Geltung zu bringen, der in Formeln wie „Auftrag Jesu Christi" oder „Verkündigung des Evangeliums in Wort und Tat" angesprochen ist?

Im Begriff Dienstgemeinschaft wird also etwas behauptet, das Diakonie nicht aufgeben kann, ohne sich selbst aufzugeben. Gleichzeitig wäre es selbstwidersprüchlich, mit Hilfe des Begriffs der Dienstgemeinschaft jene Differenzen und Antagonismen zu leugnen, die in der Begriffsverwendung vorausgesetzt sind.[3]

II. „Dienstgemeinschaft" als Kopplungsbegriff

Der Begriff bildet die Schnittstelle zwischen der theologischen Reflexion des Selbstverständnisses von Kirche einerseits und der organisationalen Praxis von Kirche und Diakonie andererseits. Mit dem Begriff Dienstgemeinschaft verbin-

---

1 Der vorliegende Beitrag geht zurück auf einen in kurzen Thesen gefassten Kommentar zu einem Beitrag von Christian Albrecht (vgl. Albrecht 2013). Der thesenhafte Charakter des Beitrags ist beibehalten.

2 So an anderer Stelle die Begriffe „Identität" oder „Kultur", für das 19. Jahrhundert „Organismus", biblisch etwa „Leib Christi" (vgl. 1 Kor 12).

3 Etwa in dem Sinne, die Dienstgemeinschaft sei auf Konsens gegründet, weswegen Arbeitskampfmaßnahmen nicht nötig seien.

det sich die Behauptung, das theologisch artikulierte Selbstverständnis von Kirche sei tatsächlich für die Praxis relevant und – wie gebrochen und unvollkommen auch immer – an ihr ausweisbar.

Die beiden Relate, die der Begriff koppelt, sind dabei kategorial zu unterscheiden.

> Auf die Beschreibung dieser Differenz kommt es an. Christian Albrecht rekonstruiert sie mittels des Begriffspaars von empirischer Kirche und Kirche des Glaubens, oder lutherisch gesprochen: der sichtbaren und der verborgenen Kirche. Ich halte das für weiterführend, da es theologische Differenzierungsleistungen für das genannte Sachproblem fruchtbar macht. Allerdings gebe ich zweierlei zu bedenken:
>
> Zum einen ist die verborgene Kirche nicht im strengen Sinne die „Idealgestalt" zur „Realgestalt" der sichtbaren Kirche, da sie gerade *nichtinstitutionell*, gestaltlos, gedacht ist. Es ist die spezifische Stärke und Schwäche protestantischer Ekklesiologie, sich nicht auf ein kirchliches (und diakonisches) *Gestaltungsideal* verständigt zu haben, das über Minimalbestimmungen wie in CA VII hinausginge.[4] Der Grund hierfür liegt – jenseits der innerreformatorischen Lehrdivergenzen – in dem Umstand, dass die *religiöse Differenz* zwischen dem empirisch Vorfindlichem und seiner religiösen Deutung grundsätzlich anders verfasst ist als die *normative Differenz* zwischen Ist und Soll einer Organisation. Anders gesagt: Religiöse Semantiken artikulieren einen Überschuss über das Vorfindliche. Aber dieser ist nicht nur, und nicht einmal wesentlich, normativer Natur.
>
> Zum anderen unterscheidet sich Diakonie von Kirche aristotelisch gesprochen durch ihren poietischen Charakter. Sie ist nicht nur religiöse Kommunikation um der religiösen Kommunikation willen (also selbstzweckliche *Praxis*), sondern zugleich eine Unternehmung zur Verwirklichung externer Zwecke (also *Poiesis*), nämlich der Erbringung sozialer Dienstleistungen.[5] Die Vermittlungsaufgabe im Begriff der Dienstgemeinschaft ist damit etwa im Falle der Organisation eines christlichen Krankenhauses komplexer als es in der genannten ekklesiologischen Dichotomie fassbar wäre.[6]

So ist nicht nur Ideales und Reales zu koppeln, auch nicht nur die „innere" Motivation der Mitarbeitenden und die „äußere" Organisationsstruktur, sondern mindestens ebenso die Handlungslogik religiöser Kommunikation mit den (ihrerseits divergierenden) Handlungslogiken von professionalisierten Sozialberufen, Recht, Ökonomie und Sozialpolitik.

---

4 Vgl. Luther 1520; Trillhaas 1980, 520–526. Die Gestaltlosigkeit der unsichtbaren Kirche zeigt sich schon an dem Umstand, dass ihr die Prädikate des Apostolikums, insbesondere una und catholica, also Einheit und Ganzheit, zugesprochen werden, während jede Form von Organisation Differenzierung impliziert, in der das Ganze nicht mehr unproblematisch „gegeben" ist.

5 Wenn auch mit der Pointe, dass diese externen Zwecke als notwendiges Implikat religiöser Vergemeinschaftung religiös gedeutet werden.

6 Hierauf weisen schon die Spannungen zwischen verfasster Kirche und Diakonie hin.

III. Begriffliche Unterbestimmtheit

Der Begriff der Dienstgemeinschaft ist als Leersemantik bzw. als notorisch unterbestimmter Begriff kritisiert worden,[7] da über ihn in der Regel lediglich in Form von Generalklauseln („Auftrag Jesu Christi" etc.[8]) gesprochen wird. So richtig diese Beobachtung ist, so wenig ist m.E. die Kritik gerechtfertigt: Als Kopplungssemantik verbindet der Begriff den sich historisch verändernden ekklesiologischen bzw. sozialethischen Diskurs mit der sich ebenfalls verändernden diakonischen und kirchlichen Praxis. Er ist also kein detailliert gemaltes Bild, sondern eher ein Fenster zwischen variablen Bezugsgrößen, das im besten Fall in beide Richtungen hinreichend transparent ist.[9] Am deutlichsten wird der unterbestimmte Charakter des Dienstgemeinschaftsbegriffs in der Standardformel von der „Verkündigung des Evangeliums in Wort und Tat", in der kaum mehr als die Kopplung selbst ausgesagt wird.

IV. „Dienstgemeinschaft" als kirchenrechtlicher Begriff

Der Begriff Dienstgemeinschaft erfüllt seine Kopplungsfunktion spezifisch für den Bereich des Arbeitsrechts. Es ist also weder verwunderlich noch problematisch, dass er von Juristen etabliert wurde und nicht als unabhängiger theologischer Begriff zu finden ist.[10] Es handelt sich nicht um einen umfassenden Begriff ekklesiologischer oder diakonietheoretischer Selbstverständigung. Vielmehr dient er allein der Bearbeitung der Frage, was theologisch für die rechtsförmige Gestaltung von Arbeitsverhältnissen im Raum der Kirche relevant ist.[11]

---

7 Vgl. Lührs 2007.

8 Vgl. Schneider, Faire Arbeitsbedingungen durch den Dritten Weg - Aktuelle Anforderungen an das kirchliche Arbeitsrecht [online], https://www.ekd.de/20120305_schneider_dritter_weg.htm (letzter Zugriff am 13.04.2022), der sich auf die Bemerkung beschränkt, der Begriff der Dienstgemeinschaft habe für ihn „unaufgebbare theologische Qualität". Anders auf katholischer Seite (vgl. Deutsche Bischöfe, Erklärung der deutschen Bischöfe zum kirchlichen Dienst [online], https://www.dbk.de/fileadmin/redaktion/diverse_downloads/VDD/db051_11_auflage.pdf (letzter Zugriff am 13.04.2022).

9 Dabei versteht sich der Modus der *Kopplung* keineswegs von selbst. Er erlebt seinerseits eine Interpretationsgeschichte; der Wandel der Kirchenrechtstheorien legt hiervon beredtes Zeugnis ab.

10 Vgl. Lührs 2007.

11 So in der Entscheidung des Bundesverfassungsgerichtes vom 04.06.1985 (BverfG, Entscheidung 70, 138 (insbesondere Leitsatz 3), das Wert darauf legt, dass es nicht um das

Weitere Kopplungsbegriffe operieren auf anderen Feldern: So der Begriff des diakonischen Profils im Kontext der Selbstverortung von Diakonie auf dem sozialen Markt; der Begriff der diakonischen Identität vornehmlich im Kontext von historischen Wandlungsprozessen, insbesondere der Ablösung alter diakonischer Eliten durch neue; schließlich der Begriff der diakonischen Kultur vor allem im Kontext von Professionalisierungs- und Pluralisierungsprozessen in Organisationen. Diese Begriffe zeichnen sich durch vergleichbare Unbestimmtheitsmomente aus.

V. Begriffsgeschichte

Der Begriff der Dienstgemeinschaft hat mit „Dienst" einen konnotativen Raum, der ihn durchaus geeignet macht, den Anschluss zwischen der Gestaltung von Arbeitsverhältnissen und dem Symbolkosmos des Christentums zu leisten.[12] Gleichzeitig hat er eine problematische Geschichte der gegen Mitbestimmungsansprüche gerichteten Legitimation von Unterordnung. Es ist unabdingbar, diese Begriffsgeschichte präsent zu halten[13] und die Suche nach einer demokratischen Interpretation von „Dienst"[14] fortzusetzen.

VI. Die theologische Aufgabe

Zu fragen ist also, ob es angesichts der konkreten Organisationspraxis von diakonischen Unternehmen gute ekklesiologische bzw. theologisch-sozialethische Gründe dafür gibt, das kollektive und individuelle Arbeitsrecht im Raum der Kirchen so zu gestalten, wie es derzeit der Fall ist (Dritter Weg; Loyalitätsrichtlinie).

Hier ist breiter Raum für einen theologisch verantworteten „christlichen Utilitarismus" (Trutz Rendtorff). In ihm kommen ökonomische Wahrnehmungen der Praxis des sozialen Marktes mit organisations- und professionstheoretischen Überlegungen sowie Bezügen auf den christlichen Symbolkosmos und die theologische Ethik, wie sie für Kirche und Diakonie wesentlich sind, zusammen. Gesucht sind dabei *möglichst angemessene* Formen des Kircheseins (nicht: *notwen-*

Selbstverständnis des konkreten Arbeitgebers sondern um den gesamten Diskursraum der Kirche gehe).

12 Vgl. Tanner 2006.

13 Vgl. Lührs 2007. Das gilt mutatis mutandis auch für den Terminus „Gemeinschaft" (siehe dazu Lührs 2013).

14 Vgl. Buttler 1990, 210.

dige; auch nicht: *spezifische*, also ausschließlich für Kirche bzw. Diakonie angemessene Formen). Aufgrund der systemisch angelegten Interessenkonflikte wird es hierbei immer auch Auslegungsdissense geben.[15]

VII. Zur Frage des Streikrechts in diakonischen Einrichtungen

Eine Delegitimierung der Artikulation von Interessenkonflikten zwischen Arbeitgebern und Arbeitnehmern im diakonischen Bereich und deren streitigen Austrags[16] ist m.E. theologisch-sozialethisch nicht glaubwürdig zu begründen. Damit ist auch nicht einzusehen, warum in *kirchlichen* sozialen Dienstleistungsorganisationen generell nicht gestreikt werden dürfe.[17] Es mag Gründe geben, die Schwelle für Streiks im Bereich der gemeinnützigen Erbringung sozialer Dienstleistungen höher zu legen als an anderen Stellen. Diese resultieren aber aus den spezifischen Bedingungen des Wohlfahrtssektors und nicht aus der Tatsache, dass es sich um *kirchliche* Wohlfahrtsunternehmen handelt. Das Argument, die Verkündigung des Evangeliums dürfe keine Unterbrechung haben, weswegen der Streik nicht erlaubt sei,[18] vermengt die Ebenen von Organisationspraxis und religiöser Deutung. Es ist damit nahe an der Persiflage „Gott kann man nicht bestreiken“.[19]

VIII. Zur begrenzten Operationalisierbarkeit von „Dienstgemeinschaft“

Es lässt sich ein Kriterium für die Plausibilität der mit dem Begriff der Dienstgemeinschaft benannten Kopplung von „Wort“ und „Tat“ geben – trotz aller bleibenden Divergenz von Ideal und Realität. Meiner Ansicht nach ist die Behauptung einer Kopplung dann plausibel, wenn in der Organisation sozialer Arbeit im

---

15 So zwischen dem Verband der diakonischen Dienstgeber in Deutschland und dem Kirchengerichtshof der Evangelischen Kirche in Deutschland um die Zulässigkeit von Leiharbeit in diakonischen Einrichtungen (vgl. Heinig 2009).

16 So etwa Robbers 2012. Weitere Nachweise in Dahme u. a. 2012, 11.

17 So auch die Entscheidung des Bundesarbeitsgerichts vom 20.11.2012 zum Streikrecht in kirchlichen Einrichtungen (Pressemitteilung des BAG Nr. 82/12).

18 Vgl. Beese, Der Dritte Weg [online], shorturl.at/BFGKL (letzter Zugriff am 12.03.2013).

19 Zu weiteren Argumenten gegen ein Streikrecht im kirchlichen Bereich vgl. Kreß 2012.

Raum der Kirche auf ihren verschiedenen Ebenen eine *Ansprechbarkeit auf das „Diakonische"* gegeben ist.[20]

Das lässt sich anhand der Strukturmerkmale von Organisationen aufschlüsseln:[21] (1.) *Programm*: Inwiefern rekurrieren Leitbilder und andere programmatische Äußerungen auf das „Diakonische"? (2.) *Personal*: Sind die Mitarbeitenden ebenso wie die Leitenden auf die im Begriff des „Dienstes" angezielte über-professionelle Sachorientierung helfenden Handelns im Raum der Kirche ansprechbar? (3.) *Kommunikationsstrukturen*: Sind die Kommunikationsprozesse im Unternehmen so verfasst, dass ein Rekurs auf das „Diakonische" als Kritik und Gestaltung organisationaler Praxis überhaupt möglich ist?[22]

Dieses Kriterium lässt sich nicht einfach in Change-Prozesse oder Meilensteine übersetzen. Es gibt vielmehr die Orte an, an denen die im Begriff der Dienstgemeinschaft allgemein behauptete Kopplung konkret wird. Dabei ist es hinreichend unbestimmt, um der empirischen Pluralität diakonischer Organisationen Rechnung zu tragen. Und es gibt einen negativen Pol an, den es zu vermeiden gilt: Wenn sich die Sachlogiken sozialer Arbeit so verselbständigt haben, dass eine Ansprechbarkeit auf das „Diakonische" vor Ort nicht mehr gegeben ist und nur noch durch Programmatik auf Verbandesebene gleichsam nachgereicht werden kann, dann wird der Begriff der Dienstgemeinschaft mit Recht dem Ideologieverdacht erliegen und ein selbständiges kirchliches Arbeitsrecht wird nicht auf Dauer durchsetzbar bleiben.

---

[20] In dieser Ansprechbarkeit ist die reformatorische Grundbestimmung der Kirche als „creatura verbi" reformuliert.

[21] Zu diesen vgl. Reuter 2006.

[22] Die Ansprechbarkeit auf das „Diakonische" ist daher nicht nur von den einzelnen Mitarbeitern zu fordern und auch nicht nur von Getauften (gegen Germann / Wall 2004, 570). Damit sind der subjektive und der objektive Strang der Begründung des Begriffs verkoppelt (vgl. Reuter 2006; Heinig 2009). Eine nur subjektiv-motivationale Verortung von Dienstgemeinschaft stünde dagegen in Gefahr, in der Praxis der Organisationen gänzlich unkonkret zu bleiben und so ein eigenständiges kirchliches Arbeitsrecht nicht plausibilisieren zu können.

3. Loyalität
Perspektiven individueller Verpflichtungen in der Diakonie

I. Verpflichtungsdiskurse in der Diakonie

Ein Arbeitsplatz in Diakonie oder Caritas ist kein Arbeitsplatz wie jeder andere. Mitarbeitende begegnen der Erwartung, nicht allein die im Arbeitsvertrag oder in der Stellenbeschreibung niedergelegten Pflichten zu erfüllen und sich den Normen ihrer Profession gemäß zu verhalten. Sie sollen sich auch innerlich dem Sinnkontext einer Tätigkeit im Raum der Kirche verbunden fühlen. Die von ihnen erwarteten Haltungen und Handlungsorientierungen betreffen dabei nicht nur die Berufsrolle, sondern potentiell die gesamte Lebensführung – etwa ihre Kirchenzugehörigkeit, Meinungsäußerungen, Partnerwahl oder Familienplanung.

„Hingabe", „Dienesinn",[1] „Liebespflicht der Christen",[2] „Loyalität": die innere Bindung an die äußere Aufgabe wurde für die moderne Diakonie von Anfang an in Anspruch genommen. Doch ein solches Verständnis diakonischer Berufstätigkeit ist nicht mehr ohne weiteres plausibel. Die Lebenshingabe der Diakonisse fungiert nicht mehr als allgemeines Leitbild. Und auch mildere Formen der Verpflichtung stehen augenscheinlich in Spannung zum modernen Gedanken der Erwerbsarbeit, der den kühlen Tausch von Arbeitsleistung gegen Entlohnung und die Unterscheidung von Arbeit und Privatleben voraussetzt. Zudem unterscheiden sich Arbeitsbedingungen und Atmosphäre diakonischer Häuser nicht unbedingt von denen anderer Anbieter sozialer Dienstleistungen. Auch im diakonischen Krankenhaus werden Spitzengehälter für Chefärzte gezahlt, während die Putzkolonne qua Outsourcing unter Tarif arbeitet. Mit welchem Recht also nimmt eine im Unternehmensalltag oft weithin unsichtbare „Kirche" eine zunehmend religiös plurale Mitarbeiterschaft stärker in die Pflicht, als dies in einem anderen sozialen Job der Fall wäre?

Im Folgenden wird die Inpflichtnahme von Mitarbeiterinnen und Mitarbeitern der Diakonie mithilfe des Begriffes der Loyalität diskutiert. Die Überlegungen nehmen ihren Ausgang beim kirchlichen Arbeitsrecht (II.), um anschließend

---

1 Vgl. Winkler 2003, 219.

2 Kirchenamt der Evangelischen Kirche in Deutschland 1996, 10.

nach den in den entsprechenden Debatten präsenten historischen Tiefenschichten zu fragen (III.). Abschließend wird die These entfaltet, dass der Begriff der Loyalität in verschiedenen Differenzierungen geeignet ist, diejenigen Selbstverpflichtungen und Verpflichtungsansprüche, die Bestandteil jeder diakonischen Kultur sind,[3] zu kartieren, zu analysieren und in ihren Schwierigkeiten zu diskutieren (IV.).

II. Der Begriff der Loyalität im Arbeitsrecht

Die „Richtlinie des Rates der Evangelischen Kirche in Deutschland [...] über kirchliche Anforderungen der beruflichen Mitarbeit in der Evangelischen Kirche in Deutschland und ihrer Diakonie" vom 09.12.2016 fordert in § 4 Abs. 1, Satz 2 von Mitarbeiterinnen und Mitarbeitern in Kirche und Diakonie, sich um der glaubwürdigen Erfüllung ihrer Aufgaben willen „loyal gegenüber der evangelischen Kirche zu verhalten". Anschließend wird in dieser sogenannten Loyalitätsrichtlinie ein je nach Kirchenzugehörigkeit der Mitarbeitenden gestuftes Tableau von Erwartungen entfaltet.

Nun handelt es sich bei der Richtlinie von 2016 um die Überarbeitung einer Vorgängerversion von 2005, die signifikante Veränderungen im Verständnis von Loyalität enthält. Die alte Richtlinie hatte statuiert (§ 4, Abs. 2–4):

> (2) Von evangelischen Mitarbeiterinnen und Mitarbeitern wird erwartet, dass sie Schrift und Bekenntnis anerkennen. Sofern sie in der Verkündigung, Seelsorge, Unterweisung oder Leitung tätig sind, wird eine inner- und außerdienstliche Lebensführung erwartet, die der übernommenen Verantwortung entspricht.
> (3) Von christlichen Mitarbeiterinnen und Mitarbeitern wird erwartet, dass sie Schrift und Bekenntnis achten und für die christliche Prägung ihrer Einrichtung eintreten.
> (4) Nichtchristliche Mitarbeiterinnen und Mitarbeiter haben den kirchlichen Auftrag zu beachten und die ihnen übertragenen Aufgaben im Sinne der Kirche zu erfüllen.

Folgende Aspekte fallen ins Auge: erstens die gestufte Bindung (anerkennen, achten, beachten, eintreten für) an einen jenseits des Rechts liegenden Normenbestand (Schrift und Bekenntnis; kirchlicher Auftrag; die christliche Prägung der Einrichtung), zweitens die spezifische Unbestimmtheit dieses Normenbestandes (was folgt aus Schrift und Bekenntnis oder dem kirchlichen Auftrag?), drittens die Verwendung einer Terminologie, die zwischen innerer Haltung bzw. Überzeugung (anerkennen, achten) und äußerem Handeln (Lebensführung, ein-

---

3 Vgl. Moos 2018, 168–177.

treten für, Aufgaben erfüllen) oszilliert, und viertens der abhängig von der Tätigkeit vorgenommene Ausgriff über das Arbeitsverhältnis hinaus auf potentiell die gesamte Lebensführung der Mitarbeitenden. Die Formulierungen scheinen weich und wenig abgegrenzt; nichtsdestotrotz kann die Nichterfüllung dieser Anforderungen dienstrechtliche Konsequenzen bis zur außerordentlichen Kündigung nach sich ziehen (§ 5, Abs. 1).[4]

Die neue Richtlinie formuliert hingegen eine nur noch zweistufige Loyalitätserwartung (§ 4, Abs. 1, Satz 3):

> Christinnen und Christen haben für die evangelische Prägung der Dienststelle oder Einrichtung einzutreten. Nicht-Christinnen und Nicht-Christen haben die evangelische Prägung zu achten.

Damit ist nicht nur die Abstufung zwischen evangelischen und nichtevangelischen, aber christlichen Mitarbeitenden fortgefallen.[5] Vielmehr hat sich auch

---

4 Das römisch-katholische Paralleldokument, die „Grundordnung des kirchlichen Dienstes im Rahmen kirchlicher Arbeitsverhältnisse" ist in den entsprechenden Artikeln 4 und 5 ähnlich formuliert (vgl. Vollversammlung des Verbandes der Diözesen Deutschlands, Grundordnung des kirchlichen Dienstes im Rahmen kirchlicher Arbeitsverhältnisse [online], shorturl.at/chkW4 (letzter Zugriff am 12.04.2022). Es enthält andere Formulierungen für die verpflichtenden Normenbestände („Grundsätze der katholischen Glaubens- und Sittenlehre", Art. 4 Abs. 1; „Wahrheiten und Werte des Evangeliums", Art. 4 Abs. 2) und für die Modi der Observanz („persönliche[s] Lebenszeugnis", Art. 4 Abs. 1; „zur Geltung [...] bringen", Art. 4 Abs. 2). Vor allem aber ist in Art. 5 Abs. 2 eine explizite Liste von Verstößen gegen Loyalitätsobliegenheiten mitgegeben, die die allgemeinen Formulierungen konkretisiert bzw. ergänzt. Waren hier in der Fassung vom 20. Juni 2011 explizit der Kirchenaustritt, das öffentliche Eintreten für die Abtreibung und der Abschluss einer nach katholischem Verständnis ungültigen Ehe genannt, so nennt die neue Fassung vom 27. April 2015 noch die Propagierung der Abtreibung, nun aber ergänzt durch die Propagierung von Fremdenhass, was ihren exemplarischen Charakter für „das öffentliche Eintreten gegen tragende Grundsätze der katholischen Kirche" stärker hervorhebt. Weggefallen ist der Abschluss einer im katholischen Sinne ungültigen Ehe – zumindest für die nicht katholischen Mitarbeiterinnen und Mitarbeiter. Für die katholischen Mitarbeitenden, deren Loyalitätsobliegenheiten nun eigens aufgeführt sind, sind die arbeitsrechtlichen Folgen des Abschlusses einer kirchenrechtlich unzulässigen Zivilehe oder einer eingetragenen Lebenspartnerschaft nur noch bei pastoral, katechetisch oder aufgrund einer *missio canonica* tätigen Mitarbeitenden regelmäßig als Kündigungsgrund angesehen, ansonsten der Einzelfallentscheidung anheimgestellt. Katholischerseits ist also auf der einen Seite eine stärkere Positivierung der Loyalitätsobliegenheiten durch Normen des kirchlichen Lehramtes oder des kanonischen Rechts festzustellen, die andererseits aber an einer einschlägigen konfliktträchtigen Stelle, der Wiederverheiratung Geschiedener sowie dem Eingehen einer eingetragenen Lebenspartnerschaft, eine Flexibilisierung hin zur Einzelfallentscheidung erfahren hat.

5 Die Festsetzung einer auch außerdienstlichen Loyalitätspflicht ist in der Richtlinie hingegen dezidiert auf alle Mitarbeitenden ausgedehnt: „Alle Mitarbeiterinnen und Mitarbeiter sind verpflichtet, sich innerhalb und außerhalb des Dienstes so zu verhalten, dass die glaubwürdige Ausübung ihres jeweiligen Dienstes nicht beeinträchtigt wird." (§ 4, Abs. 2).

die zentrale Referenzgröße für die loyale Bindung der Mitarbeitenden geändert. Anstelle der organisatorisch gleichsam ortlosen Größen „Schrift und Bekenntnis“ bzw. „kirchlicher Auftrag“ wird nun auf eine in der konkreten Organisation verortete „evangelische Prägung“ verwiesen. Deren Gestaltung und Pflege, so bestimmt es ein neu formulierter § 2, Abs. 2, obliegt den jeweiligen Anstellungsträgern:

> Die kirchlichen und diakonischen Anstellungsträger haben die Aufgabe, ihre Dienststellen und Einrichtungen gemäß ihrer evangelischen Identität zu gestalten. Sie tragen Verantwortung für die evangelische Prägung in den Arbeitsvollzügen, den geistlichen Angeboten und der Organisation ihrer Dienststelle oder Einrichtung.

Loyalität richtet sich also (ungeachtet der unveränderten Grundbestimmung in § 4, Abs. 1, Satz 2) weniger auf die evangelische Kirche im allgemeinen, auf ihren „Auftrag“ oder auf ihr grundlegendes Textkorpus, sondern auf die jeweilige Einrichtung in ihrem evangelischen Charakter, wie dieser vom Anstellungsträger gestaltet wird. Die Überarbeitung der Loyalitätsrichtlinie trägt mithin einerseits der Pluralität von kirchlichen und diakonischen Organisationsformen Rechnung. Andererseits ist ein Bewegung der – mindestens potentiellen – *Materialisierung* von Loyalitätserwartungen festzustellen: Was die Anstellungsträger unter evangelischer Prägung der Einrichtung verstehen, kann durchaus konkreter sein als ein doch vergleichsweise abstrakter Verweis auf Schrift und Bekenntnis oder kirchlichen Auftrag. Diese Materialisierung von Loyalitätserwartungen reagiert auf die abnehmende Reichweite der bisher zentralen formalen Loyalitätsmarkierung, nämlich der Kirchenzugehörigkeit, im diakonischen Bereich.[6]

Im Kontext des staatlichen Arbeitsrechts sortieren sich diese kirchenspezifischen Loyalitätsobliegenheiten in ein dreistufig gestaffeltes System von Verhaltensanforderungen an Arbeitnehmerinnen und Arbeitnehmer ein. In jedem Arbeitsverhältnis unterliegt ein Arbeitnehmer einer bestimmten „Treuepflicht“,[7] die ihm abfordert, über die Erfüllung seiner eigentlichen Arbeitspflicht hinaus die Interessen des Arbeitgebers zu wahren, also diesen schädigendes Verhalten zu unterlassen und gegebenenfalls auch aktiv für dessen Ziele einzutreten. Dieser Loyalitätspflicht eignet bereits eine konstitutive Unbestimmtheit.

---

6 Das grundsätzliche Erfordernis der Zugehörigkeit der evangelischen Kirche für eine Anstellung in Kirche und Diakonie wird auch in der neuen Richtlinie aufrechterhalten; allerdings werden Ausnahmen vereinfacht (vgl. § 3).

7 Tiling 2004, 115. Zum Weiteren vgl. a. a. O., 115ff.

„Welchen Inhalt die Loyalitätspflicht hat, kann nicht abstrakt bestimmt, sondern muss vielmehr im Einzelfall ermittelt werden."[8] Solche vertraglichen Nebenpflichten, etwa die Pflicht zur Verschwiegenheit, beziehen sich jedoch in der Regel nur auf das innerdienstliche Verhalten.[9]

Anders ist dies bei Tendenzbetrieben, also solchen, die nicht allein wirtschaftliche Ziele verfolgen, sondern auch „geistig-ideelle" Zwecke anstreben, mittels derer grundrechtliche Positionen verwirklicht werden. Dazu gehören Einrichtungen, Verbände und Unternehmen in den Bereichen Politik, Interessenvertretung, Medien, Kunst oder Wissenschaft. Je intensiver ein Arbeitnehmer in einem solchen Unternehmen mit der geistig-ideellen Zielsetzung betraut und mithin „Tendenzträger" ist, desto stärker unterliegt er sogenannten Tendenztreuepflichten. Insbesondere hat er auch im Bereich seiner privaten Lebensführung Meinungsäußerungen zu unterlassen, die den Grundsätzen und Zielen seines Arbeitgebers widersprechen.

In den Kirchen und den ihnen zugeordneten Einrichtungen verhält sich dies noch einmal anders. Sie sind nicht als Tendenzbetriebe zur Verwirklichung der positiven Religionsfreiheit zu verstehen, sondern können sich auf ein verfassungsmäßig garantiertes Selbstbestimmungsrecht der Religionsgesellschaften berufen.[10] Für den Umfang der möglichen Loyalitätsobliegenheiten hat dies die Folge einer doppelten Entgrenzung. Erstens spricht, so das Bundesverfassungsgericht im Jahr 1976, die Kirche „ähnlich wie der Staat den Menschen als Ganzes in allen Feldern seiner Betätigung und seines Verhaltens" an.[11] Zweitens können bestimmte kirchliche „Grundverpflichtungen"[12] allen Mitarbeitenden auferlegt werden. Im Unterschied zum Tendenzbetrieb können die Kirchen also potentiell *allen* Mitarbeitenden in *allen* Bereichen ihres Lebens bestimmte Verhaltensanforderungen auferlegen. Ob sie dabei Abstufungen nach Tätigkeitsfeldern einführen, wie es etwa in der Loyalitätsrichtlinie durch höhere Verpflichtungen für mit „Aufgaben der Verkündigung, der Seelsorge und der evangelischen Bildung" (§ 3 Abs. 1) Betraute getan wird, und inwieweit sie mit Rekurs auf die „Dienstgemeinschaft" aller Mitarbeitenden allgemeine Pflichten festlegen, ist dabei grundsätzlich ihnen überlassen. Insofern sie dabei etwa die Kirchenzugehörig-

---

8 Rabe von Pappenheim 2015, Eintrag Arbeitspflicht, V.

9 Für die Sanktionierung außerdienstlichen Verhaltens sind dem Arbeitgeber durch die Persönlichkeitsrechte des Arbeitnehmers enge Schranken gesetzt. Nur was das Arbeitsverhältnis selbst beeinträchtigt, also etwa den Betriebsfrieden stört, ist hier relevant.

10 Art. 140 GG in Verbindung mit Art. 137 III WRV.

11 Bundesverfassungsgericht, Entscheidung 42, 312 (333). Siehe dazu auch Richardi 2012, 94. Zum öffentlichen Amt, insbesondere zum Beamtenstand vgl. Depenheuer 2003; Weiß 2011, J 701.

12 Bundesverfassungsgericht, Entscheidung 70, 138 (166).

keit als Einstellungsvoraussetzung (und den Kirchenaustritt als Kündigungsgrund) für Mitarbeitende festlegen dürfen, sind sie von den einschlägigen Regelungen des Allgemeinen Gleichstellungsgesetzes (AGG) ausgenommen.[13]

Diese doppelte Entgrenzung des Bereichs möglicher Loyalitätsobliegenheiten impliziert jedoch nicht, dass kirchliche Einrichtungen ihre Mitarbeitenden tatsächlich in umfassender Weise in Anspruch nehmen dürften. Das Bundesverfassungsgericht hält fest:

> „Dies führt nicht dazu, dass aus dem bürgerlich-rechtlichen Arbeitsverhältnis eine Art kirchliches Statusverhältnis wird, das die Person total ergreift und auch ihre private Lebensführung voll umfasst. Arbeitsverhältnisse kirchlicher Arbeitnehmer können keine säkulare Ersatzform für kirchliche Ordensgemeinschaften und Gesellschaften des apostolischen Lebens sein [...], die auf einer besonderen geistlichen Ausrichtung der Person und ihres Lebens beruhen."[14]

Näher betrachtet, besteht eine Begrenzung der Verpflichtungen auf unterschiedlichen Ebenen:[15]

1. Es handelt sich nicht um Rechtspflichten im eigentlichen Sinne, deren Erfüllung erzwingbar wäre und deren Nichterfüllung Schadensersatzansprüche generierte. Es handelt sich vielmehr um Obliegenheiten, deren Nichterfüllung ‚lediglich' einen potentiellen Kündigungsgrund darstellt.[16]
2. Auch wenn der Begriff der Loyalität in der Regel mit Vokabeln expliziert wird, die dem Bereich der Gesinnungen und Tugenden entstammen („pflichttreu", „ehrlich"), ist im rechtlichen Kontext allein das Verhalten relevant.[17] Das Gesinnungsvokabular im Kontext des Loyalitätsbegriffs trägt also eine spezifische Als-ob-Charakteristik: Wenn gefordert wird, in der Diakonie Tätige sollten die evangelische Prägung der Einrichtung „achten", so kann sich dies nicht auf ihren inneren Überzeugungshaushalt beziehen, sondern lediglich erwarten, dass diese sich so verhalten, *als ob* sie dies täten.
3. Der Umfang der möglichen Loyalitätsobliegenheiten ist an Grundprinzipien der Rechtsordnung gebunden: etwa an das Verbot der Willkür, die guten Sitten und den *ordre public.*[18] Insbesondere das Willkürverbot ist dabei eine erhebliche Anforderung: So kann die Kirche zwar die Maximen ihres Arbeitsrechts selbst bestimmen, diese aber nicht im einen Fall zur Anwendung bringen und an anderer Stelle willkürlich darauf verzichten.

---

[13] Vgl. AGG § 9, Abs. 1. Dazu und zum europarechtlichen Kontext vgl. Joussen 2015; Thüsing 2012. Zur neueren Rechtsprechung seit 2018 siehe den Abschnitt „Diakonische Identität und Pluralität" in diesem Band.

[14] Bundesverfassungsgericht, Entscheidung 70, 138 (166).

[15] Für allgemeine Arbeitsverhältnisse wird das Thema der Grenzen der Loyalität insbesondere am Beispiel des Whistleblowing diskutiert (vgl. Groneberg 2011).

[16] Vgl. Tiling 2004, 122.

[17] So wird im Beamtenrecht Loyalität dezidiert unabhängig vom eigenen Überzeugungshaushalt verlangt. Vgl. Weiß 2011, J 701, Rn. 103.

[18] Hierzu vgl. Thüsing 2012, 131; Joussen 2015, 72.

4. Zudem wirken die Rechte der Arbeitnehmerinnen und Arbeitnehmer verpflichtungsbegrenzend. Diese sind jüngst höchstrichterlich noch einmal gestärkt worden. War bisher das Selbstbestimmungsrecht der Kirchen den Interessen der Arbeitnehmer grundsätzlich vorgeordnet, geht das Bundesverfassungsgericht in seinem sogenannten Chefarzt-Beschluss[19] nun von der grundsätzlichen Gleichrangigkeit beider aus. So wird insbesondere die Berufsfreiheit, etwa des Zugangs zum und des Verbleibs am Arbeitsplatz, als Persönlichkeitsrecht verstanden, das es im Modus der praktischen Konkordanz mit der kirchlichen Selbstbestimmung in Ausgleich zu bringen gilt. Je stärker die Stellung der Kirchen auf dem Arbeitsmarkt ist (etwa in den Bereichen Gesundheit oder Kinderbetreuung), desto stärker greifen kirchliche Loyalitätsobliegenheiten in die Berufsfreiheit von Arbeitssuchenden ein, und desto gewichtiger wird die Berufsfreiheit in der Abwägung gegenüber dem Interesse an kirchlicher Selbstbestimmung zu berücksichtigen sein.
5. Eine weitere Verschiebung deutet sich hinsichtlich der Kompetenz staatlicher Gerichte an. Haben Arbeitsgerichte die kirchlich festgelegten Abstufungen der Loyalitätsobliegenheiten zwischen verschiedenen Gruppen von Mitarbeitenden lediglich hinzunehmen, oder dürfen sie diese auf Plausibilität prüfen? Das Bundesverfassungsgericht hat in dieser Frage bisher grundsätzlich zugunsten der ersten Alternative und damit für ein starkes kirchliches Selbstbestimmungsrecht optiert. Im Unterschied zum Tendenzbetrieb ist es bei einer Religionsgesellschaft dem Staat grundsätzlich entzogen, welche Tätigkeit sich näher oder ferner zum „kirchlichen Auftrag" befindet.[20] Dies wird aber in der jüngeren Rechtsprechung der Instanzengerichte zum Teil anders gesehen.[21]
6. Schließlich deutet sich eine Begrenzung möglicher Verpflichtungen dort an, wo die allgemeinen kirchlichen Regeln und die tatsächliche Praxis weit auseinanderklaffen. So schreibt die Loyalitätsrichtlinie der EKD für kirchliche und diakonische Mitarbeitende grundsätzlich die Zugehörigkeit zu einer evangelischen Kirche als Einstellungsvoraussetzung vor. Allerdings gibt es, insbesondere im Osten Deutschlands, Einrichtungen, bei denen der größte Teil der Mitarbeitenden nicht Mitglied einer Kirche ist. Auch scheint in manchen Einstellungsverfahren das Erfordernis der Kirchenzugehörigkeit keine Beachtung zu finden. In Zeiten abnehmender Kirchenzugehörigkeit und des Fachkräftemangels etwa im Gesundheitswesen bestimmt die allgemeine Regel zunehmend weniger die Praxis. Hier droht ein Willkürvorwurf, der zwar formal nicht unmittelbar gleichstellungsrechtlich relevant ist,

---

19 Dazu und zum Folgenden Rixen 2015.
20 Vgl. Thüsing 2012, 131; 144.
21 Vgl. Joussen 2015, 82f. Siehe auch Anm. 13.

aber auf Dauer die Glaubwürdigkeit der Kirche in der Setzung ihres Arbeitsrechts schwerwiegend beschädigen könnte.[22]

Der Umfang möglicher Loyalitätsverpflichtungen, die Kirche und Diakonie qua Arbeitsvertrag ihren privatrechtlich Angestellten auflasten können, ist also bei näherem Hinsehen zahlreichen rechtlichen Schranken unterworfen, die verpflichtungsbegrenzend wirken können. Zudem zeigen sich an verschiedenen Stellen Tendenzen der Rechtsprechung, Freiheitsrechte der Einzelnen gegenüber der kirchlichen Inpflichtnahme zu stärken. Was Kirche und Diakonie von ihren Arbeitnehmern an Loyalität einfordern, werden sie zunehmend plausibel begründen müssen.

III. Historische Hintergründe des Loyalitätsbegriffs

Wer nach den historischen Orten jener Motive starker Verpflichtungen sucht, die die Diakonie über lange Zeit geprägt haben, wird zunächst bei den Diakonissen fündig. Die Hingabe des ganzen Lebens an die diakonische Aufgabe, die Identität von Glaubens-, Lebens- und Arbeitsgemeinschaft, die Christusnachfolge im „Schmelztiegel"[23] des Dienstes an den Bedürftigen, die Selbstverleugnung und der unbedingte Gehorsam gegenüber den Anordnungen des Vorstehers:[24] diese Motive pietistisch-erwecklicher Frömmigkeit haben insbesondere Theodor und Friederike Fliedner in Gestalt der Mutterhausdiakonie institutionalisiert und in Ordnungen und Verträgen kodifiziert.[25]

Ein zweiter, davon nicht unabhängiger Ort für dieses Motiv starker Verpflichtungen ist in der im Deutschland des 19. Jahrhunderts nahezu allgemeingültigen Überzeugung zu suchen, allein aus dem Christentum könnten Verhältnisse der Verpflichtung und Treue hervorgehen. Dort, wo ein erhöhter Bedarf an Verlässlichkeit besteht – etwa am Ort des öffentlichen Amtes, im Militär oder beim Eid vor Gericht[26] – brächten allein Christen die notwendige Selbstverpflichtung auf. Insbesondere im Verhältnis zwischen Obrigkeit und Untertanen bzw. zwischen Staat und Bürgern bedürfe es der aus dem christlichen Liebesprinzip erwachsenden inneren Selbstbindung, um dem Rechtsmissbrauch zu

---

22 Dazu Joussen 2015, 74f.

23 So die Übersetzung des Namens des Betheler Diakonissenhauses „Sarepta".

24 Vgl. Friedrich 2005.

25 Vgl. Felgentreff 2003.

26 So zieht sich die Debatte, ob Juden staatliche Ämter innehaben dürfen oder nicht, durch das ganze Jahrhundert. Vergleiche etwa Rothe 1845–1848, Bd. 2, 583.

wehren.[27] Doch auch im Arbeitsleben fördere, so etwa der Theologe Otto Pfleiderer, die protestantische Kirche Pflichtgefühl und Berufstreue.[28] Auch wenn die von Ernst Troeltsch gezogene direkte Verbindung zwischen Luthertum und innerer Gehorsamsdisposition der Differenziertheit theologischer Positionen des 19. Jahrhunderts nicht gerecht wird,[29] so ist doch der Konnex zwischen christlicher Liebe und weltlichen Treue- und Loyalitätsverhältnissen ein machtvoller Topos in der formativen Phase der Diakonie.

Insbesondere ein Leitbild wird zur Deutung derjenigen sozialen Beziehungen verwendet, die sich durch erhöhte Verpflichtung auszeichnen: das Bild der Familie. Wirkmächtig überträgt Martin Luther im Großen Katechismus das Gebot der Elternehrung auf die staatliche Obrigkeit; für Johann Hinrich Wichern, für die Fliedners und andere Gründergestalten der Inneren Mission ist die Familie das Leitbild der Organisation diakonischer Unternehmungen; und auch für den Bereich des säkularen Arbeitslebens wird das Bild der Familie bemüht, um Pflichten der Arbeitnehmer „über die Grenzen der Rechtspflicht" hinaus plausibel zu machen.[30]

Über verschiedene Wirkkanäle ist in der Diakonie das Motiv christlicher Liebe als Quelle aller treuen Selbstbindung an den Dienst am Nächsten und an die Institutionen des sozialen Zusammenlebens bis heute präsent. Neben dem innerdiakonischen Diskurs dürften hier auch diejenigen christlichen Eliten eine Rolle gespielt haben, die die Ausgestaltung des staatlichen Arbeitsrechts,[31] den Weimarer Kirchenkompromiss und die Entwicklung des Religionsverfassungsrechts in der Bundesrepublik mitgeprägt haben.

Nun sagt die diskursive Präsenz solcher Motive starker Verpflichtung noch nichts über die soziale Realität derjenigen Verhältnisse, auf die sie sich beziehen. Diakonische Arbeitsverhältnisse sind in einem starken Wandel begriffen. Es liegt nahe, diese Veränderungen einzuzeichnen in jene Geschichte der Rationalisierung von Verpflichtungen, die insgesamt für die Entwicklung von Treue- und Loyalitätsverhältnissen seit dem Mittelalter namhaft gemacht wird.[32] So sieht der Soziologe Rainer Wiedenmann einen generellen Übergang von Treue- zu Loyalitätsverhältnissen. An die Stelle von stark persönlich geprägten, den ganzen Menschen betreffenden, affektuell oder traditional motivierten Treuebeziehungen seien zumeist affektiv neutralere Loyalitätsbeziehungen getreten, in denen

---

27 Vgl. für die protestantischen Ethiken des 19. Jahrhunderts Moos 2005, 176; 257–260.

28 Vgl. Pfleiderer 1898, 326, und dazu Moos 2005, 184.

29 Vgl. a. a. O., 263–265.

30 Vgl. Central-Ausschuss für innere Mission 1994 und dazu Jähnichen 2000, 32–34. Die Bindung des sozialen Nahbereiches mit ihrem unterstellten Gleichklang der Interessen macht das Bild der Familie anschlussfähig auch für das des sozialen Organismus, das zweite sehr wirkmächtiger Ordnungsmodell des 19. Jahrhunderts für durch Pflicht und Treue gekennzeichnete Sozialbezüge.

31 Vgl. ebd.

32 Dazu und zum Folgenden vgl. Buschmann 2015; Wiedenmann 2008, 41.

sich Funktionsträger an die Normen ihres Amtes gebunden wissen. Statt in einer lebenslang dominierenden Treuebeziehung etwa zum Lehensherren stehe das moderne Individuum in einer Pluralität von Loyalitätsbeziehungen. Das Verpflichtungsmodell der Diakonisse lässt sich in dieser idealtypischen Gegenüberstellung eher auf der Seite der Treuebeziehungen einordnen, ist es doch durch „primärsoziale Sinnmuster“[33], insbesondere durch das der Familie, geprägt sowie auf die ganze Person und die Fülle der Lebensbezüge bezogen.[34] Die Veränderung diakonischer Arbeitsverhältnisse ließe sich dann verstehen als eine sukzessive Umstellung von Treue auf Loyalität, als Übergang zu einer auf die Erfüllung der Rolle begrenzten, eher funktional als personal ausgerichteten Form der Verpflichtung. Einen solchen „Wandel zur befristeten Verbindlichkeit“ innerhalb der Diakonie macht auch der Theologe Klaus Tanner aus.[35] Diese resultiere aus der Verrechtlichung sozialer Beziehungen in der Moderne sowie der marktförmigen Strukturierung des sozialen Sektors, die weder auf Seiten der Arbeitgeber noch der Arbeitnehmer unbegrenzte Dienst- und Treueverhältnisse stütze.[36]

Gleichwohl wäre es verfehlt, für die Entwicklung diakonischer Arbeitsverhältnisse eine einlinige Modernisierungserzählung zu Grunde zu legen.[37] Das insbesondere in der Mutterhaus-Diakonie propagierte Ideal der persönlichen Höchstverpflichtung war bereits im 19. Jahrhundert konfrontiert mit Modellen differenzierterer Inpflichtnahme. So kamen im Zuge der Expansion christlicher Krankenhäuser seit den 1870er Jahren zunehmend frei praktizierende Schwestern zum Einsatz. Die seit 1903 in der „Berufsorganisation der Krankenpflegerinnen Deutschlands“ organisierten Frauen wurden zuweilen als „Wilde Schwestern“[38] diffamiert; gleichwohl entbehrten sie nicht eines religiösen Hintergrundes, der aber Religion und Beruf anders zuordnete und insbesondere Arbeitszeit und Freizeit zu trennen erlaubte. Ähnlich verhielt es sich in der von Pfarrer Friedrich Zimmer gegründeten freien Diakonie des „Evangelischen Diakonievereins“. Im Milieu der Mutterhausdiakonie blieben die Freien Hilfsschwestern jedoch untergeordnet; mehrfach versuchte man, sie durch die Gründung von Hilfsschwesternschaften aufzuwerten.[39] Die hiermit verbundenen Diskussionen

---

33 Wiedenmann 2008, 42.

34 Allerdings ist hierbei zu beachten, dass in der primären Bindung an den „Herrn Jesus“ bereits eine Transzendierung interpersonaler Treuebeziehungen vorliegt.

35 Tanner 2006, 124.

36 Vgl. auch zur Professionalisierung religiöser Berufe die Beiträge in Kuhlemann / Schmuhl 2003 sowie analog Evangelische Kirche in Deutschland 2014, 43ff.; 86f.

37 Schon Wiedenmann geht nicht von einem Verschwinden von Treueverhältnissen aus, lokalisiert diese aber vor allem im sozialen Nahbereich der Paarbeziehungen, bei extremistischen politischen Gruppen und religiösen Sekten (vgl. Wiedenmann 2008, 65–71).

38 Winkler 2003, 212.

39 Vgl. a. a. O., 219–226.

und Konflikte sind hervorragende Beispiele für die schwierige Koexistenz verschiedener Verpflichtungsmodelle. Ähnliches lässt sich zu Beginn des 20. Jahrhunderts für die „Berufsarbeiterinnen der Inneren Mission" feststellen,[40] und noch der seit den 1970er Jahren sich langsam vollziehende Übergang der Mutterhausdiakonie in eine Zeit „nach den Diakonissen" ist geprägt durch Diskussionen darüber, was an der überprofessionellen Verpflichtung einer Diakonisse auch in die neue Zeit hinein gerettet werden könnte.[41] Nicht zuletzt wären hier auch die Gründungen neuer diakonischer Gemeinschaften zu nennen.

Im Kontext der Professionalisierung diakonischer Führungskräfte durch Methoden des modernen Managements kommen neue Verpflichtungsdiskurse hinzu: die Rede von Unternehmenswerten und die Formulierung von Leitbildern, an die sich alle Mitarbeitenden im Unternehmen gebunden fühlen sollen,[42] bilden wiederum Plattformen, auf denen die Bindung des Einzelnen an die diakonische Aufgabe thematisiert und eingefordert wird.[43]

Die im kirchlichen Arbeitsrecht formulierten Loyalitätsobliegenheiten sind mithin Teil einer konfliktreichen und differenzierten Geschichte der Verpflichtungsformen innerhalb der Diakonie. Diese stehen im Kontext des Wandels von Lebensmodellen sowie der Verrechtlichungs-, Professionalisierungs- und Ökonomisierungsschübe im Bereich der Wohlfahrtspflege. Dabei werden in den Auseinandersetzungen um die Legitimität unterschiedlicher Verpflichtungsformen religiöse Motive und theologische Argumente keineswegs nur zur Erhöhung der Verpflichtungen, sondern auch zu deren Begrenzung angeführt.[44]

IV. Überlegungen zu einem analytischen Begriff der Loyalität

„Loyal ist eine Person A gegenüber B [...], wenn sie auch in schwierigen Situationen ‚treu' zu B steht."[45] Loyalität beschreibt eine spezifische Form der Bindung von A an B, die der Philosoph Josiah Royce als „devotion of a person to a cause"[46] definiert. Betrachtet man die einzelnen Bestimmungsmomente dieser Relation,

---

[40] Vgl. Brinkmeier 2003.

[41] Vgl. Scharffenorth 1984, 151–210.

[42] Für die Diakonie vgl. Losch 2011. Zum Thema der Loyalität in der Ökonomie vgl. Schüller / Fuchs 2013.

[43] Ökonomisierung führt also keineswegs allein zur Begrenzung von Verpflichtungen (vgl. Tanner 2006, 125).

[44] Vgl. etwa den Topos, man solle Gott mehr gehorchen als den Menschen (Apg 5,29).

[45] Iser 2008, 731.

[46] Vgl. Royce 2012, 17; Iser 2008, 731.

ergeben sich Differenzierungen, die für das Studium des Wandels von Loyalitätsverhältnissen einerseits und für die Frage nach gegenwärtiger Gestaltung von Loyalitätsverhältnissen andererseits aufschlussreich sind.

1. Hinsichtlich des Gegenstandes der Loyalität (B) unterscheidet der Jurist George Fletcher zwischen Loyalität gegenüber einer Person, Loyalität gegenüber einer Gruppe und religiöser Loyalität.[47] Wird die in der Loyalitätsrichtlinie der EKD geforderte Loyalität gegenüber der Kirche bzw. gegenüber der evangelischen Prägung einer Organisation als religiöse oder als Gruppenloyalität verstanden? Johannes Eurich beobachtet in diesem Zusammenhang für das Management diakonischer Träger eine zunehmende Fokussierung auf Loyalität gegenüber dem einzelnen Unternehmen,[48] wie diese auch in der Neufassung der Loyalitätsrichtlinie zu beobachten ist.
2. Damit hängt die vor allem im Kontext des Arbeitsrechtes relevante Frage zusammen, wer A ist. Werden die Mitarbeitenden insgesamt in die Pflicht genommen, oder werden sie nach einzelnen Tätigkeitsfeldern oder nach ihrer Religionszugehörigkeit unterschieden? Sind sie folglich vorrangig als Rechtssubjekte, als Funktionsträger in der Organisation oder als religiöse Subjekte im Blick?
3. Zur weiteren Klärung ist es aufschlussreich, wiederum mit George Fletcher verschiedene Intensitätsstufen der Loyalität zu unterscheiden: Loyalität bedeutet mindestens, am anderen keinen „Verrat" zu begehen, und erstreckt sich bis zu „enthusiastischen" Formen des aktiven Eintretens, der Verehrung und Hingabe.[49] In Verlängerung dessen lassen sich, so sei hier vorgeschlagen, vier Aspekte des Loyalitätsbegriffs differenzieren. Diese unterscheiden sich nach dem jeweils betrachteten gesellschaftlichen Subsystem: zunächst das rechtlich Einzufordernde, das nahe bei der Minimalbestimmung, keinen Verrat zu begehen, liegen dürfte; zweitens diejenige Form der Bindung von Mitarbeitenden an ein Unternehmen, die im Rahmen ökonomischer Steuerungslogik wünschenswert erscheint, und die etwa im Rahmen von Leitbildprozessen und Bildungsprogrammen zu fördern versucht wird; drittens diejenige Form der „enthusiastischen" Bindung des Einzelnen an seinen Beruf, die für die eigene Identität unmittelbar relevant ist, deren wesentliche Aspekte aber weder justiziabel sind noch im Modus des Managements gestaltbar sein dürften;[50] und schließlich viertens diejenige Form religiöser Bindung, die mit „Glauben" oder „Gottesbeziehung" benannt wird

---

47 Vgl. Fletcher 1994 und dazu Rosa 1994, 1107.

48 Vgl. Eurich 2015, 44.

49 Fletcher 1994, 100.

50 Zur identitätstheoretischen Verankerung des Loyalitätsbegriffs vgl. ebd. Zur identitätsstiftenden Funktion des Berufes vgl. Drehsen 1998, 1344. Hier ist auch die Begriffsgeschichte von „Treue" instruktiv, der in der Neuzeit der Aspekt, sich selbst treu zu bleiben, zuwächst (vgl. Gloyna 1998; Gloyna 1999).

und die nicht nur dem fremden, sondern auch dem eigenen Zugriff wesentlich entzogen ist. Gerade dann, wenn es um die Gestaltung von Loyalität im diakonischen Unternehmen geht, sollte jeweils genau ausgewiesen werden, auf welchen Aspekt und damit auf welche Form der Bindung jeweils referiert wird.

4. Schließlich lassen sich Formen der Loyalität auch danach unterscheiden, welcher Art die Bindung von A an B ist. In der einleitend dargestellten Neufassung der Loyalitätsrichtlinie sowie in der gegenwärtigen Debatte um diakonische Bildung und Kultur lässt sich die Tendenz feststellen, an die Stelle formaler Loyalität, wie sie im Erfordernis der Kirchenzugehörigkeit vorliegt, eher materiale Formen der Loyalität zu setzen, die in der Bindung an bestimmte Inhalte, in Haltungen oder normativen Überzeugungen bestehen. Die formale Fassung von Loyalitätsbeziehungen hat den Vorteil, jeglicher Gesinnungsprüfung abhold zu sein und daher eine Affinität zur evangelischen Freiheit aufzuweisen. Jede materiale Anreicherung des Loyalitätsverständnisses erhöht potentiell die Verpflichtung und verschiebt diese mit Kants klassischer Unterscheidung von der Seite der Legalität auf die Seite der Moralität. Getrieben von sinkender Kirchenzugehörigkeit und angeregt von ökonomischen Steuerungsmodellen, die mit „Unternehmenswerten", Unternehmenskultur und Mitarbeitendenloyalität arbeiten, findet hier eine Suchbewegung statt, deren Ausgang noch offen ist.[51] Es lässt sich jedoch, so sei hier vorgeschlagen, eine dritte Form der Loyalität benennen: die reflexive Loyalität. Die politische Theorie, die nach staatsbürgerlicher Loyalität fragt, kennt die Figur des loyalen Kritikers, der Gesellschaftskritik unter Berufung auf gemeinsam geteilte Werte betreibt.[52] Übertragen auf die Diakonie bedeutete reflexive Loyalität die Bereitschaft des Einzelnen, sich am Kommunikationsraum „Kirche" und insbesondere an der Suche danach zu beteiligen, wie das Helfen in einem christlichen Unternehmen angemessen zu gestalten sei. Paradigma für reflexive Loyalität wäre der Einspruch einer Mitarbeiterin, dieses oder jenes dürfe in der Diakonie nicht passieren. Denn dieser bezieht sich auf einen normativen Horizont, der als gemeinsam geteilt vorausgesetzt wird, aber nicht fest vorgegeben oder gar kodifiziert ist, sondern vor dessen Hintergrund die diakonischen Alltagsfragen je und je neu verhandelt werden müssen. Als eine solche Selbstbindung an eine Interpretationsgemeinschaft erscheint reflexive Loyalität insbesondere von einem evangelischen Kirchenverständnis aus für die Diakonie als angemessen und fördernswert.[53]

5. Darüber hinaus ist es fruchtbar, die Beziehung zwischen dem Begriff der Loyalität und Korrelatbegriffen wie Treue oder Vertrauen zu entfalten, ebenso

---

[51] Vgl. insbesondere Künkel 2013.

[52] Dazu vgl. Iser 2008, 732.

[53] Siehe den Abschnitt „Kirche bei Bedarf" in diesem Band; vgl Moos 2015c.

> wie es hilfreich sein dürfte, für die Präzisierung des mit Loyalität Gemeinten von deren Gegenteil auszugehen, also paradigmatische Formen von Untreue und Illoyalität zu diskutieren.[54]

Hiermit sind Differenzierungen angezeigt, die meines Erachtens die Diskussion um Loyalität in der Diakonie weiterbringen könnten. Damit ergeben sich insbesondere folgende Forschungsperspektiven: historisch das Studium von Bindungsverhältnissen und -diskursen in der Geschichte der Diakonie; sozialphilosophisch die Entfaltung der systematischen Unterscheidung von rechtlichen, ökonomischen, persönlich-identitätsbezogenen und religiösen Formen der Loyalität; und theologisch die Explikation von Umfang und Grenzen angemessener Konzepte von Verpflichtung und Indienstnahme im modernen diakonischen Beruf. Im Bereich der Gestaltung von Mitarbeiterbindung und Loyalität (und der entsprechenden Messung, etwa durch Fragebögen) erscheint die Rechenschaft darüber vordringlich, wie Verpflichtungsdiskurse im Unternehmen über das rechtlich Einklagbare hinaus, aber unterhalb identitärer oder gar religiöser Verpflichtungswünsche und Phantasien von „totaler" Loyalität[55] zu organisieren sind. Im Kontext der Diakonie ist dabei insbesondere von Belang, dass der kirchlich-diakonische Sinnhorizont nicht als eine zusätzliche, zur Last des Helfens im beruflichen Alltag additiv hinzutretende Verpflichtungsdimension erscheint.[56] Vielmehr kann eine solche Gestaltung in evangelischer Freiheit meines Erachtens allenfalls darin liegen, Mitarbeitenden Erfahrungen damit zu ermöglichen, dass sich dieser kirchlich-diakonische Sinnhorizont am Helfen selbst, insbesondere in dessen Krisen, bewährt.[57] Der Rest ist Sache des Heiligen Geistes.

---

[54] Diesen Weg geht insbesondere die katholische Grundordnung.
[55] Vgl. Schüller / Fuchs 2013, 26.
[56] Dazu Lubatsch 2012, 77f.
[57] Siehe den Abschnitt „Kirche bei Bedarf" in diesem Band.

4. Wie viel Religion verträgt die Arbeitswelt?

Das kirchliche Arbeitsrecht weist ein erhebliches Plausibilitätsdefizit auf. Arbeitsrechtliche Normen wie die Koalitionsfreiheit, das Streikrecht, die Rechte der betrieblichen Mitbestimmung und der Unternehmensmitbestimmung gelten in den Kirchen und den ihnen zugeordneten Unternehmen der Diakonie und der Caritas nicht oder eingeschränkt, oder sie sind kirchenrechtlich anders geregelt.[1] Besonderheiten bestehen insbesondere im individuellen Arbeitsrecht: Wer kein Kirchenmitglied ist, wird nicht eingestellt, kann nicht in die Mitarbeitervertretung gewählt werden und/oder darf keine Leitungsposition einnehmen. Zuweilen bestehen weitere Anforderungen an die Lebensführung auch jenseits des Dienstes. Solche Regelungen spiegeln die religiöse Demografie ihrer Entstehungszeit, in der der weit überwiegende Anteil der bundesdeutschen Bevölkerung Mitglied in einer der großen christlichen Kirchen war.[2] Ihre Plausibilität schwindet jedoch in der gegenwärtigen Situation, die durch eine verstärkte religiöse Pluralisierung und einen Rückgang der Kirchenmitgliedschaft gekennzeichnet ist, während die Bedeutung kirchlicher Träger im deutschen Sozial- und Gesundheitswesen gleichbleibt oder sogar zunimmt. Die Lage ist an verschiedenen Orten in Bewegung geraten: in der weltlichen Arbeitsgerichtsbarkeit, die zunehmend die individuellen Rechte von Arbeitnehmerinnen und Arbeitnehmern gegenüber dem Selbstbestimmungsrecht von Religionsgemeinschaften berücksichtigt;[3] in der kirchlichen Rechtssetzung, die vorsichtige Schritte der Öffnung hin zur inneren religiösen Pluralisierung unternimmt;[4] und in der täglichen Praxis diakonischer Unternehmen, in der die genannten Regelungen, etwa das Regelerfordernis der Kirchenmitgliedschaft, zuweilen deutlich in den Hintergrund treten.

In dieser Situation plädiert Hartmut Kreß für eine konsequente Gewährung arbeitnehmerrechtlicher Errungenschaften des weltlichen Arbeitsrechts auch im Bereich der Religionsgemeinschaften. Hierfür führt er ein rechtsethisches

---

1 Für einen Überblick zum kirchlichen Arbeitsrecht vgl. Richardi 2015.

2 Vgl. dazu Jähnichen 2015a. Darüber hinaus spiegelt das kirchliche Arbeitsrecht auch die unheilvolle Entfremdung von Kirche und Arbeiterschaft im späten 19. Jahrhundert, die sich heute noch in der von Hartmut Kreß mit Recht monierten kirchlichen „Abwehrhaltung gegenüber Gewerkschaften und Betriebsräten" (Kreß 2018, 245) niederschlägt.

3 Vgl. Joussen 2015, 82f.

4 Vgl. etwa Evangelische Kirche in Deutschland, Richtlinie des Rates über kirchliche Anforderungen der beruflichen Mitarbeit in der Evangelischen Kirche in Deutschland und ihrer Diakonie [online], https://www.kirchenrecht-ekd.de/document/3144 (letzter Zugriff am 13.04.2022).

und ein berufstheologisches Argument an. Das rechtsethische Argument rekurriert auf die „Einheit der Rechtsordnung“[5], die mit einer „Nebenrechtsordnung, einem Sonderrecht“[6] im kirchlichen Bereich unverträglich sei. Die Einheit der Rechtsordnung wäre gegeben, wenn die Kirchen „so wie andere Arbeitgeber die Grund- und Arbeitnehmerrechte ihrer Beschäftigten *als solche* anzuerkennen“[7] bereit wären. Aus dieser Formulierung wird deutlich, dass Kreß den Regelungen des weltlichen Arbeitsrechts, sofern sie Arbeitnehmerrechte festschreiben, eine überpositive Geltung zumisst – eine Geltung, die sich über die in diesen Regelungen selbst kodifizierten Ausnahmebestimmungen hinaus erstreckt.[8] Diese Position lässt sich stark und schwach lesen. Stark gelesen – und dem scheint Kreß zuzuneigen – gefährdet *jede* Abweichung kirchlichen Arbeitsrechts von den Standards des weltlichen die Einheit der Rechtsordnung und ist damit illegitim. Schwächer gelesen kehrt sich immerhin eine Beweislast um: Die Kirchen können sich in der Festlegung ihres Arbeitsrechts nicht lediglich auf ihr Selbstbestimmungsrecht berufen, sondern müssen allgemein plausibel machen, warum sie es in welchen Fällen überhaupt ausüben und damit ‚ihren' Mitarbeitenden die anderswo geltenden Arbeitnehmerrechte nicht gewähren. Diese Beweislastumkehr folgt der oben dargestellten Plausibilitätsverschiebung; ihr zu entsprechen scheint mir in der Tat mindestens ein Gebot rechtspolitischer Klugheit in der künftigen Gestaltung kirchlichen Arbeitsrechts zu sein.

Dem rechtsethischen Argument stellt Kreß ein theologisches Argument zur Seite: Die reformatorische Einsicht von der gleichen religiösen Dignität kirchlicher und nichtkirchlicher Berufe widerspreche jeglichem ethischen oder rechtlichen Sonderstatus kirchlich getragener Tätigkeiten, wie er etwa im Begriff der Dienstgemeinschaft in Anspruch genommen wird. Daher sei auch die aus einem solchen Sonderstatus begründete Aufrichtung spezifischer Kriterien für die Einstellung und Weiterbeschäftigung kirchlicher und diakonischer Mitarbeitender unstatthaft. Hier ist für den evangelischen Bereich insbesondere das Kriterium der Kirchenmitgliedschaft für eine Einstellung und das des Verbleibs in der Kirche für eine Weiterbeschäftigung im Blick, das zudem „dem protestantischen Verständnis von Taufe, Freiwilligkeit und Gewissensfreiheit“[9] widerspreche. Mächtigere protestantische Geschütze ließen sich wohl im Jahr 2017 nicht ins

---

5 Kreß 2018, 244.

6 A. a. O., 231.

7 A. a. O., 242, Hervorhebung TM.

8 Diese Ausnahmebestimmungen beziehen sich nicht nur auf Religionsgemeinschaften. So sind etwa nach MitBestG § 1, Abs. 4 nicht nur Religionsgemeinschaften und deren karitative und erzieherische Einrichtungen, sondern allgemein Unternehmen mit überwiegend politischen, karitativen, wissenschaftlichen und erzieherischen Zwecken von der Unternehmensmitbestimmung ausgenommen.

9 Kreß 2018, 239

Feld führen. Umso mehr lohnt es sich, genauer hinzusehen, ob diese auch in die richtige Richtung zielen.

Dies zumal, als Kreß eine so verstandene Weltlichkeit der Berufstätigkeit in kirchlicher Trägerschaft über das Arbeitsrecht hinaus auch für die inhaltliche Ausrichtung diakonischer Unternehmen in Anspruch nimmt. Die katholische und jüngst auch im evangelischen Bereich aufgetretene Verweigerung von Schwangerschaftsabbrüchen, „die legal sind und faktisch nachgefragt werden“,[10] belaste Adressatinnen der Einrichtungen ungebührlich. Religion, so ließe sich diese Position zuspitzen, sollte nicht nur am Ort des Arbeitsrechts keine Sonderrolle spielen, sondern beeinträchtigt auch durch religiös-moralische Überzeugungen das Sozial- und Gesundheitswesen in potentiell illegitimer Art und Weise. Es ist zu fragen, ob hier nicht in letzter Konsequenz einer Art Wohlfahrtslaizismus das Wort geredet wird, in dem zwar eine kirchliche Trägerschaft von Einrichtungen noch statthaft ist, der Rekurs auf Religion in der Ausgestaltung von Arbeitsverhältnissen oder im Angebotsspektrum von Einrichtungen aber keine Berechtigung mehr haben soll.

Um es klar zu sagen: Ich halte die Entscheidung, in der Schaumburger Agaplesion-Klinik, grundsätzlich keine Schwangerschaftsabbrüche nach Fristenregelung durchzuführen,[11] inhaltlich wie auch hinsichtlich des Prozesses ihres Zustandekommens für falsch. Gleichwohl erachte ich die Debatte um medizinethische Fragen in kirchlich getragenen Krankenhäusern, auch im Rekurs auf religiöse Standpunkte, nicht nur für legitim, sondern dezidiert für wünschenswert. Als Beispiel aus demselben ethischen Themenfeld soll der vor einigen Jahren durchgeführte Ethikprozess im Henriettenstift in Hannover dienen. Dieser nahm seinen Ausgang bei einem Protest von Mitarbeitenden gegen die zunehmende Durchführung später Schwangerschaftsabbrüche im Jahr 2011[12] und zeigt meines Erachtens, wie die konstruktive Einbeziehung religiös artikulierter Positionen in einem kirchlich getragenen Krankenhaus zur Kultivierung moralischer Sensibilität im Gesundheitswesen insgesamt beitragen kann. Insbesondere das Problem nebeneinander bestehender, starker moralischer Positionierungen, zwischen denen doch Kompromisse gefunden werden müssen, wurde hier explizit adressiert und bearbeitet.

Verallgemeinert heißt das, dass Religion im Sozial- und Gesundheitswesen grundsätzlich einen legitimen Ort hat, weil sie die Artikulation spezifischer

---

10 Kreß 2018, 246.

11 Anders als von Kreß dargestellt schließt die Schaumburger Agaplesion-Klinik Schwangerschaftsabbrüche nach Fristenregelung, nicht aber nach medizinischer Indikation aus. Vgl. „Abtreibung: Agaplesion-Haltung löst Diskussion aus“, https://www.sn-online.de/Schaumburg/Landkreis/Aus-dem-Landkreis/Abtreibung-Agaplesion-Haltung-loest-Diskussion-aus (letzter Zugriff am 13.04.2022).

12 Vgl. Rinas 2011, https://www.haz.de/Hannover/Aus-der-Stadt/Uebersicht/Heftiger-Streit-um-spaete-Abtreibungen (letzter Zugriff am 07.03.2022).

Probleme erlaubt: solcher nämlich, die durch Momente starker Bindung beziehungsweise Transzendierung charakterisiert sind. In diesem Zusammenhang ist auch der im Anschluss an die Reformation geläufige Begriff von der „Weltlichkeit“ beruflicher Tätigkeiten, den auch Kreß benutzt, zu präzisieren. Ein „weltlicher“ Beruf ist gerade kein religiös irrelevanter Beruf. Vielmehr handelt es sich bei „Weltlichkeit“ um eine spezifisch religiöse beziehungsweise theologische Deutungskategorie von Berufsarbeit. Wer einen Beruf als „weltlichen“ ausübt, weiß sich von Gott in der Welt berufen, arbeitet also im Horizont der eigenen starken Bindungen und Überzeugungen.[13] Aber sie oder er tut das im Bewusstsein darum, alltagsvernünftig gemeinsame Sache zu machen mit denen, die anders gebunden sind und andere Überzeugungen haben. Auch die Tätigkeiten organisierten Helfens in der Diakonie, hierin ist Kreß zu folgen, sind im guten Sinne ‚weltlich‘: Ob individuell christlich motiviert oder nicht, wissen sie sich im Kern dem Wohl der anderen verpflichtet. Sie dienen damit einer Sache, der sich die Diakonisse, der muslimische Erzieher und die atheistische Pflegerin gleichermaßen verschrieben haben.[14] Wozu dann also noch ein Sonderstatus kirchlicher Einrichtungen?

Die Pointe von Religion im organisierten Helfen im Raum der Kirchen besteht meines Erachtens gerade darin, Kommunikation über die mit dem Helfen einhergehenden starken Bindungen, Unbedingtheits- und Transzendierungsmomente zu ermöglichen.[15] Wenn es etwa im kirchlichen Raum um Loyalität geht, dann jedenfalls nicht darum, Mitarbeitenden eine starke innere Bindung an den Dienst allererst abzufordern. Eine solche Forderung mittels einer „Loyalitätsrichtlinie“ wäre in der Tat ein äußerer Zwang über das Gewissen und insofern zutiefst unprotestantisch. Von Loyalität zu sprechen kann nur heißen zu artikulieren, dass starke Motivationen und Verpflichungsgefühle in helfenden Berufen vorhanden sind; dass sie für das professionelle Selbstverständnis bedeutsam sind; dass sie gegebenenfalls zu Überforderungen führen können; dass sie denen, die sich in ihnen finden, letztlich entzogen sind; dass sie aber kultiviert werden können. Allenfalls also kann es um die Erwartung gehen, dass Mitarbeitende sich an der Kommunikation darüber beteiligen, was sie und andere an die gemeinsame Arbeit in der Einrichtung bindet beziehungsweise binden sollte. An anderer Stelle habe ich das „reflexive Loyalität“ genannt.[16] In diesem Sinne ist Diakonie nicht nur ‚weltlich‘, sondern auch ‚kirchlich‘, wenn sie insbesondere für Konflikt- und Krisenfälle einen kultivierten Raum der symbolischen

---

13 Die Pointe des lutherischen Gewissensbegriffs ist insofern gerade nicht die ‚Gewissensfreiheit‘, sondern die Einsicht in die starke Gebundenheit des Gewissens (aus der dann die Forderung folgt, staatlicherseits keinen Zwang auf das gebundene Gewissen auszuüben).

14 Siehe den Abschnitt „Kirche bei Bedarf“ in diesem Band.

15 Zur Religionsaffinität des Helfens vgl. auch Braune-Krickau 2016, 395.

16 Siehe den Abschnitt „Loyalität“ in diesem Band.

Kommunikation über starke Bindungen (Kirche) bereithält, der der weltlichen Arbeit an der gemeinsamen Sache förderlich ist.[17]

Ob und inwiefern das kirchliche Arbeitsrecht eine angemessene Form für das in diesem Sinne ebenso weltliche wie kirchliche Unternehmen der Diakonie darstellt und inwiefern es im Horizont der Normen des weltlichen Arbeitsrechts legitimiert werden kann, wäre von hier aus zu prüfen. Inwieweit rechtfertigt die Einsicht in die Leistungsfähigkeit religiöser Kommunikation etwa das Einstellungserfordernis der Kirchenmitgliedschaft im Allgemeinen oder für leitende Positionen im besonderen? Jedenfalls sei dafür plädiert, Religion nicht *per se* als einen zu eliminierenden Störfaktor, sondern als eine potentielle reflexive Ressource für die Gestaltung von „weltlichen" Arbeitsverhältnissen im Bereich des Sozial-, Gesundheits- und Erziehungswesens zu begreifen.[18]

---

17 Kirchlichkeit in diesem Sinne hat mit „Klerikalisierung" (Kreß 2018, 248) schlechterdings nichts zu tun.

18 Das gilt m.E. ebenso für die Entstehung einer muslimischen Wohlfahrtspflege. Es ist immer die Weisheit des bundesrepublikanischen Neutralitätsmodells gewesen, die religiöse Neutralität des Staates durch die aktive Förderung religiöser Pluralität, auch mit den Mitteln der Rechtsordnung, zu garantieren.

Verzeichnis der Erstveröffentlichungen

Religiöse Rationalität des Helfens. Zu einer Theorie diakonischer Praxis, zuerst veröffentlicht unter: Religiöse Rationalität des Helfens. Systematisch-theologische Beiträge zu einer Theorie diakonischer Praxis, Zeitschrift für Evangelische Ethik 63 (2019), 104-116. Mit freundlicher Genehmigung von Penguin-Random House.

Kirche bei Bedarf. Zum Verhältnis von Diakonie und Kirche, zuerst veröffentlicht unter: Kirche bei Bedarf. Zum Verhältnis von Diakonie und Kirche aus theologischer Sicht, Zeitschrift für evangelisches Kirchenrecht 58 (2013), 253-279. Mit freundlicher Genehmigung von Mohr Siebeck Tübingen.

Segensdienstleistungen. Über die Kirche als Unternehmen, zuerst veröffentlicht unter: Segensdienstleistungen. Über die Kirche als Unternehmen und einen theologischen Dienstleistungsbegriff, Praktische Theologie 55 (2020), 202–207. Mit freundlicher Genehmigung von Penguin-Random House.

Bahnhofsmission: Ein Handlungsfeld als Forschungsgegenstand, zuerst veröffentlicht unter: Bahnhofsmission als Forschungsgegenstand: Diakoniewissenschaftliche Perspektiven, Evangelische Theologie 81/4 (2021), 297-307. Mit freundlicher Genehmigung von Penguin-Random House.

Medical Care: Health and Healing in Diaconia, zuerst veröffentlicht unter: Health and Healing in Diaconia, Dietrich Werner et al. (Hg.): International Handbook on Ecumenical Diakonia. Contextual Theologies and Practices of Diakonia and Christian Social Services – Resources for Study and Intercultural Learning, Oxford: Regnum (2021), 427-430. Mit freundlicher Genehmigung von Regnum.

Eingliederungshilfe: Inklusion als Praxis der Subjektivierung, zuerst veröffentlicht unter: Inklusion als Praxis der Subjektivierung, Lars Bruhn/ Jürgen Homann/ Matthias Nauerth/ Siegfried Saerberg (Hg.): Disability Studies und Soziale Arbeit, Weinheim/Basel: Beitz Juventa (i. E.), 93-111. Mit freundlicher Genehmigung vom Beltz Verlag.

Assistenz und Pflege: Menschlichkeit als Suchbegriff, zuerst veröffentlicht unter: Die Solidarität der Unvollkommenen. Menschlichkeit – ein offener Suchbegriff, auch und gerade bei Assistenz und Pflege, Orientierung (hg. vom Bundesverband evangelische Behindertenhilfe), Heft 04/2020, 5-7. Mit freundlicher Genehmigung vom Bundesverband Evangelische Behindertenhilfe.

Unternehmensführung: Zur Rolle theologischer Vorstände, zuerst veröffentlicht unter: Zur Rolle der Theologie in der Steuerung diakonischer Unternehmen. Systematisch-theologische Beobachtungen und Anschlussfragen, Hofmann; Beate/ Montag, Barbara (Hg.): Theologie für Diakonie-Unternehmen. Funktionen – Rollen – Positionen, Stuttgart: Kohlhammer (2018), 195-200. Mit freundlicher Genehmigung von Kohlhammer.

Assistierter Suizid als diakonische Herausforderung: bisher unpubliziert.

Diakonische Kultur unter den Bedingungen von Ökonomisierung und Säkularisierung, zuerst veröffentlicht in: Michael Domsgen, Tobias Foß (Hg.): Diakonie im Miteinander. Zur Gestaltung eines diakonischen Profils in einer mehrheitlich konfessionslosen Gesellschaft, Leipzig: Evangelische Verlagsanstalt (2021), 79-94. Mit freundlicher Genehmigung der Evangelischen Verlagsanstalt Leipzig.

Öffentliche Diakonie. Ein praxistheoretischer Zugang, zuerst veröffentlicht unter: Öffentliche Diakonie. Ein praxistheoretischer Zugang zum theologischen Problem des Öffentlichen, Ulrich Körtner (Hg.): Konzepte und Räume Öffentlicher Theologie (Öffentliche Theologie

39), Leipzig: Evangelische Verlagsanstalt (2020), 167-184. Mit freundlicher Genehmigung der Evangelischen Verlagsanstalt Leipzig.

Prophecy in Context. Empirical and Conceptual Issues of Diakonia in the Public Space, zuerst veröffentlicht unter: Prophecy in context. Empirical and conceptual issues of diaconia in the public space, Diaconia. Journal for the Study of Christian Social Practice 11 (2020), 33-50. Mit freundlicher Genehmigung der BRILL Deutschland GmbH.

Historie als Deutungsmacht. Zur Geschichtspolitik diakonischer Einrichtungen, zuerst veröffentlicht in: Thomas Klie/ Martina Kumlehn/ Ralph Kunz/ Thomas Schlag (Hg.): Machtvergessenheit. Deutungsmacht(konflikte) in praktisch-theologischer Perspektive, Berlin/Boston: de Gruyter (2021), 307-327. Mit freundlicher Genehmigung von De Gruyter.

Diakonische Identität und Pluralität. Plausibilitätsverschiebungen und Suchbewegungen im Umfeld des Arbeitsrechts, zuerst erschienen in: Zeitschrift für evangelisches Kirchenrecht 64 (2019), 319-334. Mit freundlicher Genehmigung von Mohr Siebeck Tübingen.

Dienstgemeinschaft als theologischer Begriff, zuerst erschienen unter: Dienstgemeinschaft als theologischer Begriff – Ein Kommentar in acht Thesen, epd-Dokumentation 17 (2013), 40-43. Mit freundlicher Genehmigung des Evangelischen Pressedienstes.

Loyalität. Perspektiven individueller Verpflichtungen in der Diakonie, zuerst veröffentlicht in: Thorsten Moos (Hg.): Diakonische Kultur. Begriff, Forschungsperspektiven, Praxis, Stuttgart: Kohlhammer (2018), 186-200. Mit freundlicher Genehmigung von Kohlhammer.

Wie viel Religion verträgt die Arbeitswelt?, zuerst veröffentlicht in: Gerster, Daniel/ van Melis, Viola/ Willems, Ulrich (Hg.) (2018): Religionspolitik heute. Problemfelder und Perspektiven in Deutschland, Freiburg: Herder, 253-258, open access unter https://repositorium.uni-muenster.de/document/miami/590f2b38-b9ba-48cd-b9da-c6300766d445/gerster_2018_religionspolitik.pdf. Mit freundlicher Genehmigung der Verlag Herder GmbH, Freiburg i. Breisgau.

Literaturverzeichnis

350 Mal Hilfe beim Suizid, in: Süddeutsche Zeitung 21.2.2022, https://www.sueddeutsche.de/politik/sterbehilfe-bilanz-350-mal-hilfe-beim-suizid-1.5533407, letzter Zugriff am 28.02.2022.

Abtreibung: Agaplesion-Haltung löst Diskussion aus, in: Schaumburger Nachrichten 10.11.2016, https://www.sn-online.de/Schaumburg/Landkreis/Aus-dem-Landkreis/Abtreibung-Agaplesion-Haltung-loest-Diskussion-aus, letzter Zugriff am 13.04.2022.

Adam, Gottfried u. a. (Hg.) (2006), Unterwegs zu einer Kultur des Helfens. Handbuch des diakonisch-sozialen Lernens, Stuttgart.

Agaplesion Vorstand (2012), 10 Jahre Agaplesion. Unsere Werte verbinden, Frankfurt am Main.

Albrecht, Christian (2013), „Dienstgemeinschaft" als theologischer Begriff, in: epd-Dokumentationen 17, 35–40.

Albrecht, Christian (2016), Wozu ist die Diakonie fähig? Theologische Deutungen gegenwärtiger Herausforderungen, Tübingen.

Albrecht, Christian / Anselm, Reiner (2017), Öffentlicher Protestantismus. Zur aktuellen Debatte um gesellschaftliche Präsenz und politische Aufgaben des evangelischen Christentums (Theologische Studien NF 4), Zürich.

Alkemeyer, Thomas u. a. (Hg.) (2013), Selbst-Bildungen. Soziale und kulturelle Praktiken der Subjektivierung (Praktiken der Subjektivierung Band 1), Bielefeld.

Alkemeyer, Thomas (2013), Subjektivierung in sozialen Praktiken, in: Alkemeyer Thomas u. a. (Hg.), Selbst-Bildungen. Soziale und kulturelle Praktiken der Subjektivierung (Praktiken der Subjektivierung Band 1), Bielefeld, 33–68.

Allgemeine Ortskrankenkasse (2013), Musterbögen, shorturl.at/fruQ5, letzter Zugriff am 04.07.2013.

Ampony, Godwin u. a. (Hg.) (2021), International Handbook on Ecumenical Diakonia. Contextual Theologies and Practies of Diakonia and Christian Social Services, Resources for Study and Intercultural Learning (Regnum handbooks), Oxford.

Angell, Olav H. (2007), Church-Based Welfare Agency And Public Religion, in: Nordic Journal of Religion and Society 20, H. 2, 179–193.

Angell, Olav H. (2016), Diakonia as Innovation: A Political and Organizational Perspective, in: Diaconia 7, 142–158.

Anke, Hans u. a. (Hg.) (2016), Handbuch des evangelischen Kirchenrechts, Tübingen.

Anselm, Reiner u. a. (Hg.) (2003), Streitfall Biomedizin. Urteilsfindung in christlicher Verantwortung, Göttingen.

Anselm, Reiner u. a. (2021), Den assistierten professionellen Suizid ermöglichen, https://zeitzeichen.net/node/8772, letzter Zugriff am 28.02.2022.

Anselm, Reiner u. a. (2021), „Suizid: Vorbeugen und Helfen", in: Frankfurter Allgemeine Zeitung 25.5.2021, http://www.ev.rub.de/mam/pt-karle/texte/faz_vorbeugen_und_helfen.pdf, letzter Zugriff am 28.02.2022.

Anselm, Reiner / Hermelink, Jan (Hg.) (2006), Der Dritte Weg auf dem Prüfstand. Theologische, rechtliche und ethische Perspektiven des Ideals der Dienstgemeinschaft in der Diakonie, Göttingen.

Apel, Karl-Otto (2016), Die Vernunftfunktion der kommunikativen Rationalität. Zum Verhältnis von konsensual-kommunikativer Rationalität, strategischer Rationalität und Systemrationalität, in: Apel Karl-Otto / Kettner Matthias (Hg.), Die eine Vernunft und die vielen Rationalitäten. 2. Aufl., Frankfurt am Main., 17–41.

APEL, KARL-OTTO / KETTNER, MATTHIAS (Hg.) (2016), Die eine Vernunft und die vielen Rationalitäten, 2. Aufl., Frankfurt am Main.

ARENS, EDMUND (2016), Going public – Öffentliche Religionen und öffentliche Theologie, in: ARENS EDMUND u. a. (Hg.), Integrationspotenziale von Religion und Zivilgesellschaft. Theoretische und empirische Befunde (Nomos eLibrary Politikwissenschaft Band 14), Baden-Baden u. a., 19–69.

ARENS, EDMUND u. a. (Hg.) (2016), Integrationspotenziale von Religion und Zivilgesellschaft. Theoretische und empirische Befunde (Nomos eLibrary Politikwissenschaft Band 14), Baden-Baden u. a.

ARNOLD, MAIK u. a. (2017), Perspektiven diakonischer Profilbildung. Ein Arbeitsbuch am Beispiel von Einrichtungen der Diakonie in Sachsen, Leipzig.

ATAIE, JULIA u. a. (2021), Selbstbestimmung und Lebensschutz. Ambivalenzen im Umgang mit assistiertem Suizid, in: Diakonie Hessen (Hg.), (Für)Sorge am Lebensende, Frankfurt, 70–83.

AUGUSTYN, BEATE (2009), Spiritual Care in der Pflege, in: FRICK ECKHARD / ROSER TRAUGOTT (Hg.), Spiritualität und Medizin. Gemeinsame Sorge um den kranken Menschen (Münchner Reihe Palliative Care 4), Stuttgart, 159–162.

BARTELS, MICHAEL / EURICH, JOHANNES (2021), Diakonisches Handeln und Konfessionslosigkeit, in: DOMSGEN MICHAEL / FOß TOBIAS (Hg.), Diakonie im Miteinander. Zur Gestaltung eines diakonischen Profils in einer mehrheitlich konfessionslosen Gesellschaft, Leipzig, 47–64.

BARTH, KARL (1959), Kirchliche Dogmatik (III/2), 2. Aufl., Zürich.

BARTH, ULRICH (2003), Die religiöse Dimension des Ethischen, in: BARTH ULRICH (Hg.), Religion in der Moderne, Tübingen, 315–344.

BARTH, ULRICH (2003), Religion in der Moderne, Tübingen.

BARTH, ULRICH (2008), Religion und Vernunft, in: Berliner theologische Zeitschrift, Beiheft, 82–100.

BAUMANN, KLAUS u. a. (Hg.) (2016), Diakonie-Lexikon, Göttingen.

BECKER, DIETER (2007), Kirchentheorie. Geschichte und Anforderungen eines neueren theologischen Begriffs, in: Pastoraltheologie 96, H. 7, 274–290.

BECKER, UWE (Hg.) (2011), Perspektiven der Diakonie im gesellschaftlichen Wandel. Eine Expertise im Auftrag der Diakonischen Konferenz des Diakonischen Werks der Evangelischen Kirche in Deutschland, 2. Aufl., Neukirchen- Vluyn.

BECKER, UWE (2016), Die Inklusionslüge. Behinderung im flexiblen Kapitalismus (X-Texte zu Kultur und Gesellschaft), 2. Aufl., Bielefeld.

BECKMANN, JAN P. (2020), Autonomie. Aktuelle ethische Herausforderungen der Gesellschaft, Freiburg.

BEDFORD-STROHM, HEINRICH (2008), Von der „Barmherzigkeit" zum „Sozial-Markt". Zur Ökonomisierung der sozialdiakonischen Dienste, Gütersloh.

BEDFORD-STROHM, HEINRICH (2011), Öffentliche Theologie und Kirche. Abschiedsvorlesung an der Universität Bamberg am 26. Juli 2011, https://landesbischof.bayern-evangelisch.de/downloads/Abschiedsvorlesung_Bedford_Strohm.pdf, letzter Zugriff am 21.02.2022.

BEDFORD-STROHM, HEINRICH (2018), Liberation theology for a democratic society. Essays in public theology (Theologie in der Öffentlichkeit 7), Wien u. a.

BEESE, DIETER (2011), Der Dritte Weg. Ausdruck kirchlicher Dienstgemeinschaft, http://www.diakonie-rwl.de/cms/media//pdf/aktuelles/dossier/dritterWeg/ProfBeese-DerDritte-Weg201011.pdf, letzter Zugriff am 12.03.2013.

BENAD, MATTHIAS (1997), Einleitung, in: HOCHMUTH ANNELIESE (Hg.), Spurensuche. Eugenik, Sterilisation, Patientenmorde und die v. Bodelschwinghschen Anstalten Bethel 1929 - 1945, Bielefeld, XV–XXXVI.

BENAD, MATTHIAS (2010), Bethel, in: MARKSCHIES CHRISTOPH / WOLF HUBERT (Hg.), Erinnerungsorte des Christentums, München, 209–225.

BENAD, MATTHIAS (2018), Architektur, Ikonographie und Symbolik: Zur Pflege des kulturellen Erbes in der Diakonie, in: MOOS THORSTEN (Hg.), Diakonische Kultur. Begriff, Forschungsperspektiven, Praxis, Stuttgart, 125–141.

BENEDICT, HANS-JÜRGEN (2000), Beruht der Anspruch der evangelischen Diakonie auf einer Missinterpretation der antiken Quellen?, in: Pastoraltheologie 89, 349–364.

BERGER, PETER L. (1973), Zur Dialektik von Religion und Gesellschaft. Elemente einer soziologischen Theorie (Conditio humana), Frankfurt a.M.

BEYER, HEINRICH / NUTZINGER, HANS (Hg.) (1991), Erwerbsarbeit und Dienstgemeinschaft. Arbeitsbeziehungen in kirchlichen Einrichtungen, eine empirische Untersuchung, Bochum.

BIELEFELDT, HEINER (2011a), Inklusion als Menschenrechtsprinzip: Perspektiven der UN-Behindertenrechtskonvention, in: EURICH JOHANNES / LOB-HÜDEPOHL ANDREAS (Hg.), Inklusive Kirche (Behinderung - Theologie - Kirche 1), Stuttgart, 64–79.

BIELEFELDT, HEINER (2011b), Inklusion als Menschenrechtsprinzip: Perspektiven der UN-Behindertenrechtskonvention, in: MOSER VERA / HOERSTER DETLEF (Hg.), Ethik der Behindertenpädagogik. Menschenrechte, Menschenwürde, Behinderung, Eine Grundlegung, Stuttgart, 149–166.

BIERHOFF, HANS-WERNER (1988), Helfen im Alltag und im Beruf. Ergebnisse der Altruismusforschung, in: BIERHOFF HANS-WERNER / MONTADA LEO (Hg.), Altruismus. Bedingungen der Hilfsbereitschaft, Göttingen, 30–52.

BIERHOFF, HANS-WERNER / MONTADA, LEO (Hg.) (1988), Altruismus. Bedingungen der Hilfsbereitschaft, Göttingen.

BLANDOW, JÜRGEN (1998), Gleis 1 - Südseite. Die Geschichte der Bahnhofsmission in Bremen (1898 - 1998), Bremen.

BLUMENBERG, HANS (1999), Die Legitimität der Neuzeit, 2. Aufl., Frankfurt am Main.

BOBBERT, MONIKA (2012), Ärztliches Urteilen Bei Entscheidungsunfähigen Schwerkranken. Geschichte - Theorie - Ethik, Münster.

BOCK, TERESA (1979), Bahnhofsmission als Vorposten sozialer Arbeit, in: Diakonie 5, 392–398.

BOURBECK, CHRISTINE / WENDLAND, HEINZ-DIETRICH (Hg.) (1958), Diakonie zwischen Kirche und Welt. Studien zur diakonischen Arbeit und Verantwortung in unserer Zeit (Studien zur evangelischen Sozialtheologie und Sozialethik).

BRAKELMANN, GÜNTER / JÄHNICHEN, TRAUGOTT (Hg.) (1994), Die protestantischen Wurzeln der Sozialen Marktwirtschaft. Ein Quellenband, Gütersloh.

BRAUNE-KRICKAU, TOBIAS (2015), Religion und Anerkennung. Ein Versuch über Diakonie als Ort religiöser Erfahrung (Praktische Theologie in Geschichte und Gegenwart 17), Tübingen.

BRAUNE-KRICKAU, TOBIAS (2016), Die gelebte Religion der Diakonie, in: Zeitschrift für Theologie und Kirche 13, 384–406.

BRINKMEIER, PETRA (2003), Von der ‚Berufsarbeiterin der Inneren Mission‘ zur evangelischen Wohlfahrtspflegerin 1900-1921. Ein Beitrag zur Geschichte der Sozialarbeit, in: KUHLEMANN FRANK-MICHAEL / SCHMUHL HANS W. (Hg.), Beruf und Religion im 19. und 20. Jahrhundert, Stuttgart, 227–247.

BRÖMSE, MICHAEL (2008), Kentauros. Der diakonische Beruf als Hybrid im säkularen Bewusstsin der Gesellschaft, in: HOBURG RALF (Hg.), Theologie der helfenden Berufe, Stuttgart, 108–122.

BRUNN, FRANK / DIETZ, ALEXANDER (Hg.) (2011), Selbstbestimmung in der Perpektive theologischer Ethik (Marburger theologische Studien 112), Leipzig.

BUDDE, BURKHARD (2009), Christliches Management profilieren. Führungsstrukturen und Rahmenbedingungen konfessioneller Krankenhäuser in Deutschland, Zugl.: Bielefeld-Bethel, Univ., Diss., 2007 (LLG - Leiten. Lenken. Gestalten. Theologie und Ökonomie 26), Berlin.

BUNDESPSYCHOTHERAPEUTENKAMMER (2021), BPtK-Round-Table zur Suizidassistenz, https://www.bptk.de/im-spannungsfeld-von-selbstbestimmung-und-schutz/?cookie-state-change=1633120209600, letzter Zugriff am 28.02.2022.

BUNDESVERBAND EVANGELISCHE BEHINDERTENHILFE (2008), Diakonisches Selbstverständnis und diakonische Kultur in Einrichtungen des BeB. Ein Impulspapier des Bundesverbands evangelische Behindertenhilfe e. V., https://beb-ev.de/files/pdf/2008/sonstige/2008-08-27DSKultur.pdf, letzter Zugriff am 04.04.2022.

BUNDESVERBAND EVANGELISCHE BEHINDERTENHILFE (2021), Orientierungshilfe des BeB zur Debatte um die gesetzliche Neureglung des Assistierten Suizids, https://diakonie-gap.de/fileadmin/user_upload/Orientierungshilfe_des_BeB_assistierter_Suizid_final.pdf, letzter Zugriff am 21.03.2022.

BUNTFUß, MARKUS (2004), Metaphern - Schlüssel zur religiösen Kommunikation, in: TANNER KLAUS (Hg.), Religion und symbolische Kommunikation, Leipzig, 38–57.

BURBACH, CHRISTIANE / HECKMANN, FRIEDRICH (2008), Motive des Helfens, in: HOBURG RALF (Hg.), Theologie der helfenden Berufe, Stuttgart, 87–107.

BÜSCHER, MARTIN / HOFMANN, BEATE (Hg.) (2017), Diakonische Unternehmen multirational führen. Grundlagen - Kontroversen - Potentiale, Baden-Baden.

BÜSCHER, MARTIN / HOFMANN, BEATE (2017), Multirationales Management in diakonischen Unternehmen. Hermeneutische Grundlagen eines diakoniewissenschaftlichen Paradigmas, in: BÜSCHER MARTIN / HOFMANN BEATE (Hg.), Diakonische Unternehmen multirational führen. Grundlagen - Kontroversen - Potentiale, Baden-Baden,19–46.

BUSCHMANN, NIKOLAUS (Hg.) (2008), Treue. Politische Loyalität und militärische Gefolgschaft in der Moderne, Göttingen.

BUSCHMANN, NIKOLAUS (2015), Die Unterwerfung des Gewissens und die Autonomie des Subjekts. Historische Annäherungen an ein Grundproblem der politischen Ethik, in: SCHAEDE STEPHAN / MOOS THORSTEN (Hg.), Das Gewissen (Religion und Aufklärung Bd. 24), Tübingen, 495–510.

BUTLER, JUDITH (1993), Bodies That Matter. On the Discursive Limits of Sex, New York.

BUTTLER, GOTTFRIED (1990), Art. „Kirchliche Berufe", in: Theologische Realenzyklopädie Bd. 19, 191–213.

CASANOVA, JOSÉ (1994), Public Religions in the Modern World, Chicago.

CECHURA, SUITBERT (2015), Inklusion: Die Gleichbehandlung Ungleicher - Recht zur Teilhabe an der Konkurrenz, Münster.

CENTRAL-AUSSCHUSS FÜR INNERE MISSION (1994), Die Aufgaben der Kirche und ihrer Inneren mission gegenüber den wirtschaftlichen und gesellschaftlichen Kämpfen der Gegenwart (1884), in: BRAKELMANN GÜNTER / JÄHNICHEN TRAUGOTT (Hg.), Die protestantischen Wurzeln der Sozialen Marktwirtschaft. Ein Quellenband, Gütersloh, 124–139.

CHARBONNIER, RALPH (2020), Kirchenmitgliedschaft als Anforderung in Kirche und Diakonie als ein Element der Profilbildung evangelischer Dienststellen und Einrichtungen, in: Zeitschrift für evangelisches Kirchenrecht 65, H. 3, 146–171.

CHRISTOPH, JOACHIM (2004), Der gemeinsame Rechtsrahmen von Kirche und Diakonie, in: Zeitschrift für evangelisches Kirchenrecht 49, 465–495.

CHRISTOPH, JOACHIM (2009), Die Zuordnung der Dienste, Einrichtungen und Werke der sogenannten ‚verfassten' Kirche, in: Zeitschrift für evangelisches Kirchenrecht 54, 354–369.

CLAß, GOTTFRIED (2008), Herausforderung diakonische Unternehmenskultur. Organisationstheoretische Erkenntnisse - theologische Reflexionen - praktische Konsequenzen, Berlin u. a.

CORDES, MARTIN (2008), Und hätte der Liebe nicht... Alltag und Ethos oder: offene Diskrepanzen in helfenden Berufen, in: HOBURG RALF (Hg.), Theologie der helfenden Berufe, Stuttgart, 57–70.

DABROCK, PETER (2012), Befähigungsgerechtigkeit. Ein Grundkonzept konkreter Ethik in fundamentaltheologischer Perspektive, Gütersloh.

DABROCK, PETER / HUBER, WOLFGANG (2021), Selbstbestimmt mit der Gabe des Lebens umgehen, https://www.zeitzeichen.net/node/8828, letzter Zugriff am 28.02.2022.

DAHME, HEINZ-JÜRGEN u. a. (2012), Leiharbeit und Ausgliederung in diakonischen Sozialunternehmen. Der „Dritte Weg" zwischen normativem Anspruch und sozialwirtschaftlicher Realität, Düsseldorf.

DANZ, CHRISTIAN / RITTER, ANDRE (Hg.) (2012), Zwischen Kruzifix und Minarett. Religion im Fokus der Öffentlichkeit (Studien zum interreligiösen Dialog Band 11), Münster u. a.

DARGEL, MATTHIAS (2018), Normative Positionierungen als pastorale Kernkompetenz? - Sieben Thesen zur Rolle der Theologie in diakonischen Unternehmen, in: HOFMANN BEATE / MONTAG BARBARA (Hg.), Theologie für Diakonie-Unternehmen. Funktionen - Rollen - Positionen, 23–31, Stuttgart.

DEPENHEUER, OTTO (2003), Das öffentliche Amt, in: ISENSEE JOSEF / KIRCHHOF PAUL (Hg.), Handbuch des Staatsrechts der Bundesrepublik Deutschland, Heidelberg u. a., 109–129.

DEUTMEYER, FRANK (2014), Diakonische Konzepte in der stationären Altenhilfe. Wirkung von Leitbildern in Unternehmenskulturen, Saarbrücken.

DEUTSCHE BISCHÖFE (2008), Erklärung der deutschen Bischöfe zum kirchlichen Dienst. Grundordnung des kirchlichen Dienstes im Rahmen kirchlicher Arbeitsverhältnisse, shorturl.at/sMNT4, letzter Zugriff am 13.04.2022.

DEUTSCHER ÄRZTETAG (2021), Ärztetag streicht berufsrechtliches Verbot der ärztlichen Suizidbeihilfe, https://www.aerzteblatt.de/nachrichten/123539/Aerztetag-streicht-berufsrechtliches-Verbot-der-aerztlichen-Suizidbeihilfe, letzter Zugriff am 28.02.2022.

DEUTSCHER EVANGELISCHER KRANKENHAUSVERBAND E. V., Wer sind wir, https://dekv.de/wer-wir-sind/, letzter Zugriff am 21.03.2022.

DIAKONIE DEUTSCHLAND, Diakonie - At a Glance, https://www.diakonie.de/english, letzter Zugriff am 21.03.2022.

DIAKONIE DEUTSCHLAND, Stellungnahmen, https://www.diakonie.de/stellungnahmen/kategorie/gesundheit-und-pflege, letzter Zugriff am 22.03.2022.

DIAKONIE DEUTSCHLAND (2013), Prävention und Bekämpfung von Altersarmut, https://www.diakonie.de/fileadmin/user_upload/Diakonie/PDFs/Diakonie-Texte_PDF/Texte-08_2013-Altersarmut.pdf, letzter Zugriff am 07.03.2022.

DIAKONIE DEUTSCHLAND (2017), Positionen der Diakonie zur Bundestagswahl 2017. Gesellschaftliche Vielfalt gestalten, shorturl.at/jNQZ4, letzter Zugriff am 07.03.2022.

DIAKONIE DEUTSCHLAND (2018), Markenportal, https://design.diakonie.de/, letzter Zugriff am 07.03.2022.

DIAKONIE DEUTSCHLAND (2020), Selbstbestimmung und Lebensschutz. Ambivalenzen im Umgang mit assistiertem Suizid, https://www.diakonie.de/journal/selbstbestimmt-sterben, letzter Zugriff am 28.02.2022.

DIAKONIE DEUTSCHLAND (2022), Die Würde der Sterbenden - Debatte zum selbstbestimmten Sterben, https://www.diakonie.de/journal/selbstbestimmt-sterben, letzter Zugriff am 28.02.2022.

DIAKONIE HESSEN (Hg.) (2021), (Für)Sorge am Lebensende, Frankfurt.

DIAKONIE WÜRTTEMBERG (2021), Orientierungshilfe zur „geschäftsmäßigen Förderung der Selbsttötung" (assistierter Suizid), shorturl.at/KQXY1, letzter Zugriff am 28.02.2022.

DIAKONIE ZENTRUM GESUNDHEIT, REHABILITATION UND PFLEGE, Selbstbestimmung und Lebensschutz: Ambivalenzen im Umgang mit assistierten Suizid, shorturl.at/abiT5, letzter Zugriff am 28.02.2022.

DIAKONISCHE STIFTUNG WITTEKINDSHOF, Menschenwürde und Teilhabe, shorturl.at/akmuA, letzter Zugriff am 08.03.2022.

DIAKONISCHE STIFTUNG WITTEKINDSHOF (2020), Pressemitteilung 26.02.2020, shorturl.at/aGIM6, letzter Zugriff am 11.03.2020.

DIAKONISCHES WERK DER EVANGELISCHEN KIRCHE IN DEUTSCHLAND (Hg.) (2008), Charakteristika einer diakonischen Kultur. Stärkung eines diakonischen Profils (Diakonie Texte 1.2008), Stuttgart.

DIAKONISCHES WERK DER EVANGELISCHEN KIRCHE IN DEUTSCHLAND E. V. (2008), Charakteristika einer diakonischen Kultur. Stärkung des diakonischen Profils, shorturl.at/dIPT8, letzter Zugriff am 04.04.2022.

DIECKBREDER, FRANK / DIECKBREDER-VEDDER, SARAH (Hg.) (2016), Das Konzept Sozialraum: Vielfalt, Verschiedenheit und Begegnung. Soziale Arbeit lernen am Beispiel Bahnhofsmission, Göttingen.

DIETZ, ALEXANDER (Hg.) (2015), Corporate Governance in der Diakonie. Beiträge zur diakonischen Aufsichtsratspraxis und Kultur (Leiten, Lenken, Gestalten 34), Berlin u. a.

DIMAGGIO, PAUL / POWELL, WALTER (1983), The iron cage revisited: Institutional Isomorphism and collective rationality in organizational fields, in: American Sociological Association 48, 147–160.

DISSELHOFF, JULIUS (1866), Diakonnissen-Liederbuch, 2. Aufl., Kaiserwerth.

DOBUSCH, LAURA (2015), Diversity Limited. Inklusion, Exklusion und Grenzziehungen mittels Praktiken des Diversity Management (Springer eBook Collection), Wiesbaden.

DODD, PAMELA / GUTIERREZ, LORRAINE (1990), Preparing Students for the Future. A Power Perspective on Community Practice, in: Administration in Social Work 14, 63–78.

DOMSGEN, MICHAEL / FOẞ, TOBIAS (Hg.) (2021), Diakonie im Miteinander. Zur Gestaltung eines diakonischen Profils in einer mehrheitlich konfessionslosen Gesellschaft, Leipzig.

DOPHEIDE, CHRISTIAN (2018), Wo der Frosch die Locken hat, in: HOFMANN BEATE / MONTAG BARBARA (Hg.), Theologie für Diakonie-Unternehmen. Funktionen - Rollen - Positionen, Stuttgart, 79–89.

DORNECK, CARINA u. a. (2021), Gesetz zur Gewährleistung selbstbestimmten Sterbens und zur Suizidprävention. Augsburg-Münchner-Hallescher-Entwurf (AMHE-SterbehilfeG), Tübingen.

DREHSEN, VOLKER (1998), Art. „Beruf V. Praktisch-theologisch“, in: Religion in Geschichte und Gegenwart, 4. Aufl., Bd. 1, 1343–1344.

DROBINSKI, MATTHIAS, 2020„“Der Lebensschutz wiegt nichts““, in: Süddeutsche Zeitung 27.2.2020, https://www.sueddeutsche.de/politik/sterbehilfe-kirche-interview-1.4823893 letzter Zugriff am 28.02.2022.

DUDEN, BARBARA u. a. (Hg.) (2002), Geschichte des Ungeborenen: Zur Erfahrungs- und Wissenschaftsgeschichte der Schwangerschaft, Göttingen.

EPD LANDESDIENST NIEDERSACHSEN BREMEN (2020), Landesbischof Ralf Meister zum Urteil des Bundesverfassungsgerichtes zur organisierten Sterbehilfe, shorturl.at/IJLM7, letzter Zugriff am 28.02.2022.

ETZELMÜLLER, GREGOR / WEISSENRIEDER, ANNETTE (Hg.) (2009), Religion und Krankheit, Darmstadt.

EURICH, JOHANNES (2005), Nächstenliebe als berechenbare Dienstleistung? Zur Situation der Diakonie zwischen Ökonomisierung, theologischem Selbstverständnis und Restrukturierung, in: Zeitschrift für Evangelische Ethik 49, 58–70.

EURICH, JOHANNES (2015), Kommentar aus diakoniewissenschaftlicher Perspektive, in: epd-Dokumentation 43, 43–46.

EURICH, JOHANNES (2016), Profesionelle Assistenz in der Perspektive von Inklusion, in: LIEDKE ULF u. a. (Hg.), Inklusion. Lehr- und Arbeitsbuch für professionelles Handeln in Kirche und Gesellschaft, Stuttgart, 150–166.

EURICH, JOHANNES (2018), Diakonische Kultur aus der Perspektive von Nutzerinnen und Nutzern, in: MOOS THORSTEN (Hg.), Diakonische Kultur, Stuttgart, 245–257.

EURICH, JOHANNES (2020), Diakonie als Akteurin Öffentlicher Theologie im sozialen Nahraum, in: KÖRTNER ULRICH u. a. (Hg.), Konzepte und Räume Öffentlicher Theologie. Wissenschaft – Kirche – Diakonie (Öffentliche Theologie, Bd. 39), Leipzig, 117–134.

EURICH, JOHANNES / LOB-HÜDEPOHL, ANDREAS (Hg.) (2011), Inklusive Kirche (Behinderung - Theologie - Kirche 1), Stuttgart.

EURICH, JOHANNES / LOB-HÜDEPOL, ANDREAS (Hg.) (2014), Behinderung. Profile inklusiver Theologie, Diakonie und Kirche, Stuttgart.

EVANGELISCHE KIRCHE IN DEUTSCHLAND (Hg.) (1998), Herz und Mund und Tat und Leben. Grundlagen, Aufgabe und Zukunftsperspektiven der Diakonie. Eine evangelische Denkschrift, Gütersloh.

EVANGELISCHE KIRCHE IN DEUTSCHLAND (2006), Gerechte Teilhabe - Befähigung zu Eigenverantwortung und Solidarität. Eine Denkschrift des Rates der EKD zur Armut in Deutschland, https://www.ekd.de/denkschrift_gerechte_teilhabe.htm, letzter Zugriff am 07.03.2022.

EVANGELISCHE KIRCHE IN DEUTSCHLAND (Hg.) (2008), Unternehmerisches Handeln in evangelischer Persepktive, Gütersloh.

EVANGELISCHE KIRCHE IN DEUTSCHLAND (2012), EKD begrüßt Erfurter Urteil zum Arbeitsrecht. Hans Ulrich Anke: „Position von Kirche und Diakonie klar gestärkt", https://www.ekd.de/pm251_2012_ekd_arbeitsrechturteil_erfurt.htm, letzter Zugriff am 23.02.2022.

EVANGELISCHE KIRCHE IN DEUTSCHLAND (Hg.) (2014), Engagement und Indifferenz - Kirchenmitgliedschaft als soziale Praxis. V. EKD-Erhebung über Kirchenmitgliedschaften, Hannover.

EVANGELISCHE KIRCHE IN DEUTSCHLAND (2016), Richtlinie des Rates über kirchliche Anforderungen der beruflichen Mitarbeit in der Evangelischen Kirche in Deutschland und ihrer Diakonie, https://www.kirchenrecht-ekd.de/document/3144, letzter Zugriff am 13.04.2022.

EVANGELISCHE KIRCHE IN DEUTSCHLAND (2017), Konsens und Konflikt: Politik braucht Auseinandersetzung. Zehn Impulse der Kammer für Öffentliche Verantwortung der EKD zu aktuellen Herausforderungen der Demokratie in Deutschland, in: epd-Dokumentation 44, 24–34, shorturl.at/pCKR5, letzter Zugriff am 07.11.2022.

EVANGELISCHE KIRCHE IN DEUTSCHLAND (2020), Gemeinsame Erklärung der Vorsitzenden der Evangelischen Kirche in Deutschland und der Deutschen Bischofskonferenz zum Verbot der geschäftsmäßigen Förderung der Selbsttötung, https://newsletter.ekd.de/online.php?u=lyJeUeb3717, letzter Zugriff am 28.02.2022.

EVANGELISCHE KIRCHE VON KURHESSEN-WALDECK (2014), Die Pflicht zur Inklusion und die Tugend der Barmherzigkeit, Kassel.

EVERS, ADALBERT / EWERT, BENJAMIN (2010), Hybride Organisationen im Bereich sozialer Dienste, in: KLATETZKI THOMAS (Hg.), Soziale personenbezogene Dienstleistungsorganisationen. Soziologische Perspektiven (Springer eBook Collection Humanities, Social Science), Wiesbaden, 103–128.

FECHNER, KRISTIAN (2019), Trauungen außerhalb und innerhalb der Kirche. Praktisch-theologische Beobachtungen und kasualtheoretische Erwägungen, in: WAGNER-RAU ULRIKE / HANDKE EMILIA (Hg.), Provozierte Kasualpraxis. Rituale in Bewegung (Praktische Theologie heute, Bd. 166), 57–69, Stuttgart.

FEHRS, KIRSTEN (2021): Menschen mit Suizid-Wunsch nicht allein lassen, https://www.evangelisch.de/inhalte/188321/13-07-2021/bischoefin-fehrs-menschen-mit-suizid-wunsch-nicht-allein-lassen, letzter Zugriff am 28.02.2022.

FELGENTREFF, RUTH (2003), Die Diakonissen, in: KUHLEMANN FRANK-MICHAEL / SCHMUHL HANS W. (Hg.), Beruf und Religion im 19. und 20. Jahrhundert, 195–209, Stuttgart.

FERMOR, GOTTHARD / MOGGE-GROTJAHN, HILDEGARD (2011), Kultur, in: HERRMANN VOLKER u. a. (Hg.), Theologie und soziale Wirklichkeit. Grundbegriffe (Theologie und soziale Wirklichkeit Studium, Lehre, Praxis), Stuttgart, 147–157.

FERNGREN, GARY B. (2016), Medicine and health care in early Christianity, paperback edition, Baltimore.

FETZER, JOACHIM u. a. (Hg.) (1999), Kirche in der Marktgesellschaft (Leiten, Lenken, Gestalten 6), Gütersloh.

FEY, DETLEV u. a. (2012), Das Arbeits- und Tarifrecht der evangelischen Kirche. Praxishandbuch für Kirche und Diakonie, München.

FISCHER, JOHANNES (2002), Theologische Ethik. Grundwissen und Orientierung, Stuttgart u. a.

FISCHER, JOHANNES (2008), Ethikbegründung zwischen Vernunft und Religion, in: Berliner Theologische Zeitschrift, Beiheft, 101–124.

FISCHER, JOHANNES (2020), Gibt es ein Recht auf Suizid? Die Anmaßung des Rechts gegenüber der Politik im Urteil des Bundesverfassungsgerichts zur Sterbehilfe, in: Zeitschrift für Evangelische Ethik 64, 289–295.

FLETCHER, GEORGE (1994), Loyalität. Über die Moral von Beziehungen, Frankfurt am Main.

FLIEDNER, THEODOR (1864), Kurzes evangelisches Märtyrer-Buch für alle Tage des Jahres. Theil 1, Kaiserswerth.

FOẞ, TOBIAS (2021), Relevanz im Arbeitsalltag. Das diakonische Profil in der Perspektive von konfessionslosen Mitarbeitenden (Diakonie: Bildung - Gestaltung - Organisation 22), Stuttgart.

FOUCAULT, MICHEL (1981), Archäologie des Wissens (Suhrkamp-Taschenbuch Wissenschaft), Frankfurt am Main.

FRANZEN, MARTIN u. a. (2012), Arbeitskampf in der Daseinsvorsorge. Vorschläge zur gesetzlichen Regelung von Streik und Aussperrung in Unternehmen der Daseinsvorsorge, Tübingen.

FRERK, CARSTEN (2010), Violettenbuch Kirchenfinanzen. Wie der Staat die Kirchen finanziert, Aschaffenburg.

FRETHEIM, KJETIL (2013), Dimensions of diaconia: the public, political and prophetic, in: Diaconia 4, 67–80.

FREWER, ANDREAS u. a. (Hg.) (2013), Klinische Ethik. Konzepte und Fallstudien (Angewandte Ethik 15), Freiburg u. a.

FRICK, ECKHARD / ROSER, TRAUGOTT (Hg.) (2009), Spiritualität und Medizin. Gemeinsame Sorge um den kranken Menschen (Münchner Reihe Palliative Care 4), Stuttgart.

FRICKE-HEIN, HANS-WILHELM (2018), Der Einfluss der Theologie auf die Steuerung des Neukirchener Erziehungsvereins, in: HOFMANN BEATE / MONTAG BARBARA (Hg.), Theologie für Diakonie-Unternehmen. Funktionen - Rollen - Positionen, Stuttgart, 101–110.

FRIEDRICH, NORBERT (2005), „Man wusste immer erst was, wenn man gerufen wurde"- Die Institution als Schicksal, in: GAUSE UTE / LISSNER CORDULA (Hg.), Kosmos Diakonissenmutterhaus. Geschichte und Gedächtnis einer protestantischen Frauengemeinschaft, Leipzig, 275–287.

FRIEDRICH, NORBERT (2018), Diakonische Erinnerungskultur, in: MOOS THORSTEN (Hg.), Diakonische Kultur. Begriff, Forschungsperspektiven, Praxis, Stuttgart, 142–152.

FUHRMANN, SIRI / GAUSE, UTE (Hg.) (2003), Soziale Rollen von Frauen in Religionsgemeinschaften. Ein Forschungsbericht (Theologische Frauenforschung in Europa 12), Münster.

GABRIEL, KARL (Hg.) (2001), Herausforderungen kirchlicher Wohlfahrtsverbände. Perspektiven im Spannungsfeld von Wertbindung, Ökonomie und Politik (Sozialwissenschaftliche Abhandlungen der Görres-Gesellschaft 25), Berlin.

GABRIEL, KARL (2018), Die religiös-kulturelle Tiefengrammatik des Wohlfahrtsstaats, in: GERSTER DANIEL u. a. (Hg.), Religionspolitik heute. Problemfelder und Perspektiven in Deutschland, Freiburg u. a., 223–228.

GABRIEL, KARL / REUTER, HANS-RICHARD (Hg.) (2017), Religion und Wohlfahrtsstaatlichkeit in Deutschland. Konfessionen, Semantiken, Diskurse, Tübingen.

GAUSE, UTE (2003), Dienst und Demut: Diakoniegeschichte als Geschichte christlicher Frauenleitbilder, in: FUHRMANN SIRI / GAUSE UTE (Hg.), Soziale Rollen von Frauen in Religionsgemeinschaften. Ein Forschungsbericht (Theologische Frauenforschung in Europa Bd. 12), Münster, 65–83.

GAUSE, UTE (2019), Töchter Sareptas. Diakonissenleben zwischen Selbstverleugnung und Selbstbehauptung, Leipzig.

GAUSE, UTE / LISSNER, CORDULA (Hg.) (2005), Kosmos Diakonissenmutterhaus. Geschichte und Gedächtnis einer protestantischen Frauengemeinschaft, Leipzig.

GEIGER, MICHAELA / STRACKE-BARTHOLMAI, MATTHIAS (Hg.) (2018), Inklusion denken. Theologisch, biblisch, ökumenisch, praktisch (Behinderung - Theologie - Kirche Band 10), Stuttgart.

GERHARDT, MARTIN (1950-58), Friedrich von Bodelschwingh: Ein Lebensbild aus der deutschen Kirchengeschichte (2 Bände), Bielefeld.

GERMANN, MICHAEL / WALL, HEINRICH DE (2004), Kirchliche Dienstgemeinschaft und Europarecht, in: KRAUSE RÜDIGER u. a. (Hg.), Recht der Wirtschaft und der Arbeit in Europa. Gedächtnisschrift für Wolfgang Blomeyer (Beiträge zum Europäischen Wirtschaftsrecht Bd. 25), Berlin, 549–577.

GERSTER, DANIEL u. a. (Hg.) (2018), Religionspolitik heute. Problemfelder und Perspektiven in Deutschland, Freiburg u. a.

GETHMANN, CARL-FRIEDRICH (2004), Rationalität, in: MITTELSTRAß JÜRGEN (Hg.), Enzyklopädie Philosophie und Wissenschaftstheorie, Bd. 3, Stuttgart, 468–481.

GLAWATZ-WELLERT, ANNE-RUTH (2006), Die Zuordnung der Diakonie zur Kirche, in: Zeitschrift für evangelisches Kirchenrecht 51, 352–373.

GLOYNA, TANJA (1998), Treue, in: RITTER JOACHIM u. a. (Hg.), Historisches Wörterbuch der Philosophie, Bd. 10, Darmstadt, 1474–1478.

GLOYNA, TANJA (1999), „Treue". Zur Geschichte des Begriffs „... quia fiat, quod dictum est", in: Archiv für Begriffsgeschichte 41, 64–85.

GOFFMAN, ERVING (1973a), Asyle. Über die soziale Situation psychiatrischer Patienten und anderer Insassen, Frankfurt am Main.

GOFFMAN, ERVING (1973b), The presentation of self in everyday life, Woodstock, NY.

GOHDE, JÜRGEN (Hg.) (1998), Diakonie. Konfession - Profession - Institution (Jahrbuch Diakonie), Reutlingen.

GOSEPATH, STEFAN (Hg.) (2008), Handbuch der politischen Philosophie und Sozialphilosophie, Berlin.

GÖTZELMANN, ARND (2010), ‚Ökonomisierung' als Herausforderung der Diakonie. Diakoniewissenschaftliche und sozialethische Perspektiven, in: Zeitschrift für Evangelische Ethik 54, 24–33.

GRÄB, WILHELM (2006), Sinnfragen. Transformationen des Religiösen in der modernen Kultur, Gütersloh.

GRÄB-SCHMIDT, ELISABETH (1999), Die Kirche ist kein Unternehmen! Die Rede vom »Unternehmen Kirche« in ekklesiologischer Sicht, in: FETZER JOACHIM u. a. (Hg.), Kirche in der Marktgesellschaft (Leiten, Lenken, Gestalten Bd. 6), Gütersloh, 65–80.

GRAF, CLAUDIA (2013), Mobilität und soziale Teilhabe am Beispiel der Bahnhofsmission, in: DWI Jahrbuch, shorturl.at/ewHU5, letzter Zugriff am 07.11.2022, Heidelberg, 166–169.

GRETHLEIN, CHRISTIAN (2018), Kirchentheorie, Berlin u. a.

GRIMM, JACOB / GRIMM, WILHELM (1860), Dienst, in: GRIMM JACOB / GRIMM WILHELM (Hg.), Deutsches Wörterbuch, Bd. 2, Leipzig, Sp. 1115-1121.

GRONEBERG, RUT (2011), Whistleblowing. Eine rechtsvergleichende Untersuchung des US-amerikanischen, englischen und deutschen Rechts unter besonderer Berücksichtigung des Entwurfs eines neuen § 612a BGB (Schriften zum Sozial- und Arbeitsrecht 305), Berlin.

HAAS, HANNS-STEPHAN (2019), Das diakonische Unternehmen als demokratischer Lernort. Antrittsvorlesung, Bielefeld.

HAAS, HANNS-STEPHAN / STARNITZKE, DIERK (Hg.) (2015), Diversität und Identität. Konfessionsbindung und Überzeugungspluralismus in caritativen und diakonischen Unternehmen (Diakonie 14), Stuttgart.

HAAS, HANNS-STEPHAN / STARNITZKE, DIERK (2015), Entfaltung der Thesen, in: HAAS HANNS-STEPHAN / STARNITZKE DIERK (Hg.), Diversität und Identität. Konfessionsbindung und Überzeugungspluralismus in caritativen und diakonischen Unternehmen (Diakonie Bd. 14), Stuttgart, 25–62.

HAASE, BARTOLT (2018), Leitung theologisch gestalten, in: HOFMANN BEATE / MONTAG BARBARA (Hg.), Theologie für Diakonie-Unternehmen. Funktionen - Rollen - Positionen, Stuttgart, 135–147.

HABENICHT, INGO (2018), Theologie, Identität und Management, in: HOFMANN BEATE / MONTAG BARBARA (Hg.), Theologie für Diakonie-Unternehmen. Funktionen - Rollen - Positionen, Stuttgart, 55–68.

HABERMAS, JÜRGEN (1981), Handlungsrationalität und kommunikative Rationalisierung, Frankfurt am Main.

HAMBURGER, MARTIN (2018), Theologische Leitung - Garant des Kircheseins der Diakonie, in: HOFMANN BEATE / MONTAG BARBARA (Hg.), Theologie für Diakonie-Unternehmen. Funktionen - Rollen - Positionen, Stuttgart, 123–133.

HANDKE, EMILIA (2019), Von einer Amtskirche zu einer Dienstleistungskirche. Auf dem Weg in eine Kasualpraxis der Zukunft, in: WAGNER-RAU ULRIKE / HANDKE EMILIA (Hg.), Provozierte Kasualpraxis. Rituale in Bewegung (Praktische Theologie heute Band 166), Stuttgart, 179–192.

HANSELMANN, PAUL G. (2007), Qualitätsentwicklung in der Diakonie. Leitbild, System und Qualitätskultur (Diakonie: Bildung - Gestaltung - Organisation 5), Stuttgart.

HÄRLE, WILFRIED (1999), Art. „Kirche VII: Dogmatisch“, in: Theologische Realenzyklopädie, Bd. 18, 277–317.

HARMS, INGO (2017), Diakonie und Krankenmord: Christliche Fürsorgedienste im Schatten der oldenburgischen Hunger Euthanasie, in: RICHTER JOHANNES (Hg.), Geschichtspolitik und Soziale Arbeit. Interdisziplinäre Perspektiven (SpringerLink Bücher), Wiesbaden u. a., 137–152.

HARTMANN, MATHIAS / SCHWARZ, PETER (Hg.) (2020), Zukunftsperspektiven diakonischer Unternehmenskultur. Beauftragung von Mitarbeitenden in der Diakonie mit dem Diakonat (Dynamisch Leben gestalten 10), Stuttgart.

HARTUNG, GERALD / KIRCHHOFF, THOMAS (Hg.) (2014), Welche Natur brauchen wir? Analyse einer anthropologischen Grundproblematik des 21. Jahrhunderts (Physis Bd. 3), Freiburg u. a.

HASLINGER, HERBERT (2009), Diakonie. Grundlagen für die soziale Arbeit der Kirche (UTB Soziale Arbeit, Diakonie 8397), Paderborn u. a.

HASTEDT, HEINER (2014), Was ist ‚Deutungsmacht‘? Philosophische Klärungsversuche, in: STOELLGER PHILIPP (Hg.), Deutungsmacht. Religion und belief systems in Deutungsmachtkonflikten (Hermeneutische Untersuchungen zur Theologie Bd. 63), Tübingen, 89–101.

HAUSCHILDT, EBERHARD (2000), Wider die Identifikation von Diakonie und Kirche: Skizze vom Nutzen einer veränderten Verhältnisbestimmung, in: Pastoraltheologie 89, 411–415.

HAUSCHILDT, EBERHARD / POHL-PATALONG, UTA (2018), Kirche. Lehrbuch Praktische Theologie 4, 2. Aufl., Gütersloh.

HEGEL, GEORG F. W. (1996), Grundlinien der Philosophie des Rechts (Werke 7), MOLDENHAUER, EVA (Hg.), 5. Aufl., Frankfurt am Main.

HEINEMANN, LARS C. (2015), Sinn – Geist – Symbol. Eine systematisch-genetische Rekonstruktion der frühen Symboltheorie Paul Tillichs, Halle.

HEINEMANN, STEFAN (2012), Interkulturalität. Eine aktuelle Herausforderung für Kirche und Diakonie, Neukirchen-Vluyn.

HEINIG, HANS M. (2009), Dienstgemeinschaft und Leiharbeit. Kirchenrechtliche Probleme eines komplexen Rechtsbegriffs, in: Zeitschrift für evangelisches Kirchenrecht 54, 62–75.

HERMELINK, JAN (1999), Kameraden, Klienten oder Kunden? Die Adressaten des kirchlichen Handelns im Spiegel aktueller Leitvorstellungen, in: FETZER JOACHIM u. a. (Hg.), Kirche in der Marktgesellschaft (Leiten, Lenken, Gestalten Bd. 6), Gütersloh, 81–99.

HERMELINK, JAN / ANSELM, REINER (Hg.) (2006), Der Dritte Weg auf dem Prüfstand. Theologische, rechtliche und ethische Perspektiven des Ideals der Dienstgemeinschaft in der Diakonie, Göttingen.

HERO, MARKUS (2018), Religiöser Markt, in: POLLACK DETLEF u. a. (Hg.), Handbuch Religionssoziologie, Wiesbaden, 567–589.

HERRIGER, NORBERT (1997), Empowerment in der Sozialen Arbeit. Eine Einführung, Stuttgart u. a.

HERRMANN, HEIKE / BIEKER, RUDOLF (Hg.) (2019), Soziale Arbeit im Sozialraum. Stadtsoziologische Zugänge (Grundwissen Soziale Arbeit), Stuttgart.

HERRMANN, VOLKER u. a. (Hg.) (2011), Theologie und soziale Wirklichkeit. Grundbegriffe (Theologie und soziale Wirklichkeit Studium, Lehre, Praxis), Stuttgart.

HERRNDORF, WOLFGANG (2013), Arbeit und Struktur, Berlin.

HERZOG, MARKWART u. a. (Hg.) (2010), Der Bahnhof: Basilika der Mobilität - Erlebniswelt der Moderne (Irseer Dialoge 14), Stuttgart.

HILSE-CARSTENSEN, THERESA u. a. (Hg.) (2019), Freiwilliges Engagement und soziale Inklusion. Perspektiven zweier gesellschaftlicher Phänomene in Wissenschaft und Praxis (Research), Wiesbaden u. a.

HOBURG, RALF (2000), Diakonie als Beitrag zur Kultur des Helfens in der Bürgergesellschaft, in: Pastoraltheologie 89, 365–380.

HOBURG, RALF (2008a), Der religiöse Grund des Helfens. Anthropologische Tiefenstrukturen des sozialen Handelns, in: HOBURG RALF (Hg.), Theologie der helfenden Berufe, Stuttgart, 168–182.

HOBURG, RALF (Hg.) (2008b), Theologie der helfenden Berufe, Stuttgart.

HOCHMUTH, ANNELIESE (Hg.) (1997), Spurensuche. Eugenik, Sterilisation, Patientenmorde und die v. Bodelschwinghschen Anstalten Bethel 1929 - 1945, Bielefeld.

HÖCHST-STÖHR, JUTTA / SCHIBILSKY, MICHAEL (Hg.) (1999), Reden über Religion (1), Stuttgart.

HOFMANN, BEATE (Hg.) (2008), Diakonische Unternehmenskultur. Handbuch für Führungskräfte, Stuttgart.

HOFMANN, BEATE (2010), Diakonische Unternehmenskultur. Handbuch für Führungskräfte (Diakonie 2), 2. Aufl., Stuttgart.

HOFMANN, BEATE (2017), New Diaconal Professionalism – Theology, Spirituality, Values and Practice, in: Diaconia 8, H. 2, 138–151.

HOFMANN, BEATE u. a. (2018), Merkmale diakonischer Unternehmenskultur in einer pluralen Gesellschaft. Forschungsbericht, http://www.diakoniewissenschaft-idm.de/2018/wp-content/uploads/2019/01/2019_01_Forschungsbericht_END_online-Version.pdf, letzter Zugriff am 11.04.2022.

HOFMANN, BEATE (2018a), Multirationalität: Erfahrungen aus Lehre und Forschung, in: Institut für Diakoniewissenschaften und Diakonie Management (Hg.), Multirationalität in der Diakonie. Dokumentation eines Symposiums am 04. Mai 2018, Bielefeld, 13–21.

HOFMANN, BEATE (2018b), Unternehmenskultur, in: MOOS THORSTEN (Hg.), Diakonische Kultur. Begriff, Forschungsperspektiven, Praxis, Stuttgart, 93–99.

HOFMANN, BEATE (Hg.) (2020), Merkmale diakonischer Unternehmenskultur in einer pluralen Gesellschaft, Stuttgart.

HOFMANN, BEATE / MONTAG, BARBARA (Hg.) (2018), Theologie für Diakonie-Unternehmen. Funktionen - Rollen - Positionen, Stuttgart.

HOHLWEGER, JÖRG (2018), Hybride Steuerung von Diakonieunternehmen, in: HOFMANN BEATE / MONTAG BARBARA (Hg.), Theologie für Diakonie-Unternehmen. Funktionen - Rollen - Positionen, Stuttgart, 43–53.

HÖHNE, FLORIAN (2015), Öffentliche Theologie. Begriffsgeschichte und Grundfragen (Öffentliche Theologie 31), Leipzig.

HONECKER, MARTIN (2002), Wege evangelischer Ethik. Positionen und Kontexte (Studien zur theologischen Ethik 96), Freiburg/Schweiz u. a.

HORSTMANN, MARTIN (2011), Das Diakonische entdecken. Didaktische Zugänge zur Diakonie (Veröffentlichungen des Diakoniewissenschaftlichen Instituts an der Universität Heidelberg Bd. 46), Heidelberg.

HUBER, WOLFGANG (1999), Kirche in der Zeitenwende. Gesellschaftlicher Wandel und Erneuerung der Kirche, Gütersloh.

HUBER, WOLFGANG (2015), Offene und öffentliche Kirche, in: VAN OORSCHOT FREDERIKE / HÖHNE FLORIAN (Hg.), Grundtexte Öffentliche Theologie, Leipzig, 199–209.

HUBER, WOLFGANG (2021), Das Recht auf ein selbstbestimmtes Lebensende, in: Zeitschrift für Evangelische Ethik 65, H. 3, 166–171.

INSTITUT FÜR DIAKONIEWISSENSCHAFTEN UND DIAKONIE MANAGEMENT (Hg.) (2018), Multirationalität in der Diakonie. Dokumentation eines Symposiums am 04. Mai 2018, Bielefeld.

ISENSEE, JOSEF / KIRCHHOF, PAUL (Hg.) (2003), Handbuch des Staatsrechts der Bundesrepublik Deutschland, Heidelberg u. a.

ISER, MATTHIAS (2008), Loyalität, in: GOSEPATH STEFAN (Hg.), Handbuch der politischen Philosophie und Sozialphilosophie, Berlin, 731–733.

JACOB, BEATE (2021), Mental Health as a Task of a Diaconal Church at the Local Level, in: AMPONY GODWIN u. a. (Hg.), International Handbook on Ecumenical Diakonia. Contextual Theologies and Practies of Diakonia and Christian Social Services, Resources for Study and Intercultural Learning, Oxford, 444–451.

JACOB, JUTTA / WOLLRAD, ESKE (Hg.) (2007), Behinderung und Geschlecht - Perspektiven in Theorie und Praxis. Dokumentation einer Tagung (Oldenburger Beiträge zur Geschlechterforschung 8), Oldenburg.

JÄGER, ALFRED (1986), Diakonie als christliches Unternehmen. Theologische Wirtschaftsethik im Kontext diakonischer Unternehmenspolitik, Gütersloh.

JÄGER, ALFRED (1993a), Diakonie als christliches Unternehmen. Theologische Wirtschaftsethik im Kontext diakonischer Unternehmenspolitik, 4. Aufl., Gütersloh.

JÄGER, ALFRED (1993b), Konzepte der Kirchenleitung für die Zukunft. Wirtschaftsethische Analysen und theologische Perspektiven, Gütersloh.

JÄHNICHEN, TRAUGOTT (2000), Von der konstitutionellen Fabrik zur Mitbestimmung: Zur Entwicklung des Arbeitsrechts in Deutschland, in: TANNER KLAUS (Hg.), Gotteshilfe - Selbsthilfe - Staatshilfe - Bruderhilfe. Beiträge zum sozialen Protestantismus im 19. Jahrhundert (Herbergen der Christenheit Sonderband Bd. 4), Leipzig, 25–40.

JÄHNICHEN, TRAUGOTT u. a. (Hg.) (2010), Caritas und Diakonie im „goldenen Zeitalter“ des bundesdeutschen Sozialstaats. Transformationen der konfessionellen Wohlfahrtsverbände in den 1960er Jahren (Konfession und Gesellschaft 43), Stuttgart.

JÄHNICHEN, TRAUGOTT (2013), „Dienstgemeinschaft“ im Spannungsfeld von normativem Anspruch und empirischer Erfassung diakonischer Arbeitsverhältnisse, in: epd-Dokumentation 17, 44–48.

JÄHNICHEN, TRAUGOTT (2015a), Arbeitswelt Kirche – Überblick über die Geschichte der Gestaltung der kirchlichen und diakonischen Arbeitsbeziehungen während des 20. Jahrhunderts, in: JÄHNICHEN TRAUGOTT u. a. (Hg.), Dritter Weg? Arbeitsbeziehungen in Kirche und Diakonie (Jahrbuch sozialer Protestantismus Bd. 8), Gütersloh, 21–54.

JÄHNICHEN, TRAUGOTT u. a. (Hg.) (2015), Dritter Weg? Arbeitsbeziehungen in Kirche und Diakonie (Jahrbuch sozialer Protestantismus 8), Gütersloh.

JÄHNICHEN, TRAUGOTT (2015b), »Öffentliches Christentum«. Eine unterschätzte Dimension christlicher Präsenz im Kontext der Kirchenmitgliedschaftsuntersuchungen, in: Evangelische Theologie 75, 166–178.

JANTZER, MARKUS, Heinig: Urteil wird Einstellungspraxis der Kirchen kaum verändern, https://w.epd.de/sw/2018/10/26/2-4.htm, letzter Zugriff am 05.04.2022.

JOHANNES-DIAKONIE, Bundesteilhabegesetz: Auf neuen Wegen, shorturl.at/qsxOX, letzter Zugriff am 21.03.2022.

JOHN, OTTMAR (2013a), Der Bahnhof als Ort kirchlichen Handelns, in: LUTZ BERND u. a. (Hg.), Der Bahnhof - Ort gelebter Kirche, Ostfildern, 88–105.

JOHN, OTTMAR (2013b), Die Bahnhofsmission aus der Perspektive einer inkarnatorischen Ekklesiologie, in: LUTZ BERND u. a. (Hg.), Der Bahnhof - Ort gelebter Kirche, Ostfildern, 120–138.

JÖST, FRANK (2018), Ökonomisierung und diakonisches handeln, in: MOOS THORSTEN (Hg.), Diakonische Kultur. Begriff, Forschungsperspektiven, Praxis (Diakonie: Bildung - Gestaltung - Organisation Bd. 16), Stuttgart, 46–56.

JOUSSEN, JACOB (2015), Arbeitsrechtliche Anforderungen an die Mitarbeit in Kirche und Diakonie - Das Kriterium der Kirchenzugehörigkeit, in: Zeitschrift für evangelisches Kirchenrecht 60, 63–93.

JOUSSEN, JAKOB (2016), Das Arbeitsrecht in der Kirche, in: ANKE, HANS U. u. a. (Hg.), Handbuch des evangelischen Kirchenrechts, Tübingen, 276–341.

KAISER, JOCHEN-CHRISTOPH (1998a), Diakonie der Weimarer Republik, in: KROLZIK UDO (Hg.), Zukunft der Diakonie. Zwischen Kontinuität und Neubeginn, Bielefeld, 115–134.

KAISER, JOCHEN-CHRISTOPH (Hg.) (1998), Soziale Arbeit in historischer Perspektive. Zum geschichtlichen Ort der Diakonie in Deutschland, Stuttgart.

KAISER, JOCHEN-CHRISTOPH (1998b), Volksmission als gesellschaftliche Sinnstiftung. Der kulturelle Formierungsanspruch der Inneren Mission, in: KAISER JOCHEN-CHRISTOPH (Hg.), Soziale Arbeit in historischer Perspektive. Zum geschichtlichen Ort der Diakonie in Deutschland, Stuttgart, 25–38.

KAISER, JOCHEN-CHRISTOPH (1999), Art. „Diakonie I", in: Religion in Geschichte und Gegenwart, Bd. 2, 792-794.

KAISER, JOCHEN-CHRISTOPH (Hg.) (2008), Evangelische Kirche und sozialer Staat. Diakonie im 19. und 20. Jahrhundert, Stuttgart.

KAISER, JOCHEN-CHRISTOPH (2008), Freie Wohlfahrtspflege in Kaiserreich und Weimarer Republik, in: KAISER JOCHEN-CHRISTOPH (Hg.), Evangelische Kirche und sozialer Staat. Diakonie im 19. und 20. Jahrhundert, Stuttgart, 58–86.

KAISER, JOCHEN-CHRISTOPH (2013), Innere Mission und ‚Euthanasie', in: SCHOENAUER HERMANN (Hg.), „Euthanasie" - zum Umgang mit vergehendem menschlichen Leben. Historische Einsichten - ethische Sondierungen, Stuttgart, 23–46.

KANITZ, JULIANE u. a. (im Erscheinen), Religion im Raum. Analysen in neuen Stadtquartieren, Bielefeld.

KANT, IMMANUEL (1968a), Beantwortung der Frage: Was ist Aufklärung? (Kants Werke. Akademie-Textausgabe VIII), Berlin.

KANT, IMMANUEL (1968b), Grundlegung zur Metaphysik der Sitten (Kants Werke. Akademie-Textausgabe IV), Berlin.

KANT, IMMANUEL (1968c), Kritik der Urtheilskraft (Kants Werke. Akademie-Textausgabe V), Berlin.

KAUFMANN, FRANZ (Hg.) (1989), Religion und Modernität. Sozialwissenschaftliche Perspektiven, Tübingen.

KAUFMANN, FRANZ X. (1989), Christentum und Wohlfahrtsstaat, in: KAUFMANN FRANZ X. (Hg.), Religion und Modernität. Sozialwissenschaftliche Perspektiven, Tübingen, 89–119.

KEHLBREIER, DIETMAR (2009), „Öffentliche Diakonie". Wandlungen im kirchlich-diakonischen Selbstverständnis in der Bundesrepublik der 1960er- und 1970er-Jahre (Öffentliche Theologie 23), Leipzig.

KHURANA, THOMAS (2017), Das Leben der Freiheit. Form und Wirklichkeit der Autonomie, Berlin.

KIRCHENAMT DER EVANGELISCHEN KIRCHE IN DEUTSCHLAND (Hg.) (1996), Der evangelische Diakonat als geordnetes Amt der Kirche. Ein Beitrag der Kammer für Theologie der Evangelischen Kirche in Deutschland, Eine evangelische Denkschrift (EKD-Texte 58), Hannover.

KIRCHENAMT DER EVANGELISCHEN KIRCHE IN DEUTSCHLAND (Hg.) (2006), Kirche der Freiheit. Perspektiven für die evangelische Kirche im 21. Jahrhundert, Hannover.

KIRCHENAMT DER EVANGELISCHEN KIRCHE IN DEUTSCHLAND (2008), Wenn Menschen sterben wollen. Eine Orientierungshilfe zum Problem der ärztlichen Beihilfe zur Selbsttötung. Ein Beitrag des Rates der Evangelischen Kirche in Deutschland, Hannover.

KIRCHHOF, ASTRID M. (2011), Das Dienstfräulein auf dem Bahnhof. Frauen im öffentlichen Raum im Blick der Berliner Bahnhofsmission 1894 - 1939 (Beiträge zur Stadtgeschichte und Urbanisierungsforschung 11), Stuttgart.

KIRCHHOFF, THOMAS (Hg.) (2015), Konkurrenz. Historische, strukturelle und normative Perspektiven, Bielefeld.

KITWOOD, TOM (2004), Demenz. Der person–zentrierte Ansatz im Umgang mit verwirrten Menschen, 3. Aufl., Bern.

KLATETZKI, THOMAS (Hg.) (2010), Soziale personenbezogene Dienstleistungsorganisationen. Soziologische Perspektiven (Springer eBook Collection Humanities, Social Science), Wiesbaden.

KLESSMANN, MICHAEL (1991), Von der Annahme der Schatten. Diakonie zwischen Anspruch und Wirklichkeit, in: SCHIBILSKY MICHAEL (Hg.), Kursbuch Diakonie, Neukirchen- Vluyn, 113–125.

KÖBSELL, SWANTJE (2007), Behinderung und Geschlecht - Versuch einer vorläufigen Bilanz aus Sicht der deutschen Behindertenbewegung, in: JACOB JUTTA / WOLLRAD ESKE (Hg.), Behinderung und Geschlecht - Perspektiven in Theorie und Praxis. Dokumentation einer Tagung (Oldenburger Beiträge zur Geschlechterforschung Bd. 8), Oldenburg, 31–49.

KOENIG, HAROLD u. a. (2012), Handbook of Religion and Health, 2. Aufl., o. O.

KOHL, KLAUS (2007), Christi Wesen am Markt. Eine Studie zur Rede von der Diakonie als Wesens- und Lebensäußerung der Kirche, Göttingen.

KONFERENZ FÜR ALTENPFLEGEHEIMSEELSORGE IN DER EKD (2021), Grenz-Wert. Seelsorgerliches Handeln und assistierter Suizid, shorturl.at/ntvA6, letzter Zugriff am 28.02.2022.

KONFERENZ FÜR KIRCHLICHE BAHNHOFSMISSION IN DEUTSCHLAND (2004), Leitbild und Leistungsstandards der Bahnhofsmissionen in Deutschland, https://bahnhofsmission-koeln.de/wp-content/uploads/2013/10/BM_Leitbild_2010.pdf, letzter Zugriff am 15.03.2022.

KÖRTNER, ULRICH (2010), Diakonie im Spannungsfeld zwischen Qualität, christlichem Selbstverständnis und Wirtschaftlichkeit. Theologisch-ethische Reflexionen, in: Wege zum Menschen 62, 155–167.

KÖRTNER, ULRICH u. a. (Hg.) (2020), Konzepte und Räume Öffentlicher Theologie. Wissenschaft – Kirche – Diakonie (Öffentliche Theologie 39), Leipzig.

KÖRTNER, ULRICH / WILL-ARMSTRONG, JOHANNA (2021), Assistierter Suizid in Einrichtungen in kirchlicher Trägerschaft?, in: Zeitschrift für Medizinische Ethik 67, 467–479.

KÖRTNER, ULRICH H. (2017), Diakonie und Öffentliche Theologie. Diakoniewissenschaftliche Studien, Göttingen.

KÖRTNER, ULRICH (1997), Solange die Erde steht. Schöpfungsglaube in der Risikogesellschaft (Mensch - Natur - Technik 2), Hannover.

KÖRTNER, ULRICH (2003), Ethik des Helfens - aus theologischer Perspektive, in: Theologische Beiträge 34, 306–322.

KÖSER, SILKE (2006), Denn eine Diakonisse darf kein Alltagsmensch sein. Kollektive Identitäten Kaiserswerther Diakonissen 1836 - 1914, Zugl.: Erfurt, Univ., Diss (Historisch-theologische Genderforschung Bd. 2), Leipzig.

KRAUSE, RÜDIGER u. a. (Hg.) (2004), Recht der Wirtschaft und der Arbeit in Europa. Gedächtnisschrift für Wolfgang Blomeyer (Beiträge zum Europäischen Wirtschaftsrecht 25), Berlin.

KRECH, VOLKHARD (2001), Religiöse Programmatik und diakonisches Handeln. Erwägungen zur Spezifik kirchlicher Wohlfahrtsverbände, in: GABRIEL KARL (Hg.), Herausforderungen kirchlicher Wohlfahrtsverbände. Perspektiven im Spannungsfeld von Wertbindung, Ökonomie und Politik (Sozialwissenschaftliche Abhandlungen der Görres-Gesellschaft Bd. 25), Berlin, 91–106.

KRECH, VOLKHARD (2015), Wiederkehr der Religion? Und nach welcher Säkularisierung? Beobachtungen zur religiösen Lage im 20. und zu Beginn des 21. Jahrhunderts, in: LUTZ-BACHMANN MATTHIAS (Hg.), Postsäkularismus. Zur Diskussion eines umstrittenen Begriffs, Frankfurt am Main, 257–287.

KREß, HARTMUT (2012), Aktuelle Probleme des kirchlichen Arbeitsrechts, in: Zeitschrift für Rechtspolitik 45, H. 4, 103–105.

KREß, HARTMUT (2018), Kirchliches Arbeitsrecht - ein ungelöstes Problem der Religionspolitik. Substanzieller Korrekturbedarf und aktuelle rechtspolitische Anschlussfragen, in: GERSTER DANIEL u. a. (Hg.), Religionspolitik heute. Problemfelder und Perspektiven in Deutschland, Freiburg u. a., 231–252.

KREß, HARTMUT (2019), Kirchliches Arbeitsrecht in der Bundesrepublik Deutschland. Ein Rückfall hinter die Standards der Weimarer Republik, in: Zeitschrift für Evangelische Ethik 63, 131–136.

KROLZIK, UDO (Hg.) (1998), Zukunft der Diakonie. Zwischen Kontinuität und Neubeginn, Bielefeld.

KRONAUER, MARTIN (2007), Inklusion - Exklusion: ein Klärungsversuch. Vortrag auf dem 10. Forum Weiterbildung des Deutschen Instituts für Erwachsenenbildung, http://www.diebonn.de/doks/kronauer0701.pd, letzter Zugriff am 22.03.2022.

KUBIK, ANDREAS (2018), Theologische Kulturhermeneutik impliziter Religion, Berlin u. a.

KUHLEMANN, FRANK-MICHAEL / SCHMUHL, HANS (Hg.) (2003), Beruf und Religion im 19. und 20. Jahrhundert, Stuttgart.

KÜHN, HAGEN / SIMON, MICHAEL (2001), Anpassungsprozesse der Krankenhäuser an die prospektive Finanzierung (Budgets, Fallpauschalen) und ihre Auswirkungen auf die Patientenorientierung: Abschlussbericht, shorturl.at/bcFPY, letzter Zugriff am 07.03.2022.

KÜNKEL, CHRISTOPH (2013), Müssen Mitarbeitende der Diakonie Mitglieder der Kirche sein?, Hannover.

LEER-HELGESEN, ARNHILD (2018), Rethinking Diakonia and Transforming Our World, in: The Ecumenical Review 70, H. 1, 147–162.

LEICH, HEINRICH (1955), Sterbende Mutterhausdiakonie: Zur gegenwärtigen Lage der Mutterhausdiakonie in Deutschland, Bielefeld.

LEITZMANN, ALBERT u. a. (Hg.) (1925), Luthers Werke in Auswahl. Band 1, Reprint 2020, Berlin u. a.

LEUCHTE, VICO / THEUNISSEN, GEORG (2012), Sozialraumorientierung - Schlagwort oder neues Fortschrittsprogramm für die Behindertenhilfe?, in: neue praxis. Zeitschrift für Sozialarbeit, Sozialpädagogik und Sozialpolitik, H. 4, 345–362.

LIEDHEGENER, ANTONIUS (2016), Ein kleiner, aber feiner Unterschied. Religion, zivilgesellschaftliches Engagement und gesellschaftliche Integration in der Schweiz, in: ARENS EDMUND u. a. (Hg.), Integrationspotenziale von Religion und Zivilgesellschaft. Theoretische und empirische Befunde (Nomos eLibrary Politikwissenschaft Band 14), Baden-Baden u. a., 121–182.

LIEDKE, ULF (2016a), „Gott ist bunte Vielfalt für mich.“. Inklusion in systematisch-theologischer Perspektive, in: LIEDKE ULF / WAGNER HARALD (Hg.), Inklusion. Lehr- und Arbeitsbuch für professionelles Handeln in Kirche und Gesellschaft, Stuttgart, 71–88.

LIEDKE, ULF u. a. (Hg.) (2016), Inklusion. Lehr- und Arbeitsbuch für professionelles Handeln in Kirche und Gesellschaft, Stuttgart.

LIEDKE, ULF / WAGNER, HARALD (Hg.) (2016), Inklusion. Lehr- und Arbeitsbuch für professionelles Handeln in Kirche und Gesellschaft, Stuttgart.

LIEDKE, ULF / WAGNER, HARALD (2016b), Inklusionen. Sozialwissenschaftliche Grundlagen für eine Praxistheorie der Teilhabe und Vielfalt, in: LIEDKE ULF / WAGNER HARALD (Hg.), Inklusion. Lehr- und Arbeitsbuch für professionelles Handeln in Kirche und Gesellschaft, Stuttgart, 9–37.

LIENEMANN, WOLFGANG (Hg.) (1989), Die Finanzen der Kirche. Studien zu Struktur, Geschichte und Legitimation kirchlicher Ökonomie (Forschungen und Berichte der Evangelischen Studiengemeinschaft 43), München.

LILIE, ULRICH, Über mich, https://praesident.diakonie.de/ueber-mich/, letzter Zugriff am 07.03.2022.

LILIE, ULRICH (2017), Aschermittwoch: Gerechtigkeit leben?, shorturl.at/eA059, letzter Zugriff am 07.03.2022.

LILIE, ULRICH (2017), Bitte zuhören!, shorturl.at/cDPTY, letzter Zugriff am 07.03.2022.

LILIE, ULRICH (2017), Diakonisches Design - preisgekrönt, shorturl.at/aoqwS, letzter Zugriff am 07.03.2022.

LILIE, ULRICH (2018), Pfingsten und die Offene Gesellschaft, shorturl.at/atyYZ, letzter Zugriff am 07.03.2022.

LILIE, ULRICH (2018), Populismus – jetzt auch in Berlin?, shorturl.at/gMP16, letzter Zugriff am 07.03.2022.

LILIE, ULRICH (2018), Unerhört! Vom Verlieren und Finden des Zusammenhalts, Freiburg im Breisgau.

LOSCH, ANDREAS (2011), Leitbilder der Spitzenverbände der freien Wohlfahrtspflege und diakonischer und caritativer Träger im Vergleich, Kamen.

LUBATSCH, HEIKE (2012), Führung macht den Unterschied. Arbeitsbedingungen diakonischer Pflege im Krankenhaus, Berlin u. a.

LUHMANN, NIKLAS (1975), Formen des Helfens im Wandel gesellschaftlicher Bedingungen, in: LUHMANN NIKLAS (Hg.), Soziologische Aufklärung 2. Aufsätze zur Theorie der Gesellschaft, Opladen, 134–149.

LÜHRS, HERMANN (2007), Kirchliche Dienstgemeinschaft. Genese und Gehalt eines umstrittenen Begriffs, in: Kirche & Recht 13, 220–246.

LÜHRS, HERMANN (2013), Die Auseinandersetzung um den „Dritten Weg“ im Kontext des Marktes für Soziale Arbeit - Acht Thesen, in: epd-Dokumentation 17, 6.

LUNKENHEIMER, THOMAS (2018), Führungsverantwortung im Diakonischen Tandem, in: HOFMANN BEATE / MONTAG BARBARA (Hg.), Theologie für Diakonie-Unternehmen. Funktionen - Rollen - Positionen, Stuttgart, 111–122.

LUTHER, HENNING (1992), Identität und Fragment, in: LUTHER HENNING (Hg.), Religion und Alltag. Bausteine zu einer praktischen Theologie des Subjekts, Stuttgart, 160–182.

LUTHER, HENNING (Hg.) (1992), Religion und Alltag. Bausteine zu einer praktischen Theologie des Subjekts, Stuttgart.

LUTHER, MARTIN (1520), Von dem Papsttum zu Rom wider der hochberühmten Romanisten zu Leipzig (Luther, Martin: Werke, WA VI), Weimar, 277-324.

LUTZ, BERND u. a. (Hg.) (2013), Der Bahnhof - Ort gelebter Kirche, Ostfildern.

LUTZ, BERND (2013), Zu Entstehung, Aufbau und Absicht dieses Buches, in: LUTZ BERND u. a. (Hg.), Der Bahnhof - Ort gelebter Kirche, Ostfildern, 9–15.

LUTZ, BERND (Hg.) (2018), Mittendrin. Bahnhofsmission - vielfältig wie das Leben. Mit Beispielen spiritueller Praxis, Ostfildern.

LUTZ-BACHMANN, MATTHIAS (Hg.) (2015), Postsäkularismus. Zur Diskussion eines umstrittenen Begriffs, Frankfurt am Main.

LUZ, ULRICH (1989), Die Kirche und ihr Geld im Neuen Testament, in: LIENEMANN WOLFGANG (Hg.), Die Finanzen der Kirche. Studien zu Struktur, Geschichte und Legitimation kirchlicher Ökonomie (Forschungen und Berichte der Evangelischen Studiengemeinschaft Bd. 43), München, 525–554.

MAASER, WOLFGANG (2008), Evangelische Diakonie im Horizont der Kirche, in: Zeitschrift für Evangelische Ethik 52, 249–265.

MAASER, WOLFGANG (2013), Öffentliche Diakonie im Spannungsfeld von Kirche und Gesellschaft, in: MAASER WOLFGANG / EURICH JOHANNES (Hg.), Diakonie in der Sozialökonomie. Studien zu Folgen der neuen Wohlfahrtspolitik (Veröffentlichungen des Diakoniewissenschaftlichen Instituts an der Universität Heidelberg Bd. 47), Leipzig, 40–74.

MAASER, WOLFGANG / EURICH, JOHANNES (Hg.) (2013), Diakonie in der Sozialökonomie. Studien zu Folgen der neuen Wohlfahrtspolitik (Veröffentlichungen des Diakoniewissenschaftlichen Instituts an der Universität Heidelberg 47), Leipzig.

MANOW, PHILIP (2008), Religion und Sozialstaat. Die konfessionellen Grundlagen europäischer Wohlfahrtsstaatsregime (Theorie und Gesellschaft 68), Frankfurt u. a.

MANOW, PHILIP (2018), Die religiöse Prägung des bundesdeutschen Wohlfahrtsstaates im europäischen Vergleich, in: GERSTER DANIEL u. a. (Hg.), Religionspolitik heute. Problemfelder und Perspektiven in Deutschland, Freiburg u. a., 203–222.

MANZESCHKE, ARNE (2012), „Ressourcen der Nächstenliebe": eine fundamentalethische Besinnung auf die Erfahrung des Nächsten, in: SCHMIDT HEINZ / HILDEMANN KLAUS D. (Hg.), Nächstenliebe und Organisation. Zur Zukunft einer polyhybriden Diakonie in zivilgesellschaftlicher Perspektive, Leipzig, 169–189.

MARKSCHIES, CHRISTOPH / WOLF, HUBERT (Hg.) (2010), Erinnerungsorte des Christentums, München.

MEIER, CHRISTIAN (2010), Das Gebot zu vergessen und die Unabweisbarkeit des Erinnerns. Vom öffentlichen Umgang mit schlimmer Vergangenheit, 3. Aufl., München.

MEIREIS, THORSTEN (2017), Öffentlichkeit - eine kritische Revision, shorturl.at/qBHU8, letzter Zugriff am 19.07.2019.

MEISINGER, HUBERT (1996), Liebesgebot und Altruismusforschung. Ein exegetischer Beitrag zum Dialog zwischen Theologie und Naturwissenschaft (Novum testamentum et orbis antiquus 33), Freiburg, Schweiz u. a.

MERZ, RAINER (2007), Diakonische Professionalität. Zur wissenschaftlichen Rekonstruktion des beruflichen Selbstkonzeptes von Diakoninnen und Diakonen; eine berufsbiographische Studie, Heidelberg.

MERZ, RAINER u. a. (Hg.) (2008), Dienst und Profession: Diakoninnen und Diakone zwischen Anspruch und Wirklichkeit, Heidelberg.

MERZ, RAINER (2008), Paradoxien professionellen diakonischen Handelns, in: MERZ RAINER u. a. (Hg.), Dienst und Profession: Diakoninnen und Diakone zwischen Anspruch und Wirklichkeit, Heidelberg, 112–133.

MITTELSTRAẞ, JÜRGEN (Hg.) (2004), Enzyklopädie Philosophie und Wissenschaftstheorie, Stuttgart.

MITTLER, ELMAR (Hg.) (1987), Heidelberger Jahrbücher (Heidelberger Jahrbücher 31), Berlin u. a.

MOL, ANNEMARIE (2008), The logic of care. Health and the problem of patient choice, London.

MOLTMANN, JÜRGEN (1984), Diakonie im Horizont des Reiches Gottes, Neukirchen- Vluyn.

MOOS, THORSTEN (2005), Staatszweck und Staatsaufgaben in den protestantischen Ethiken des 19. Jahrhunderts (Bochumer Forum zur Geschichte des sozialen Protestantismus 5), Münster.

MOOS, THORSTEN (2012), Religion und Öffentlichkeit. Grundkategorien protestantischer Verhältnisbestimmungen im 19. Jahrhundert, in: DANZ CHRISTIAN / RITTER ANDRE (Hg.), Zwischen Kruzifix und Minarett. Religion im Fokus der Öffentlichkeit (Studien zum interreligiösen Dialog Band 11), Münster u. a., 137–156.

MOOS, THORSTEN (2014), Rationalität der Sorge. Von den Chancen und Risiken theologischer Ethik angesichts des Klimawandels, in: HARTUNG GERALD / KIRCHHOFF THOMAS (Hg.), Welche Natur brauchen wir? Analyse einer anthropologischen Grundproblematik des 21. Jahrhunderts (Physis Bd. 3), Freiburg u. a., 461–492.

MOOS, THORSTEN (2015a), Diakonische Kultur. Von der Popularität einer Programmformel, in: Praktische Theologie 50, 220–225.

MOOS, THORSTEN (2015b), Die Inszenierung von Alternativen: Zur Konkurrenz bio- und alternativmedizinischer Heilverfahren im Gesundheitswesen, in: KIRCHHOFF THOMAS (Hg.), Konkurrenz. Historische, strukturelle und normative Perspektiven, Bielefeld, 341–370.

MOOS, THORSTEN (2015c), Funktionale Differenzierung statt Abstufung. Ein Formulierungsvorschlag für die Loyalitätsrichtlinie, in: epd-Dokumentationen 43, 53–54.

MOOS, THORSTEN (2016), Kultur, Diakonische, in: BAUMANN KLAUS u. a. (Hg.), Diakonie-Lexikon, Göttingen, 261f.

MOOS, THORSTEN u. a. (2016a), Ethik in der Klinikseelsorge. Empirie, Theologie, Ausbildung (Arbeiten zur Pastoraltheologie, Liturgik und Hymnologie 84), Göttingen u. a.

MOOS, THORSTEN u. a. (2016b), Randzonen des Willens. Anthropologische und ethische Probleme von Entscheidungen in Grenzsituationen, Frankfurt am Main.

MOOS, THORSTEN (2017), Ökonomisierung der Nächstenliebe. Was hat die Diakonie auf dem sozialen Markt verloren?, in: Zeitschrift für Evangelische Ethik 61, 26–39.

MOOS, THORSTEN (Hg.) (2018), Diakonische Kultur. Begriff, Forschungsperspektiven, Praxis (Diakonie: Bildung - Gestaltung - Organisation 16), Stuttgart.

MOOS, THORSTEN (2018a), Moralisches Unbehagen. Die theologische Debatte um Flucht und Migration und das Verhältnis von Politik und Moral, in: Zeitschrift für Evangelische Ethik 62, H. 4, 248–262.

MOOS, THORSTEN (2018b), Krankheitserfahrung und Religion, Tübingen.

MORLOK, MARTIN (2013), Verfassungsrechtliche Grundlagen einer Konzeption kirchlicher Arbeitsverhältnisse als Dienstgemeinschaft, in: epd-Dokumentation 17, 9–15.

MOSER, VERA / HOERSTER, DETLEF (Hg.) (2011), Ethik der Behindertenpädagogik. Menschenrechte, Menschenwürde, Behinderung, Eine Grundlegung, Stuttgart.

MOXTER, MICHAEL (2000), Kultur als Lebenswelt. Studien zum Problem einer Kulturtheologie (Hermeneutische Untersuchungen zur Theologie 38), Tübingen.

MÜHLING, MARKUS / WENDTE, MARTIN (2016), Leibhafte Vernunft: Rationalität im Feld von Christologie, Leibhaftigkeit und Gespräch, in: MÜHLING MARKUS (Hg.), Rationalität im Gespräch.

Philosophische und theologische Perspektiven (Marburger theologische Studien Bd. 126), 139–160, Leipzig.
NATIONALER ETHIKRAT (2006), Selbstbestimmung und Fürsorge am Lebensende. Stellungnahme, shorturl.at/gruJO, letzter Zugriff am 28.02.2022.
NAURATH, ELISABETH (2007), Mit Gefühl gegen Gewalt. Mitgefühl als Schlüssel ethischer Bildung in der Religionspädagogik, Zugl.: Augsburg, Univ., Habil.-Schr., 2006, Neukirchen-Vluyn.
NAWROTH, PETER P. (2016), Die Gesundheitsdiktatur. Weshalb uns Medizin und Industrie einen Lebensstil empfehlen, der nicht hält, was er verspricht, Kulmbach.
NETHÖFEL, WOLFGANG (1998), Diakonie im Unternehmen Kirche, in: KROLZIK UDO (Hg.), Zukunft der Diakonie. Zwischen Kontinuität und Neubeginn, Bielefeld, 21–36.
NETZWERK ARTIKEL 3 (2009), UN-Behindertenrechtskonvention. Schattenübersetzung, http://www.netzwerk-artikel-3.de/index.php/vereinte-nationen/93-international, letzter Zugriff am 22.03.2022.
NIEWÖHNER, JÖRG (2018), Für eine Kultur der Sorgsamkeit – ein sozialanthropologischer Entwurf, in: MOOS THORSTEN (Hg.), Diakonische Kultur. Begriff, Forschungsperspektiven, Praxis, Stuttgart, 100–111.
NIKLES, BRUNO W. (1995), Soziale Hilfe am Bahnhof. Zur Geschichte der Bahnhofsmission in Deutschland (1894-1960), Freiburg im Breisgau.
NIKLES, BRUNO W. (2019), Bahnhofsmission und Bahnhofsdienste in Deutschland. Ein historischer Abriss ihrer Aufgaben- und Organisationsentwicklung, Opladen u. a.
NULLMEIER, FRANK (2004), Vermarktlichung des Sozialstaates, in: WSI-Mitteilungen 9, 495–500.
NUNNER-WINKLER, GERTRUD (1999), Religion und Moral, in: HÖCHST-STÖHR JUTTA / SCHIBILSKY MICHAEL (Hg.), Reden über Religion (Bd. 1), Stuttgart, 41–54.
OELSCHLÄGEL, CHRISTIAN (2013), Diakonie und Menschenrechte. Menschenrechtsorientierung als Herausforderung für diakonisches Handeln (Veröffentlichungen des Diakoniewissenschaftlichen Instituts an der Universität Heidelberg 44), Heidelberg.
O'NEILL, ONORA (2016), Aufgeklärte Vernunft. Über Kants Anti-Rationalismus, in: APEL KARL-OTTO / KETTNER MATTHIAS (Hg.), Die eine Vernunft und die vielen Rationalitäten. 2. Aufl., Frankfurt am Main, 206–226.
OREGON HEALTH AUTHORITY (2020), Death with Dignity Act Annual Reports. Report 2020, https://bit.ly/3jpMDam, letzter Zugriff am 28.02.2022.
OTTO, GERT (1970), Vernunft. Aspekte zeitgemäßen Glaubens, Berlin.
OUART, LYDIA-MARIA (2012), Pflege als Dienstleistung? Die Grenzen der ökonomischen Austauschlogik in der ambulanten Pflege, in: Curare 35, 166–176.
OVERBECK, FRANZ-JOSEF u. a. (Hg.) (2012), Das kirchliche Arbeitsrecht vor neuen Herausforderungen (Essener Gespräche zum Thema Staat und Kirche 46), Münster.
PAUSCH, EBERHARD (1999), Zeichen setzen! Zur semiotischen Struktur diakonischen Handelns, in: Pastoraltheologie 88, 443–451.
PERGANDE, KURT (1960), Der Einsame von Bethel. Der Vater Bodelschwingh und die Geschichte seines Werkes, 4. Aufl., Stuttgart.
PFLEIDERER, OTTO (1898), Grundriß der christlichen Glaubens- und Sittenlehre als Compendium für Studierende und als Leitfaden für den Unterricht an höheren Schulen, 6. Aufl., Berlin.
PHILIPPI, PAUL (1975), Christozentrische Diakonie, 2. Aufl., Stuttgart.
PICKEL, GERT (2013), Konfessionslose - das ‚Residual' des Christentums oder Stütze des neuen Atheismus?, in: Theo-Web. Zeitschrift für Religionspädagogik 12, 12–31.
PLESSNER, HELMUTH (1975), Die Stufen des Organischen und der Mensch. Einleitung in die philosophische Anthropologie (Sammlung Göschen 2200), 3. Aufl., Berlin u. a.
POLKE, CHRISTIAN (2011), Individualität der Autonomie am Lebensende, in: BRUNN FRANK M. / DIETZ ALEXANDER (Hg.), Selbstbestimmung in der Perpektive theologischer Ethik (Marburger theologische Studien Bd. 112), Leipzig, 81–113.

POLLACK, DETLEF (2009), Rückkehr des Religiösen? Studien zum religiösen Wandel in Deutschland und Europa II, Tübingen.
POLLACK, DETLEF u. a. (Hg.) (2018), Handbuch Religionssoziologie (SpringerLink Bücher), Wiesbaden.
POWELL, WALTER / BROMLEY, PATRICIA (Hg.) (2020), The Nonprofit Sector. A Research Handbook, 3. Aufl., Standford.
PRACHETT, TERRY (2010), Shaking Hands with Death, shorturl.at/CGT36, letzter Zugriff am 28.02.2022.
PREUL, REINER (2008), Die soziale Gestalt des Glaubens. Aufsätze zur Kirchentheorie (Marburger theologische Studien 102), Leipzig.
PRIDDAT, BIRGER (2014), Oeconomia perennis. Drei Stationen der Geburt der Ökonomie aus der Theologie. Wechsel der Deutungsmacht, in: STOELLGER PHILIPP (Hg.), Deutungsmacht. Religion und belief systems in Deutungsmachtkonflikten (Hermeneutische Untersuchungen zur Theologie Bd. 63), Tübingen, 381–409.
RABE VON PAPPENHEIM, HENNING (2015), Lexikon Arbeitsrecht 2015, Heidelberg.
RAT DER EVANGELISCHEN KIRCHE IN DEUTSCHLAND (2011), „Und unsern kranken Nachbarn auch!". Aktuelle Herausforderungen der Gesundheitspolitik. Eine Denkschrift des Rates der Evangelischen Kirche in Deutschland (EKD), Gütersloh.
REBER, JOACHIM (2009), Spiritualität in sozialen Unternehmen. Mitarbeiterseelsorge - spirituelle Bildung - spirituelle Unternehmenskultur, Stuttgart.
REBER, JOACHIM (2013), Christlich-spirituelle Unternehmenskultur, Stuttgart.
REBER, JOACHIM (2018), Seelsorge für Mitarbeitende und Führungskräfte als Dimension einer diakonischen Kultur, in: MOOS THORSTEN (Hg.), Diakonische Kultur, Stuttgart, 226–235.
RECKWITZ, ANDREAS (2003), Grundelemente einer Theorie sozialer Praktiken. Eine sozialtheoretische Perspektive, in: Zeitschrift für Soziologie 32, H. 4, 282–301.
RECKWITZ, ANDREAS (2017), Die Gesellschaft der Singularitäten. Zum Strukturwandel der Moderne, Berlin.
REHMANN-SUTTER, CHRISTOPH u. a. (Hg.) (2015), The patient's wish to die. Research, ethics, and palliative care, Oxford.
RENDTORFF, TRUTZ (2011), Ethik. Grundelemente, Methodologie und Konkretionen einer ethischen Theologie, 3. Aufl., Tübingen.
RETIEF, FRANCOIS P. / CILLIERS, LOUISE (2010), The evolution of hospitals from antiquity to the Renaissance, in: Acta Theologica Supplementum 7 26, H. 2, 213–232.
REUSCH, WOLFGANG (1988), Bahnhofsmission in Deutschland 1897 - 1987. Sozialwissenschaftliche Analyse einer diakonisch-caritativen Einrichtung im sozialen Wandel (Strafvollzug, Randgruppen, soziale Hilfen 5), Frankfurt am Main.
REUTER, HANS-RICHARD (1996), Die Bedeutung der kirchlichen Dienste, Werke und Verbände im Leben der Kirche. Ekklesiologische Überlegungen, in: Pastoraltheologie 85, 33–50.
REUTER, HANS-RICHARD (2006), Kirchenspezifische Anforderungen an die privatrechtliche berufliche Mitarbeit in der Evangelischen Kirche und ihrer Diakonie, in: HERMELINK JAN / ANSELM REINER (Hg.), Der Dritte Weg auf dem Prüfstand. Theologische, rechtliche und ethische Perspektiven des Ideals der Dienstgemeinschaft in der Diakonie, Göttingen, 33–68.
RICHARDI, REINHARD (2012), Arbeitsrecht in der Kirche. Staatliches Arbeitsrecht und kirchliches Dienstrecht, 6. Aufl., München.
RICHARDI, REINHARD (2015), Arbeitsrecht in der Kirche. Staatliches Arbeitsrecht und kirchliches Dienstrecht (Erfurter Reihe zum Arbeitsrecht), 7. Aufl., München.
RICHTER, JOHANNES (Hg.) (2017), Geschichtspolitik und Soziale Arbeit. Interdisziplinäre Perspektiven (SpringerLink Bücher), Wiesbaden u. a.

RICHTER, JOHANNES (2017), Geschichtspolitik und Soziale Arbeit: Eine Einleitung, in: RICHTER JOHANNES (Hg.), Geschichtspolitik und Soziale Arbeit. Interdisziplinäre Perspektiven (SpringerLink Bücher), Wiesbaden u. a., 1–8.

RICKER, HELKE (2019), Sinne schärfen - Sinn finden - Sinn stiften. Profilbildung in diakonischen Einrichtungen, Stuttgart.

RICOEUR, PAUL (1987), Narrative Identität, in: MITTLER ELMAR (Hg.), Heidelberger Jahrbücher, Bd. 31, Berlin u. a., 57–67.

RINAS, JUTTA, 2011„Heftiger Streit um späte Abtreibungen", in: Hannoversche Allgemeine 23.10.2011, shorturl.at/beqtL, letzter Zugriff am 07.03.2022.

RIXEN, STEPHAN (2015), Thesen zur Neujustierung des religionsverfassungsrechtlichen Rahmens, in: epd-Dokumentationen 43, 9–10.

ROBBERS, GERHART (2012), Streikrecht bei Kirche und Diakonie? Kampf soll nicht sein, in: Der Kirchentag. Das Magazin, 18.

RÖCKLE, GERHARD (Hg.) (1990), Diakonische Kirche. Sendung - Dienst - Leitung; Versuche einer theologischen Orientierung, Neukirchen-Vluyn.

ROSA, HARTMUT (1994), Neigung verpflichtet - das schwierige Verhältnis von Treue, Verrat und Gerechtigkeit, in: Deutsche Zeitschrift für Philosophie 42, 1107–1114.

ROSER, TRAUGOTT (2007), Spiritual Care. Der Beitrag von Seelsorge zum Gesundheitswesen, Stuttgart.

ROSER, TRAUGOTT (2021), Die Bahnhofsmission als Ander-Ort, in: Evangelische Theologie 81, H. 4, 258–266.

RÖSSLER, DIETRICH (1976), Die Vernunft der Religion, München.

ROTHE, RICHARD (1845-1848), Theologische Ethik, 3 Bände, Wittenberg.

ROYCE, JOSIAH (2012), The Philosophy of Loyalty, Neudruck o. O.

RUDDAT, GÜNTER / SCHÄFER, GERHARD (Hg.) (2005), Diakonisches Kompendium, Göttingen.

RÜEGGER, HEINZ / SIGRIST, CHRISTOPH (2011a), Das Profilierungsproblem der Diakonie. Zur theologischen Begründung helfenden Handelns, in: RÜEGGER HEINZ / SIGRIST CHRISTOPH (Hg.), Diakonie - eine Einführung. Zur theologischen Begründung helfenden Handelns, Zürich, 130–145.

RÜEGGER, HEINZ / SIGRIST, CHRISTOPH (Hg.) (2011), Diakonie - eine Einführung. Zur theologischen Begründung helfenden Handelns, Zürich.

RUSCHKE, WERNER M. (1998), Theologie und Diakonie. Zehn Sätze zu einer neuen Verhältnisbestimmung, in: GOHDE JÜRGEN (Hg.), Diakonie. Konfession - Profession - Institution (Jahrbuch Diakonie), Reutlingen, 73–77.

SACHßE, CHRISTOPH (2018), Diakonie und Wohlfahrtsstaat, in: MOOS THORSTEN (Hg.), Diakonische Kultur. Begriff, Forschungsperspektiven, Praxis (Diakonie: Bildung - Gestaltung - Organisation Bd. 16), Stuttgart, 40–45.

SATTLER, DOROTHEA (2013), Am Bahnhof sein - eine Lebensmetapher. Existentielle Zugänge zur Bahnhofsmission im soteriologischen Kontext, in: LUTZ BERND u. a. (Hg.), Der Bahnhof - Ort gelebter Kirche, Ostfildern, 202–213.

SAUTER-ACKERMANN, GISELA (2013), Bahnhofsmission heute. Aufgaben, Chancen, Herausforderungen, in: LUTZ BERND u. a. (Hg.), Der Bahnhof - Ort gelebter Kirche, Ostfildern, 19–37.

SCHAEDE, STEPHAN / MOOS, THORSTEN (Hg.) (2015), Das Gewissen (Religion und Aufklärung 24), Tübingen.

SCHÄFER, GERHARD K. (2005), Evangelisch-theologische Konzeptionen und Diskussionslinien der Diakonie, in: RUDDAT GÜNTER / SCHÄFER GERHARD K. (Hg.), Diakonisches Kompendium, Göttingen, 91–121.

SCHÄFER, GERHARD K. (2012), Kirche und Diakonie. Bestandsaufnahme und Perspektiven, in: SCHMIDT HEINZ / HILDEMANN KLAUS D. (Hg.), Nächstenliebe und Organisation. Zur Zukunft einer polyhybriden Diakonie in zivilgesellschaftlicher Perspektive, 123–148, Leipzig.

SCHÄFER, GERHARD K. / HERRMANN, VOLKER (2005), Geschichtliche Entwicklung der Diakonie, in: RUDDAT GÜNTER / SCHÄFER GERHARD K. (Hg.), Diakonisches Kompendium, 36–67, Göttingen.

SCHÄFER, MARIUS (2018), Kirchliches Arbeitsrecht im Wandel (Schriftenreihe arbeitsrechtliche Forschungsergebnisse 245), Hamburg.

SCHANZ, GÜNTHER (2006), Unternehmen als Wertegemeinschaften, in: ANSELM REINER / HERMELINK JAN (Hg.), Der Dritte Weg auf dem Prüfstand. Theologische, rechtliche und ethische Perspektiven des Ideals der Dienstgemeinschaft in der Diakonie; 6. Kästorfer Management-Symposium, 129–142, Göttingen.

SCHARFFENORTH, GERTA (1984), Schwestern. Leben und Arbeit Evangelischer Schwesternschaften, Offenbach.

SCHEDLER, KUNO (2012), Multirationales Management. Ansätze eines relativistischen Umgangs mit Rationalität in Organisationen, in: Der moderne Staat 5, H. 2, 361–376.

SCHEDLER, KUNO / RÜEGG-STÜRM, JOHANNES (Hg.) (2013), Multirationales Management, Der erfolgreiche Umgang mit widersprüchlichen Anforderungen an die Organisation, Bern.

SCHEDLER, KUNO / RÜEGG-STÜRM, JOHANNES (2013a), Rationalität – Begriff, Bildung und Wirkung, in: SCHEDLER KUNO / RÜEGG-STÜRM JOHANNES (Hg.), Multirationales Management: Der erfolgreiche Umgang mit widersprüchlichen Anforderungen an die Organisation, Bern, 33–60.

SCHELSKY, H. (1957), Ist die Dauerreflektion institutionalisierbar?, in: Zeitschrift für Evangelische Ethik 1, H. 1, 153–174.

SCHIBILSKY, MICHAEL (Hg.) (1991), Kursbuch Diakonie, Neukirchen- Vluyn.

SCHIBILSKY, MICHAEL (1999), Art. „Diakonie VI. Praktisch-theologisch“, in: Religion in Geschichte und Gegenwart, Bd. 2, 798-801.

SCHIEDER, WOLFGANG (1972), Brüderlichkeit, in: BRUNNER OTTO (Hg.), Geschichtliche Grundbegriffe, Bd. 1, Stuttgart, 552–581.

SCHILD, JENS (2021), Wichern als Innovator - Diakonie als Gabenökonomie. Enterpreneurship in der Gründung und dem Aufbau des rauhen Hauses (Leiten, Lenken, Gestalten 42), Wuppertal-Bethel.

SCHLAG, THOMAS (2012), Öffentliche Kirche. Grunddimensionen einer praktisch-theologischen Kirchentheorie (Theologische Studien NF 5), Zürich.

SCHLAG, THOMAS (2018), Offen für alle – Offenheit für alle? Das Beispiel der Vesperkirchen-Bewegung als Herausforderung diversitätssensibler Gemeinde- und Kirchenentwicklung, in: Jahrbuch Diakonie Schweiz 2, 141–168.

SCHLEIERMACHER, FRIEDRICH (1843), Die christliche Sitte nach den Grundsätzen der evangelischen Kirche im Zusammenhang dargestellt (Sämtliche Werke I.12), JONAS, LUDWIG (Hg.), Berlin u. a.

SCHLEIERMACHER, FRIEDRICH (1983), Christliche Sittenlehre. Einleitung (Wintersemester 1826/27), PEITER, HERMANN (Hg.), Stuttgart.

SCHLEIERMACHER, FRIEDRICH (1984), Über die Religion. Reden an die gebildeten unter ihren Verächtern (1799), in: MECKENSTOCK GÜNTER (Hg.), Schriften aus der Berliner Zeit 1796-1799 (Kritische Gesamtausgabe 1, 2), Berlin, 185–325.

SCHLEIERMACHER, FRIEDRICH (2003), Der Christliche Glaube nach den Grundsätzen der Evangelischen Kirche im Zusammenhange. Zweite Auflage (1830-1831) (Kritische Gesamtausgabe 1.13, 2), MECKENSTOCK, GÜNTER (Hg.), Berlin u. a.

SCHMIDBAUER, WOLFGANG (1978), Hilflose Helfer. Über die seelische Problematik der helfenden Berufe, Reinbek.

SCHMIDT, HEINZ / HILDEMANN, KLAUS (Hg.) (2012), Nächstenliebe und Organisation. Zur Zukunft einer polyhybriden Diakonie in zivilgesellschaftlicher Perspektive, Leipzig.

SCHMIDT, ROBERT (2012), Soziologie der Praktiken. Konzeptionelle Studien und empirische Analysen (Suhrkamp Taschenbuch Wissenschaft 2030), Berlin.

SCHMUHL, HANS-WALTER (1998), Ärzte in der Anstalt Bethel. 1870 - 1945, Bielefeld.

SCHMUHL, HANS-WALTER (2010a), Diakonie und Medikalisierung. Die Betheler Anstalten und die Bielefelder Krankenhauslandschaft im 19. und 20. Jahrhundert, in: Jahrbuch für westfälische Kirchengeschichte 106, 179–195.

SCHMUHL, HANS-WALTER (2010b), Exklusion und Inklusion durch Sprache. Zur Geschichte des Begriffs Behinderung; eine Veröffentlichung des Institutes Mensch, Ethik und Wissenschaft (IMEW) (IMEW-Expertise 11), Berlin.

SCHNEIDER, BERNHARD (2017), Christliche Armenfürsorge. Von den Anfängen bis zum Ende des Mittelalters, Freiburg im Breisgau.

SCHNEIDER, NIKOLAUS (2012), Faire Arbeitsbedingungen durch den Dritten Weg - Aktuelle Anforderungen an das kirchliche Arbeitsrecht. Eichstädter Rede vom 05.03.2012, https://www.ekd.de/20120305_schneider_dritter_weg.htm, letzter Zugriff am 13.04.2022.

SCHOENAUER, HERMANN (Hg.) (2013), „Euthanasie" - zum Umgang mit vergehendem menschlichen Leben. Historische Einsichten - ethische Sondierungen, Stuttgart.

SCHÖNE-SEIFERT, BETTINA (2020), Beim Sterben helfen - dürfen wir das?, Berlin u. a.

SCHRÖER, ANDREAS / MILDENBERGER, GEORG (2018), Diakonische Einrichtungen als Non-Profit-Organisationen, in: MOOS THORSTEN (Hg.), Diakonische Kultur. Begriff, Forschungsperspektiven, Praxis, Stuttgart, 57–70.

SCHÜLLER, ANNE M. / FUCHS, GERHARD (2013), Total Loyalty Marketing. Mit begeisterten Kunden und loyalen Mitarbeitern zum Unternehmenserfolg, 6. Aufl., Wiesbaden.

SCHWARKE, CHRISTIAN (2003), Biologie und Ethik: Deutung und Bedeutung naturwissenschaftlicher Forschung im Kontext ethischer Urteilsbildung, in: ANSELM REINER u. a. (Hg.), Streitfall Biomedizin. Urteilsfindung in christlicher Verantwortung, Göttingen.

SELIGMAN, MARTIN E. (2004), Erlernte Hilflosigkeit, 3. Aufl., Weinheim.

SOMMER-LOEFFEN, KAREN u. a. (2019), Freiwilliges Engagement und soziale Inklusion am Beispiel der Bahnhofsmission Essen, in: HILSE-CARSTENSEN THERESA u. a. (Hg.), Freiwilliges Engagement und soziale Inklusion. Perspektiven zweier gesellschaftlicher Phänomene in Wissenschaft und Praxis, Wiesbaden u. a., 185–191.

SPITAL ZOLLIKERBERG, Mehr als ein Spital, https://www.spitalzollikerberg.ch/portraet, letzter Zugriff am 08.03.2022.

STÄHLIN, THERESE (1959), So wir im Lichte wandeln, Neuendettelsau.

STARNITZKE, DIERK (1996), Diakonie als soziales System. Eine theologische Grundlegung diakonischer Praxis in Auseinandersetzung mit Niklas Luhmann, Stuttgart u. a.

STARNITZKE, DIERK (2005), Diakonie als Außenbezug der Kirche: neutestamentliche Beobachtungen, in: Wort und Dienst. Jahrbuch der kirchlichen Hochschule Bethel 28, 89–98.

STARNITZKE, DIERK (2014), Diakonische Identität in einer pluralen Gesellschaft, in: Zeitschrift für Evangelische Ethik 58, 110–123.

STARNITZKE, DIERK (2018), Stärkung und Identität, in: HOFMANN BEATE / MONTAG BARBARA (Hg.), Theologie für Diakonie-Unternehmen. Funktionen - Rollen - Positionen, Stuttgart, 33–42.

STEGMAIER, WERNER (2014), Von Religionsstiftern lernen: Deutungsmacht als Kraft zur Orientierung, in: STOELLGER PHILIPP (Hg.), Deutungsmacht. Religion und belief systems in Deutungsmachtkonflikten (Hermeneutische Untersuchungen zur Theologie Bd. 63), Tübingen, 121–138.

STIFTUNG ANERKENNUNG UND HILFE, Nach Leid und Gewalt endlich Anerkennung, shorturl.at/ikrMZ, letzter Zugriff am 08.03.2022.

STIFTUNG DIAKONIEWERK NEUMÜNSTER - SCHWEIZERISCHE PFLEGERINNENSCHULE, Vom Krankenasyl zum Sozialunternehmen, https://www.diakoniewerk-neumuenster.ch/geschichte, letzter Zugriff am 08.03.2022.

STOELLGER, PHILIPP (Hg.) (2014), Deutungsmacht. Religion und belief systems in Deutungsmachtkonflikten (Hermeneutische Untersuchungen zur Theologie 63), Tübingen.

STOELLGER, PHILIPP (2014a), Deutungsmachtanalyse, in: STOELLGER PHILIPP (Hg.), Deutungsmacht. Religion und belief systems in Deutungsmachtkonflikten (Hermeneutische Untersuchungen zur Theologie Bd. 63), Tübingen, 1–85.

STOELLGER, PHILIPP (2014b), Genesis der Geltung und Geltung der Genesis. Eine Frage der Deutungsmacht, in: Zeitschrift für Kulturphilosophie, H. 1, 21–33.

SYNODE DER EVANGELISCHEN KIRCHE IN DEUTSCHLAND (2018), Beschluss zum ersten Kirchengesetz zur Änderung des Mitarbeitervertretungsgesetzes der EKD, shorturl.at/anrFU, letzter Zugriff am 11.04.2022.

TALKENBERGER, WOLF-DIETRICH (2002), Nächstenliebe am Bahnhof. Zur Geschichte der Bahnhofsmission in der Sowjetischen Besatzungszone (SBZ) und der DDR, Stuttgart.

TANNER, KLAUS (Hg.) (2000), Gotteshilfe - Selbsthilfe - Staatshilfe - Bruderhilfe. Beiträge zum sozialen Protestantismus im 19. Jahrhundert (Herbergen der Christenheit Sonderband 4), Leipzig.

TANNER, KLAUS (Hg.) (2004), Religion und symbolische Kommunikation, Leipzig.

TANNER, KLAUS (2006), „Wem diene ich, wenn ich diene?". Zum Verhältnis von Individualismus und Dienstgemeinschaft, in: ANSELM REINER / HERMELINK JAN (Hg.), Der Dritte Weg auf dem Prüfstand. Theologische, rechtliche und ethische Perspektiven des Ideals der Dienstgemeinschaft in der Diakonie, Göttingen, 117–127.

TANNER, KLAUS (2018), Diakonische Kultur im Kontext des Christentums, in: MOOS THORSTEN (Hg.), Diakonische Kultur. Begriff, Forschungsperspektiven, Praxis (Diakonie: Bildung - Gestaltung - Organisation Bd. 16), Stuttgart, 30–39.

THE LUTHERAN WORLD FEDERATION (2002), Prophetic Diakonia: „For the Healing of the World". Report, shorturl.at/mxWY3, letzter Zugriff am 07.11.2022.

THEIßEN, GERD (1990), Die Legitimitätskrise des Helfens und der barmherzige Samariter. Ein Versuch, die Bibel diakonisch zu lesen, in: RÖCKLE GERHARD (Hg.), Diakonische Kirche. Sendung - Dienst - Leitung; Versuche einer theologischen Orientierung, Neukirchen-Vluyn, 46–76.

THEOLOGISCHE ARBEITSGRUPPE DES VERBANDES DER DEUTSCHEN EVANG. BAHNHOFSMISSION E. V. (2012), Zum Selbstverständnis der Evangelischen Bahnhofsmission. Ein Arbeitspapier der Theologischen Arbeitsgruppe des verbandes der Deutschen Evangelischen Bahnhofsmission e. V., überarbeitete Fassung, Stand: 29.11.2012.

THEUNISSEN, GEORG (2011a), Inklusion als gesellschaftliche Zugehörigkeit - zum neuen Leitprinzip der Behindertenhilfe, in: Neue Praxis 2, 156–168.

THEUNISSEN, GEORG (2011b), Pädagogik bei geistiger Behinderung und Verhaltensauffälligkeiten. Ein Kompendium für die Praxis (Prävention - Integration - Rehabilitation), 5. Aufl., Bad Heilbrunn.

THEUNISSEN, GEORG (2011c), Von der „Asylierung" zur „Inklusion" - zeitgenössische Paradigmen der Behindertenhilfe, in: EURICH JOHANNES / LOB-HÜDEPOHL ANDREAS (Hg.), Inklusive Kirche (Behinderung - Theologie - Kirche Bd. 1), Stuttgart, 50–63.

THEUNISSEN, GEORG (2012), Lebensweltbezogene Behindertenarbeit und Sozialraumorientierung. Eine Einführung in die Praxis, Freiburg.

THEUNISSEN, GEORG / PLAUTE, WOLFGANG (2002), Handbuch Empowerment und Heilpädagogik, Freiburg im Breisgau.

THEURICH, ANDREAS (2016), Religiöses Wissen in Diakonischen Unternehmenskulturen, Baden-Baden.

THOMAS, GÜNTHER (2014), Behinderung als Teil der Schöpfung Gottes?, in: EURICH JOHANNES / LOB-HÜDEPOL ANDREAS (Hg.), Behinderung. Profile inklusiver Theologie, Diakonie und Kirche, Stuttgart, 67–97.

THÜSING, GREGOR (2012), Grund und Grenzen der besonderen Loyalitätspflichten des kirchlichen Dienstes – Gedanken zu den verfassungsrechtlichen Garantien und europarechtlichen Herausforderungen, in: OVERBECK FRANZ-JOSEF u. a. (Hg.), Das kirchliche Arbeitsrecht vor neuen Herausforderungen (Essener Gespräche zum Thema Staat und Kirche Bd. 46), Münster, 129–166.

TILING, CHRISTIAN VON (2004), Die Rechtsfolgen des Betriebsübergangs im Spannungsfeld von Kirchenfreiheit und staatlicher Arbeitsrechtsordnung (Abhandlungen zum Arbeits- und Wirtschaftsrecht 96), Heidelberg.

TRESCHER, HENDRIK (2015), Inklusion. Zur Dekonstruktion von Diskursteilhabebarrieren im Kontext von Freizeit und Behinderung, Wiesbaden.

TRESCHER, HENDRIK (2018), Ambivalenzen pädagogischen Handelns. Reflexionen der Betreuung von Menschen mit ‚geistiger Behinderung' (Gesellschaft der Unterschiede 48), Bielefeld.

TRILLHAAS, WOLFGANG (1980), Dogmatik, 4. Aufl., Berlin u. a.

TROELTSCH, ERNST (1912), Die Soziallehren der christlichen Kirchen und Gruppen (Gesammelte Schriften 1), Tübingen.

TROELTSCH, ERNST (1913), Was heißt „Wesen des Christentums"?, in: Zur religiösen Lage (Gesammelte Schriften 2), Tübingen, 386–451.

UNITED NATIONS (2006), Übereinkommen über die Rechte von Menschen mit Behinderung, shorturl.at/JNQ89, letzter Zugriff am 22.03.2022.

UNRUH, PETER (2019), Zur Dekonstruktion des Religionsverfassungsrechts durch den EuGH im Kontext des kirchlichen Arbeitsrechts, in: Zeitschrift für evangelisches Kirchenrecht 64, H. 2, 188-215.

V. BODELSCHWINGHSCHE STIFTUNGEN BETHEL (O. J.), shorturl.at/csx17, letzter Zugriff am 26.02.2020.

V. BODELSCHWINGHSCHE STIFTUNGEN BETHEL (2014) Kulturelle und religiöse Vielfalt in den v. Bodelschwinghschen Stiftungen Bethel. Ein Positionspapier des Vorstands der v. Bodelschwinghschen Stiftungen Bethel.

VAN OORSCHOT, FREDERIKE / HÖHNE, FLORIAN (Hg.) (2015), Grundtexte Öffentliche Theologie, Leipzig.

Verdi klagt wegen Streikrechts bei Kirchen, in: Süddeutsche Zeitung 14.4.2013, https://www.sueddeutsche.de/politik/verfassungsbeschwerde-in-karlsruhe-verdi-klagt-wegen-streikrecht-bei-kirchen-1.1648463, letzter Zugriff am 02.02.2022.

VEREINTE DIENSTGEMEINSCHAFT (2011), Geschäftsbericht 2007-2011, shorturl.at/eHL79, letzter Zugriff am 09.02.2022.

VEREINTE DIENSTGEMEINSCHAFT (2013), Kirchliches Sonderarbeitsrecht abschalten, shorturl.at/i-otH2, letzter Zugriff am 02.02.2022.

VOLLVERSAMMLUNG DES VERBANDES DER DIÖZESEN DEUTSCHLANDS (2015), Grundordnung des kirchlichen Dienstes im Rahmen kirchlicher Arbeitsverhältnisse, shorturl.at/ktLX1, letzter Zugriff am 12.04.2022.

VORSAMER, BARBARA (2016), Keine Abtreibungen mehr im Landkreis Schaumburg, in: Süddeutsche Zeitung 6.12.2016, https://www.sueddeutsche.de/leben/schwangerschaftsabbruch-keine-abtreibungen-mehr-im-landkreis-schaumburg-1.3280668, letzter Zugriff am 01.03.2022.

WAGNER, HARALD (2016), Reale und symbolische Exklusion, in: LIEDKE ULF u. a. (Hg.), Inklusion. Lehr- und Arbeitsbuch für professionelles Handeln in Kirche und Gesellschaft, Stuttgart, 38–53.

WAGNER-RAU, ULRIKE / HANDKE, EMILIA (Hg.) (2019), Provozierte Kasualpraxis. Rituale in Bewegung (Praktische Theologie heute Band 166), Stuttgart.

WALDSCHMIDT, ANNE u. a. (Hg.) (2017), Culture – Theory – Disability. Encounters between Disability Studies and Cultural Studies (Knowledge Unlatched Select 2016 Sociology 10), Bielefeld.

WEBER, JOACHIM (1999), Diakonie im Lichte der Welt. Diakonische Praxis aus der Perspektive des politischen Denkens von Hannah Arendt, https://kups.ub.uni-koeln.de/607/1/11w1090.pdf, letzter Zugriff am 21.02.2022.

WEBER, MAX (1920), Die protestantische Ethik und der Geist des Kapitalismus (Gesammelte Aufsätze zur Religionssoziologie I), Tübingen.

WEBER, MAX (1985), Wirtschaft und Gesellschaft. Grundriß der verstehenden Soziologie, WINCKELMANN, JOHANNES (Hg.), 5. Aufl., Tübingen.

WEBER, MAX (1991), Die Wirtschaftsethik der Weltreligionen. I. Konfuzianismus und Taoismus (Max Weber-Studienausgabe I/19), Tübingen.

WEHN, MARTIN (2018), Regionale DiakonieWerke als evangelische Sozialunternehmen, in: HOFMANN BEATE / MONTAG BARBARA (Hg.), Theologie für Diakonie-Unternehmen. Funktionen - Rollen - Positionen, 157–169, Stuttgart.

WEILERT, A. KATARINA (2020), Anmerkung zum Urteil des BVerfG vom 26.02.2020 („Suizidhilfe"), in: Deutsches Verwaltungsblatt 13, 879–882.

WEIß, HANS-DIETRICH (Hg.) (2011), Disziplinarrecht des Bundes und der Länder, Berlin.

WELSCH, WOLFGANG (2016), Vernunft und Übergang. Zum Konzept der transversalen Vernunft, in: APEL KARL-OTTO / KETTNER MATTHIAS (Hg.), Die eine Vernunft und die vielen Rationalitäten. 2. Aufl., Frankfurt am Main, 138–164.

WICHERN, JOHANN H. (1958), Notstände der protestantischen Kirche und die innere Mission. Zugleich als zweite Nachricht über die Brüder des Rauhen Hauses als Seminar für innere Mission, in: MEINHOLD PETER (Hg.), Schriften zur Sozialpädagogik. Rauhes Haus und Johannesstift (Sämtliche Werke IV/1), Berlin, 229–295.

WICHERN, JOHANN H. (1958), Stockungen im christlichen Leben des evangelischen Volkes und deren Überwindung, in: MEINHOLD, PETER(Hg.) Kleinere Aufsätze – Buchbesprechungen, Nachrufe – Nachträge (Sämtliche Werke V), Berlin, 233–248.

WIEDENMANN, REINER E. (2008), Treue und Loyalität im Prozess gesellschaftlichen Wandels. Eine soziologische Skizze, in: BUSCHMANN, NIKOLAUS (Hg.), Treue. Politische Loyalität und militärische Gefolgschaft in der Moderne, Göttingen, 36–74.

Wieso denn nicht?, https://www.youtube.com/channel/UCSDHeZzXwRMpuM9yCgC8WgQ, letzter Zugriff am 21.03.2022.

WINKLER, ULRIKE (2003), Konkurrenz oder Hilfe? Zur Rolle der Freien Hilfsschwesternschaften in der Mutterhausdiakonie, in: KUHLEMANN FRANK-MICHAEL / SCHMUHL HANS W. (Hg.), Beruf und Religion im 19. und 20. Jahrhundert, Stuttgart, 210–226.

WORLD COUNCIL OF CHURCHES (2012), Theological Perspectives on Diakonia in 21st Century, shorturl.at/dk257, letzter Zugriff am 01.03.2022.

WORLD HEALTH ORGANISATION (1948), Constitution, shorturl.at/aA457, letzter Zugriff am 21.03.2022.

YOUN, CHUL-HO (2018), Missio Dei Trinitatis and Missio Ecclesiae: A Public Theological Perspective, in: International Review of Mission 107, 225–239.

ZARNOW, CHRISTOPHER (2010), Identität und Religion. Philosophische, soziologische, religionspsychologische und theologische Dimensionen des Identitätsbegriffs (Religion in Philosophy and Theology 48), Tübingen.

ZERFAß, ROLF (1991), Das Evangelium gehört den Armen. Ökumenische Ressourcen diakonischer Arbeit, in: SCHIBILSKY MICHAEL (Hg.), Kursbuch Diakonie, Neukirchen- Vluyn, 299–308.

ZIEBERTZ, HANS-GEORG (1993), Sozialarbeit und Diakonie: eine empirisch-theologische Studie zu Identitäts- und Legitimationsproblemen kirchlicher Sozialberufe, Weinheim.

ZITT, RENATE (2010), Wort Gottes im Bahnhof? Seismograph Bahnhofsmission, in: HERZOG MARKWART u. a. (Hg.), Der Bahnhof: Basilika der Mobilität - Erlebniswelt der Moderne (Irseer Dialoge Bd. 14), Stuttgart, 127–140.

ZUSCHLAG, ANDRÉ (2016), „Christliche Klinik streicht Abtreibungen“, in: die tageszeitung 16.11.2016, https://taz.de/No-Choice-im-Krankenhaus/!5355366/, letzter Zugriff am 01.03.2022.